巫蛊之祸

西汉中期政坛秘辛

李峰 著

河南大学出版社
HENAN UNIVERSITY PRESS

·郑州·

图书在版编目(CIP)数据

《巫蛊之祸　西汉中期政坛秘辛》/李峰著. —郑州:河南大学出版社,2015.4
ISBN 978-7-5649-1957-3

Ⅰ.①巫… Ⅱ.①李… Ⅲ.①中国历史-研究-西汉时代 Ⅳ.①K234.107

中国版本图书馆 CIP 数据核字(2015)第 090466 号

出版统筹	侯若愚
责任编辑	韩　琳
责任校对	霍晓玉
封面设计	侯一言

出　版	河南大学出版社		
	地址:郑州市郑东新区商务外环中华大厦2409室		
	电话:0371-86059753(人文社科出版分社)	网址:www.hupress.com	
排　版	河南金河印务有限公司		
印　刷	河南省瑞光印务股份有限公司		
版　次	2015年12月第1版	印　次	2015年12月第1次印刷
开　本	710mm×1000mm　1/16	印　张	22.5
字　数	324千字	定　价	45.00元

本书如有印装质量问题,请与河南大学出版社营销部联系调换。

目录

序一	....	01
序二	....	07
序三	....	15
第一章	杀戮迭起，卫太子风雨飘摇	01
第二章	江充：大奸若忠的上访者	19
第三章	父子反目：可怜长安成血海	29
第四章	李氏外戚：繁华转眼即成空	45
第五章	武皇托孤：不御之权付与谁	67
第六章	霍光：党亲连体，根据于朝廷	81
第七章	昭帝：在花样年华里寂寞死去	123
第八章	群臣议立，咸推一人	135

目錄

序一 .... 一
序二 .... 二
序三 .... 三
第一章 探索真諦：藥食文化的歷史淵源 .... 一
第二章 破疾：中草藥養生的王道 .... 一九
第三章 心心目目：可憐肉身遭病魔 .... 二九
第四章 煉丹外補：養生藝術與秘方 .... 四五
第五章 老當益壯：不老皇帝的養生訣 .... 六七
第六章 蠱祭：蠱蟲轉體，凝聚天魔道 .... 八一
第七章 延壽：年年歲歲壽多多宅舍杏 .... 一二三
第八章 屋居議立、轉法輪一丈 .... 一三五

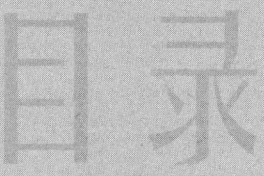

目录

第九章　　旋立旋废：刘贺究竟做错了什么？……………149

第十章　　病已龙飞：震撼千古的传奇………………165

第十一章　诏求故剑：秀的是夫妻情重………………173

第十二章　君臣角力，霍家终得位………………185

第十三章　宣帝亲政：政坛波涛汹涌………………209

第十四章　清算霍家，新人当政………………229

第十五章　顺应时势，转变思想………………243

第十六章　王霸并用，堪称中兴………………261

第十七章　喜谄恶讦，善政之累………………279

第十八章　独步天下，快意恩仇………………299

参考书目…………………327

目 錄

第九章	安止之樂：深度寂靜與禪那了別嗎？	一四九
第十章	神之聖殿：靈感來自古印度聖者	一六五
第十一章	語言詩論：吉光乍現的靈感	一八三
第十二章	居安思危，靈魂深處自如	一九五
第十三章	喜來樂往：如理思惟識與解脫	二○九
第十四章	難得身寶，深入當下	二二九
第十五章	般若智慧，轉識為學	二四三
第十六章	五蘊并用，共融中觀	二六一
第十七章	喜悅夢識，義法師業	二八一
第十八章	福德自在，常護覺心	二九九
參考書目		三二十

目錄

序一

序一

羊年春节刚过，李峰博士就发来了他的新作《巫蛊之祸 西汉中期政坛秘辛》，约我作序。说实话，看到李峰发来的书稿，我多少是有点震惊的。他刚刚从河南大学中国史博士后流动站出站半年时间，就有了新作问世，而且据说，这本书还是他与出版社签约的系列论著之一，这是我无论如何都想象不到的。他的博士后出站报告是另外的选题，他如何能在这么短暂的时间里又有众多创获？看来，他是在政治史的研究方面有所积累，有着周密的研究布局和重大的著述宏愿的。当今社会，视学术如生命，如此勤奋而痴迷的年轻人毕竟不多，我的确有责任也很乐意向学界推荐李峰博士和他的著作。

李峰在做博士后研究期间，多次和我说过，他喜欢中国古代政治史，并希望探讨一种新的著述风格。其实，他在攻读博士学位期间，就已经出版了《夭折的帝国：秦朝兴亡十六谈》（九州出版社 2008 年版）一书，并且颇为畅销。这本《巫蛊之祸 西汉中期政坛秘辛》继承了《夭折的帝国》的著述风格。这是一种什么风格，我一时还不好给其定位。它既是一本非常严谨的学术著作，对巫蛊之祸这个西汉历史上的重大事件，第一次做了最为系统也最为全面的考察，并在许多具体问题上，补充或修正了前人的研究，有学术创新的价值；又是一本文字生动，叙事流畅，可以为社会大众阅读的书，具有通俗读物的某种特点。它既有史学论著的实证性、思辨性；又有通俗读物的故事性和细节描述，有对人物心理的合理推演，人物形象有栩栩如生之感。先不必去考虑著作属性的定位问题，因为，无论如何都应该判定，它是史学论著写法的一种探索。

史学著作应该如何写，确实是一个值得探讨或者说需要当今史学界反省的问题。不知道是从什么时候开始，历史学的研究性论著，变得与社会大众越来越隔膜，越来越让人不忍卒读！引文之大篇幅堆砌,语言之枯燥无味,甚至是佶屈聱牙,既无飞扬之文采,也无思想之火花,不是乏味,就是平铺,完全激不起读者任何的阅读冲动。这样的文风不思改变,史学终将走入死胡同。因为,书总归是要给人看的。人们读不下去,光是作者自己在那里孤芳自赏有什么意义!

  当代史学著述的枯燥乏味,在写法上我以为有忽视心理分析的原因。历史论著以事实为根据,而历史上的事件、事件中的人物,几乎都没有留下直接的心理活动方面的材料,心理分析在很大程度上要靠逻辑推演,这似乎是不符合言必有据、论必有征的实证性原则的。但是,人要做事,就会有一系列具体的行为细节,而行为细节无不是出于特定之心理活动之支配,如果有人物活动的具体的细节性的材料做支撑,为什么不能从这些行为材料去推断其心理活动之轨迹,以揭示其丰富的内心世界,而把著述写得生动一些呢?依据可靠的历史资料进行心理活动的推演性描述,未必不是可以尝试的。其实,古人留给我们的历史著作,大都有丰富的人物性格、人物心理刻画,读《左传》,读《史记》时,我们都会很明确地感受到这一点。有时候我们也忍不住发问,作者不在场,没有与传主交流的可能,他怎么知道当事人的所思所想?还有那么多人物间的对话,又没有档案资料可查,他怎么知道历史人物活动的具体场景及其对话细节呢?然而,如果剥去了大量的心理分析和具体言语的记录和描述,像《史记》的列传就不可能写得那样才情飞扬、言辞生动了。看来,历史写作是不应该拒绝心理分析和细节描写的。20世纪40年代,著名历史学家陆懋德先生在他的《史学方法大纲》中讲过类似的问题,观点也很明确。他说:"大抵吾人之观察某事,不过只能得其重要关节数点,其余皆是用自己的推理(reasoning)作用,以联贯之及补充之。不然,只是片段的事实,而不是完整的事实。举例如下:譬如《左传·宣公三年》记晋灵公使鉏麑刺赵宣子,晨往,宣子盛服早朝,尚早,坐而假寐。麑退而叹曰,'不忘恭敬,民之主也。贼民之主,不忠。弃君之命,不信'。乃触槐而死。吾人试思此刺客既未被捕,又当场自杀,可知当时无人窥见。既无人窥见,则此刺客之一段言论,更不能有人闻知。此因作书者以为刺客既未刺人,而反自杀,其中必有一番心理变化,故不妨用自己的推理作用,代为补充数语,以完成此段史事。盖吾人所见所闻之事实,皆不能自始至终,完全得知,而大多数是用推理补充。此即所谓推理作用的补充,而无此则不能使记载圆满。此例在史书所在多有。如慎用之,尚无大碍,如滥用之,则流为失实。"(北京师范大学史学研究所资料室翻印本,第55~56页)

　　陆懋德先生是肯定历史著述中应该有必要的推理演绎的。完全拒绝推理,许多记载都不能完整,无法连贯;而拒绝心理分析和细节描述,历史记载就无法生动、鲜活。这个问题是不是应该引起当今历史学界的注意呢?希望李峰是书在这方面的尝试和探索,对学界关于历史论著的写法问题有所启迪。

　　李峰博士对政治史有兴趣,想在揭示古代政坛的政治斗争方面展开系统性研究,并以社会大众能够接受的文风进行历史写作,从而把中国古代真实的政坛秘辛展示出来。我赞成这一研究方向和著述旨趣的选择。中国古代社会的根本属性就是其政治性,中国社会是个政治化极强的社会,政治的演进在很大程度上就是中国历史的足迹。从这方面入手,是可以窥见中国历史之特性的。况且,在传统社会,人们对政治和政坛的关注,从社会层面说,大都是关注一些宫闱秘事而把政治过于隐秘化和戏剧化,社会需要正确的历史观念。如果从学者的角度,从宏大的历史进程背景出发去揭示古代政坛风云和政治斗争,对培育当代社会的历史观念,也是十分有益的。

　　李峰博士在本书的序言中表达了自己的学术理念,由是我才知道,他是有很好的理论修养的。李峰博士对于历史与文学的性质及其关系的看法,属于历史认识论的范畴;他对于历史研究中的主体意识问题,也有着清醒的理论自觉。这些都是他治学的思想前提和重要基础。没有一定高度或深度的理论修养,把握宏大的历史题材是不可能的,或者说是难以洞穿历史之底蕴的。正是因为李峰博士有很好的理论修养,他对巫蛊之祸的悲剧性、必然性,巫蛊之祸的历史本质,以及巫蛊之祸对西汉历史的深层影响,都有很好的把握。他在序言中写到:

　　"巫蛊之祸给汉朝造成的伤害是极其惨痛的,但客观地说,这也是其为实现社会变革而不得不付出的代价,只是这代价未免太大,大到出乎武帝的预料。但汉家遭此劫难,只能坚强面对。换个角度看,这未尝不是汉家痛苦的涅槃,渴盼的是浴火之后的重生。因此无论是武帝掌权,还是霍光、宣帝主政,都力求冲破前进道路上的重重障碍,将汉朝再次引向坦途。

"于是,经过二十余年持续不断的开拓,到了宣帝时期,汉朝在付出了沉重的代价之后,终于冲出历史的迷雾,迎来了渴盼已久的光明:长期旁落的皇权,重回君主之手。在宣帝的掌控下,汉朝政坛除旧布新,重新布局,一批优秀的官员被拔擢至统治机构中的要害部位,从而实现权力的再平衡;与此同时,经过持续的政策调整,皇权、豪族阶层、小农阶层之间的紧张关系不断得到缓和,社会局势日渐走向平稳;而在思想领域内,通过提倡《谷梁》学,使新的治国指导思想得以确立。汉朝由此进入稳定发展时期,及至宣帝后期,终于实现了武帝四夷宾服、百姓和乐、天下太平的梦想。"

应该说,李峰博士对巫蛊之祸的把握是非常到位并具有宏大气象的。他将研究对象真正放置到了历史的整个进程中去观察,其认识之深刻,思维之辨证,都达到了应有的理论高度。也可以说,李峰是书并不是单纯地解读巫蛊之祸,而是通过对巫蛊之祸的解读来透视从武帝到宣帝这半个世纪的整体历史进程。说实话,对于他的书稿我并没有时间通读,但通过他的序言,看到他有如此宏大的历史视野,有那么明确且志趣高远的著述理念,我就对他抱有充分的信任了。我相信,读者也不会失望的!

我期待着它的社会反响!

是为序。

李振宏

2015 年 3 月 26 日

(本文作者为河南大学历史文化学院教授、博士生导师、中国秦汉史研究会副会长、河南省历史学会副会长、《史学月刊》原主编)

巫

序一

序二

序二

读完李峰博士这部书稿,我脑海里涌现出两个问题:历史是如何被叙述出来的?被叙述出来的历史是真实的历史吗?

以往有一句话常常被人们当作历史叙述或研究的准则,那就是"要按照历史的本来面目来描写历史"。这是一句需要认真琢磨的话。因为历史作为一个客观的存在,早已经消失在时间的汪洋大海里了,生活在今天的人们并没有见过"历史的本来面目",没有见过历史的本来面目,怎么能够按照它的本来面目来描写它呢?就像我们没有见过某个人,我们怎么可能按照他的模样来给他画一张酷似他本人的肖像呢?如果深究的话,我们就会发现,这个问题是20世纪以来分析的历史哲学反复讨论的问题,也一直是困扰历史学家的核心问题。

从研究问题的一般操作程序来讲,历史研究和其他研究没有什么不同,反映的都是研究者和研究对象之间的关系,即研究者运用各种手段揭示研究对象的内在联系和本质。但是,令人遗憾的是,历史研究存在着一个"致命"的问题,那就是研究者(历史学家)无法直接面对自己的研究对象——客观的历史。因为客观的历史早已消失,历史学家生活在今天,但是他所研究的是发生在昨天的事情,时间把历史学家和他的研究对象分开了。历史学家所能面对的只是一些客观历史发展过程中遗留下来的历史资料,即历史的蛛丝马迹。说穿了,历史学家只能根据这些蛛丝马迹来叙述历史,就像一个活生生的人早已去世,人们只能根据他所遗留下来的零星的遗物来认识他一样。

流传至今的有关历史的蛛丝马迹——历史资料,往往是零散的、片段的,是历史的一堆"碎片"而非历史的完整面貌。完整的历史本来是什么样子,应该是什么样子,没有人知道,它本身已经不存在,如何复原和描述这个完整的历史就成了一个问题。事实上历史学家要做的就是根据这些"碎片"拼接出一个"完整"的历史,历史叙述的过程就是历史学家对客观历史遗留下来的碎片进行整理、选择、取舍、归纳和拼装的过程,这有点像警察根据犯罪现场遗留下来的指纹、鞋印等犯罪证据恢复犯罪嫌疑人的犯罪过程——经过一番编排制作以后,历史就被叙述和描述出来了。

  接着问题就又来了,这样叙述出来的历史是真实的历史吗?对此人们可能会有肯定和否定两种截然相反的答案。实际上,关于历史的真实性问题一直是历史哲学的根本问题,也是关乎历史学作为一个学科存在的基础问题。史学是一门追求真实的学问,人们似乎天生就有了解历史真相、寻求历史真实的愿望,例如人们常常这样说,"这是历史事实","它们符合历史实际","历史的真相就是这样","历史就是这样告诉我们的",如此等等。但是,上升到历史哲学的高度,我们就会发现,所谓的历史真实,实际上存在着不同的理解,至少有事实的真实、观念的真实和叙述的真实三种情况。

  事实的真实是19世纪西方史学界的主流意识,当时的历史学家普遍认为在人的意识之外存在着一个客观的历史,历史就是独立于人的意识之外的客观存在,无论人们是否认识到它,它都客观存在着。只要弄清历史事实,就弄清了历史的真实。在这样的观念支配下,历史学家只需要秉持不偏不倚的客观态度,全面占有历史资料,对资料进行系统地整理和分析,弄清一个个历史事件和人物,这样写出来的历史就是真实的历史。但是,这种观念在20世纪上半期受到分析的历史哲学的质疑和批判,他们认为所谓历史的真实实际上是观念的真实,历史事实之所以是历史事实,是历史学家的价值观念选择的结果,历史学家根据某种需要选择了某些事实,这些事实就变成了历史事实;而那些没有被选择到的东西,就不是历史事实,甚至就不存在。历史是否真实,不是事实决定的,而是观念决定的,观念决定历史真实,历史不是独立于人的意识之外的客观存在,而是历史学家建构出来的。20世纪70年代,叙述的历史哲学又往前跨越了一步,认为用什么样的语言程式叙述历史,历史就呈现为什么样式,语言的使用方式对历史叙述具有决定性作用。历史的真实取决于叙述的真实,历史是由叙述建构的。美国历史学家海登·怀特就认为历史的建构取决于历史学家对故事情节的编排,编排方式不同,就会产生不同的历史内容和历史意义。

细绎这三种关于历史真实性的观念,我们不难发现其中都包含着真理的成分,只是后者总是否定前者,导致自己走向极端从而变成谬误。实际上,只要我们把这三种观念打通,就会发现它涉及历史认识客体(客观历史)、历史认识主体(历史学家)和历史编纂学(历史表述)这三个历史学的根本问题,正是这三者决定了历史叙述是否符合历史实际、是否历史的真实。

前面谈过,历史学家只能根据客观历史的遗留物——历史资料来复原历史,这些历史资料可能是零散、片断、互不联系的,甚至可能会有舛误和伪造,但是,经过历史学家的辨伪存真,这些资料中也一定包含了不少真实的历史信息。譬如这部书中提到的汉武帝、江充、霍光等人物,一定是汉代历史上的真实人物,他们不是虚构的,因为这是由历史资料证明了的。他们曾经活跃在汉朝的历史舞台上,做过很多事情,这就是事实的真实,自然也是历史的真实,而且是不容否定的历史真实。因此所谓历史完全是历史学家建构的这一说法必然不能令人信服。

事情总有多面性,如果我们就此认为历史学家所叙述的历史就是真实的历史,那就又错了,为什么呢?如果把历史比作一座年代久远的房子,这座房子经过几千年的风吹日晒雨淋,实际上早已委顿颓败,不复存在了,只留下些许断砖、残瓦和朽木,这些断砖残瓦朽木固然是这座房子的真实构件,但历史学家要复原这座房子,必须考虑这座房子的构架,它到底是方的还是圆的,而这座房子本身已不存在,也没有图样可供参考,历史学家只能根据自己的经验和所见所闻重构这座房子。他们固然用了那些砖瓦朽木等房子的真实构件,但他所构筑的这座房子是否就是原来房子的模样,就大成问题了。而且这些残留的砖瓦远远不够用,很多空间可能还是用现代砖瓦填充上去的。所以,历史学家的价值观念、审美情趣决定了这座房子的模样,在这里,历史的真实构件和现代的虚假臆造混合在一起构成了一个完整的房子。

叙述历史必然要使用语言、词语和文本。换言之,历史学家要靠语言把自己感兴趣的历史描述出来,与语言相关的一套文化系统就必然会限制人们的历史认识和历史表达。还用前面这个例子说明问题,历史学家按照自己的想法重构了那座房子,但他想向人们展示什么,是房子亮丽的色彩还是灰暗的色调,取决于他怎样拼砌那些真实的和想象的砖瓦。不同的拼砌方式会展示房子不同的侧面。也就是说,叙述的历史是被组织的历史,所有的历史都是通过语言文字被历史学家编排过的,历史学家实际上是借助历史的叙述来向人们传递某种历史意义。

分析至此,我们基本上可以这样认为:历史是历史学家通过对历史资料的分析研究之后叙述出来的,这种叙述是主观见之于客观的过程,其中既有历史事实的真实,也有历史学家主观的取舍,更有处理文本时的编排。这样的叙述既是历史学家主体意识的积极表达,也受到认识客体客观性的制约。

读完李峰博士的这部书,您是否也作如是观?

现实生活中的很多人都喜欢读史,并往往会被那些历史故事所吸引。实际上,历史并不本然地呈现为故事。更确切一点讲,历史在实际的发展过程中并不像故事中所讲述的那样完整。它包含了太多的外在的、偶然的因素,有太多的意外和未经展开就夭折了的线索。客观的历史往往表现为散乱发展的特性,大多数人的活动互不相干。历史虽然在大量的互不相干的偶然因素当中包含着一个可被提炼与叙述的故事性内容,但并非不经叙述就能成为故事。我们应该知道的是,历史故事都是在事后回顾的意义上呈现的,历史叙事文本前后连贯、首尾呼应的模式是历史学家赋予的,与历史本身的模样相差很大。

李峰博士给我们讲了一个发生在两千多年前的故事,一个带点神秘色彩的故事。他沉潜于历史的细节,在一堆一团乱麻般的历史资料中剔抉爬梳,向我们展现了那个时代的政治斗争和政治生态。书中虽有线索,但没有宏大叙事,我们看到的都是历史的细节。历史是由细节组成的,没有细节的历史是没有血肉的历史,更是没有趣味的历史。注重细节不沉溺于细节,在细微处发现大问题,是本书的又一大特点。至于本书所讲的内容怎样,作者是否描写出了真实的历史,里面又有多少他自己的价值观念,那就等读者诸君看完这部书后再作评论吧。

最后我想引用英国哲学家罗素的两句话以作结束。

第一句话,罗素说:"我认为一个没有偏见的人,是不可能写出有趣味的历史来的。"我不是说李峰博士的这部书存有"偏见",我是想说,每一个从事历史研究的人都应该谦虚地承认自己的偏见,同时也谦虚地容忍别人的偏见。

第二句话,罗素说:"不偏不倚的历史学家,将会是一个枯燥无味的作家。如果要让读者有兴趣,就必须允许他在戏剧性的事件中有所偏袒。如果这会使一个历史学家变得片面,那么唯一的补救办法就是去寻找持有相反偏见的另一位历史学家。"我们应该允许所有著作的作者都有自己的个性,都有所"偏袒"。如果难以忍受,那就看看与之持论相反的著作吧,这样可以提高我们明辨是非的能力。

王记录
2015 年 8 月 21 日

(本文作者为河南师范大学历史文化学院院长、教授、河南省历史学会副会长、中国历史文献研究会常务理事、中国《史记》研究会理事)

巫

序二
序三

序三

十多年前,本人还未从事史学研究时,曾创作过一部现实主义小说。这段短暂的经历使本人在日后的史学研究中,总会不自觉地将两种撰述活动进行比较,并常常因此而惊讶不已。

本人发现从事史学撰述活动与小说创作过程非常相似。比如都是选一个题目,然后把与主题相关的素材拿过来进行编排,所不同的是写小说是要将素材加以升华、虚构而已。在这种情况下,无论是对文学创作还是对史学撰述而言,题目或者说作者想要表达的主题都是很重要的。因为有什么样的主题,才有什么样的素材汇聚其下,文学自不必说了,即以史学而论,班固对《汉书》的撰述就生动地说明了这一问题,由于班固撰《汉书》的主旨是"旁贯《五经》,上下洽通","纬《六经》,缀道纲"①,因此《汉书》所叙述的基本上就是与此有关的内容,与此无关者,一概排除,这种现象被称为选择性客观。也就是说无论是文学家还是史学家,无论他们选取的素材是虚构的还是真实的,他们所要表达的都是一种主观情怀。

故当今学者每每喜欢表彰《史记》《汉书》等史著的实录精神,然后推演出史家之伟大,实属过誉。实则古代史家并不以此为荣,他们更看重的是自己的撰述活动是否实现了自己的初衷。所以当今如果一定要表彰某位史家的实录精神,也不宜过于推崇,因为史家之优秀并不是通过他的实录精神来体现的,正如英国史家 E. H. 卡尔(Edward Hallett Carr)所言,利用真实的史实撰述历史不过是史家的一项基本功而已,而属于基本功层面的东西是不值得炫耀的:"赞扬历史学家叙述的精确,就像赞扬建筑师在建筑中适当使用了干燥的木材,合理地

---

① 班固撰,王先谦补注:《汉书补注》卷一百下《叙传》,上海古籍出版社 2008 年版,第 6265~6309 页。

运用混凝土一样。这是进行工作的必要条件，却不是本质功能。"①史家之优秀主要是体现在他是否能够用这些史实充分表达出他的主观意念。二十四史中"前四史"之所以获得盛名，个人感觉就是与其特色鲜明、或者说主观意愿表现突出有关。而事实上，以西方后现代史学理论关照史学，即便这种选择性客观也是不存在的，在后现代史家看来，历史的叙述与文学创作已无甚区别。若真如此，则主观性竟成了史家赖以立身的根本。

虽然如此，本人仍觉得史学与文学是有着重大区别的。与文学的虚构不同，历史素材无一不是来自人类实实在在的经验，从人类的真实经验出发，来剖析历史的变迁、人世的悲欢，所产生的震撼是小说所无法比拟的。当然这种剖析与所谓的"规律"无甚关联。我们必须承认历史撰述不过是利用人类的经验来表达一种主观的思想而已。

所以从某种意义上看，撰述历史就是一种创作，抑或可称作是创造，就像建筑师用钢筋混凝土去构造那只存在于观念中的东西，如北京的鸟巢、水立方。由于存着这样一种想法，故本人在从事史学撰述活动时，虽然自知无甚天才构想，但是很享受这种创作过程。本书就是在这种心态下写成的。

本书之所以以巫蛊之祸为选题，是因为该事件既是汉代政治长期演进的结果，又是新的时代的起点，在汉代历史上有着承前启后的里程碑式意义，对西汉历史影响甚巨，有着极强的研究价值。

征和二年（前91年）发生在汉朝政坛的巫蛊之祸，是汉代矛盾斗争持续深化的结果。

汉武帝继位后，面对问题丛生的统治现状，主动出击，强势应对，一路行来，颇有披荆斩棘、勇往直前的气概。然而让武帝遗憾的是，他虽然穷毕生之力与匈奴争雄，但想要在他有生之年实现征服匈奴的愿望，显然是不可能了。因此，武帝希望自己的继承人能够完成自己未竟的事业，可是卫太子刘据却主张偃武修文，推行仁政；同时，卫太子为储君数十年，不仅深得民心，且形成了自己的势力，与武帝已成分庭

---

① （英）E. H. 卡尔：《历史是什么》，陈恒译，商务印书馆2007年版，第92页。

抗礼之势，这让老迈的武帝颇不自安；并且，武帝也担心，自己死后，若由卫太子继位，汉朝有可能重蹈太后擅权、外戚专政的覆辙。

凡此种种原因，导致武帝父子反目成仇，巫蛊之祸最终爆发，而其余波一直延续到宣帝即位。故田余庆论及巫蛊之祸，认为"公孙贺之狱与卫太子之狱，都是针对卫氏而发的，其目的是为了更换后宫和更换继嗣，而更换继嗣是更为主要的目的"，进而指出"此后霍光之辅佐昭帝，霍光与桑弘羊的矛盾在盐铁会议中之揭升，桑弘羊受牵连而死于大狱等事，以至昌邑王之旋立旋废，卫太子之孙终于得以继统为宣帝等等，也都可联系起来观察，都可以视为卫太子问题的余波"。① 实可谓不易之论。其间，汉代政坛继嗣屡易，纷争不断；祸乱迭兴，杀戮频起。上自皇亲国戚、高官显宦，下到黎民百姓、贩夫走卒，无数生灵的命运因此而发生彻底改变。具体而言：

武帝后代的命运全部被改写。武帝的长子卫太子刘据全家被诛，仅余一遗孙在世，该遗孙年仅数月，便被投入监狱，数岁后方被赦免，以庶人身份被养于掖庭。后因机缘巧合，又被选立为皇帝。武帝的少子刘弗陵被立为皇帝，年仅二十一岁便寂寞死去。武帝的三子刘旦、四子刘胥、五子刘髆皆因觊觎皇位而不得善终，他们的后人也因此历尽坎坷，其中，刘髆的儿子刘贺被立而复废，抑郁恐惧而死。武帝的三个女儿阳石公主、诸邑公主、鄂邑盖长公主皆死于非命。另外卫皇后、钩弋夫人被处死，卫氏外戚集团、李氏外戚集团全部被诛除。

凡是与巫蛊之祸有牵连的官员，多不得善终。先是在巫蛊之祸中支持卫太子者受到惩处，接着为武帝镇压卫太子者又被清算。霍光等五人受武帝遗诏辅佐昭帝，看似成了巫蛊之祸的最大受益者，然而嗣后除金日磾因早死，侥幸善终外，上官桀、桑弘羊皆被霍光诛除无遗类，老迈的田千秋则惊惧而死。大权独揽的霍光虽擅权一时，威震海内，但其死后，其家族又遭到宣帝无情的清洗。

政坛的纷争也加重了百姓的苦难。巫蛊之祸中，先是江充治蛊，使数万吏民死于非命，继而武帝父子兵戎相见，又使长安数万百姓无

---

① 田余庆：《论轮台诏》，《秦汉魏晋史探微》（重订本），中华书局2004年版，第39~57页。

辜而死。接着武帝又将受卫太子胁迫参与动乱的百姓发配敦煌,并大肆株连,在全国范围内逮捕卫太子的党羽,将无数吏民投入监狱,穷治巫蛊之狱,数年而不赦。及至昭帝在位期间,主政的霍光因担心天下动荡,继续以严刑峻法痛绳群下,使百姓更加痛苦不堪。

  巫蛊之祸给汉朝造成的伤害是极其惨痛的,但客观地说,这也是其为实现社会变革而不得不付出的代价,只是这代价未免太大,大到出乎武帝的预料。但汉家遭此劫难,只能坚强面对。换个角度看,这未尝不是汉家痛苦的涅槃,渴盼的是浴火之后的重生。因此无论是武帝掌权,还是霍光、宣帝主政,都力求冲破前进道路上的重重障碍,将汉朝再次引向坦途。

  于是,经过二十余年持续不断的开拓,到了宣帝时期,汉朝在付出了沉重的代价之后,终于冲出历史的迷雾,迎来了渴盼已久的光明:长期旁落的皇权,重回君主之手。在宣帝的掌控下,汉朝政坛除旧布新,重新布局,一批优秀的官员被拔擢至统治机构中的要害部位,从而实现权力的再平衡;与此同时,经过持续的政策调整,皇权、豪族阶层、小农阶层之间的紧张关系不断得到缓和,社会局势日渐走向平稳;而在思想领域内,通过提倡《谷梁》学,使新的治国指导思想得以确立。汉朝由此进入稳定发展时期,及至宣帝后期,终于实现了武帝四夷宾服、百姓和乐、天下太平的梦想。

  鉴于巫蛊之祸意义重大,故本人决定在借鉴近今学人研究成果的基础上,以巫蛊之祸为切入点,以汉武帝、权臣霍光、汉宣帝等三个核心人物的经历为主线,对太始三年(前94年)至黄龙元年(前49年)间四十五年的汉代历史进行深入剖析,以期达到两个目的。

  其一,真正实现对西汉中期历史的深刻把握。应该说,学界对巫蛊之祸的研究已取得了相当大的成就,但不足之处也很明显。如论断似是而非、观点模糊不清、剖析粗疏草率等问题都不同程度地存在。此外还有颇多问题鲜有论述,尤其值得注意的是,迄今为止还没有学者从全局的角度对这一历史事件作通贯的探析,已有论述多属管中窥豹,虽颇多远见卓识,但也难免有断章取义、以偏概全之失。为此,本书试图从全局的角度对这一历史事件进行系统、全面、细致地剖析,意欲真正实现对这段历史的正确解读。

其二,最大限度地将巫蛊之祸的鉴戒意义阐发出来。古人云:"以古为鉴,可知兴替。"①由巫蛊之祸引发的汉朝政坛持续数十年的动荡,给后世留下了大量可资借鉴的经验与教训。本书着重要做的就是尽可能地将这些经验教训呈现出来,以供读者鉴观。

当然以本人现在所具备的学养看,要想真正达到这两个目的,难度颇大,但正所谓"虽不能至,然心向往之"②,本人将为此竭尽所能。

最后要说的是,当今社会对史学著作的生动性抱有很大的期待,但就本书而言,本人并不打算刻意追求文笔的生动,相对而言,更注重叙事的深刻。本人认为历史没有悬念,因为所有的结局都已尘埃落定。但是由于导致出现某一结局的原因众多,论者往往仁者见仁、智者见智,言人人殊,因而聚讼不休。于是广泛阅读相关史料,深入文字背后体察史事的意蕴,进而得出言之成理的观点,就成为一件有意义的事情。因此,说治史的意趣在于解析是不为过的,因为"历史意味着解释"③。故本书重在剖析历史,而不是叙述历史。

只写一个传奇,但这个传奇足以对您的心灵产生极大的震撼!只将历史撕开一条缝隙,但这个缝隙足以让您窥视到一个纷繁的世界!

不同于那些大开大合的著作,这是一部小题大做的书,就像拿着一个显微镜对着西汉的一个历史节点作细微的观察,您有兴趣吗?

李峰
2015 年 9 月 14 日

---

① 欧阳修、宋祁:《新唐书》卷九十七《魏征传》,中华书局 1975 年版,第 3880 页。
② 司马迁:《史记》卷四十七《孔子世家》,中华书局 1959 年版,第 1947 页。
③(英)E.H.卡尔:《历史是什么》,陈恒译,商务印书馆 2007 年版,第 108 页。

卷三

杀戮迭起，卫太子风雨飘摇

第一章

太始三年(前94年),河间人钩弋夫人为时年63岁的汉武帝生下了他的少子刘弗陵,因此子是钩弋夫人孕十四月而生,故武帝对此评论说:"听说以前尧的母亲怀孕十四个月而生下尧,现在钩弋也是这样。"于是将钩弋夫人所生刘弗陵的宫殿的宫门命名为"尧母门"。对于武帝此举,司马光很不满。司马光认为作为一国之君,为万众所瞩目,他无论说什么或是做什么,天下都会无不知之,因此他的一举一动都必须慎重。就当时的情况而论,卫子夫皇后与卫太子刘据都没有什么过错,而武帝却将钩弋夫人生刘弗陵的宫门命名为"尧母门",这是很不应该的。因为尧是古代的圣君,而武帝期许少子以尧,分明是想让他的少子做他的继承人,而在刘据仍居于储君之位的情况下,武帝只有先废黜太子刘据才能达到他的目的。所以武帝虽然就说了这么一句话,命了这么一个门,却透露出了他意欲动摇其长子刘据太子之位的意向。结果让奸邪之人揣摸到了他的心意,知他奇爱少子,想以少子为嗣,遂有倾危皇后、太子之心,最终酿成巫蛊之祸:"为人君者,动静举措不可不慎,发于中必形于外,天下无不知之。当是时也,皇后、太子皆无恙,而命钩弋之门曰尧母,非名也。是以奸人逆探上意,知其奇爱少子,欲以为嗣,遂有危皇后、太子之心,卒成巫蛊之祸,悲夫!"①

司马光显然是不满武帝把想法透露出来,但站在武帝的立场上看,他虽有更易储君之心,若不表露出来,臣下如何能知道并助他实现这个愿望?要知道在此之前,他曾多次明确表达过对太子刘据的支持。

如太子母子本就因知道武帝嫌太子仁恕温谨,缺少霸气,不像自己,而心中不安,后来武帝宠幸的女子诸如王夫人、李姬、李夫人等都生了儿子,这不免更让他们忧心忡忡。武帝知道后,特地让卫青给太子母子传话说:"汉家的许多制度都处在草创阶段,加上边境很不安宁,朕若不变更制度,后世就无从效法,不出师征伐,天下就无法安定下来,因此不得不劳乏百姓。如果后世又出现像朕这样的君主,那就

---

①司马光:《资治通鉴》卷二十二,中华书局1956年版,第723页。

是在重走秦朝灭亡的道路啊。太子敦重好静,一定能安定天下,不让朕担忧。想寻求能够守成的君主,哪有比太子还贤德的人!听说皇后与太子有紧张不安的想法,怎么会有他们担心的事呢?你可以把朕的意思告诉他们。"

再如卫太子每每劝谏武帝不要征伐四夷,武帝总是笑着说:"朕承担劳苦,把安逸留给你,不也是很好吗!"

再如武帝每每外出巡行时,都会把朝中的事情托付给卫太子,宫中的事情交给卫后处理。武帝回京后,卫太子在向他报告工作时,往往只是说那些大事,武帝也并无异议,有的时候甚至问都懒得问。卫后见卫太子每每自行其是,担心会惹武帝不满,常告诫太子要把事情留下来,等武帝回来后,根据武帝的意思裁决,不应该擅自决断。武帝听说后,赞成太子的行为而不认可卫后的主张。

又如武帝身体曾稍有不适,让小黄门常融去召唤太子来见自己,常融回来后对武帝说,太子听到武帝生病的消息后,面有喜色。武帝闻言默然不语。太子来后,武帝看他的脸上有泪痕,可是他却假装高兴,与武帝谈笑,这令武帝感到很奇怪,就详细询问是怎么回事,这才知道太子一听说武帝有病,就担心得哭了起来。武帝为此大怒,为避免再有陷害太子之事发生,遂诛杀常融,以儆效尤。

可以说,一直以来,武帝给世人的印象都是很宠爱太子,所以他不设法让反对太子的人们知道他对太子的态度已经改变,谁敢直接向太子发起挑战呢?

而察武帝有易储之心的原因,乃在于他与太子矛盾日深,恶化了与太子的关系。

首先,治国理念不同。武帝治国推崇儒表法里的霸政,在位期间,他高扬春秋《公羊》学大一统、大复仇的旗帜,外征四夷,内兴功利,取得重大成就:"北征匈奴,单于远遁,南平氐羌、昆明、瓯骆两越,东定薉、貊、朝鲜,廓地斥境,立郡县,百蛮率服,款塞自至,珍贡陈于宗庙;协音律,造乐歌,荐上帝,封太山,立明堂,改正朔,易服色;明开圣绪,尊贤显功,兴灭继绝,褒周之后;备天地之礼,广道术之路。"但其消极后果也很严重:"武帝虽有攘四夷广土斥境之功,然多杀士众,竭民财力,奢泰亡度,天下虚耗,百姓流离,物故者半。"①社会因此而发生分裂,以官僚阶层为核心的既得利益阶层,支持武帝建功立业;工商业者、地方豪富及广大的小农阶层等则因利益受损,而对武帝之举深恶痛绝,最终忍无可忍,揭竿而起。天汉二年(前99年)关东出现"自西汉建立以来最大的一次来自下层的大震动"②,这次暴动遍及关东地区,参与暴动的百姓聚在一起,大群至数千人,小群以百数,他们攻打城邑,掠夺乡里,声势甚盛。武帝派绣衣使者,发兵分部逐捕,历时数年,方才勉强将暴动镇压下去。但盗贼问题始终没能得到彻底解决。此次镇压过后,盗贼很快又在社会上大量出现。

卫太子目睹时局之严峻,思有以变更以苏民困,故武帝虽诏令卫太子学习《公羊传》,但卫太子对讲尊尊亲亲、重视宗法情义及伦理秩序,视民为君本,重民命、爱民财的《谷梁传》更感兴趣,在掌握《公羊传》之义后,又私下里学习《谷梁传》。其政治理念主张施行仁政,反对武力征伐。因此多次劝谏武帝不要兴师四夷。由于武帝外出巡幸期间,常让卫太子代理朝政,卫太子遂利用这一机会,纠偏武帝之政以便民,对武帝的政令多有变易。就武帝而言,他此前曾言及要彻底解决汉朝所面临的内外问题,然后由卫太子来守成。但随着形势的发展,他逐渐认识到,在他有生之年,很可能难以完成既定的任务。这就要求继立的君主,继续坚持他的道路,来实现他未竟的事业。而卫太子显然志在守成,无意继其遗志。这不免让武帝深以为忧,担心卫太子继位之后,不仅不能使他开创的局面得到发扬光大,并且还会有使汉家统治走向衰落之虞。另外太子因屡行德政而深得民心,这也为武帝所不喜。

其二,太子羽翼已成,让武帝对他充满疑忌。太子自元狩元年(前122年)四月被立,至太始三年(前94年)武帝少子出生时,已为国之储君29年。在此期间,武帝委任卫太子的母家卫氏外戚中的两个核心人物卫青、霍去病长期统兵征伐,卫、霍遂以军功屡受封赏,卫青拜

---

① 班固撰,王先谦补注:《汉书补注》卷七十五《夏侯胜传》,上海古籍出版社2008年版,第4873~4874页。
② 田余庆:《论轮台诏》,《秦汉魏晋史探微》(重订本),中华书局2004年版,第50页。

爵长平侯,官至大司马大将军;霍去病拜爵冠军侯,官至大司马骠骑将军,皆位极人臣。卫青的三个儿子又皆被封为侯。与此同时,他们属下的大批将校也因功被加官晋爵,活跃在当时的政坛之上。如元朔二年(前127年),校尉苏建被封为平陵侯,张次公被封为岸头侯。元朔五年(前124年),诸校尉公孙敖、韩说、公孙贺、李蔡、李朔、赵不虞、公孙戎奴等分别被封为合骑侯、龙额侯、南窌侯、乐安侯、涉轵侯、随成侯、从平侯;李沮、李息、豆如意等皆被赐爵关内侯。元朔六年(前123年)以卫青统军征匈奴有功,特置武功爵,军功多用越等,大者封侯卿大夫,小者郎吏。是役封霍去病为冠军侯、郝贤为众利侯。元狩二年(前121年)封赵破奴为从骠侯,赐校尉从至小月氏爵左庶长。元狩四年(前119年)封路博德为符离侯、邢山为义阳侯、李敢为关内侯,徐自为爵大庶长①,其他军吏卒为官,赏赐甚多。从而形成了一个以卫青、霍去病为领袖的庞大的军功外戚集团,成为太子母子的重要依靠。尽管这个集团随着霍去病、卫青的先后去世,再加上武帝的压制,在武帝后期的政坛上已呈江河日下之势,但这支力量还在,一旦太子有召唤,没有人敢保证他们不会倒向太子。另外,武帝从培养继承人考虑,太子长大成人,入居太子宫后,武帝特为他在长安城南杜门外五里处起博望苑,让他自行招揽天下贤俊,许多人由此成为太子集团的成员;后又因经常代武帝处理国事,一些在朝中不得意的所谓"宽厚长者"又渐渐聚拢到太子的旗下,因此到了武帝晚期,以卫太子为核心,在武帝之外,俨然又崛起了一个新的权力中心:"在武帝和太子并存的长时间里,朝廷中自然存在着两类官僚。一类是追随武帝开边、兴利、改制、用法之臣,他们是多数;一类是拥护'守文'的太子的所谓'宽厚长者',他们是少数。武帝和太子既然各有一班为自己效力的臣僚,他们的关系就超越了宫廷生活中的父子关系和个人权势关系,而具有朝廷中两种矛盾的政治势力的性质。"②这就让嗜权如命但因日渐老迈导

---

①徐自为是年封爵,《史记·卫将军骠骑列传》云:"校尉自为爵大庶长。"《汉书·卫青霍去病传》云:校尉自为爵左庶长。"秦汉时期的军功爵制,第十级为左庶长,第十八级为大庶长,据此推考文意,当以大庶长为是。

②田余庆:《论轮台诏》,《秦汉魏晋史探微》(重订本),中华书局2004年版,第36页。

致执政能力持续下降的武帝,对卫太子心生疑忌成为必然。

其三,武帝担心若由卫太子继位,汉家会再度出现太后擅权的局面。武帝眼见自己日渐衰老,死亡在即,卫太子继位已指日可待,以太子母子关系之亲密,尽管太子已是成年人,他继位后卫皇后仍有可能会插手朝政,因为从汉代的传统看,"汉母后预政,不必临朝及少主,虽长君亦然"①。若如此,则庞大的卫氏外戚集团成员自然也将随之复起而遍据要津,卫皇后因此将权倾内外,而这是武帝所不愿看到的。汉初由于吕后专权而险些夺去汉家江山的往事,一直是武帝心中挥之不去的阴影;继而其祖母窦氏对其父子所做的一切,更是让他记忆犹新。汉初吕后专权期间,先后封其兄子吕台、吕产、吕禄、吕台之子吕通为王,其中吕台、吕产还分掌南、北二军,吕氏族人又有六人封侯,权势之盛,一度颇有倾危汉室社稷之虞。景帝在位期间,景帝的母亲窦氏不仅经常插手政务,还想让景帝立自己的小儿子梁王刘武为储君,把景帝搞得非常被动。后来她明知景帝欲立武帝为继承人,仍然逼着景帝立刘武为储君。武帝即位后,窦氏为太皇太后,仍然干预政事。窦氏崇黄老之术,御史大夫赵绾、郎中令王臧以儒术用事,窦氏对此甚为不悦,赵绾又请求武帝不再向窦氏奏事,窦氏闻言大怒,遂搜罗赵绾、王臧利用非法手段获取利益之事,并以此斥责武帝用人不明,逼武帝将赵绾及王臧下狱,二人被迫自杀,丞相窦婴、太尉田蚡免职,致使朝廷为之震荡,武帝帝位为之不稳。因此从为汉家江山的安危考虑,武帝不希望继他而立的君主身边有一个强大的外戚势力。并且汉家寡居的贵妇人私生活多不谨,在汉代也是一个公开的秘密。如刘邦去世后,吕后宠幸审食其。武帝的姑母馆陶公主寡居,私幸董偃。想想自己死后,由皇后晋位皇太后的卫子夫也可能如此作为,让自己蒙羞,武帝无论如何咽不下这口气。

总此数点,武帝就有了易储之心。或许有人会说②,武帝也就那么

---

① 洪迈撰,孔凡礼点校:《容斋随笔》卷二《汉母后》,中华书局2005年版,第28页。
② 如劳干称:"至于昭帝出生,被题为'尧母门',这一个问题,并经司马光指责。其实尧、舜、禹、汤,在汉代常作命名,并不见得有储嗣问题,也不足深究了。"见劳干:《霍光当政时的政治问题》,《古代中国的历史与文化》,(台北)联经出版事业股份有限公司2006年版,第139页。

一说,本人就当真了,喋喋不休地讲出这么多道理,是不是有点多虑了?事实上,这还真不是瞎猜。武帝长期执政,娴熟统治技巧,为避免尴尬、被动,对于一些敏感问题往往不直接表态,而是通过旁敲侧击的方式,委婉地表达出来。如有次太子去见卫后,过了很长时间才出来,宦官黄门苏文就向武帝打小报告说:"太子因为在皇后宫中与宫女戏耍,所以出来得晚。"武帝听后,将太子的宫女增加到二百人。无缘无故地增加了一些宫女,这让太子甚感莫明其妙,就让人去打听缘故,才知道是苏文在背后陷害自己,当时便恨得咬牙切齿。因为苏文一句话,父亲就赐给自己宫女,太子解读后认为这不是奖赏,而是批评,武帝的意思是告诫太子,他身为国之储君,以后要君临天下,为民表率,因此要注意自己的形象,不要在自己宫外做那些有失体面的事情。再如卫后批评太子擅自处理朝政一事,武帝知道后赞成太子的行为而不认可卫后的主张。但这到底是什么意思呢?肯定太子的行为就是对太子的表扬吗?其实倒未必。武帝肯定太子,是欣赏他的率性而为、不加掩饰的个性,至于他对朝政的处置是否合乎武帝的心思,武帝其实并没有说。

卫太子不仅不为武帝所喜,朝中掌权的权贵对他也非常不满。因为武帝治国用法暴酷,故治下多严酷苛刻之吏,武帝时期的苛政都是由他们提出并推行的。故卫太子纠偏武帝之政,实际上纠的就是这些权贵的政令,因而招致他们的强烈不满,无论是为现实还是以后的仕途考虑,他们都不希望刘据为储君。因此这些人不仅经常在武帝面前说太子的坏话,还阴谋构陷太子,其中有些人与太子更是势同水火。

后宫中意欲颠覆卫太子储君之位的活动也丝毫不逊于外朝。尤其是那几个有宠并生子的女子,在宫中都甚有势力,而大凡这样的女子,大都居心叵测,对储君之位虎视眈眈。如高祖时戚夫人欲恃宠夺嫡,一度把吕后搞得寝食难安。文帝时窦氏施展手腕将自己的儿子推上了太子的宝座。景帝时王夫人为把自己的儿子胶东王刘彻也就是后来的武帝刘彻扶上太子之位,可谓费尽心机。武帝时后宫斗争尤其激烈,只是武帝天性雄猜,最忌被人左右,故宫中女子虽有这种想法,也不敢如戚夫人那样,向他明确地表示出来。这些女子只是拼命地在背地算计太子母子。比如宦官苏文、常融、王弼等就是受这些女子的指使,经常在武帝面前添油加醋地诽谤太子母子。

在此情况下,太子母子本应在朝中得到强有力的支持,但由于早在元封五年(前106年)时,卫氏集团的核心人物大将军卫青就去世了,所以竟成孤立之势。在卫青活着的时候,朝臣以及那些倾险小人虽然对太子母子不满,却因顾忌卫青的威望,还不敢明目张胆地算计太子母子;及至卫青死后,见太子母子失去依靠,便都想构陷太子母子,将他们扳倒。及至从武帝的言行中窥测到了武帝的易储之心,反太子势力倾覆太子母子的活动不免更加猖獗起来。

就武帝而言,虽然通过少子出生一事,透露了他的易储之心,但接下来他的举止又让人觉得这更似无心之语。因为太始四年(前93年)三月,他又去行幸泰山,到五月时才回到长安城外的建章宫。当年十二月又行幸雍,西至安定、北地,至征和元年(前92年)正月才又回到建章宫。按照惯例,在他外出巡幸期间,朝政仍是卫太子主持,后宫仍是卫皇后打理。究其原因,首先可能是因武帝年过花甲而得少子,让他自觉身体尚健,认为易储之事不必急在一时;其次,由于太子羽翼甚众,若轻率动摇太子,稍一不慎,就会引起朝局的动荡;最后,他与太子为父子数十年,对太子还是有感情的,让他断然下狠手处置太子,确实于心不忍。但是来自上天的警示却又让他屡屡欲罢不能。

自先秦以来,"天人感应"之说一直大行于世。人们认为上天主宰着人世的命运,并常常通过降下异常的征兆来预示人世的祸福:"天垂象,见吉凶"。[1]如《中庸》称国家在兴起与灭亡之前,都会有异兆出现:"国家将兴,必有祯祥;国家将亡,必有妖孽"。[2]邹衍认为帝王将要兴起的时候,上天必定先给百姓降下祥瑞:"凡帝王者之将兴也,天必先见祥乎下民。"[3]

历史进入汉代后,学者们对"天人感应"说继续进行深入的探讨。

---

[1] 孔颖达:《周易正义》卷七,《十三经注疏本》,中华书局1980年版,第82页。
[2] 朱熹:《中庸章句》,《四书章句集注》,中华书局1983年版,第33页。
[3] 吕不韦原著,王利器著:《吕氏春秋注疏》卷十三《应同》,巴蜀书社2002年版,第1277页。

如陆贾认为国家对百姓推行恶政，横征暴敛、法治严苛，就会产生恶气，恶气则会产生灾异。螟虫之类的东西，就是随着恶气而产生的；虹蜺之类的东西，就是因为推行恶政而出现的。人世的治道有失，则上天就会出现异常的天象；恶政流布于百姓，则螟虫就会生于田野："恶政生恶气，恶气生灾异。螟虫之类，随气而生；虹蜺之属，因政而见。治道失于下，则天文变于上；恶政流于民，则螟虫生于野。"①韩婴提出如果统治者治国无道，就会出现一系列灾异现象："《传》曰：'国无道则飘风厉疾，暴雨折木，阴阳错氛，夏寒冬温，春热秋荣，日月无光，星辰错行，民多疾病，国多不祥，群生不寿，而五谷不登。'"②及至董仲舒又提出了系统的"天人感应"说，并进一步论述了灾异现象的可怕之处。在他看来，天地间的异常现象并非是上天对人事的被动反应，即统治者做了什么坏事，上天就显示出什么样的灾异；而是对统治者行为的规范与指导。如果统治者不听从上天的教导，一意孤行，不进行变革，就会出现大的祸患，因此需要认真加以揣摩领会，以期能够对祸乱及时加以制止："天地之物有不常之变者，谓之异，小者谓之灾。灾常先至而异乃随之。灾者，天之谴也；异者，天之威也。谴之而不知，乃畏之以威。《诗》云：'畏天之威。'殆此谓也。凡灾异之本，尽生于国家之失。国家之失乃始萌芽，而天出灾害以谴告之；谴告之而不知变，乃见怪异以惊骇之，惊骇之尚不知畏恐，其殃咎乃至。以此见天意之仁而不欲陷人也。"③又称："臣谨案《春秋》之中，视前世已行之事，以观天人相与之际，甚可畏也。国家将有失道之败，而天乃先出灾害以谴告之，不知自省，又出怪异以警惧之，尚不知变，而伤败乃至。"④

董仲舒被称为汉世儒宗，其"天人感应"思想得到了汉代学者的普遍认同，从而使通过异常现象窥伺天意以指导时政成为汉世的一种时尚，对汉代统治影响甚巨。因此，太始三年（前94年）后，接连发生的灾异事件不能不让武帝心存忧虑。

---

① 王利器：《明诚》，《新语校注》，中华书局1986年版，第155页。
② 韩婴撰，许维遹校释：《韩诗外传集释》，中华书局1980年版，第74页。
③ 苏舆撰，钟哲点校：《春秋繁露义证》卷八《必仁且智》，中华书局1992年版，第259页。
④ 班固撰，王先谦补注：《汉书补注》卷五十六《董仲舒传》，第4022页。

太始四年(前93年)七月,赵国有蛇从邯郸的郭外进入城中,与城中的蛇在为文帝所立的神庙下发生群斗,结果城中蛇斗死。据史载鲁桓公十五年(前697年)五月,郑国国君郑厉公与郑权臣蔡仲之间矛盾激化,遂出奔,继而定居于郑边邑栎。后来郑国都城南门中发生门内的蛇与门外的蛇相斗事件,门内的蛇斗死。此后过了数年,也就是鲁庄公十四年(前680年)六月,郑国大夫傅瑕杀掉郑国国君子仪及其二子,重新拥立厉公。鲁庄公听说发生在郑国的蛇斗之事,就问鲁国大夫申繻:"厉公回国难道与蛇妖有关吗?"申繻说:"人是否会遇到他忌惮的事,是由他自己的气焰决定的。遇上妖孽是由自身行为导致的。如果人本身没有给妖孽作怪的可乘之机,妖孽自己就不会出现。人舍弃常道,妖孽就会兴起,所以才有妖孽。"显然,在申繻看来,若人行事失常,就会出现妖孽,继而就会发生非常之事,郑国后来的事是与蛇妖事件有关联的。因此发生在邯郸的蛇斗之事不能不引起武帝的疑虑。当年十月三十日,又发生了日食。因古人认为人君像日,君主与太阳之间存在着协同感应关系,因此太阳发生的异常现象都与君主有关。阴侵阳会导致日食发生,在人世则意味着出现了人君无道、臣下专权、后妃乱政等问题,对应的灾害则可能是亡国、君主疾或死、水灾、旱灾、兵灾等。对武帝而言,他当然不会认为自己无道,面对日食的出现,他要思考的就是臣下专权、后妃乱政的问题,那么专权的臣下、乱政的后妃会是谁呢?

征和元年(前92年)夏,大旱。对于此时的旱灾,可能是意味着上一年的日食喻示的灾害成为现实,同时这可能也是人世将发生异常事件的征兆。如春秋时期每有旱灾便有大事件发生。汉代亦如此。如惠帝五年(前190)夏,大旱,是岁长安城修成。文帝三年(前177年)秋,天下旱。当年夏,匈奴右贤王侵扰上郡,文帝诏丞相灌婴发车骑士八万五千人奔赴高奴,将右贤王赶出塞外。当年秋,济北王刘兴居造反,文帝遣将讨平之。文帝后六年(前158年)春,天下大旱。接下来匈奴大规模入侵上郡、云中,烽火通长安,文帝遣三将军屯边,又遣三将军屯京师。武帝元光六年(前129年)夏,大旱。是岁,四将军征匈奴。元朔五年(前124年)春,大旱。是岁,六将军率众十余万征匈奴。

元狩三年(前120年)夏,大旱。是岁,发天下故吏伐棘上林,穿昆明池。天汉元年(前100年)夏,大旱。天汉二年(前99年)夏,三将军征匈奴,李陵战没不还。由于大旱多与兵事相关,这也让武帝忧心不已。

上天的频频示警已让武帝坐卧不安,紧接着发生的一件事又让他怒不可遏。征和元年(前92年)秋冬时节,武帝在建章宫居住时,看到一个陌生男子带着剑进入中龙华门,引起武帝怀疑,便命人去逮捕他。而那男子见状,扔了剑就跑,侍卫们忙去追赶他,但最终还是让他逃脱了。这事让武帝非常愤怒,当时就把掌管宫门安全的官员门候给斩了。接下来的十一月,征发三辅①地区的骑士在上林苑中展开大搜捕,同时又关闭长安城门搜捕奸人,一直搜了十一天才停止,而武帝仍然怒气难息。在他看来,这分明是有人等不到他死,就急着要夺他的权了。而在建章宫门禁森严的情况下,居然有人能带剑闯入宫中,并出现在他的面前,没有内应这样的事情是绝对不会发生的,这不免让他不寒而栗!因为这说明敌对势力党羽已渗透到了他的宫中,甚至在他身边可能就一直站着居心叵测的人!那接下来要问的就是谁是最盼着他立马断气的那个人了,而说到这个问题,武帝有无数个理由指向他的长子卫太子刘据。因为自己现在若死掉,刘据不仅可以不用再战战兢兢地担心失去太子之位,而且立马就可登上皇帝的宝座,并且他也具备安排刺客入宫刺杀自己的能力和条件。至于其他的儿子,自己若现在死去,不仅他们得不到任何好处,并且还极有可能受到刘据的清算,对他们而言,自己只有活着,他们才有安稳的日子过,纵使有的儿子觊觎太子之位,也只有在他的支持下才能做成,否则真是一点希望都没有。所以想要自己老命的只会是太子!既然如此,对太子还有什么可怜惜的!

虽然武帝决意要废黜太子,但真正操作起来难度颇大。因为一直以来,由于武帝注重维护太子声誉,使其鲜有负面信息流布民间,且太子在代武帝主政时屡行德政,深为百姓所敬仰。故若武帝直接废黜太子,纵使理由再充分,百姓也不会接受,而只会认为这是一个阴谋。因

---

① 三辅:是汉代治理京畿长安地区的三个长官的合称,即左冯翊、右扶风、京兆尹。

为一个忠孝、仁德的人是绝对不会祸乱国家的。或许有人会认为,以武帝之强悍,他若一定要强行废黜太子,谁又能奈他何?然而我们历数武帝之政,可发现他每推行一项政策,处理一件事情,大都要给自己的行为找出一个冠冕堂皇的借口。究其原因,乃在于他深知要想保有皇权,就必须保持社会的稳定,而要想保持社会的稳定,对于君主而言,一个最基本的要求是,君主本人必须遵守与维护为整个社会所尊奉的那些构成社会稳定的基石的普世价值理念,比如儒家所宣扬的"五常"——仁、义、礼、智、信,就是汉代的普世价值观。具体而言就是对人要有亲爱之心,做事要公平合理,行为要与一定的准则相适合,要言行一致、表里如一。如果这些基本理念得不到尊重与维护,汉代的社会就会陷入混乱。因此武帝虽然握有整个帝国的生杀予夺之权,但他却不能公然做出有违这些普世价值理念的事情。所以他要想废黜太子,就必须拿出一个可以让百姓接受的理由。另外此时的太子羽翼已成,武帝贸然动摇他,可能会让他的集团奋起抗争,从而给武帝带来不测的祸患。因此武帝要想废黜太子,就必须小心谨慎!而通察武帝废黜太子的过程,也确实显现出了武帝作为老牌政治家手段的老辣。

征和元年(前92年)冬,武帝虽然在上林苑和长安城停止了对奸人的搜捕,但紧跟着又下诏全力搜捕阳陵大侠朱安世,继而又以擅用北军钱一千九百万为借口,逮捕了太仆公孙敬声。此两事看似与太子无关,实则招招都是指向太子的。朱安世时常游走于长安上流社会,与权贵们来往甚密,对武帝而言,一旦朱安世在手,几可尽知权贵们的隐私,故武帝一定要抓住他,很可能就是想以他为突破口动摇卫氏外戚集团。应该说,这是一个捷径,可一时之间却抓不到朱安世,武帝于是启动第二套方案:抓捕公孙敬声,剑指公孙贺,强攻卫氏外戚集团。之所以率先向公孙贺父子发难,是因为在卫氏外戚集团的成员中,这两个人对武帝威胁最大。围绕皇后卫子夫与卫太子刘据,卫氏外戚集团的核心成员有卫子夫的姐姐卫君孺、姐夫公孙贺、外甥公孙敬声、侄子长平侯卫伉、女儿诸邑公主和阳石公主等。其中公孙贺为丞相,官居百僚之首,权势甚大;公孙敬声为太仆,位居九卿,职掌武帝舆马,有时还亲自为武帝驾车,属武帝身边近臣。故武帝若想铲除卫氏外戚集团,就必须先除掉公孙贺父子,否则若其父子为乱,武帝就会有性命之忧。有鉴于此,武帝遂抓捕公孙敬声,意欲罗织罪名,先除掉公孙贺家族。时任太常的江都侯靳石因未窥透其中的玄机,竟去牢中慰问公孙敬声,被免职。

公孙贺本武人出身,谋事简单,思虑不周,一见儿子被抓,方寸大乱,竟主动向武帝请求替朝廷抓捕朱安世为公孙敬声赎罪。武帝恐怕不会想到公孙贺会出此下策,但这分明对自己有利。因为公孙敬声自恃权贵身份,居官骄奢不奉王法,武帝想抓他,随时就能找到借口把他再抓起来,让武帝发愁的是怎样才能尽快抓到朱安世,现在公孙贺主动请缨来抓朱安世,武帝当然愿意让他试试,并且这样做还会给世人造成错觉,那就是武帝抓公孙敬声确实是因为他犯了罪,而不是为了清算卫氏集团而设的局。因此,公孙贺一提出请求,武帝当即就答应了。而公孙贺得了武帝的许可后,为了尽快抓到朱安世,就动用各种关系,寻找朱安世,并假传朝廷诏令,估计是骗朱安世说朝廷找他只是想了解一些情况,并承诺不重惩朱安世。在朱安世看来,丞相的话还能有假?且总躲也不是办法,就出来自首了。而公孙贺抓到朱安世后,也没多想,直接便把朱安世送进了监狱,接下来就等着武帝信守诺言,放他儿子出来了。

殊不知这已犯了武帝的忌讳。因为武帝以天子之威都难以捕获的人,他做丞相的居然说抓就抓到了,这足以说明他与江湖侠士交往之深,而武帝最忌朝廷重臣与游士交往,言之每每为之切齿!而朱安世入狱后,得知公孙贺抓他是想拿他赎自己的儿子,不怒反笑说:"丞相要祸及宗族了啊。把南山的竹子都砍下来,做成竹简,也不足书写我所知道的丞相家的罪状;把斜谷的树木都砍倒,做成刑具,也不够械系丞相家人。"当即便从狱中上书,告公孙敬声大罪二:其一,公孙敬声与卫皇后的女儿阳石公主私通;其二,公孙敬声使用巫蛊之术,让巫师诅咒武帝,并且在通往甘泉宫的驰道上埋偶人,诅咒武帝时说过恶毒的话。且不说公孙敬声与阳石公主私通一事,单是巫蛊之罪,就足以诛灭公孙贺全家。巫蛊之术是流行于武帝时期的一种暗害仇敌的巫术。"蛊"本义是指经由饮食给人们带来疾病的害虫。其首要特性是伤害性。汉代"巫蛊"之"蛊"就是由其伤害性引申而来。① 巫师为蛊，故称巫蛊。其方法是人们让巫师用桐木制作象征自己仇敌的木偶，然后将其作为施术对象埋置地下，并加以祭祀和诅咒，人们认为这样做就可以达到伤害仇敌本人的目的。武帝对此非常忌讳！元光五年（前130年）女子楚服等因替陈皇后行巫蛊之事，被武帝定为大逆无道之罪，除楚服被枭首于市外，被株连而死者有三百余人。现在得知公孙敬声又以此术谋害自己，武帝岂能饶他！

因此公孙贺虽然为武帝抓到了朱安世，但武帝不仅没有把公孙敬声放出来，反而在征和二年（前91年）正月，把公孙贺也抓进了监狱，深究他父子所犯的罪行，公孙贺父子遂死狱中，其家人皆被族诛。但是对涉案的朱安世和阳石公主却不作惩处，这体现了武帝的高明之处。不处理朱安世，是因为他的价值还没有被利用尽，留着他有利于武帝开展下一步行动。不处理阳石公主，是因为若将阳石公主与公孙贺父子并案处理，会让社会舆论将此解读为宫廷的权力之争，并深挖内蕴，从而窥测到他动摇卫太子储君之位的机心。这不仅会降低他惩处公孙贺等的正义性与正当性，而且还会引发社会舆论反弹，出现拥护卫太子的声浪。尤其令他担忧的是，此时他还没有完成合围卫氏外戚集团的布局，若卫氏外戚集团在绝望之下，铤而走险，发动叛乱，不仅会让他陷入危局之中，还会酿成轰动天下的丑闻，这就得不偿失了。但是若将公孙贺一案明确定性为贪污腐败、损公肥私、祸国殃民，又会让本已蠢蠢欲动的反卫氏外戚势力大失所望，偃旗息鼓，而这也是武帝所不愿看到的。

对武帝而言，此案的处理必须拿捏好分寸：既要避免舆论对此事做深入解读，又要让卫氏外戚集团心存希冀，还要让反卫氏外戚势力领会到他的用心。于是，为了充分利用好此案的价值，在诛除公孙贺

---

① 周凤霞：《汉代巫蛊术溯源》，上海市社会科学界联合会编：《人文教育·文明·价值·传统——上海市社会科学界第五届学术年会文集（2007年度）哲学·历史·人文学科卷》，上海人民出版社2007年版，第287~288页。参见蒲慕州：《巫蛊之祸的政治意义》，《中研院史语所集刊》第57本第3分（1986年）；劳干：《对于〈巫蛊之祸的政治意义〉的看法》，《中研院史语所集刊》第57本第3分（1986年）；李建民：《〈汉书·江充传〉"桐木人"小考》，《中国科技史料》2001年第4期。

家族后,虽然此案对社会造成极大震动,但在相当长一段时间内,武帝并没有给出任何解释,而是让各方势力根据自己所掌握的相关信息,对公孙贺一案进行自由解读。结果武帝此举让卫氏外戚集团感到惶惑不已,因为若说武帝要铲除他们,为什么将案子只追到公孙贺家族,而放过了阳石公主?混乱的信息,既让他们心存侥幸,又忧心不已,以至于不知该如何应对。而反卫氏外戚势力却从此案的处理中,推断出武帝很可能已经开始着手清算卫氏外戚集团了,他们尽可倾力攻击太子了!

当年春,涿郡铁官在铸铁时,铁熔化后迸出的火星,都飞上天去。此被视为火发生异变所致,或认为此事是"金不从革"所致,古人认为五行之中,金之性为"革",其意为金能顺从人的意愿而改变其形状,如今铁飞而器不成,就是发生异变的表现。但无论哪种解释,人们都认为这预示着接下来可能要发生非常之事。

三月,武帝提拔其庶兄中山靖王刘胜的儿子、武帝五子昌邑王刘髆的舅舅贰师将军李广利的亲家、涿郡太守刘屈氂为左丞相,封澎侯,这显然是要以李氏外戚集团来对付卫氏外戚集团。但这样一来,定然会加重卫氏外戚集团的忧虑。先前的公孙贺家族因巫蛊罪被诛,使卫氏外戚集团成员因担心受到牵连而心忧不已,现在武帝又任命李氏外戚集团的重要成员刘屈氂为丞相,卫氏外戚集团当更为惊惧。当此情势下,难保他们不会做出过激的举动。将宫廷的权力之争大白于天下,无疑会有损武帝的尊严。同时任由公孙敬声与阳石公主私通一事流布民间,成为百姓的笑料谈资,也有损皇家的声誉。有鉴于此,武帝借拜刘屈氂为左丞相一事,制诏御史,对族诛公孙贺及提拔刘屈氂一事进行了解释。

关于公孙贺一案,由于武帝为太子时,公孙贺曾做过他的舍人,因此在诏书中,武帝在历数公孙贺罪状之前,先将其定位为自己的"旧故"而非卫皇后的亲戚,然后说公孙贺依仗着与自己的旧故关系,利用其身居高位所拥有的权势为非作歹,置办肥沃的良田来为其子弟、宾客谋取私利,不顾百姓的疾苦;戍边的士卒缺乏粮食,不能想办法满足他们的需求;贪财腐败,收受下属的贿赂,致使百姓的货赂向上流向官员们。自己已经忍耐他很久了,但他却始终不自行悔改。为了平息边地士卒对他的不满,得到他们的支持,他令内地的郡县省减用度,给边郡的军队制作军车,又令农民自己转运谷物到边地,这极大地增加了农民的负担,又使畜产受到烦扰,怀孕的母马因此受到损耗,致使武备衰减;地方官员随意增加赋税,导致百姓无力承担而流亡;又假传诏令,以奸诈的手段逮捕朱安世。最后指出这一案件已由司法官员做出正确处理。至于朱安世所告的罪状武帝在诏书中只字不提。

关于为什么任命涿郡太守刘屈氂为丞相,武帝说亲近亲人,任用贤士,是尧舜三代的治国之道。为了国家的长治久安,他决定效法古道,将丞相、长史分为左右两府,由于还没有得到贤人,因此先任用刘屈氂为左丞相,等得到贤人就委任其为右丞相。

总之,通过诏书,武帝向卫氏外戚集团表达了他对公孙贺一案的态度:此案到公孙贺家族为止,不再追究其他人的罪责;同时告诉世人,此前关于此案的一切流言都是不准确的,公孙贺之所以被诛除,是由于他贪赃枉法、不恤民情、胡作非为,提拔刘屈氂为丞相是效法古道,世人不必做过多联想。

四月,又刮起大风,风势之猛,竟至将屋顶揭去、把树木折断。而汉代数位贵族谋反前,都曾出现过狂风。如文帝二年(前178年)六月,淮南王刘长的国都寿春大风毁民室、杀人,后刘长阴谋逆乱而败亡。文帝五年(前175年),吴国发生暴风雨,毁坏城墙、官府、民室。当年十月,楚王刘戊初嗣位,其国都彭城刮起东南风,风势极大,以至于毁市门,杀人。后刘濞、刘戊发动叛乱而败亡。故此次大风,很可能也是上天在警示汉朝即将发生大的反叛事件。

眼见上天不断示警,异兆频发,已准备就绪的武帝,为避免他的朝廷发生大的祸患,危及其统治,遂率先发难,大开杀戒。闰四月,以巫蛊罪,诛除卫子夫的两个女儿诸邑公主、阳石公主以及她的弟弟卫青的长子故长平侯卫伉、她的外孙平阳侯曹宗等。卫青的亲信故因杅将军公孙敖天汉四年(前97年)统军击匈奴,因伤亡士卒多,依律当斩,公孙敖遂诈死,逃至民间躲避五六年,后被发觉逮捕,以其妻为巫蛊,征和二年(前91年)其家被族灭①。此举几乎将卫氏外戚集团的骨干力量一网打尽。太子危矣！

  武帝能够迅速除掉诸邑公主等，当与朱安世在他手中关系甚大，通过朱安世的告发，武帝得以全面掌握卫氏外戚集团的罪证，遂以合法的手段将其悉数诛除。当然这里有一个疑问：难道卫氏外戚集团成员真的个个有罪吗？由于时间久远，史有阙略，我们已经无法得知此案真相，但有一点可以肯定的是，武帝想让他们有罪，他们就会有罪。因为无论是朱安世还是卫氏外戚集团成员，在严刑拷打之下，武帝要他们说什么他们就得说什么。更何况武帝是有帮凶的，此时正是反卫氏外戚势力构陷卫氏外戚集团的大好时机，他们能会错过？

  虽然武帝清算太子的意图已日渐明朗，但他究竟想把这件事做到什么程度，人们并不清楚，正所谓疏不间亲，率尔而为，主动卷入武帝父子的纷争，做得好还好说，一旦没能把握好分寸，让武帝不满意，以武帝之冷酷，立马就可能要了自己的性命。因此虽然反卫氏外戚势力都已跃跃欲试，却没有人敢贸然出头向太子发动最后的一击。江充就是在此情势下跳了出来！

---

  ① 王益之称："《汉书·本纪》书：'太始元年春正月，因杅将军敖有罪，要斩。'《荀纪》《通鉴》据此皆载于太始元年。按《卫霍传》云敖击匈奴，'至余吾，亡士多，下吏当斩。诈死，亡居民间五六岁。后觉，复系。坐妻为巫蛊，族'。敖既卫氏党，所坐巫蛊必与曹宗、卫伉事相连同诛。是时去余吾之战已五六年矣，当以《传》为正。故吕氏《大事记》据传载于征和二年，今从之。"见王益之：《西汉年纪》卷十七，同治退补斋本。

第一章

江充：大奸若忠的上访者

第二章

第二章 江充：大奸若忠的上访者

江充，本名齐，字次倩，赵国邯郸人。初以其妹善鼓琴歌舞嫁与武帝异母兄长赵王刘彭祖的太子刘丹，而得到刘彭祖的宠信，为王府上客。刘彭祖为人巧言谄佞，表面对人谦恭，实则冷酷无情，刘丹虽为其子，也对其深为戒惧，见江齐常出入王府，深得刘彭祖赏识，就疑心江齐向刘彭祖透露自己的隐私，遂派人去逮捕江齐，没有抓到江齐，便捕杀江齐的父兄以泄愤。江齐为报血海深仇，更名江充，西逃入关，进京上书状告赵太子刘丹两条大罪：其一，刘丹与其异母妹妹、同母姐姐、赵王宫中的女子等有通奸行为；其二，刘丹与地方豪强不法之徒私相往来，杀人抢劫，无恶不作，地方官员不能禁止。

第一条罪状属乱伦行为，这是为社会伦理道德所不允许的，汉人对此有一个专门的术语叫"禽兽行"，如燕王刘定国与其已故父亲燕康王刘嘉之姬妾通奸，并生下一个男孩，又夺其弟妻为己之妾；还与他自己的三个子女通奸。元朔年间事发，武帝交公卿集议，都说："刘定国行同禽兽，扰乱人伦，违逆天道，应该处以死刑。"此议得到武帝的赞同，刘定国自杀。故若罪行属实，单这一条带来的后果就让刘丹难以承受。第二条罪状更是犯了朝廷的大忌。文景以来，由于宗室贵族频频挑战皇权，让君主对他们充满疑忌，因此君主严禁他们交通地方豪杰，犯者必遭严惩。

话说江充的奏状呈上去后，武帝览奏大怒，马上派使者赶赴赵地，征发地方兵卒包围赵王宫，逮捕刘丹，将其押往魏郡专门关押朝廷钦犯的监狱，让使者与廷尉对刘丹进行联合会审。经过审理，官员们认为江充举报属实，遂将刘丹定为死罪。赵王刘彭祖闻讯忙上书为刘丹讼冤，说："江充本是赵国逃亡的小臣，随便捏造诡诈虚假的谎言来激怒圣明的朝廷，想让天子一定相信他，从而报其与刘丹之间的私怨。只要能达到这一目的，日后即使被处以用鼎镬煮杀或者剁成肉酱的烹、醢之刑，他也无所悔恨。我愿意挑选赵国勇敢之士，与他们一起从军击匈奴，极尽我所有的力量，以赎免刘丹的罪过。"武帝虽给了赵王面子，赦免了刘丹的死罪，但刘丹的太子之位却被废，并再也没能恢复。

江充的行为在今天就是上访，或者说今天的上访在过去就叫"诣阙上书",不管怎样说,性质都一样。可以说,这类事情,在古今都算不上是什么稀奇事儿,但江充却因此名声大振,原因是他不仅上访成功,而且扳倒的是当朝皇帝的亲侄儿!这种事情,就是放在今天也是会引起轰动的。因此,许多人都想望他的风采,这其中就有武帝。武帝传下话去,要接见江充,地点是长安城西二十八里处皇家园林上林苑中的犬台宫。

能够得到最高领导人的接见,无论是在古代还是今天,对于普通人而言,都是极其荣幸的事情,江充欣喜若狂!由此也开启了他在历史上极富争议的自我营销人生历程。纵观他向武帝推销自己的过程,大致可以分做三步。

第一步:精心设计,力争将自己最美好的形象呈现在武帝面前。

江充一得知武帝要接见自己的消息,马上便意识到自己的机会来了。而能否抓住这次机会,第一印象极其重要,因为在与人第一次交往中给人留下的印象,无论好坏,往往都会在对方的头脑中长期留存,从而深刻地影响着对方对自己的看法。而第一印象主要是通过观察对方的衣着打扮、言谈举止等一些外在因素形成的,于是为了给武帝留下美好的第一印象,江充可谓是煞费苦心。

当时,还未去见武帝,江充就先吊了一下武帝的胃口,他请求武帝允许他穿着平时穿的衣服去见武帝。这简直有点无中生有,谁也没要求他穿什么衣服,他为什么强调要穿平时穿的衣服呢?这不由地就让武帝感到好奇,便同意了他的请求。

武帝一同意,江充就着手打扮起来。关于服饰,过于传统,会显得呆板,缺乏活力;过于时尚,又会显得不庄重。经过充分考虑,江充选择了一条传统与时尚相结合,寓时尚于传统之中的折中路线。

当时人们所穿的正装都是上衣、下裳相连缀而成的深衣,江充也穿深衣,不过他将他的深衣后边的下摆做成了向上翘起的燕尾式裙摆,于是一件原本比较古板的衣服一下子便活泼起来;别人在深衣外都会再罩一件纱衣,江充也罩了一件纱衣,但他的纱衣是用精细轻薄且带有褶皱的丝绸所做,这便显得闲适、飘逸、有情趣;别人都戴用单层丝帛做成、走起路来一步一摇的步摇冠,他也戴,所不同的是他还在步摇冠上插上了彩色的羽毛,这看起来很是醒目。这一身经过改造的行头本已相当时尚,偏江充又长得身材魁伟,仪表堂堂,因此当他穿着这身服装来犬台宫朝见武帝时,人们远远地望去,就觉他恍若神人一般:气宇轩昂、清新俊逸、风流倜傥,真真是矫矫不群。因此武帝还没有和他交谈,就已被他英俊潇洒的仪表所折服,忍不住对身边人说:"燕赵地区果然多奇士啊!"江充走到武帝跟前,武帝向他咨询对时政的看法,他也讲得头头是道。其实这种谈话,就如同今天找工作时的面试一样,往往形式重于内容,也就是说面试方注重的不是应试者说了什么,而是他怎样说。这涉及声音是否洪亮动听、逻辑是否合理明晰、语言是否生动风趣等,就江充而言,他在武帝面试时多少沾了点方言的光。当时燕赵地区的方言在汉朝甚为流行,秦汉时期后宫得宠女子多出自燕赵,很可能就与他们所操的方言有关,靡靡之音,好听。而江充就是赵人。总之,这次见面,无论是衣着打扮或是言行举止,江充都表现得非常得体,这让武帝很满意。

第二步:出其不意,深度刺激。

虽然初次会面,大获成功,但江充深知,仅凭这次会见,还不足以赢得武帝的欢心。因为武帝日理万机,兼又年老多忘,虽然对他的表现甚为欣赏,但若一转身就把他忘得一干二净也很正常。所以要想引起武帝的重视,他必须再做点什么。于是,过后不久,他又上书请求出使匈奴,这应该说是一着险棋。由于汉朝与匈奴长期交恶,相互攻伐不休,双方经常采用扣留对方使者的方式以示强,许多出使匈奴的使者因此被扣留匈奴,长期不得回朝,故时人皆将出使匈奴视为畏途。所以江充主动提出愿出使匈奴,确实有点出乎武帝意料。武帝便派人问他到匈奴遇到麻烦怎么办,江充信心满满地说:"我随机应变!"武帝于是以他为使者,出使匈奴。应该说江充这样做,是冒着相当大凶险的。但一般而言,投资风险大,回报也就丰厚。江充主动愿意冒着生命危险出使匈奴,这在武帝看来就是忠君爱国,故一旦江充能够全身而回,就必然会受到武帝的重用。

事实果然如此,江充从匈奴回来后,很快就被武帝拜为直指绣衣使者。直指绣衣使者,也称作绣衣直指御史,是武帝晚年为惩治地方奸猾、办理大案而设置的监察官,属侍御史的一种,级别虽然不高,但因是持节以皇帝特使身份行事,权势甚大,如他们拥有调动郡国军队,独行赏罚乃至诛杀地方官员等大权。为表示对这类使者的尊崇,武帝特地让他们衣绣出行。武帝以江充为直指绣衣使者,给他的任务是监督三辅地区的盗贼,禁止、督察权贵过度奢华、不尊法度的行为,这就意味着整个三辅地区的权贵都处在了他的监督之下!

第三步:故作忠直,以获得武帝的信任。

江充做了直指绣衣使者后,为追求高官厚禄,不断地向当朝权贵发起挑战,故作忠直,以期获得武帝的宠信。

当时贵戚近臣子弟多有奢侈逾制之事,江充对他们的不法行为进行了全面细致地调查,然后一并予以举报、弹劾,并请求没收他们的车马,罚他们待命北军,准备参与攻打匈奴的行动。奏章得到武帝批准后,江充随即向有关方面发送公文,要求逮捕近臣侍中等官员中应该被送到北军的人,并把弹劾文书转送给看守皇宫大门的门卫,让门卫禁止被弹劾的人出入宫殿。贵戚子弟闻讯,都惶恐不安地叩头哀求武帝饶恕自己,并表示愿意交钱赎罪。鉴于国家当时财政匮乏,武帝就答应了他们的请求,命令他们各自根据官职的级别把应交的罚款交到北军,共得罚款几千万钱。武帝因此认为江充忠诚正直,执法不徇私情,对他的工作表示认可。

为了进一步得到武帝的赏识,江充又壮着胆子去挑战储君的权威。却说江充随从武帝去甘泉宫,发现卫太子派往甘泉宫问候武帝的使者乘马车在君主专用的道路驰道中行走,江充便扣押了使者的车马。太子知道后,赶紧派人向江充道歉说:"我并非是爱惜车马,实在是不想让皇上知道这件事后,认为我管束左右不严。希望江君宽恕此事!"然而江充却毫不留情地将事情上奏给了武帝。为了秉公执法,维护皇朝的权威,不惜得罪未来的君主,其忠诚之心实属难得,武帝不由得对江充大加称赞说:"做臣子的就应该这样啊。"江充由此威震京师!

像江充这种不畏强御的人,汉代还有很多,宣帝时期的盖宽饶就是如此。盖宽饶初为谏大夫,行郎中户将事,即弹劾卫将军张安世的儿子、侍中阳都侯张彭祖有违制之举,并抨击张安世身居高位却无补于时事。因直言极谏被贬为卫司马后,又纠正了其长官卫尉要卫司马下拜并私下役使属官的错误。做司隶校尉后,在检举和揭发官员们的过失方面无所回避,不管大事小事都上奏,很多人都受到弹劾,以至于从公卿贵戚及地方郡国到长安公干的官员,都因害怕盖宽饶而不敢违背禁令,京城因此清平无事。

不过,同样是不畏权贵,对于盖宽饶,人们普遍认为是忠臣,对于江充则以奸佞之徒视之。究其原因,其一,盖宽饶不仅对朝廷官员不肯假以颜色,就是对宣帝的诏敕,他若认为有问题,也会毫不客气地指出来。宣帝当时正提倡文治,褒崇儒生,不便处置他,于是就冷落他,跟他职位相同或比他晚进官场的那些资质庸碌之人都已做到九卿了,盖宽饶却还在司隶校尉的位置上待着,这不免让盖宽饶深为愤懑,于是多次上疏谏争。对此,太子庶子王生深以为忧,担心盖宽饶因此获罪,特地写信劝他说:"自古治国,三代各有不同的方法。现在您不求履行自己的职责,竟想用远古久远之事来匡正拂弼天子,多次在进谏时使用不能被采纳或难以被听从的言语,与皇帝的左右磋商探讨,这不是传扬美名保全性命的办法。现在受重用的人都通晓法令,他们所说的话足以歪曲您的言辞,所作之文足以证成您的过错,您不去学蘧伯玉的远见卓识,却去效法伍子胥的行为,让贵重无比的身躯,走近那难以测度的险境,我私下里很为您感到痛心!"王生信中看似只提醒盖宽饶会受到朝中大臣的陷害,其实在言语之间也向盖宽饶暗示了当今天子的可怕。蘧伯玉,名瑗,是卫灵公时卫国的贤人,孔子对他甚为欣赏,说蘧伯玉这个人,政治清明时就出来做官,政治黑暗时就可以把自己的本领收藏起来。伍子胥是春秋时期吴王夫差的大臣,当时他明知夫差不可谏仍然进谏不休,结果被夫差杀掉。王生用这两个典故劝盖宽饶,显然是认为当今为无道之世,君主是不可强谏的。既然如此,何不学习蘧伯玉全身而退?因为这种行为也是为圣贤所认可的。但盖宽饶却不肯听从,照样我行我素。而江充却是一味地讨好武帝,只做武帝喜欢的事情,至于这样做会不会对国家造成消极影响,不是他所考虑的。而武帝不喜欢的事,即便于国有利,他也不会去做。其二,盖宽饶节操高尚,不贪不腐。故虽身居高位却家境清贫,仅靠每月数千钱的俸禄生活，就是这样，他还要拿出其中的一半来补助和奖赏那些为他侦察反映情况的官吏和百姓。他身为司隶校尉，儿子却曾步行到北方服役戍边。江充得到武帝赏识，被提拔为水衡都尉后，即以权谋私，他的很多宗族、朋友都得到了他的提携。

  显然，江充的"忠"只是一种手段，其目的不过是要借此出人头地，享受荣华富贵而已。这就是所谓的大奸若忠！不过，虽然江充借此实现了自己的人生抱负，但这也给他的仕途留下了巨大的隐患。因为通过打击权贵来讨武帝的欢心，势必为权贵所仇视，招致他们的报复，从而使其多年努力付之东流，甚者丢掉性命。个中利弊，江充不会不知道，但知道还这样做，也有其不得已之处，因为他不过是一个来自地方的普通百姓而已，在京城官场没有任何关系可以利用，想要通过在官场的运作，实现其出人头地的梦想不是不可能，但是这相当难，并且还耗时、费力、费财。如果把功夫下在武帝身上，一旦成功，立马就能一步登天！这对于热衷于投机的江充而言，无疑是极具吸引力的。于是一旦得到机会，马上便像饿狼一般不管不顾地扑将上去。

  通察江充发迹的整个过程，可以发现，为了讨武帝欢心，江充是无所不用其极，至于这样做会带来什么样的后果，他是不会或者说是顾不上考虑的。这应该就是所谓的利令智昏。

  此前被武帝处死的主父偃就与江充有一拼，此人五十多岁才发迹，为了得到武帝的信任，也像疯狗一样向武帝揭发别人的过失，有人劝他说："这样做太过了吧！"主父偃回答说："我年纪轻轻就外出游学，追求功名，然而一直忙活了四十多年，还没有混出来一点名堂。弄得父母不把我当儿子，兄弟不把我当兄弟，朋友不把我当朋友，我已经倒霉很多年了。男子汉大丈夫活着若不能列五鼎而食，享受世间的荣华富贵，那还不如被人用五只鼎煮掉的好！我已经老了，顾不了许多了，因此要倒行逆施，管他谁高兴不高兴！"结果，他虽然确实实现了自己的人生抱负，享受到了荣华富贵，但终因得罪人太多，被人算计致死。江充就是第二个主父偃，且比主父偃有过之而无不及，他为了讨好当今的皇帝，即使得罪储君也在所不惜！及至终于得到了武帝的宠信，功成名就之后，冷静下来，回思自己发迹的历史，他又陷入了深深的恐惧之中：自己得罪了那么多权贵，会不会招来报应呢？事实上，报应很快就来了，太始三年（前94年）江充做了水衡都尉后，没多久，就遭人算计，以过失而被免官。而这还不是让他最恐惧的，最让他担心的是他唯一的靠山武帝年事已高，撒手人寰已是迟早的事，而一旦武帝去世，且不说他得罪的其他权贵会如何报复他，单就是一个继位的卫太子就能让他死无葬身之地！对他而言，他要想活命，就必须在武帝去世之前将卫太子拉下马！因此当他窥测到武帝的心思后，遂伺机接近武帝。

巫

第二章

父子反目：可怜长安成血海

第三章

武帝晚年，统治集团内部矛盾重重，杀戮频起。当此之时，人们迫切希望得到良方妙药，以应对艰难的时局。于是，声称能助人度灾厄的方士和巫师纷纷来到京师，他们游走于权贵之门，到处招摇撞骗，无所不为。女巫更是往来于宫中，指点女子们如何度过灾厄，每个房间都埋置木偶，并对它们祭祀祷告。知道武帝忌讳他人祝诅自己，宫中女子们为置仇敌于死地，常常相互揭发对方祷告诅咒武帝，犯下不道之罪，导致被武帝杀掉的后宫女子以及受到牵连的大臣达数百人之多。及诛除阳石公主等卫氏外戚骨干力量后，武帝有次白天休息时，竟梦见有数千木人持杖想打自己，惊醒后，身体开始不适，记忆力也显著下降。而这正是被人施以巫蛊之术后，出现的典型症状。江充得知消息后，乘机上书称武帝生病是因为有人在利用巫蛊诅咒他的缘故，武帝遂以江充为使者，追查此事。

江充做了使者后，先在宫外治巫蛊事，率领胡巫檀何等掘地寻找木人，抓捕为巫蛊之事者，并伪造证据，然后对被抓的人施以酷刑，强迫他们屈服。与此同时，百姓为了打击自己的仇人，借机又转相诬告对方为巫蛊之事，而一旦出现这种情况，官吏们就把被诬告的人劾奏为大逆不道之罪。这一专项打击犯罪活动先是从京师长安开始，继而发展到三辅地区，进而连及地方郡国，当时因巫蛊获罪而死者前后达数万人之多。

江充这样做，其意一是为了避免打草惊蛇，招致卫太子的反制；同时也含有揣摩武帝的心思的想法。因为虽然他已窥测到武帝意欲废黜太子，但此事做到什么程度，武帝并没有明言，所谓天威难测，过与不及都是不可取的，他需要边做边观察武帝的反应，以确保自己每一步行动都与武帝的意愿相符。而见武帝对自己所为并无不满，江充接下来通过檀何上奏称："宫中有蛊气，不将其清除，皇上的身体就始终不会好。"意在请示武帝是否向太子母子动手，而武帝闻言就下令江充入宫搜查，江充于是再无顾忌，一接到命令，就率领大批随从进入未央宫，先把武帝的御座毁坏，然后掘地寻蛊，意在显示宫中无禁地，所有的地方都必须搜查。

当时，武帝正在甘泉宫避暑。甘泉宫在长安西北，距长安三百里，为秦时所造,武帝建元年间对其加以扩建。扩建后的甘泉宫周长近二十里,有高光宫、长定宫等十二宫及通天台、通灵台等十一台。武帝常在五月避暑于此,八月乃还。是年夏,武帝一到甘泉宫,就切断了与卫后及太子的联系,当时武帝还生着病,因此,卫后和太子不断地派人去请安问候,可武帝既不予接见,也不给予回复。

令江充入宫搜查后,武帝又派按道侯韩说、御史章赣、黄门苏文等去帮助江充。在武帝的支持下,江充等掘罢未央宫后,又去其他宫殿寻蛊。为了显示自己不是针对皇后、太子,便先从宫中无宠的夫人们那里下手,然后才渐次追查到皇后和太子的宫中,在江充等的指挥下,皇后和太子的宫中被挖得放床的地方都找不到。最后在总结清查结果时,江充声称在各处都搜到了木人,其中太子宫中得到的尤其多,而且还有不道的帛书,并表示应当上奏给皇帝。卫太子一下子被逼到了墙角,用后来上党郡壶关县三老茂的话说是:"太子进前解释却得不到皇上的接见,退而自守又被乱臣所围困。"

卫太子惊惧之下,问计于其少傅石德。石德担心作为太子的师傅,最终被一并诛杀,就劝卫太子主动出击,收捕江充等人,穷治其奸诈之罪。石德说:"前丞相父子、两公主及卫氏都是因巫蛊罪被诛,现在巫师与使者掘地又得到证据,不知道这些东西是巫师自己放置的,还是确实就有的,我们已经没有办法说清楚。为了弄清事实,可假托诏命,持节收捕江充等人,将他们关在监狱中,穷治他们的奸诈行为。并且皇上有病,居于甘泉宫,皇后和太子遣吏去问安,却都得不到讯息。就如今的情势而言,皇上或存或亡,我们一概不知,而奸臣猖狂到如此地步,太子您能不记得秦朝扶苏的事吗!"

石德讲的是秦朝沙丘之变扶苏被胡亥夺嫡之事。话说当年秦始皇为消解始皇三十六年(前211年)山鬼所说的"今年祖龙死"的谶言,在次年岁首十月开始巡幸东土。李斯、赵高、蒙毅及其少子胡亥等随行。当年夏,当他们一行来到山东黄河岸边一个叫平原津的渡口时,始皇开始发病,继而病情愈来愈重,始皇遂着手安排自己的后事,下诏要在上郡的扶苏回咸阳参加葬礼,其意就是要扶苏继承皇位。但随行的宦官赵高因与蒙氏家族有仇,而蒙氏家族与扶苏关系密切,赵高担心扶苏继位，蒙氏当权，自己将死无葬身之地，遂扣压诏书不予传宣。待始皇病死在沙丘宫后，赵高策动胡亥与李斯阴谋夺嫡，篡改诏书，以始皇的名义立胡亥为太子，又做书赐在上郡统军防御匈奴的扶苏、蒙恬死。使者持书至上郡传宣诏书，扶苏不知是计，得书便欲自杀，将军蒙恬劝导他说："陛下巡幸于外，没有立太子。使臣统领三十万大军驻守边疆，公子您为监军，这是天下重任啊。现在来一个使者，说让您死，您就自杀，怎能知道这其中没有欺诈呢？希望您能够慎重行事，再向陛下请示一下，得到确认之后再死，并不算晚。"而使者则连连催促扶苏自杀。扶苏于是对蒙恬说："父亲赐儿子死，还有什么可再请示的！"遂自杀。可以说正是由于扶苏的轻信，不仅使他自己死于非命，而且直接导致了秦统治集团的崩溃。扶苏死后，胡亥继位，赵高当权，遂大肆杀戮宗室重臣，秦朝的统治核心因而瓦解。此事后屡为汉人所论及，故卫太子知之甚详。如今自己身处危局之下，石德旧事重提，当真是感同身受，但卫太子为人仁爱，事父孝谨，要他骤然与武帝为敌，他着实做不到。因此他对石德说："我作为人的儿子，怎么能够擅行诛杀！不如亲自去见皇上谢罪，当面讲清原委，或许不被治罪。"于是打算亲自去甘泉宫见武帝，无奈江充逼迫甚急，竟不得脱身。卫太子惶恐之下，遂从石德之计，意欲扭转被动的局面。

七月初九，卫太子使其属下诈称武帝的使者，收捕江充等人；按道侯韩说怀疑使者有诈，不肯受节，被当场格杀，接着便准备发兵事宜。

当时京师宿卫部队主要由三部分组成：

首先，光禄勋统领的郎卫宫廷禁军。由郎官、期门郎、羽林郎等组成。郎官，是从秦朝继承而来，有议郎、中郎、侍郎、郎中之称，郎官多为高官、富人子弟，其秩在比三百石至比二千石不等，属于皇帝的高级侍从。无定员，多的时候能达到千人。期门初置于建元三年（前138年），羽林初置于太初元年（前104年），期门、羽林多是来自京兆尹、左冯翊、右扶风等三辅地区和陇西、天水、安定、北地、上郡、西河等六郡有材力、善骑射的平民子弟，期门无定员，多至千人。期门、羽林的职掌主要是负责殿内的宿卫及侍从皇帝出行。郎卫禁军总数当在数千人。

其次，卫尉统领的南军卫士。卫士来自地方郡国，每年定期更番轮值，卫士宿地在宫城内，沿宫墙而建，卫尉的官署设在未央宫内，与驻守未央宫北边的宿卫部队相对，故称南军。其职掌为看守宫掖门户，负责宫掖的安全保卫，诸如核查出入宫掖者，夜间在宫掖内巡逻等，皆属日常工作，此外遇到重大活动，卫士还要参与保卫工作。当时屯守长安卫士当为五千人①。

再次，以北军为主体的卫戍部队。该军事力量因驻屯未央宫北，与南军相对，故名北军。汉初北军，"乃发自三辅之骑士，在未央宫北，筑垒以驻，中尉属官中垒令掌领之，因而也被称为中尉卒，其职责以镇守关中——京师为主，有时出战（如伐匈奴、击东越）"②。至武帝时，又增设八校尉③。八校，就是八支相对独立的军事力量，其长官称校尉。其中中垒、屯骑、射声、虎贲等四校驻屯北军营垒，中垒校尉当由原掌北军事务的中垒令升格而成，主管北军营内的治安管理等工作；屯骑校尉掌骑兵；射声校尉掌弓弩兵；虎贲校尉掌战车部队。步兵、越骑、长水、胡骑等四校分屯于长安附近。其中步兵校尉掌长安西南的上林苑门屯兵；长水校尉掌驻扎在长安西南的长水、宣曲的降汉匈奴等胡人组成的骑兵；胡骑校尉掌驻扎在长安北边的池阳的降汉匈奴等胡人组成的骑兵；越骑校尉掌附汉的越人组成的骑兵，其驻地不详，但必不在长安城内。北军包括中垒、步兵、屯骑、射声、虎贲等五校："西汉北军五校在兵种上包括辎重（中垒校尉）、骑兵（屯骑校尉）、步兵（步兵校尉）、弓弩（射声校尉）、轻车（虎贲校尉），构成一支兵种齐全的集团军。"长水、胡骑、越骑三校是"征募的少数族义从兵，散屯于三

---

①苏诚鉴："武帝以前，长安卫士数约万人：建元元年（前140年）秋，七月，诏曰：'卫士转置送迎二万人（注：郑氏曰：去故置新常二万人），其省万人（《汉书·武帝纪》）。'即原来的'送'、'迎'或'故'、'新'合为二万人，减省一万，则留屯宿卫者当为五千人。"见苏诚鉴：《西汉南北军的由来及其演变》，《安徽师大学报》1980年第3期。

②苏诚鉴：《西汉南北军的由来及其演变》，《安徽师大学报》1980年第3期。

③《汉书·刑法志》："至武帝平百粤，内增七校。"晋灼曰："《百官表》'中垒、屯骑、步兵、越骑、长水、胡骑、射声、虎贲'凡八校尉，胡骑不常置，故此言七也。"王先谦补注："沈钦韩曰：中垒校尉掌北军垒门，又掌西域，不领兵，故但云七校。晋灼言胡骑不常置，故七。此是在后之制，非武帝制也。"（《汉书补注》卷二十三《刑法志》）关于"校"字，颜师古曰："校者，营垒之称，故谓军之一部为一校。"（《汉书补注》卷五十五《卫青传》）关于"尉"字，应邵曰："自上安下曰尉，武官悉以为称。"（《史记》卷八《高祖本纪》）

辅地区,属于中央禁卫军之外的特殊骑兵部队"①。北军士卒主要来自三辅地区,其众当有数千人。② 北军由将军统领,无将军则监军御史监护之。北军的调发,"必须由皇帝命使持节入军门,传令将军执行;平时如无将军(《汉书·百官公卿表》:'前后左右将军,汉不常置。'),则命监军御史监护之"③。长水等三校士卒来自降附的胡越人,其众有数千人,由皇帝直接调发。

由于武帝出行,郎卫禁军往往随行,故留在京师可供卫太子支配的郎卫人员相当有限。所可利用就是南军与驻屯北军营垒中的中垒、屯骑、射声、虎贲等四校及屯守上林苑的一校步兵。故在诛杀韩说后的当天夜间,卫太子便使舍人无且持节夜入未央宫征得卫皇后同意,用放置皇后车马的中厩的马车装载射手,搬取设在未央宫的武库中储藏的兵器,调发南军中戍守长乐宫的卫士。继而,卫太子向百官宣称江充造反,并亲临刑场,斩杀江充,骂道:"赵虏!以前你扰乱你们赵国国王父子还不够吗?现在又来扰乱我们父子的关系!"又烧杀胡巫于上林中。而其能进入上林苑,可知驻屯上林苑隶属北军的一校步兵已被卫太子所掌握。卫太子在杀掉江充等后,又发兵攻入丞相府,丞相刘屈氂仓皇出逃,忙乱之中,竟把印绶都弄丢了。

当卫太子收捕江充等时,御史章赣、宦官苏文先后逃回甘泉宫向武帝汇报卫太子的反状。说实在的,太子此举有点出乎武帝的预料,因为长安城内有丞相刘屈氂坐镇,各要害部位皆有武帝信得过的人掌控,羽翼尽失的太子已形同瓮中之鳖,在武帝看来,他接下来要做的就是找一个合适的理由把太子除掉而已,也正因如此,他才稳坐甘泉宫,放手让江充等罗织太子的罪名。想不到太子竟做困兽之斗,反了!

因此,武帝起初听了章赣和苏文的汇报后还不相信,因遣使赴长

---

① 张焯:《汉代北军与曹魏中军》,《中国史研究》1994 年第 3 期。
② 西汉一校所统领的军卒当在五百至一千人左右。司马贞《史记索隐》引顾秘监语:"五百人谓之校。"而武帝时,霍去病为票姚校尉,统"轻勇骑八百"。(《史记》卷一百一十一《卫青列传》)宣帝时,赵充国称:"步兵九校,吏士万人。"(《汉书》卷六十九《赵充国传》)元帝时,甘延寿、陈汤出西域,征汉、胡兵四万余,引军分行,"别为六校",每校六七千人,属特殊情况。(《汉书》卷七十《陈汤传》)
③ 苏诚鉴:《西汉南北军的由来及其演变》,《安徽师大学报》1980 年第 3 期。

安召卫太子去甘泉宫见他,可使者却不敢进长安,归报称:"太子已造反,想斩臣,臣逃了回来。"武帝遂大怒。应该说使者为自己小命考虑,不敢进长安城,还是有道理的。对卫太子而言,此前武帝音信全无,现在突然来一使者,声称武帝传唤自己,太子怎么能相信。并且太子矫制捕人,擅兴甲兵,诛戮大臣,大错已成,纵使是相信使者确实为武帝所遣,又怎么敢只身跟他上甘泉宫!而丞相刘屈氂此时也派其长史乘急传来向武帝报告。武帝于是问长史:"丞相在干什么?"长史回答:"丞相正在封锁消息,未敢发兵。"武帝闻言愤怒地说:"事情闹腾到如此地步,还说什么封锁消息?丞相没有周公的风范啊。周公不就诛杀了发动叛乱的管叔、蔡叔吗?"刘屈氂为武帝庶兄中山靖王之子,与卫太子刘据是堂兄弟,武帝要他效法周公,其意就在于要他放手诛杀刘据。然后又赐给丞相诏书称:"捕杀反叛的人,自然会有赏赐。"又要求"坚闭城门,不要让反叛的人逃跑了"。由于卫太子向百官宣称:"皇帝在甘泉宫,病体沉重,怀疑有变故发生,奸臣欲作乱。"武帝为稳定民心,接着又从甘泉宫回到长安城西的建章宫,部署平定叛乱事务。

从当时的情况看,郎卫禁军主要负责宿卫武帝,无法派出平叛;南军在城中,且各有职司,力量分散,唯一可用的长乐宫卫士已被太子控制;北军虽力量集中,但也驻屯城中,大乱之下,皆无法征调。武帝于是诏发三辅近县军队,部署中二千石①以下官员带领,由刘屈氂兼任将

---

① 汉承秦制,官吏的等级由禄秩来确定,禄秩的高低用米谷数量来区分。自高到低依次为万石、中二千石、二千石、比二千石、千石、比千石、六百石、比六百石、四百石、比四百石、三百石、比三百石、二百石、比二百石、一百石,此外又有斗食小吏。禄秩不同,发放俸禄的数额也不同,禄秩高所获俸禄就高,但这并不意味着官方根据禄秩的数额实际发放相应的俸禄,禄秩只是用来确定等级的,国家对每一禄秩发放俸禄的数额又有具体的规定。如万石月俸350斛谷,中二千石月俸180斛谷。在实际发放中并非发放谷物。有学者认为是半谷半钱,有学者认为仅发钱。总之,汉代国家以此秩禄确定的数额为标准向官员发放月俸,并以秩禄的高低确定官僚的等级。大致而言,朝廷百官:丞相、御史大夫称万石之官;太常、光禄勋、卫尉、太仆、廷尉、大鸿胪、宗正、大司农、少府、执金吾,秩皆中二千石,丞皆千石;太子太傅、少傅、将作少府、詹事、大长秋、典属国、水衡都尉、京兆尹、左冯翊、右扶风,皆秩二千石,丞六百石;司隶校尉、城门校尉、中垒校尉、屯骑校尉、步兵校尉、越骑校尉、长水校尉、胡骑校尉、射声校尉、虎贲校尉等,秩皆二千石;奉车都尉、驸马都尉,秩比二千石;部刺史,秩六百石。地方郡县:郡太守,秩二千石,郡丞、长史,秩皆六百石;郡都尉,秩比二千石,有丞,秩皆六百石。县令、长,万户以上为令,秩千石至六百石;减万户为长,秩五百石至三百石;皆有丞、尉,秩四百石至二百石;百石以下有斗食、佐史之秩。

军,来平定叛乱。

刘屈氂由于与李广利是儿女亲家,身份敏感,因此在卫太子举事之初,面对卫太子的进攻,故意不作抵抗。及至为武帝口头批评、诏书督促,并让他兼任将军,其被动服从的态势已成,遂积极组织各方面力量攻打卫太子,定要置太子于死地。故王夫之指出:"刘屈氂之攻戾太子也,非果感于周公诛管、蔡之言而行辟也。武帝曰:'丞相无周公之风矣。'其词缓,未有督责屈氂之意,则陈大义以责太子而徐为解散也,岂繄无术?而必出于死战,此其心欲为昌邑王地耳。太子诛,而王以次受天下,路人知之矣。其要结李广利,徇姻亚而树庶孽,屈氂之慝,非一日之积矣。"①

而卫太子也遣使者假托朝廷诏令赦免在长安诸官府劳作的囚徒,命少傅石德及宾客张光等分别统领,使长安囚徒如侯持节征发驻屯长安西南的长水及宣曲胡骑,全副武装赶赴长安城会合。恰侍郎马通率部分郎卫禁军从建章宫出使长安,两拨人马在长安城西相遇,马通捕斩如侯,引胡骑入长安。武帝又征发水衡都尉治下的士卒,由大鸿胪商丘成统领平定叛乱。卫太子欲调发越骑,但也未能成功;又欲发北军兵,仍未能成功,只好引兵驱使长安四市百姓,共有数万人,作为自己的武装力量,与丞相对抗。其部众行至长乐宫西阙下,与丞相军相遇,双方混战五日,死者数万,鲜血流入街道两旁用来排水的沟中。由于此时民间皆传言"太子反",因此人们多不亲附卫太子,而归附丞相的士卒逐渐增多,至七月十七日,卫太子兵败,因从长安城东南门覆盎门逃出,不知所踪。

重新掌控长安局势后,武帝开始清算太子势力。诏遣宗正刘长乐、执金吾刘敢奉策收皇后玺绶,卫皇后自杀。黄门苏文、姚定汉将卫皇后的尸体用车拉到公车令的空舍中,找了一口小棺材将卫皇后的尸体放进去,拉出去埋在了长安城南一个叫桐柏的地方。

卫青的两个故吏任安与田仁皆被腰斩,御史大夫暴胜之获谴自杀。任安与田仁都曾做过卫青的舍人,因为家境贫寒,又不善钻营,一

---

① 王夫之:《读通鉴论》卷三《刘屈氂攻戾太子为昌邑王地》,《船山全书》(第10册),岳麓书社1988年版,第150~151页。

直未能得到卫青的赏识。后武帝下诏招募卫青府上的舍人做郎官,卫青本意是想推荐家境富余的舍人,恰少府赵禹来访,卫青便把要举荐的舍人叫过来让赵禹品评,结果赵禹都没看上眼。但赵禹认为卫青门下一定有出类拔萃的人物,于是把卫青府上的一百多个舍人都叫到面前,逐一盘问,最终选中了任安和田仁。卫青见这两个人衣着寒酸,很不满意。赵禹走后,卫青对俩人说:"各自去置办鞍马和新绛衣。"俩人回答说:"家贫无可用之物。"卫青听了很生气:"你们家贫是你们自己的事,为什么说这样的话?闷闷不乐的好像这种状况是我造成的,这是什么意思?"虽然卫青对俩人很不满意,但因赵禹已经选定,只好把俩人举荐了上去。正因为俩人不受卫青待见,因此武帝着意笼络俩人。如任安多次犯下当死之罪,武帝都饶了他,并任命他为护北军使者。对于田仁,武帝先后任命他为丞相长史与丞相司直。武帝自认为这俩人当知恩图报,哪知到了关键时候,全都心向故主,纵容太子。太子举事后,亲赴北军南门外,召任安出来,将符节交给他,令他发兵。但任安拜受符节入北军后却闭门不出。不过任安虽然没有听从太子命令发兵,但也没有发兵攻打太子。这让武帝颇为疑惑。因为任安不听从太子的命令,可视为任安对武帝的忠诚;而他不发兵助武帝平定太子之乱,可以理解为他是因为没有接到武帝要求发兵的诏令,所以按兵不动;但任安作为使者,持节监护北军,有权代行皇权,可自行决定发兵与否,然而在关键时刻他却按兵不助武帝平叛,这又是何居心?这时任安属下小吏上书告任安接受太子的符节,并且说太子请任安给他提供鲜好的兵甲。武帝览奏大怒说:"这是个圆滑的官员,见太子发兵攻打朝廷,想坐观成败,看谁取胜就倒向谁,怀有不忠之心。任安曾犯下了很多该被处死的罪,但是我都想办法让他活了下来,现在他却内怀奸诈,有不忠之心。"于是下令将任安交给司法官员治罪,然后将他腰斩。田仁被诛是因为他放走了太子。太子从覆盎门出逃时,把守城门的丞相司直田仁借口卫太子与武帝有父子之亲,不愿逼迫太子,因开门让其逃出城去。丞相刘屈氂欲以纵容反者逃亡之罪斩田仁,御史大夫暴胜之因没有看清形势,担心不依律处置田仁,武帝追究起来,自己受到牵连,便阻止刘屈氂说:"司直,是二千石的高官,根据法律规定,斩杀二千石以上高官要先向皇上请示,奈何要擅自斩杀他!"见暴胜之这样说,刘屈氂就放了田仁。武帝闻言大怒说:"司直纵容反者逃亡,丞相斩杀他,这是合法的,御史大夫为什么擅加制止?"暴胜之闻言惶恐不已,因自杀。田仁则被腰斩。

东越人东城侯居股坐参与太子举兵谋反、开陵侯禄坐收留卫太子所私幸女子,皆被腰斩。亚谷侯卢贺,本汉初投降匈奴的故燕王卢绾后人,景帝时,卢绾的儿子卢它之以匈奴东胡王的身份降汉,被封亚谷侯,三传至卢贺,巫蛊之祸中,卢贺受卫太子符节,武帝疑其有反心,将其拷掠而死。

随卫太子起事者,武帝根据这些人与太子关系之亲疏将其分作三类:太子家人、太子宾客、被胁迫参与叛乱者,然后予以不同对待。如对太子家人无论少长皆处死;太子宾客没有参与反叛者皆处死,参与反叛者族诛;被胁迫参与叛乱者,都徙往敦煌郡。此外,又大兴诏狱,在全国范围收捕卫太子的党羽,押赴长安郡邸狱审理。由于卫太子逃亡在外,又大发兵抓捕卫太子,丞相刘屈氂亲督其事。

同时武帝对平叛有功人员进行奖励。以马通捕斩囚徒如侯,长安男子景建跟随马通捕获少傅石德,商丘成力战捕获张光,因封马通为重合侯、景建为德侯、商丘成为秺侯。当年九月,又以商丘成为御史大夫。

卫太子携其二子逃亡后,东至京兆湖县,在该县一个叫泉鸠里的地方藏了下来。该地位于三辅地区的东缘,北依黄河,南临秦岭,周围丘峦起伏,地势偏僻复杂,故卫太子选此,还是相当明智的。当然要想躲过武帝的追捕,还是逃得越远越好。但卫太子可能是对他父亲抱有一丝妄想,想着父亲查明真相后,能原谅他,遂逗留三辅,不愿离去,结果命丧泉鸠里。

本来,泉鸠里地势偏僻,人迹罕至,太子父子躲在这里相对来说还是比较安全的,可惜的是收留他们父子的人家太穷,不足以供养他们,该家主人常靠卖屦招待太子。太子有一故人在湖县,太子听说其家境富余,又见招待自己的主人太辛苦,就让人去叫故人来见自己,殊不知该人早已受到官方的暗中监视,结果太子被发觉。八月初八,官吏遂围捕太子。卫太子自知已难以脱身，便回到室内，将门关上，悬梁自经。该家主人公见形势危急，为救太子，与官吏格斗而死，卫太子的两个儿子也遇害，当然太子也死了。

太子丧命的具体经过已经无法还原了，但从《汉书》的叙述看，显然是官吏带着士卒来到泉鸠里后，马上便把收留太子藏身的那户人家的住宅给包围了，太子受到惊扰，就走到户外察看，见此情景，自知难以逃脱，就走回室内，将门合上，然后找到绳子，悬梁自尽。而官兵们为了抢头功，便抢着去踹门抓捕太子，其中士卒张富昌抢得先机，但因用力过猛，门虽被他踹开了，却让新安令史李寿趁势抢先冲了进去，并立即把太子解救下来，整个过程也就数分钟，但太子已经死了。武帝得到消息后，下诏说："盖行疑赏，所以申信也。其封李寿为邘侯，张富昌为题侯。"颜师古认为武帝封张富昌、李寿为侯，是"为其解救太子也"。而王先谦则认为这两个人都是想生得太子而不是想解救太子，因此武帝怀疑他们的动机，但因没有明确下诏赦免太子，故而不得不赏赐获得太子者："寿抱解太子，以其自经，欲生得之，非救之也。上文云亡，不得云三公自将求之。时上方以反购太子，览壶关三老书而感寤，然无明诏赦之也。富昌、寿乃吏卒，相从围捕太子者，既获之后，上虽伤太子之死，不能不赏获者功，故曰疑赏申信。《功臣表》曰：'寿以得卫太子，侯。'岂以解救太子封乎？"[①]本人则认为主持逐捕事务的刘屈氂出于自己集团利益的考虑，是一定要置卫太子于死地的，因此其在部署官兵逐捕卫太子的过程中，一定会有明确的暗示。就李寿等而言，若他们生得卫太子，日后卫太子一旦被武帝赦免，得以东山再起，他们定将死无葬身之地，故一定要卫太子死，对他们才有利，并且太子的身上还有兵刃留下的伤痕，因此并不能排除卫太子死前已身受重创，或其自经未死，而被李寿等害死的嫌疑。故有学者指出："依《汉书》上下文来看，李之抱解太子决非为善意的救太子，否则藏匿太子的'主人公'就不会有必要格斗而死。"[②]而武帝之疑，不在卫太子是被害

---

①班固撰，王先谦补注：《汉书补注》卷六十三《武五子传》，上海古籍出版社2008年版，第4381页。

②蒲慕州：《巫蛊之祸的政治意义》，《中研院史语所集刊》第57本第3分（1986年）。

死或是自杀身亡,而是当时还没有确切的证据可以证明太子此番举事,是如社会舆论所认为的被逼自保还是真正的反叛,但此事一时之间难以理清头绪,自己虽有疑惑,但为了示信于天下,还是要赏赐李寿等人。

关于巫蛊之祸,班固在《武五子传》的赞语中曾做过一个总评,他认为巫蛊之祸的发生的确与江充有关,但根本上还是在于天意:"此不唯一江充之辜,亦有天时,非人力所致焉。"因为建元六年(前135年),预示着将有征伐之事发生的彗星蚩尤之旗出现,其彗尾一直延伸到天边。此后朝廷遂命将出征,攻取河南地,建置朔方郡。当年春,卫太子出生。自此之后,汉朝出师征伐长达三十年,军队所诛杀屠戮消灭的人不可胜数。到巫蛊之祸发生后,京师长安发生内斗,伏尸数万,太子一家父子皆败亡。因此太子可以说是生于用兵年代,长于用兵年代,一生与战乱终始相伴,怎么能说巫蛊之祸仅是一个嬖幸之臣导致呢?"故太子生长于兵,与之始终,何独一嬖臣哉!"然后班固又以秦之败亡为喻,指出秦始皇在位三十九年,内平六国,外攘四夷,死人如乱麻一般多,尸骨暴露在长城之下,道路上人的头颅随处可见,没有一天不用兵。结果导致山东起义爆发,四方统治崩溃而背叛了秦朝。当此之时,秦朝的统军将领在外反叛,奸佞之臣在内发难,变乱起于萧墙之内,灾祸在二世时酿成。春秋初卫国州吁之乱,鲁国大夫众仲对此曾作出过"战争犹如放火,不能制止必将自焚烧身"的评论。班固对此深表赞同:"故曰:'兵犹火也,弗戢必自焚',信矣。是以仓颉作书,止戈为武。"认为圣人是用武力禁止整顿暴乱,止息战争,而不是用来施行残暴之政和兴作放纵自己的情欲的。

通察班固的赞语,可知他意在对巫蛊之祸作一深刻剖析,但细绎其语,却颇为不伦。如班固所称的卫青攻取河南地,置朔方郡之事,发生在元朔二年(前127年),而卫太子生于元朔元年(前128年)春,故刘奉世称班固所作的赞语"殊为乖误"。钱大昕也认为"赞语信未推校年岁"。而李慈铭则认为:"此等大事,班氏不宜错误,读者不得其解耳。此赞盖谓自建元六年长星见,遂有征胡之事,至建置朔方之年,而其春庚太子生。史家省文,连属言之耳。考武帝太初元年始用夏正,以春孟为岁首,其前皆建亥,以冬十月为岁首。建朔方郡在元朔二年春二月以后,戾太子盖生于是年岁首。至太初用夏正之后,以前时月,皆追正之,故以戾太子为元朔元年生。班氏志其实,遂以为其春生矣。盖元朔二年之三四月间,夏正之十二月正月间也。"王先谦剖析诸家观点,认为"刘、钱妄讥,殊为不审",并认可李慈铭对赞语中"其春,戾太子生"的解释。然史明言卫子夫因生刘据而被立为皇后,时为元朔元年(前128年)三月甲子,故李慈铭的观点是不正确的,卫太子确实生在元朔元年(前128年)。班固因没细致推校卫太子的年岁而致误,学者不必强作解人。此外王先谦又指出:"武帝命将出征,自建元六年(前135年)遣王恢等击闽越始,长星见后也。先惟严助持节发会稽兵,未尝命将。"又赞语云"秦始皇即位三十九年",当为后人误改。①

就卫太子而言,其为臣而忠,为子而孝,只是被逼无奈,才不得不铤而走险,他是此案的受害者,而非始作俑者。然而班固却将他的出生强与天象及兵事相连,以此来暗示卫太子本就是一不祥之人,命中本就有此一劫。但事实上,如王先谦所言,武帝首次命将出征是在建元六年(前135年)八月长星也就是彗星蚩尤之旗出现之后,元朔二年(前127年)武帝命将出征已是蚩尤之旗出现九年后的事情了。此前一年卫太子出生,而非元朔二年(前127年)。而班固不顾事实,强行将三件事发生时间的序列进行重排,对卫太子而言形同厚诬。而由于班固要将卫太子与这些事情强作比附,不免讹误甚多。就汉武帝而言,班固将他与卫太子之间矛盾激化,归为他长期用兵,大事征伐的结果。但是平心而论,巫蛊之祸或许与武帝长期用兵有一定的联系,可是将此视为巫蛊之祸发生的重要原因,不免过于牵强。所以班固的《武五子传》赞语虽甚长,价值却甚有限。当然,他借此事对武帝的穷兵黩武进行批判,还是值得肯定的。

司马光后来撰述《资治通鉴》,撰至武帝让太子自通宾客之事时,联想到后来的巫蛊之祸,遂发了一番感慨,司马光指出古代圣明君主教养太子,特地为太子选择方正敦良的人来辅佐、陪伴他。现在武帝

---

① 班固撰,王先谦补注:《汉书补注》卷六十三《武五子传》,上海古籍出版社2008年版,第4415~4416页。

却顺从太子的喜好,让太子自行选择辅佐自己的人,这也就难怪为什么卫太子不得善终了:"古之明王教养太子,为之择方正敦良之士以为保傅、师友,使朝夕与之游处。左右前后无非正人,出入起居无非正道,然犹有淫放邪僻而陷于祸败者焉。今乃使太子自通宾客,从其所好。夫正道难亲,谄谀易合,此固中人之常情,宜太子之不终也!"①或许在司马光看来,面对江充咄咄逼人的攻势,卫太子就应该逆来顺受,任由江充摆布。

---

① 司马光:《资治通鉴》卷二十二,中华书局1956年版,第734页。

第三章

李氏外戚：繁华转眼即成空

第四章

对于武帝而言,虽然铲除卫氏外戚集团的过程颇费工夫,且丑闻不断,令他在天下万民面前颇失颜面,但毕竟除去了他的腹心之患,解决了长期困扰他的难题,从此之后,大可安心做他的皇帝了。可惜事与愿违,接下来发生的一系列事件告诉他,铲除卫氏集团只是麻烦的开始而已。

卫太子阖门被诛后,国失储君,按照传统就应该从武帝的其他儿子中选立新太子,而武帝共有六个儿子,即卫太子刘据、齐王刘闳、燕王刘旦、广陵王刘胥、昌邑王刘髆及少子刘弗陵,此时除去已被自己逼死的卫太子刘据、早卒的齐王刘闳外,围绕其在世的四个儿子分别形成的政治势力无不对太子一位觊觎不已。为了争得虚悬的储君之位,这几股势力各逞心机,纷争不已,不免让老迈的君王左右支绌、疲于应付。

当时最先图谋太子之位的是武帝五子刘髆的势力——李氏外戚集团。卫太子母子及卫氏外戚集团被铲除后,李氏外戚的地位一下子突出出来。刘髆是武帝宠姬、出身倡优之家的中山李夫人所生。说到李夫人,不能不说说她的哥哥李延年,此人初因犯法被处以宫刑,被分配到宫廷狗监做事。元鼎六年(前111年),以精通音律受到武帝赏识,得与武帝同卧起,为男宠,甚贵幸。据说他每有新乐曲问世,都会在人们心中引起强烈的共鸣。李延年有一妹妹,天姿国色,又精擅歌舞,李延年想把她献给武帝以固宠,就先把妹妹引见给了热衷于为武帝物色美女的平阳公主。接着俩人设了个局,把李延年的妹妹推到了武帝的面前。

却说某次宴会,李延年为武帝跳舞时,边舞边唱道:"北方有佳人,绝世而独立,一顾倾人城,再顾倾人国。宁不知倾城与倾国,佳人难再得!"①武帝好色是出了名的,一听李延年这样唱,不由便欣然神往,并充满遗憾地对他的同母姐姐平阳公主说:"唱得真好,世间难道真有这样的人吗?"平阳公主趁机说李延年的妹妹就是这样的女子。武帝一听,马上叫人把她招来,一看果然漂亮,再让展示一下才艺,又很优秀,

---

① 班固撰,王先谦补注:《汉书补注》卷九十七上《外戚传》,上海古籍出版社2008年版,第5937页。

武帝立马就喜欢上了她,这就是李夫人。后来李夫人生了个孩子,就是昌邑王刘髆,此后没多久,李夫人就病死了①。

李夫人即将去世时,武帝去看望她,想见她最后一面。哪知她用被子蒙着头不肯见武帝,说:"妾长期卧病,容貌毁坏,不能再见皇上了。希望能把我的儿子和兄弟们托付给您!"武帝说:"夫人病成这样,恐怕是好不了了,如果能再见我一面,然后将后事托付给我,这不是很好吗?"李夫人说:"妇人不修饰容貌,不能见君父,妾不敢在容貌未加修饰的情况下见皇上。"武帝说:"夫人只要让我看一眼,我将加赐千金,并给予你的兄弟尊贵的官职。"李夫人决绝地回答说:"给不给尊官在于皇上,不在一见。"武帝见李夫人如此,就发狠说一定要见李夫人一面,然而李夫人侧转身子只是哭泣,再不肯言语,武帝无奈,只得拂袖而去。

李夫人的行为让守在她身边的家人们很不满,待武帝一走,便批评李夫人说:"贵人难道真的不能见上皇上一面,把兄弟托付给他吗?为什么恨皇上恨到这种程度?"李夫人回答道:"我之所以不想见皇上的原因,正是想借此将兄弟们托付给皇上。我作为一个出身微贱的倡优,能得幸于皇上,都是因为容貌姣好的缘故。以色侍奉人,色衰则人的爱就会转移,人的爱转移了,恩情也就断绝了。皇上之所以一直对我念念不忘,是因为我以前的容貌。现在我已面容憔悴,非复往日的美丽,他见了一定会感到厌恶,在这种情况下,你们想想我死后他还会再追思我并厚待我的兄弟吗?"

李夫人确实是猜透了武帝的心思,由于她在武帝心中留下了非常美好的印象,她死后,武帝特以皇后之礼将其下葬,接下来又折腾出很多典故。如武帝让人把李夫人的容貌画下来挂在甘泉宫,时时临观,

---

① 据《史记·外戚世家》:"李夫人早卒,……兄弟皆坐奸,族。是时其长兄广利为贰师将军,伐大宛,不及诛,还,而上既夷李氏,后怜其家,乃封为海西侯。"《汉书·武帝纪》云:"(太初)四年春,贰师将军广利斩大宛王首,获汗血马来。"《功臣表》载李广利于"太初四年四月丁巳封"海西侯。据此可知李夫人入宫在元鼎六年(前111年)以后,卒于太初四年(前101年)以前。

本意是借以减轻相思之苦,结果却思之更甚。于是他身边一个方士①就给他出主意说:"您不是想念李夫人吗?我有办法让您夜里与她相会,但是俩人不能到一起,只能远远地观望。"于是到了夜间,该方士弄了顶帐子,然后在帐中张设灯烛,盛陈酒肉等祭品,用来招致李夫人的神灵,武帝则远远地坐在另外一个帐子里静待李夫人的到来。不知这人是怎么搞的鬼,在武帝等待好一阵儿后,果然遥望见一个像李夫人一样的女子出现在帷幄中,就见那女子先是在帷幄中静坐了一会儿,接着又起身踱步,过了一会儿就又消失了。现在想来,这估计就是杂技中的皮影戏。本来该方士是想借此安慰一下武帝,不想武帝见罢李夫人的魂灵之后,思念更甚,回去之后就写了首诗,诗云:"是邪,非邪?立而望之,偏何姗姗其来迟!"然后令乐人谱成歌唱给自己听,估计是边听边落泪。就这还不算完,继续折腾,又写了一篇赋,武帝在他的这篇怀念李夫人的赋中用了很多诸如修嫮、櫟绝、山椒、凄泪、桂枝、菱荹、娥扬之类的华丽辞藻,我们不妨录下来欣赏一下:

"美连娟以修嫮兮,命櫟绝而不长,饰新官以延贮兮,泯不归乎故乡。惨郁郁其芜秽兮,隐处幽而怀伤,释舆马于山椒兮,奄修夜之不阳。秋气憯以凄泪兮,桂枝落而销亡,神茕茕以遥思兮,精浮游而出畺。托沈阴以圹久兮,惜蕃华之未央,念穷极之不还兮,惟幼眇之相羊。函菱荹以俟风兮,芳杂袭以弥章,的容与以猗靡兮,缥飘姚虖愈庄。燕淫衍而抚楹兮,连流视而娥扬,既激感而心逐兮,包红颜而弗

---

① 《史记》与《汉书》在叙述武帝一代史事时,皆云武帝时曾让方士为其亡故宠姬致神,然叙事颇相歧异。《史记·封禅书》称武帝让少翁招致的是王夫人之神,《武帝本纪》与此同。班固《汉书·郊祀志》称武帝让少翁招致的是李夫人之神,《外戚传》亦载有此事。自《汉书》出异文后,关于少翁招致的是哪位夫人之神,自古以来聚讼不休。大致而言,其相同之处是皆认为非李夫人。此说尤以沈钦韩的论辩最有力:"南粤灭在元鼎六年,此志有云既灭南越,嬖臣李延年以好音见,而李夫人之进以延年歌北方有佳人得召见,又在延年后明矣,其死安得反在元狩时乎?"而"少翁之诛在元狩中,李夫人卒不得有少翁也"。见沈钦韩:《汉书疏证》卷十八,沈钦韩等:《汉书疏证(外二种)》(1),上海古籍出版社2006年版,第527页。此说甚是。然班固叙及方士为武帝致李夫人之神事,言之凿凿,似非虚语。而考班氏家族在西汉后期与皇室渊源甚深。成帝时班彪的姑母入官为婕妤,班氏家族贵幸一时,同时班彪的外祖父金敞,是西汉后期著名的贵族金氏家族成员,该家族自武帝起直到平帝,一直备受皇室宠信,与皇室关系极其密切,自当熟知皇家掌故。故班氏父子的李夫人说当有确据,其误在于将致神者归于少翁耳。故此处文中叙其事,但不书少翁之名。

明。欢接狎以离别兮,宵寤梦之芒芒,忽迁化而不反兮,魄放逸以飞扬。何灵魂之纷纷兮,哀裴回以踌躇,势路日以远兮,遂荒忽而辞去。超兮西征,屑兮不见。浸淫敞,寂兮无音,思若流波,怛兮在心。

乱曰:佳侠函光,陨朱荣兮,嫉妒闟茸,将安程兮!方时隆盛,年夭伤兮,弟子增欷,洿沬怅兮。悲愁于邑,喧不可止兮。向不虚应,亦云已兮。嫶妍太息,叹稚子兮,懰栗不言,倚所恃兮。仁者不誓,岂约亲兮?既往不来,申以信兮。去彼昭昭,就冥冥兮,既下新官,不复故庭兮。呜呼哀哉,想魂灵兮!"①

武帝的赋,对于很多人而言,今天就是拿着字典来阅读,理解起来也有一定的难度,但武帝对李夫人的思念还是由此能让人感受一二的。要知道武帝是一个很忙的人,他后宫中有很多女子等待他去宠幸。据《汉武故事》载:"上起明光宫,发燕赵美女二千人充之,率皆十五以上二十以下,年满三十者出嫁之,掖庭总籍,凡诸宫美女万有八千。建章、未央、长安三宫皆辇道相属。率使宦者、妇人分属。或以为仆射,大者领四五百,小者领一二百人。常被幸御者,辄注其籍,增其俸秩,比六百石。宫人既多极,被幸者数年一再遇,挟妇人媚术者甚众。选二百人常从幸郡国,载之后车。与上同辇者,十六人充数,恒使满,皆自然美丽,不假粉白黛绿。侍尚衣轩者亦如之。尝自言:'能三日不食,不能一日无妇人。'善行导养术,故体常壮悦,其应有子者,皆记其时日,赐金千斤。孕者拜爵为容华,充侍衣之属。"②

在这种情况下,他能抽出时间以堆砌大量华丽辞藻的方式来怀念一个已逝的女子,若非真喜欢,他是不会这样做的。

此外据东晋王嘉的《拾遗记》称武帝泛舟昆灵之池,自创歌曲,使女伶歌之。时日已西坠,凉风激水,武帝耳听女伶嘹亮的歌声,眼望女伶婀娜的身姿,不由地想起早已香消玉殒的李夫人,一时悲从中来,遂赋《落叶哀蝉曲》曰:"罗袂兮无声,玉墀兮尘生;虚房冷而寂寞,落叶

---

① 班固撰,王先谦补注:《汉书补注》卷九十七上《外戚传》,上海古籍出版社2008年版,第5940~5943页。

② 陆楫编:《汉武故事》,《古今说海·说纂甲集》,集成图书公司1909年版,第6页。

依于重扃;望彼美之女兮,安得感余心之未宁?"①

　　武帝对李夫人的恋情,每每让后来的文人骚客感慨不已,唐代诗人李贺、李商隐、曹唐等均有《汉武帝思李夫人》诗传世,其中以曹唐的诗最有韵味:"惆怅冰颜不复归,晚秋黄叶满天飞;迎风细荇传香粉,隔水残霞见画衣;白玉帐寒鸳梦绝,紫阳宫远雁书稀;夜深池上兰桡歇,断续歌声彻太微。"②而细绎诗意,当是有感于《落叶哀蝉曲》而发。

　　《落叶哀蝉曲》后来传到西方,因其主题是描述一位东方高贵的君王对一位绝色女子的追思,不免让追求异域情调的西方学者对其产生了浓厚的兴趣,遂纷纷进行译写,如英国著名汉学家赫伯特·艾伦·翟理斯(Herbert Allen Giles, 1845—1935)、阿瑟·韦利(Arthur Waley, 1888—1966)以及美国著名诗人埃兹拉·庞德(Ezra Pound, 1885—1972)都译过这首诗。其中最著名的是埃兹拉·庞德的译诗《刘彻》。具体是这样写的:

《LIU CH'E》③

Ezra Pound

The rustling of the silk is discontinued,

(绸裙的窸窣之声已不复闻)

Dust drifts over the court-yard,

(尘土飘落在宫院里)

There is no sound of footfalls, and the leaves

(听不到足音,而叶子)

Scurry into heaps and lie still,

(卷成堆,而后沉寂)

And she, the rejoicer of the heart is beneath them:

(她呵,我心中的欢乐,长眠于下)

A wet leaf that clings to the threshold.

(一片潮湿的叶子粘在门槛上)

---

　　①沈德潜选:《古诗源》卷二《落叶哀蝉曲》,中华书局1963年版,第41~42页。

　　②曹唐:《汉武帝思李夫人》,彭定求等编:《全唐诗》卷六百四十,中华书局1960年版,第7340页。

　　③Kai-chee Wong: A Research Guide to English Translation of Chinese Verse, Hongkong: The Chinese Cniversity Press, 1977:78.(译文为本人所加)

所谓爱屋及乌,果如李夫人所料,由于武帝对李夫人念念不忘,她死后,虽然协律都尉李延年与其弟李季因恃宠奸乱后宫,被武帝处死,但武帝念及旧情,对李氏外戚仍格外加恩。武帝先是在太初元年(前104年)拜李夫人的兄长李广利为贰师将军,让其统兵征大宛。至太初四年(前101年)又以伐大宛之功,封李广利为海西侯。继而在天汉二年(前99年)、天汉四年(前97年)先后两次派李广利统军与其他将军分兵攻打匈奴。天汉四年(前97年)四月,又立李夫人子刘髆为昌邑王。在武帝的扶持下,李氏家族很快崛起为显赫的外戚之家,与卫氏外戚集团形成分庭抗礼之势。及至征和二年(前91年),李广利的亲家涿郡太守刘屈氂不仅被武帝提拔为左丞相,并且还亲自领导了铲除卫太子母子的活动,而在除掉太子母子后,李氏外戚集团遂成为朝廷最有势力的政治力量,与卫氏外戚集团相比,他们仅差一个太子之位而已。这让李氏外戚集团成员不免弹冠相庆,忘乎所以,见太子之位虚悬,就想捷足先登,据为己有。殊不知此一时,彼一时。对李氏外戚而言,今日的情势已非往日可比。

应该说,李氏外戚在李夫人死后受到宠幸,早已在李夫人预料之中,但如此受宠却又非她一个宫廷女子思虑所能及。究其原因,乃在于武帝意欲以李氏外戚为臂膀来制衡卫氏外戚,现在卫氏外戚被连根拔去,李氏外戚对武帝的利用价值自然大减,不仅如此,李氏外戚还成为了当朝最显赫的贵族,俨然又一"卫氏外戚集团"出现,这就不能不招致武帝的疑忌。

当此之时,莫说得到太子之位,就连能否生存下来,对李氏外戚都成了问题,因为武帝自知时日无多,且执政能力严重下降,已没有精力与李氏外戚周旋,严峻的形势要求他及早解决棘手问题。故而卫氏外戚被除掉后,李氏外戚看似前途光明,实则已危如累卵,李氏外戚若明智,就应该低调行事,努力消除武帝对他们的疑忌,但这也只是尽人事而已,能否回转天心真的是只能靠运气了。想当年卫子夫、卫青姐弟一生小心谨慎,卫氏外戚仍然难逃覆亡的命运。始而贵显,终而族灭,竟是武帝一朝外戚的宿命。

另外诛除卫太子一事,让武帝的声誉大受损伤。为了挽回声誉,武帝也有必要从速打击李氏外戚集团。前已论及，武帝为除掉卫太子颇下了一番功夫，他先是分两次以合法的手段除掉了卫氏外戚的中坚力量公孙贺家族、诸邑公主、阳石公主以及卫伉等，然后才指派江充来对付卫太子母子，却没想到卫太子情急之下，竟做困兽之斗，发兵抗争，一下子将其父子之间的矛盾暴露在光天化日之下。而天下百姓得知此事后，不论远近，不管是否知道内情，都异口同声地指斥武帝，而对太子充满了同情。究其原因，在于武帝在位期间轻用民力，大事征伐；盘剥百姓，迹近劫掠；任用酷吏，震慑天下；穷奢极欲，不加节制。凡此种种，导致死人无算，经济萧条，民不聊生。只是武帝的统治虽然极其暴酷，但他总能为自己所做的事情找出冠冕堂皇的理由。如攻打匈奴是为了保护百姓、报匈奴侮辱汉朝之仇；掠夺社会财富是为了攻打匈奴，同时也是为了解决社会贫富不均的问题；任用酷吏是为了打击携其富厚之势横行乡里的豪强势力等等。由于他对自己的所作所为陈义甚高，百姓竟拿他没办法。及至其父子反目，酿成惨案，许多百姓在震惊的同时，也为得到了一个批评武帝的机会而兴奋不已。

因为对于父子纷争，当事双方无论罗列出多少自以为有理的事例，外人仍有插话的机会。如对于父亲，常言道父慈子孝，儿子对父亲不孝，说明父亲在慈爱儿子方面肯定有做得不到之处。具体到卫太子而言，由于他对武帝的忠孝之心早已为百姓所熟知，而武帝行事一贯刚暴，不循情理，故而此事一发生，百姓不自觉地就同情卫太子。更何况武帝所指派的清算卫太子势力的江充，被世人普遍认为是一个惯于顺从武帝旨意罗织罪名倾陷善人的奸佞之徒，所以他陷害卫太子的事情纵使做成，也不会得到百姓的认可。总此两点，使世人纷纷同情卫太子的不幸而对武帝深致不满。其中壶关三老茂更是在卫太子出逃后，远赴长安建章宫，诣阙上书，为卫太子讼怨。

在奏书中茂指出太子无错，错在武帝，当然茂也指出武帝并非故意要为难太子，而是被奸人的逸言所蒙蔽，误会了太子。茂希望武帝立即停止对太子的搜捕行动，尽快把太子从民间找回来。茂说："臣听说父亲犹如天，母亲犹如地，子女犹如生长在天地间的万物。因此天地平安，阴阳和顺，万物才会生长茂盛；父慈母爱，家中的子女才会孝顺。如果阴阳不和，万物就会受伤早死；父子不和，家庭就会丧乱败亡。因此父亲不像父亲，儿子就不像儿子；国君不像国君，臣民就不像臣民，就是有粮食，我们岂能吃得上吗！古时的圣君虞舜，是个极为孝顺的人，却不被他父亲瞽叟喜爱；孝子孝己遭人诽谤，伯奇至孝被流放，本是骨肉至亲，却父子相疑。为什么会这样呢？这是诋毁积累得过多造成的呀。由此看来，做儿子的没有不孝顺的，而做父亲的有时候却不能明察是非啊。现今的皇太子是汉朝的嫡出继承人，承接着汉朝万世的基业，体受着传承祖宗血脉的重任，从亲情方面讲他还是您的嫡长子啊。江充，出身布衣百姓，民间闾里的贱臣罢了，陛下尊显而重用他，他却利用您给予他的至高无上的命令，来迫害皇太子，造作掩饰奸邪诡诈之举，一帮奸佞之徒又颠倒是非，致使亲人之间的道路受到阻隔而不得通达。太子进则得不到皇帝的接见，退则为乱臣所困扰，只因为冤气郁结却无处申诉，忍不住悲愤的心情，才起兵杀死了江充，事后又恐惧被追究责任，这才逃亡而去，这不过是儿子盗用父亲的兵力，用来解难自救罢了，臣私下以为太子没有邪心。《诗经》云：'营营青蝇，止于藩。恺悌君子，无信谗言。谗言罔极，交乱四国。'以往江充进谗言害死赵国的太子，天下没有不知道的，他被杀死实属罪有应得。陛下没有洞察实情，深责太子，盛怒之下，调发大军搜捕太子，让丞相亲自统领，智者不敢进言，辩士不敢陈说。臣私下里感到非常痛心。臣听说伍子胥为了尽忠，明知会身被恶名而不顾；比干为了尽仁，不惜牺牲自己——忠臣竭尽忠诚，不顾斧钺之诛，来陈述自己的愚见，其志在于匡扶君主，安定社稷啊。《诗经》云：'取彼谮人，投畀豺虎。'唯愿陛下宽心慰意，平息愤怒，稍微体察一下自己亲人的难处，不要忧虑太子为逆乱之事，立即撤回军队，不要让太子长时间流亡在外。臣不胜惓惓，希望陛下尽快发出命令，臣则待罪建章宫阙下等待受到惩罚。"

茂的书信奏上去后，汉武帝看罢竟无话可说，因为茂讲得句句在理。所谓公道自在人心，茂的书信明确告诉武帝，他如此对待自己的儿子，百姓并不答应。不过武帝还是不死心，他希望通过对巫蛊一案受到牵连的人的审问，找到一些有利于自己的证据，从而反转对自己不利的局势。然而被武帝从地方召回，主持巫蛊案件审理事务的故廷尉监丙吉，却不肯助纣为虐，而是秉公审理，由于卫太子确实无逆反之举，故而武帝竟得不到有利于自己的证据。同时，对涉案人员审理的情况传扬到社会上后，更加重了百姓对武帝的不满。

在此情况下，武帝要想摆脱巫蛊之祸给自己造成的不利影响，除了诿过他人，推卸责任之外，竟似没有其他更好的办法。若如此，刘屈氂无疑是最好的人选。因为在与太子纷争的过程中，他是朝廷一方的直接领导者，而他向太子发难的原因也不难解释：刘屈氂是李氏外戚的重要成员，他想除掉卫太子，然后拥昌邑王刘髆为太子。

可以说，卫氏外戚被诛除后，武帝很快就对李氏外戚动了杀心。更何况李氏外戚还处在宫中宠姬钩弋夫人势力的严密监视之下。

钩弋夫人姓赵，河间人，据说一次武帝巡幸，经过河间，望气者称此处有一奇女，天生双手握成拳状，不能伸开。这让武帝甚感好奇，便遣使将该女子召来，然后伸手握着该女的手轻轻一掰，该女子的手竟应指而开，这在武帝看来，真可谓是天赐的缘分，该女子遂因此得幸，号"拳夫人"，这就是钩弋夫人。此事在武帝看来可称神奇，但以今人眼光重新审视，可知这不过是其家为引起武帝的注意，而设的一个局。钩弋夫人入宫后，又有十四月生子之事，更显见其深谙宫廷权谋之道，故而说其非善类并不为过。

此女虽入宫较晚，资历甚浅，不如李氏外戚那样在朝中权势熏天，但却有数点优势为李氏外戚所不及。首先，钩弋夫人侍奉在武帝左右，能够及时掌握武帝的动态。其次，她的儿子刘弗陵虽小，却甚得武帝宠爱，是武帝中意的继承人选。如刘弗陵刚一出生，武帝就将钩弋夫人生刘弗陵的宫门命名为"尧母门"，以圣君相期许。后来随着刘弗陵的日渐长大，武帝见他体格健壮，聪明伶俐，更加喜爱，多次说刘弗陵像自己。最后，钩弋夫人与宫中宦者的渊源甚深。史称其父因犯法被处以宫刑，为中黄门，死于长安，葬在雍门。由于是宦官之家，故其父虽死，其家与宫廷势力的联系仍然颇为密切。这从其在武帝去河间巡视时，被特意推荐给武帝就可看出来。而她在进宫之后，自然会大力增进与宫廷宦官势力的联系，而宫廷宦官势力为了自己日后前途考虑，必然会竭尽全力扶助她。武帝当深知钩弋夫人与宫廷宦者的关系，故而自刘弗陵一出生，便频频表达自己对这孩子的喜爱之情，应该是希望围绕在钩弋夫人身边的宦官助他盯紧其他政治势力的动向。就钩弋夫人而言，如果说以前她的势力是与李氏外戚一道挑战卫氏外戚的话，现在该势力要做的就是铲除李氏外戚集团，搬掉最后一道阻挡在刘弗陵前进道路上的障碍了。

总之，各方角力的结果是，在卫氏外戚被铲除的次年，汉朝政坛再度发生血腥的诛戮事件。征和三年（前90年）三月，因匈奴入五原、酒泉两郡，杀死汉朝两个都尉，武帝派李广利将兵七万出五原，商丘成将兵两万出西河，马通将兵四万出酒泉，共击匈奴。当李广利离京出征之时，刘屈氂特为其设宴饯行，并将李广利送至渭桥，李广利因催促刘屈氂尽快请求武帝立昌邑王为太子。然而还没等刘屈氂向武帝提议，宦官内谒者令郭穰就向朝廷告发了他们。据郭穰说因为丞相多次受到武帝的谴责，丞相夫人便让巫师祭祀社神，诅咒武帝，有恶毒的语言，又与李广利共同祈祷祭祀，想让昌邑王为帝。观此可知，郭穰早已将相关材料搜集到手，只是在等待出手的时机。

郭穰告发丞相后，主管官员奏请武帝批准审查，经过审理，郭穰揭发属实，武帝遂以大逆不道之罪将刘屈氂族诛，为营造轰动效应，武帝诏令用运送食品的厨车载着刘屈氂游街示众，然后将他腰斩于东市，其妻子被押赴华阳街斩首示众。李广利的妻子儿女也被收捕入狱。时为征和三年（前90年）六月。而李广利闻讯，遂携数万士卒投降匈奴，这应该出乎武帝的预料。

众所周知，外戚以女色兴，作为皇权的衍生物而存在，他们只有得到君主的支持才能为朝臣所认可，否则就什么都不是。这也是为何武帝之世，每每以外戚统兵征伐而不必担心他们兴兵作乱的原因。就李广利而言，因其人资质平庸，武帝更是没把他放在心上。殊不知他将权力付于李广利，就使李广利获得了组建忠于自己的团队的能力，又兼军队内部构成复杂，一些敌视朝廷的军吏混迹其间，伺机作乱，故李广利并非他想象的那样易于驾驭。因此刘屈氂被族诛，李广利家族被下狱的消息一传至军中，李广利的部属即发生了分裂，军队遂被拥李广利势力所挟持。李广利初欲深入邀功,以赎其罪,后因战败,自知死罪难逃,遂率众数万投降匈奴。武帝得知消息,盛怒之下,将其宗族全部诛除。

虽然武帝诛杀了李广利宗族,但七万大军俱陷匈奴,酿成自兴师征伐匈奴以来最大的惨败,使无数家庭失去父兄子弟,让武帝陷入了无法向天下交代的窘境。同时残酷的现实,也让他认识到汉朝到了此时,已是元气大伤,再也经不起折腾了。他未竟的事业,真的只能留给后人来完成了。

汉初推行无为而治,与民休息,经过数世发展,至武帝即位之初,汉朝呈现出一派经济繁荣的景象,豪富之家遍布天下,贵族之家亦富甲一方。然而富庶的贵族、豪富却不关心国家安危,且常常干扰地方统治,扰乱国家经济秩序,导致皇权与贵族、豪富之间矛盾重重。其中豪富往往交通官员,影响地方统治,以谋取利益。甚者兼并豪党之徒胁其富厚,以武断于乡曲。并且豪富之家,多置买田宅,严重挤压小农的生存空间,成为小农贫困的重要原因。富商大贾还经常囤积居奇,哄抬物价,谋取利益。同时汉承秦制,治理国家,庶事草创,一直没能建立起与汉朝相匹配的典章制度。凡此种种,显示历史发展到武帝时期,要想维持汉朝的稳定与发展,就必须对此前的统治思想与政策措施予以调整、变更与完善。

就外部形势而论,周边异族政权对汉朝时时构成威胁,尤其是北方的匈奴,更是成为心腹之患。匈奴始自山戎、猃狁、荤粥等北方古老的少数族,经过长期发展,到春秋战国时期便日渐强盛起来,及至秦朝统一六国后,北部边疆东有东胡,西有月氏,中有匈奴,可谓强敌环伺,其中尤以匈奴最为强大。此后虽然秦朝派蒙恬率军将匈奴逐往漠北,并依托山川之险,修筑了西起临洮、东至辽东,绵延万余里的长城。但此后不久便发生了大乱,于是北方少数族乘南方皇朝无暇北顾之机,再次进行力量整合。当时匈奴新任单于冒顿亲率精锐骑兵东攻东胡,西击月氏,南并楼烦,北服浑庾、屈射、丁令、鬲昆、薪犁,在东起辽河、西至葱岭、北抵贝加尔湖、南达长城的辽阔地域建立起庞大的匈奴帝国。以此为基础,冒顿驱骑南下,大举入侵长城以南的汉朝边郡,当时匈奴人离长安近者仅有七百里，轻骑一天一夜即可到达，对汉朝构成巨大威胁。为解决北方问题，刘邦统一天下后，曾率精兵三十余万迎击匈奴，结果不仅问题没有解决，反而被围于平城七天七夜，差点成了匈奴的阶下囚。嗣后，为了免遭匈奴的侵扰，自高祖起至武帝初，汉对匈奴一直采取和亲政策，其间先后十次将公主嫁与匈奴冒顿、老上、军臣等单于，与此同时奉以厚礼。不过虽卑辞重币以事匈奴，然掠夺性的战争仍频繁发生。

为了解决汉朝所面临的一系列问题，武帝一继位，即在建元元年（前140年）十月，下制策问贤良文学之士以治国之道，表示自己钦慕五帝三王改制作乐而天下洽和的治道，想使"教化流布而政令推行，刑罚轻而奸邪之事"得到改正，百姓和睦安乐，政事得到宣明。并问贤良文学，自己怎样做，才能达到百谷丰登，使自己的德泽遍布四海，及于草木；使日、月、星三光全，寒暑平，享受上天与鬼神的福祐，德泽洋溢，影响达到异域，延伸至于众生："伊欲风流而令行，刑轻而奸改，百姓和乐，政事宣昭，何修何饬而膏露降，百谷登，惠润四海，泽臻草木，三光全，寒暑平，受天之祜，享鬼神之灵，惠泽洋溢，施虖方外，延及群生？"①

元光元年（前134年）五月，武帝再次下诏申明自己的理想。武帝声称自己听说在尧舜时期，在衣服上画上象征五刑的图画，百姓就不会犯法，日月所照耀的地方，没有不服从他们的领导的。周朝的成康时期，由于百姓服从领导，不触犯刑律，以至于刑罚搁置不用，德泽及于鸟兽，教令通达四海。海外东到肃眘，北到渠搜，以及西方的氐族、羌族都来臣服；星辰不变乱，日月不亏缺，山陵不崩塌，河谷不堵塞；麒麟、凤凰出现在郊外的草泽，黄河、洛水出图书。武帝说自己不知道他们究竟实施了什么办法而达到如此完美的境地！现在自己得以继承汉家基业，无时不在追求、思考，却如同涉渡深水，不知如何才能到达彼岸。因此询问贤良们，自己怎样做才能弘扬先帝宏业美德，而侧身尧、舜、三王的行列："朕闻昔在唐虞，画像而民不犯，日月所烛，莫不率俾。周之成康，刑错不用，德及鸟兽，教通四海。海外肃眘，北发渠搜，

---

① 班固撰，王先谦补注：《汉书补注》卷五十六《董仲舒传》，上海古籍出版社2008年版，第4019页。

氏羌徕服。星辰不孛,日月不蚀,山陵不崩,川谷不塞。麟凤在郊薮,河洛出图书。呜虖,何施而臻此与!今朕获奉宗庙,夙兴以求,夜寐以思,若涉渊水,未知所济。猗与伟与!何行而可以章先帝之洪业休德,上参尧舜,下配三王!朕之不敏,不能远德,此子大夫之所睹闻也。贤良明于古今王事之体,受策察问,咸以书对,著之于篇,朕亲览焉。"①

总之,武帝的理想就是要在自己有生之年,实现四夷宾服、百姓和乐、天下太平的远大抱负。为此,武帝在耗尽了国家数十年的积蓄后,又采取各种手段,如垄断关系国计民生的重要经济产业、加重对从事工商业者的税收、直接利用国家权威掠夺社会财富等手段聚敛财富,然后利用巨额的财富,驱使百姓,外事四夷,内兴功利。百姓若不服从,则以严刑峻法惩治之。然而经过数十年的努力,虽然取得极其重大的成就,但也因此导致国弊民贫,朝政纷纭,社会动荡。在此背景下,武帝仍发师十三万攻打匈奴,结果七万大军俱陷匈奴,这让武帝在自己有生之年臣服匈奴的愿望成为泡影,要想实现他理想的社会图景只能寄望于后人了。

所以当务之急,就是改变政策,消弭民怨,与民休息,稳定时局,同时选拔自己中意的继承人,待到汉朝元气恢复后,由该继承人来继承自己的遗志,再创汉家的辉煌。只是一时之间,却又找不到着力点,这不免让他非常焦虑。

恰护卫高祖陵寝的郎官田千秋此时上紧急奏书,为太子讼冤,说:"儿子玩弄父亲的兵器,罪当受笞刑;天子的儿子因过失而误杀人,该判何罪!"并声称是一白头翁托梦让自己这样说的。由于田千秋供职高庙,故他这样说,其意显然是在暗示武帝,这不是他在批评武帝,而是高祖刘邦让他传言教诲武帝。这就如同给了处境尴尬的武帝一个台阶,因为谁的话他都可以不听,但是祖宗的训诫却不能不服从。因此一见田千秋的奏书,大喜,马上召见田千秋,对他说:"父子之间的事情,别人很难说上话,独有您明白其实不是这样。这是高庙的神灵让您来教导我,您应当作为我的辅佐之臣。"遂立拜田千秋为大鸿胪。并

---

① 班固撰,王先谦补注:《汉书补注》卷六《武帝纪》,上海古籍出版社2008年版,第231页。

以此为契机,着力解决为百姓所关注的一系列问题。

由于百姓对卫太子含冤而死一事一直耿耿于怀,为抚慰民心,自田千秋被拜为大鸿胪起,武帝采取了一系列措施,为卫太子平反昭雪。如为了怀念卫太子,武帝特筑思子宫,并在湖县筑归来望思之台。族灭江充的家族,并将江充的帮凶苏文烧死于横桥之上。采用不同的方式对此前因功受赏者进行清算。如李寿征和三年(前90年)因擅出长安界,送李广利至高桥,及使吏谋杀方士等罪被诛。后元元年(前88年)六月,商丘成因犯祝告鬼神使加祸于他人之罪自杀,马通、景建因共为谋逆被杀。此外,对加兵刃于太子的人,初被任命为北地太守,后则族灭之。而张富昌在后元二年(前87年)四月,为人所贼杀时,已是昭帝在位了。在此过程中,又将巫蛊之祸明确定性为李氏外戚集团阴谋逆乱所致。征和四年(前89年)六月,武帝拜田千秋为丞相。田千秋为相之初,见武帝连年追究太子之案,受到诛罚的人非常多,人们为此惶恐畏惧,想宽解武帝之意,安慰天下吏民,就与大臣们一起给武帝祝寿,称颂武帝的美德,劝武帝对天下施恩惠,缓刑罚,玩听音乐,养志和神,为天下安危考虑,自寻娱乐。而武帝回应说:"我并不自认为有德,自左丞相刘屈氂和贰师将军李广利阴谋为逆作乱,巫蛊之祸殃及士大夫。我曾连续数月一天只吃一顿饭,还听什么音乐?经常在心里哀痛死于巫蛊之祸中的士大夫,已经过去的事,也就不便再追究了。"显见武帝已将巫蛊之祸明确定性为李氏外戚集团阴谋逆乱所致,太子是被冤枉的。同年汉遣使送匈奴使者归匈奴,匈奴人问及卫太子一事,使者解释说:"这是丞相私自与太子争斗,太子发兵想杀掉丞相,丞相遂诬告太子,因此后来把丞相杀了。这是做儿子的玩弄父亲的军队,其罪当笞,不过是小的过错罢了。"这也就意味着原来的疑案是非曲直至此已经大明。

应该说武帝不遗余力地对卫太子冤案进行平反昭雪,并表示哀伤,这其中确实有感情的因素,因为死去的毕竟是他的亲生儿子,且是在元朔元年(前128年)他二十九岁时才得到的长子。当年卫太子刚出生时,为示庆祝,武帝特地为求子之神禖立祠,并让东方朔和枚皋撰写祭祀禖神的祝词。元狩元年(前122年)刘据七岁时就被立为太子,

第四章 李氏外戚:繁华转眼即成空

后来刘据长大后,又诏令他学习当时的显学《公羊传》。及至其成人后,就让他住进太子宫,还为他修建博望苑,让他与宾客往来,允许他依着自己的兴趣行事。并且武帝每每出行时,都会把朝中的事托付给他处理。所以实事求是地说,武帝与太子的关系在相当长的时期内还是比较融洽的,武帝在太子身上也是付出了相当多的感情的。并且从后来调查的结果看,虽然他对太子心怀疑忌,但太子确实没有一点挑战他的权威的想法,说来说去都是他性情多疑,逼死太子,这使他内心深处相当愧疚,不伤心是不可能的。

但如前所述,更重要的原因还是在于他希望通过这一系列的行为,能换得百姓的谅解,以扭转对自己不利的形势而已。事实上,他的目的也达到了,尤其是百姓们得知他筑思子宫、归来望思之台后,都感到很悲伤。然而,如果他是真心悔过,就应该把当时被置于郡邸狱中的卫太子唯一在世的孙子刘病已,立马从狱中赦免出来,好好养育才是正理,可是他没有!

刘病已是卫太子的儿子刘进之子,巫蛊之祸发生时才出生数月而已。对此,武帝不知道其曾孙刘病已在狱中应该是个合理的解释。吕思勉就曾发问:"然则武帝果自知尚有曾孙否?"[1]但事实上武帝不知其曾孙在狱中是不可能的。因为在处理卫太子一案的过程中,在处置相关涉案人员时,都是有规定的。在此情况下,有涉案者若想免予惩罚,都必须向武帝请示,如太子家吏张贺就是由其弟张安世向武帝上书求请,方才得到特赦的。故刘病已当时被赦免死罪,一定也要得到武帝的同意方可。所以刘病已被置于郡邸狱,其实就是武帝的安排。既然武帝知道刘病已在狱中,却不肯放出来,原因只能是想置太子遗孙于死地,最终达到其斩草除根,彻底清除太子势力的目的。

当然,不赞同武帝有杀刘病已之心者会指出,若武帝果有杀掉太子遗孙之心,他当初何必赦免太子遗孙!但问题是当时纵使他想除掉太子遗孙,但太子遗孙却有不杀之理。因为当时虽然对谋反者要满门抄斩,但对宗室诸侯王谋反者的处置却又另当别论,对于这类人朝廷

---

[1] 吕思勉:《秦汉史》,上海古籍出版社 1983 年版,第 155 页。

往往只惩处组织者及参与者,对于涉案宗室贵族的家人则皆予以赦免。因此在史书中偶尔会见到这些谋反者后人活动的记载。如景帝平定七国之乱后,想让吴王刘濞的弟弟德哀侯刘广之子续吴,以楚元王的儿子刘礼续楚。武帝元封中,遣江都王刘建女儿细君为公主,以妻乌孙昆莫。细君死后,武帝又以楚王刘戊的孙女解忧为公主,妻乌孙君主岑陬。据此可知,武帝对卫太子一家大行诛戮已属过当,更何况太子遗孙为襁褓小儿,无预世事,故武帝虽欲除之,可是却杀之无由,只好将其关押在郡邸狱中。班固在《汉书·宣帝纪》中叙述此事时,用了一个"犹"字:"曾孙虽在襁褓,犹坐收系郡邸狱。"因为在班固看来,皇曾孙是不应该被关在监狱之中的,因为将一个襁褓小儿置于监狱之中,无异于判其死刑。

之所以这样说,是因为当时婴儿死亡率相当高,极难养育。两汉文献对此屡有论及。如宣帝时王吉称世俗嫁娶太早,夫妻双方还不知道怎样做父母就有了孩子,因而政教风化难以宣明而百姓多有夭折。东汉人桓谭称汉世遭逢衰薄恶气,娶嫁又不按时进行,人们勤劳辛苦过度,因此生下孩子后,自身与孩子都受到伤害,身子的筋骨血气不充沛强健,故此多有夭折。东汉人王符也称"婴儿有常病,父母有常失"。虽然王吉等关于婴儿死因的看法颇相歧异,但都承认婴儿早夭是当时普遍的社会现象。

正是因为婴儿死亡率高,为了让婴儿能够存活下来,当时做父母者对婴儿都是倍加珍爱,但仍避免不了婴儿的死亡,用王符的话来说就是:"父母有常失。"提供最好的生存条件仍免不了婴儿死亡,更何况是生存条件极其恶劣的监牢之中。故将婴儿置于监狱之中,无异于判其死刑。事实也确实如此,刘病已入狱后,曾经多次病得奄奄一息。所以武帝将刘病已长期羁押在监狱之中,其用心是极其险恶的。当然洪迈不赞同这一看法,洪迈认为这可能是因为汉法太严,武帝虽知太子之冤,也不能屈法将刘病已赦出:"戾太子死,武帝追悔,为之族江充家,黄门苏文助充谮太子,至于焚杀之。李寿加兵刃于太子,亦以他事族。田千秋以一言至为丞相。又作思子宫,为归来望思之台。然其孤孙囚系于郡邸,独不能释之,至于掖庭令养视而不问也,岂非汉法至严,既坐太子以反逆之罪,虽心知其冤,而有所不赦免者乎?"①然此说太牵强。国家的法令只是独断专行的武帝统驭天下的工具而已,他要想做的事,没有任何一条律文能够限制住他,所以说放与不放刘病已,只在武帝一念之间,但是他始终没有这样做!

想想如果卫太子不做任何反抗,任由江充陷害,并束手就擒,武帝就可以以确凿的罪名向他痛下杀手,自然也就不会出现后来的被动局面。公孙贺父子、他的两个女儿等就是被他以适当的罪名,名正言顺地给处理了。没想到处置卫太子时,卫太子竟然做出极其过激的举动,这不仅出乎武帝的意料,也让武帝在世人面前出尽了丑。所以在武帝内心深处,对卫太子相当讨厌也说不定,因为这让他太被动了。

在为太子平反的同时,武帝还采取一系列措施,对此前所推行的扰民劳民之政进行了持续调整。

征和四年(前89年)正月东巡,三月,武帝在齐郡较为发达的农业灌溉区巨定县亲自耕田,以表示自己对农业的重视。接着赴泰山封禅,然后召见群臣说:"朕即位以来,行事狂悖,致使天下愁苦不安,后悔不及。从现在起,若有伤害百姓,靡费天下的事情,将其全部罢除。"武帝在位期间,因为迷信鬼神,希冀长生,招致大量的方术之士,让他们为自己求神致不死之药,为此耗费资财甚巨,最终却一事无成。因此大鸿胪田千秋建议武帝将这些人罢斥遣归,其议为武帝所接受。

六月二十五日,武帝拜田千秋为丞相、富民侯。武帝之所之封田千秋为富民侯,意在向天下昭示其与民休息、富养百姓之意:"武帝末年,悔征伐之事,乃封丞相为富民侯。下诏曰:'方今之务,在于力农。'"②大概与此同时或在此以后,武帝又以农学家赵过为搜粟都尉,在北方推广适合旱作的先进耕作方法"代田法"。田千秋被拜官丞相后,由于他与桑弘羊等尚未觉察到武帝欲停止对外用兵的意图,因向武帝奏请在西域轮台以东屯田,增田卒、筑亭障以震慑西域诸国。

汉时将玉门关阳关以西之地称为西域,包括今天新疆以及中亚部

---

① 洪迈撰,孔凡礼点校:《容斋随笔》卷二《戾太子》,中华书局2005年版,第29页。
② 班固撰,王先谦补注:《汉书补注》卷二十四上《食货志》,上海古籍出版社2008年版,第1594页。

分地区。当时在天山以南塔里木盆地南北缘的绿洲上,分布着几十个小国,较重要的有楼兰、焉耆、龟兹、疏勒、且末、于阗、莎车等。天山以北有乌孙人建立的游牧政权。由帕米尔高原向西有大宛、大月氏、大夏等国。其时诸国皆役属于匈奴。武帝为了加强与西域各国的往来,钳制匈奴,先后两次派张骞出使西域,此后汉与西域来往频繁起来,并与匈奴展开争夺西域的斗争。当张骞通西域之初,西域诸国由于没有领教过汉朝的威力,虽知其富庶,但一直没把汉人放在眼里。而武帝为了与西方的大宛诸国联系,不断地派使者经西域塔里木盆地绿洲国家西上。由于南道的楼兰、北道的姑师两国正处在交通要道上,因此多次攻打劫掠汉使王恢等,并且还多次作为匈奴的耳目,请其出兵拦截汉使。为此,武帝派将军赵破奴将兵数万远征西域,俘楼兰王,攻破姑师。又派李广利为贰师将军,统兵数万征伐大宛。征服大宛后,又在轮台、渠犁各置田卒数百人屯田,置校尉以领护。

及至征和四年(前89年)六月,搜粟都尉桑弘羊与丞相田千秋等鉴于汉朝新败,担心匈奴趁势向西域扩张,动摇汉朝在西域的地位,而轮台以东捷枝、渠犁等地有灌溉田五千顷以上,可以经营,因奏请武帝派士卒到轮台以东屯田,设置三个校尉分部保护。张掖、酒泉二郡派士卒为屯田者放哨。士卒种田一年,积蓄有存粮后,就招募民众到屯田之处,扩大灌溉面积,持续增修用来警戒的亭候,使其相互连接,向西延伸,用以震慑西方的国家,并辅助乌孙对抗匈奴。为此,建议武帝先派使者分部巡行西部边郡,做好前期准备。同时请求武帝派使者出使西域诸国,向他们说明汉朝的意图,解除他们的顾虑。

此前官员们还提出增加民赋以助边用、募囚徒入匈奴行刺单于等建议。武帝遂借此事下诏对官员们的奏言予以回应,意欲为汉朝接下来的发展指明方向。

如论及增加民赋以助边用的建议,武帝予以否定。汉世百姓十五岁以上至五十六岁,每年出赋钱一百二十钱,称一算,商贾、奴婢加倍,用作国家的军事开支。征和四年(前89年)官员建议增加三十钱,则一算就是一百五十钱。武帝认为这将进一步增加百姓的负担:"前有司奏,欲益民赋三十助边用,是重困老弱孤独也。"

论及屯田轮台的建议。武帝追述前事,将贰师将军李广利兵败匈奴一事,诿过于臣下,称因群臣、军吏及治星望气、卜筮者皆认为当征匈奴,自己才派遣李广利统兵击匈奴,结果全军覆没,伤亡惨重,武帝说他对此一直非常悲痛,现在官员们又请求在万里之外的轮台进行大规模屯田,起亭障,非有利于百姓,因此自己不忍听这样的话:"乃者贰师败,军士死略离散,悲痛常在朕心。今请远田轮台,欲起亭隧,是扰劳天下,非所以优民也。今朕不忍闻。"

论及大鸿胪田广明等建议的悬封侯之赏,募囚徒入匈奴行刺单于一事,武帝认为这种阴狠之事就是古代的五霸都不齿为之,况且是堂堂的大汉,更不当为。并且匈奴得到汉朝投降的人,经常向他们详细询问汉朝对匈奴的政策,所以计谋即便实施,也很容易泄露。而当时边塞的管理相当松懈,对人们出入不禁,官员役使戍卒为自己猎兽谋利,使戍卒劳苦而警备松弛,有的戍卒不堪役使之苦,逃离亭隧,对于这些逃亡的人,边塞管理部门也不上报朝廷,后有匈奴来投降的人,或捕得匈奴人,朝廷才从他们口中得知有戍卒逃往匈奴。因此武帝认为当前国家应该做的,不是悬赏招募囚徒入匈奴行非常之事,而是应当严禁推行苛暴之政,停止向百姓擅征军赋,努力从事农业,修订鼓励百姓养马的马复令,以补充空缺,不要使武备缺乏,影响边疆的稳定。并让地方官员就畜马一事提出各自的对策:"当今务在禁苛暴,止擅赋,力本农,修马复令,以补缺,毋乏武备而已。郡国二千石各上进畜马方略补边状,与计对。"①此诏令下达后,武帝不再兴师征伐。

武帝通过一系列运作,平复了百姓悲伤的情绪,缓解了他们的生活压力,并让他们对未来再度萌生希冀,从而使长期积聚的社会矛盾在一定程度上得以消解,社会局势遂走向平稳。在此背景下,武帝开始着手安排后事。

---

① 班固撰,王先谦补注:《汉书补注》卷九十六下《西域传》,上海古籍出版社2008年版,第5869~5871页。

第四章

武皇托孤：不御之权付与谁

第五章

后元年间,武帝自知时日无多,开始为其身后事布局。当时他在世的儿子有三子燕王刘旦、四子广陵王刘胥、五子昌邑王刘髆及少子刘弗陵。刘旦为人聪明而有谋略,博学经书、杂说,好星历、数术,倡优、射猎之事,喜欢招致社会上的游学之士,是一个有心机、不安分、有势力之人。他在为燕王期间多有过失,这让行将就木、疑心甚重、忌讳权位受到威胁的武帝感觉对他难以把握,故不愿把储君之位交付与他。刘胥喜倡乐逸游,力能扛鼎,能徒手搏猛兽,动作无法度,是一个莽夫,武帝自然不会让他做太子。刘髆自从其外戚势力被武帝铲除后,与武帝已形同陌路,武帝自然也不会选他做继承人。最后是武帝的少子刘弗陵,此子此时已数岁,长得身材壮大,又聪明伶俐,武帝常言"类我",认为以刘弗陵为继承人,自己未竟的事业日后在他的手中一定能够得到继续,又有感于他出生与众不同,因此对他非常珍爱,就想立他为继承人。为此,采取一系列措施,清除各种障碍,意欲为刘弗陵继位铺平道路。

后元元年(前88年),作为武帝在世诸子中的长子,燕王刘旦见巫蛊之祸后,最有势力的李氏外戚被铲除,昌邑王刘髆失势,就认为自己的机会来了,于是派使者向武帝上书请求到长安去保卫武帝,而这分明是在向武帝索要太子之位,形同要挟,因此让武帝非常愤怒,当即将他的奏书摔在地上,说:"生子当置之齐鲁礼义之乡,竟把他封在了燕赵地区,果然就有了争权之心,不谦让的端倪已经显现出来了。"因派人将其使者斩于阙下。又以藏匿国家逃亡百姓之罪,削去他良乡、安次、文安等三县封邑以示惩戒。

接着武帝让人画了一幅周公负成王的画送给他的亲信奉车都尉、光禄大夫霍光。数日后,因担心刘弗陵继位后,其母钩弋夫人专权乱政,又处死了钩弋夫人。当时武帝故意找茬谴责钩弋夫人,钩弋夫人不明就里,吓得去掉头上戴着的簪珥等饰物,跪在武帝面前不住地叩头,武帝却不留情面地命令身边的人将她带走,送至关押犯罪宫人的掖庭狱。途中,钩弋夫人不住地回头看武帝,做可怜状,希望武帝能饶了她,武帝也看出了她的想法,可却决绝地说:"赶紧走,你肯定是不得活了!"遂赐死。后武帝向身边近臣询问世人对此事的反应,近臣回答说:"人们说'既然要立她的儿子,为什么要杀她儿子的母亲呢?'"武帝对此解释道:"以前国家之所以发生祸乱,都是因为君主年少而母后年轻所致。失去了先君的制约,此时独居的女主往往骄横跋扈,淫乱自恣,不能禁止。你没听说吕后的事情吗?"但问题是他杀掉了年仅数岁的少子的母亲,抛弃了外戚,又不肯依靠宗室来辅佐新君,少子继位后,怎么驾驭这复杂凶险的政局?少子的饮食起居由谁来照料?当然,他不说,谁也不敢问。

后元二年(前87年)正月,武帝在甘泉宫朝会诸侯王,对宗室进行赏赐,此次朝会很可能含有要求宗室贵族支持他即将做出的重大决定的意思。而昌邑哀王刘髆死于此次朝会前后,由于其死在关键时刻,学者多怀疑这是武帝为其少子即位扫清障碍而作的安排。此外,武帝去世前,又以望气者言长安狱中有天子气为借口,派郭穰夜赴郡邸狱屠狱,意欲置卫太子遗孙刘病已于死地。所幸被丙吉阻拦,武帝的阴谋才未能得逞。武帝不得已只好赦免了郡邸狱中的犯人,过后因担心刘病已流落民间,被拥护卫太子势力所推戴,危及其少子刘弗陵的统治,又遗诏要霍光等将其召回朝廷,由官方控制起来。

后元二年(前87年)二月武帝开始进入弥留之际,霍光哭着问武帝:"如果您去世了,谁做继承人?"武帝说:"君还没有领会此前给你那幅画的意思吗?立少子,君行周公之事!"原来当年西周刚建立,周武王就因病去世,武王死前,由于儿子成王还在襁褓之中,没有能力主持国政,武王就把朝政托付给了他的同母弟周公旦来代为掌管。据说后来周公不负武王重托,经常背着成王去上朝,把国事处理得井井有条,等到成王长大后,周公又把天子之位还给了成王,周公后来因此被视为贤臣的典范。武帝当时给霍光送周公负成王的画,其寓意就是要霍光做他的托孤重臣,把自己的小儿子托付给他。本来这种事情武帝也可以直接告诉霍光,但由于当时朝中各种关系错综复杂,一旦把事情挑明,就会把霍光推到风口浪尖上,并且武帝其他儿子尤其是燕王刘旦立刻就会闹将起来。自古及今,无论皇家还是平民百姓之家,最难处理的都是家务事,各种关系剪不断理还乱。就武帝而言,他若下狠手,那就是骨肉相残,此前他已经逼死了卫太子,现在若再处死自己的儿子,由此带来的丧子之痛是他所无法承受的,儿子他再不喜欢,可那毕竟是他的骨肉。但若姑息儿子们,那就保不准他们会闹出什么事儿来,尤其是燕王刘旦,文韬武略,事实上也是一等一的人物,所以就当时的情况看,传位之事,不到万不得已,还是不挑明的好,因为这样一来,由于猜不透老皇帝的心思,少不得都存了点念想,想着说不定父亲会把皇帝位传给自己,就想给父亲留个好印象,自然也就不敢闹腾。正是因为这个原因,武帝让人送了霍光一幅画,让他自己回家琢磨去。而霍光见武帝这样说,忙顿首辞让说:"臣不如金日䃅!"金日䃅则说:"臣是外国人,不如霍光;并且如果让我辅政,还会让匈奴轻视汉朝,嘲笑汉朝无人可用。"

二月十二日,武帝诏立时年八岁的少子刘弗陵为皇太子。十三日,在病榻前拜奉车都尉、光禄大夫霍光为大司马大将军,侍中、驸马都尉、光禄大夫金日䃅为车骑将军,太仆上官桀为左将军,同时又拜搜粟都尉桑弘羊为御史大夫,让他们与丞相田千秋一起受遗诏同辅少主。

汉朝传统,新君即位,多以母后及其外戚辅政。因此武帝排斥外戚,亲选五位与新君无任何血缘关系的近臣来辅佐新君,无疑会让世人瞠目结舌,惊骇不已。但这绝非武帝心血来潮、心智错乱而为,实乃其深思熟虑之举,并且从深层次讲,这也意味着自文帝以来一直在进行的政治试验终于开花结果。

话说汉初高祖刘邦惩秦孤立之戒,遂大封同姓以为己助,及至吕后当政,又引入了吕氏外戚帮助自己治理天下,但由于吕氏外戚过于跋扈,在时人眼中颇有倾危汉代皇权之虞。故吕后去世后,宗室与功臣遂合力铲除了吕氏外戚。鉴于外戚在吕后当政时的表现,文帝称帝后,对外戚充满戒备,一直不敢委以重任,而与此同时,宗室很快又成尾大不掉之势,以至于当时的政治家梁王太傅贾谊在他所上的奏疏《陈政事疏》中将此称为是可为痛哭的事情,建议文帝通过众建诸侯的方式来削弱诸侯王的实力,从而解除其对朝廷的威胁。但这样一来,君主等于自断臂膀,又如秦时那样成孤立之势,则朝政如何驾驭?对此,贾谊认为只要君主善待大臣,完全可以得到妥善解决,而不必将希望寄托在宗室贵族身上。

贾谊指出国君的高贵譬如殿堂,群臣如同殿堂的台阶,百姓如同台阶下的地面。如果台阶在九级以上,离地面远,殿堂就高,反之则低。殿堂高就难以攀登,低则易于陵越,这是理所当然的。因此古代的圣王制定了细致分明的等级关系,如朝廷有公、卿、大夫、士之别,地方封国有公、侯、伯、子、男之分,然后又有大小官吏的等级,并一直排到庶民百姓,而天子则位于这个等级秩序的最上面,因此他的尊贵是不可企及的。民间有谚语说:"想投掷东西打老鼠,却又顾忌损害室内的器物。"这个比喻很恰当,因为老鼠离器物近,人们尚且忌惮损害器物而不敢投掷它,更何况是对君主身边尊贵的大臣!所以历史上对于君主身边的近臣,由于他们与君主的关系太近,担心在处置他们时会伤及君主,故对他们的处置非常慎重,比如在脸上刺字的黥刑与割掉鼻子的劓刑就不加在大夫的身上,君主的宠臣即便是犯了大过错,刑戮之罪也不加在他们的身上。因为如果不加区别地对他们施以与百姓同样的刑罚,这就等于泯灭了等级秩序,如同大殿没有了台阶,使百姓、大臣、君主处在同一个层面上,这样人们很容易就会冒犯君主。秦朝的秦二世被臣下逼死,就是由于大肆杀戮身边的重臣,犯了投鼠而不忌器的大忌。

贾谊认为就如同鞋子再新也不能放在枕头上,帽子再破也不能用来垫鞋一样,人的地位不同,就应该采用不同的方式来对待。曾经处在被尊崇地位的人,天子曾经对他厚加礼遇,官吏百姓曾经敬畏过他,现在有了过错,皇帝可以下令废黜他的爵位、罢免他的官职、对他赐死、诛灭他的家族。但是不应该侮辱他,把他捆绑起来,牵引着,送到司法部门,编列在狱吏的管辖之下,让狱吏们咒骂他、鞭打他,这是很不尊重有身份的人的行为。对天子曾经礼敬过、民众曾经尊崇过的身份贵重的人,想让他死就让他死好了,卑贱的人怎么可以这样折磨羞辱他呢?

为了使自己的观点便于理解,贾谊给文帝举了一个春秋时期刺客豫让的典故。话说晋国在春秋中期以后,国政渐为范氏、中行氏、智氏、赵氏、韩氏、魏氏等六卿所控制。前490年,智、韩、魏三家协助赵氏击败范氏、中行氏，政入智、赵、韩、魏四家。前458年，智伯以扫除范氏、中行氏余党为旗号，联合其他三家，最终灭掉了范氏和中行氏，瓜分了他们的封地。前453年，先是智氏的智伯联合韩、魏攻打赵氏的赵襄子，后赵襄子行离间计，与韩、魏联合灭掉了智氏，然后三分其地。赵襄子由于非常怨恨智伯，杀掉智伯后又把他的头做成饮器使用。而豫让作为智伯的臣子，决心为智伯报仇。他先是想办法带着匕首混入赵襄子宫中，以修厕所为名，要伺机刺杀赵襄子。不想赵襄子上厕所方便时，没来由地心怦怦直跳，觉得要出事，忙让人抓住正在修厕所的陌生人搜查，结果一搜就搜出了凶器，见身份暴露，豫让干脆告诉赵襄子他是豫让，要为智伯报仇。赵襄子的卫士想杀掉豫让，但赵襄子觉得他很有忠义之气，就饶了他。哪知豫让被释放后，又残身易容，藏身于赵襄子要经过的桥下，意欲再次行刺赵襄子。后来赵襄子乘坐着车来到桥边，还没过桥，驾车的马先惊了，赵襄子便停下来，叫身边的人去桥下搜捕刺客，并断言说："豫让肯定就在桥下！"结果人们把桥下人带上来一问，果然是豫让。赵襄子对此很生气，数落豫让说："据我所知，您在做智伯的臣子之前，还做过范氏、中行氏的臣子，后来范氏、中行氏都被智伯灭掉，当时您不仅没为他们报仇，还去投奔智伯，做了他的臣子。现在智伯死了，您却没完没了地为他报仇，这究竟是为什么？我很不理解。"豫让说："您既然问起来了，那我就给您说说原因。您说得确实不错，我是做过范氏、中行氏的臣子，但他们都把我当作普通人对待，我当然也以普通人的身份报答他们。智伯就不同了，他是把我当作无双国士来对待的，我当然要以国士的身份来报答他。"然后豫让请求赵襄子把外衣脱下来借他一用，赵襄子把衣服脱下交给他，他拔剑击之，然后伏剑自杀。

贾谊对此发表评论说，同是一个豫让，先是反君事仇，猪狗不如；继而又为主复仇，视死如归。之所以会出现如此大的反差，全在于君主对待他的态度不同所致。所以君主以什么样的态度对待臣下非常重要，如果君主对待他的臣下如同对待犬马，他的臣下就会甘愿做犬马，如果对待他的臣下如同对待犯人，他的臣下就甘愿做犯人。顽固愚笨、不讲节操、见利忘义、没有廉耻，这样的臣下对于君主而言可不是什么好事。所以在古代为了勉励宠臣讲求节操,有"刑不至大夫"的传统。就是说对于贵族,即使是其犯罪,也要给予他们应有的尊重。在给他们定罪的时候,不仅不以斥责的口吻宣布他们的罪行,还为了照顾他们的面子能为他们隐讳就尽量为他们隐讳。对于那些犯有大罪的人,君主不是派人揪着他的头发往下按着将他处死,而是让他自杀,说:"你大夫是自己有罪,我待你是有礼的。"对待臣下有礼,臣下就会自爱。以廉耻待人,人们就会重视节操和德行。若君主礼敬臣下,臣下却不忠于君主,这样的人就不是人,也就没必要与他一般见识。总之,君主以礼义廉耻对待他的臣下,他的臣下就会尽力报答君主,公而忘私,死而后已。而这样的人是可以托付以不加约束的大权,可以将自己未成年的孩子放心地交给他来辅佐的:"顾行而忘利,守节而仗义,故可以托不御之权,可以寄六尺之孤。"①

  文帝读罢贾谊的奏疏后,很是感慨,自此开始有意识地善待臣下。其中周亚夫、卫绾尤其受到他的重视,文帝临去世时,特地嘱咐景帝要重用周亚夫,善待卫绾。文帝去世后,景帝即拜中尉周亚夫为车骑将军,"目的在新君登位之际,要他以'将军'头衔统领南北军,以防事变"②。七国之乱爆发后,景帝以周亚夫为太尉统军平叛,又以河间王太傅卫绾为将统军击吴楚,皆得其力。七国之乱平定后,在大力削藩的同时,景帝效法乃父,颇重视善待其中意之人,如对于卫绾,景帝认为其为人敦厚,可以辅佐少主,遂对他大加尊崇,不仅赏赐给他很多东西,还提拔他做丞相。

  武帝时,为了加强皇权,继续打击宗室诸侯,作左官律,设附益法,颁推恩令,使诸侯王成为只享用封地上的租税而不参与政事的贵族地主,这也就意味着宗室被皇权彻底抛弃。对于外戚,则视其为施政的工具加以利用。当时,为了制衡官僚集团,外戚再次得到重用,但凡重大军事活动,往往都有外戚的身影。卫青、霍去病、李广利都是以外戚身份受到重用,因功而获得显赫的地位。但从这些外戚最后的结局来

---

① 班固撰,王先谦补注:《汉书补注》卷四十八《贾谊传》,上海古籍出版社 2008 版,第3692 页。
② 苏诚鉴:《西汉南北军的由来及其演变》,《安徽师大学报》1980 年第 3 期。

看,武帝不是将他们视为助手而是作为工具来使用的,因此这些外戚随着利用价值的丧失而相继为武帝所抛弃。通察武帝一朝的历史可以发现,当他辞别人世之时,那些曾经显赫一时的外戚之家都已荡然无存。

与此同时,由于宗室、外戚皆不足恃,武帝便如其父祖一样,将希望寄托在一些忠诚的臣僚如霍光、金日䃅、上官桀等人身上,对他们予以重点考察和培养。

霍光,河东平阳人,字子孟,大司马骠骑将军霍去病同父异母弟。霍去病是武帝皇后卫子夫的姐姐卫少儿的儿子,卫少儿是武帝的姐姐平阳公主的奴婢,武帝的姐姐之所以称平阳公主,是因为她嫁给了平阳侯,也正因如此,卫少儿有时候会在平阳生活,由于家生奴婢无所谓婚嫁,她们的婚姻问题只能私下里自己解决,因此正当青春年少的卫少儿就有意识地在前来平阳侯府服役的平民中物色情人,当然她也可以找一个平阳侯府中的奴仆,但与府中奴仆苟合,生下的孩子仍是侯府的奴仆,而与平民苟合,则自己的孩子可认祖归宗去做平民。如卫少儿的弟弟卫青就是她的母亲卫媪与平阳一个名叫郑季的平民苟合所生,后来就被送回了郑家。从为自己孩子的前途考虑,卫少儿也想效法她的母亲,找一个平民情人。恰在这个时候,当地青年霍中孺被官府派到平阳侯府中服役,估计霍中孺长得一表人才,就给卫少儿盯上了,一来二去,就有了私情,就有了霍去病。霍中孺服役期满后,回家又娶了一个妻子,接下来他的这个妻子又给他生下了一个儿子,这就是霍光。

后来卫少儿的妹妹卫子夫受宠,带动着卫媪的后代都发达起来,这其中就有霍去病,而霍去病飞黄腾达后,也想玩认祖归宗、衣锦还乡的把戏,知道自己的父亲是平阳霍中孺,在统兵攻打匈奴途经山西时,把霍中孺叫过去,俩人见了一面。当时霍中孺一看见霍去病,就踏着小碎步朝霍去病跑去,这也是古代的礼节,称"趋谒",为表示敬意,地位卑微的人去见身居高位的人都这样。而霍中孺就这还不算完,跑到霍去病面前,又跪下不住地叩头。霍去病见状也忙跪下给霍中孺叩头,说:"我以前不知道是大人您的孩子啊!"那意思要是知道早就来见霍中孺了。霍中孺却不敢倚老卖老，忙说："老臣我能够得以依靠将军，这都是上天的力量啊。"接下来霍去病给霍中孺买田宅、奴婢，好一番安置，霍中孺由此发迹。后来霍去病打完仗，班师还朝时，又从山西路过，顺路将十余岁的异母弟霍光带到长安。霍光一到长安，就被霍去病安排做了郎官，该官任职于宫廷之中，为侍卫皇帝的近臣，当时宫廷中有很多年轻人在那里做郎官，现可考知西汉年龄最小的郎官是刘向，他以十二岁为辇郎。郎官们入宫后，一方面侍奉皇帝，一方面在郎署里学习各种知识及为官之道，成年后，许多人或为朝廷重臣，或为地方郡国守相，前途往往不可限量。霍光做了郎官后，很快就任至诸曹侍中，成了随侍武帝左右的亲近官员。

霍去病死后，霍光被封为奉车都尉、光禄大夫，这两个职位秩皆比二千石，名义上都是九卿光禄勋的属官，事实上却并不受光禄勋掌控。其中奉车都尉掌御乘舆车，管理皇帝车驾，秩级虽不高，但地位重要，不是亲近的人是没有资格干的。光禄大夫职司议论朝政，属皇帝的高级顾问官。就霍光而言，做了这两个职位后，武帝出行他随驾，回宫后就侍奉在武帝的左右，成为武帝的贴身近侍。

霍光做郎官十余年，跟着武帝出入宫禁又二十余年，尤其是在这二十余年间，霍光处事小心谨慎，从未犯过错误，这让武帝看在眼里，喜在心头。因为霍光一方面展现出了忠诚的品质，另一方面办事又很得体，套用一句今天的术语，就是"又红又专"，而像这样的人才即使是在今天也不多见。

当时除了霍光，受到武帝宠信的大臣还有侍中、驸马都尉、光禄大夫金日䃅和侍中、太仆上官桀。

金日䃅，字翁叔。本是驻牧河西走廊的匈奴休屠王太子。武帝为控制河西走廊，元狩二年（前121年），派霍去病两击驻牧该地的匈奴休屠王与浑邪王部，使其损失惨重，于是引起匈奴单于不满，意欲诛杀休屠王与浑邪王以示惩处。为求自保，浑邪王遂杀休屠王，并其众而降汉，金日䃅一家自然也被胁裹到了汉朝。由于金日䃅之父是因不愿降汉被杀，故金日䃅与他的母亲及弟弟金伦都被没为官奴婢，送往少府下辖机构黄门署养马。当时他年仅十四岁。很久之后，有次武帝游宴时，想欣赏一下自己的御马，就让人把马牵来观看，当时后宫佳丽成群，侍于武帝左右，故数十位养马者牵着马依次从殿下走过时，都忍不住斜着眼朝宫女们瞟。然而轮到金日䃅时，却目不斜视，昂然前行。这不免就引起了武帝注意，而认真看时，就见这金日䃅身高一米九零左右，身材魁伟，容貌端严，再看他养的马又甚是肥壮，不由地就对金日䃅产生了浓厚的兴趣，便把他叫到身边了解情况，交谈中，金日䃅把自己的身世告诉了武帝，这分明是王子落难，不免让武帝既惊且慨，当天便拜他为马监，接着很快又提拔他为侍中、驸马都尉、光禄大夫，备受宠信，让他与霍光一样出则骖乘，入侍左右。

而金日䃅做了武帝的近臣后，也确实没有辜负武帝的期望。与霍光一样，忠于职守，未尝有过。同时行事非常谨慎。侍奉武帝数十年，从不敢直视武帝。武帝赐给他宫女，他也不敢亲近，而是把宫女找地方安置下来，照顾得很周到。武帝想把金日䃅的女儿纳入后宫，他觉得自己孩子素质差，不配侍奉皇帝，没有答应。他的长子是武帝身边的弄儿，所谓弄儿，也就是带在身边陪自己解闷的小孩。这里需要说点题外话，西汉的君主如高祖、惠帝、文帝、武帝、哀帝都喜欢男宠，其中文帝宠邓通、哀帝宠董贤，在历史上都是出了名的。可能金日䃅的儿子是匈奴血统，长得高鼻深目，甚有情致，遂被武帝招到身边来解闷，也就是怎么开心怎么玩儿，搂搂抱抱自是在所难免，结果有次他的儿子抱着武帝的脖子撒娇时，给他看见了，当时便气得直朝他的儿子瞪眼，把他的儿子吓得连忙跑开，并哭着说："老人家发怒了。"后来他的长子长大后，行为颇不检点，竟在殿下与宫女调情，恰被金日䃅撞见，金日䃅因担心儿子会做出祸乱宫廷的丑事，竟狠着心把他带回家杀了。武帝起初听说金日䃅擅杀儿子，大怒，及至听金日䃅讲述杀子的原因后，又深为金日䃅大义灭亲之举所感动，也因为这件事，武帝对金日䃅开始敬重起来。此后金日䃅又因擒获刺杀武帝的侍中仆射马何罗而让武帝对他更为宠信。

马何罗与江充是朋友，巫蛊之祸中，马何罗的弟弟马通以力战获封重合侯，后见武帝诛灭江充的宗族、党与，马何罗兄弟害怕祸及自己，就阴谋反叛。金日䃅见马何罗举止失常，就起了疑心，独自暗中观察马何罗的动静；马何罗也感到了金日䃅对他的敌意，心中颇为忌惮，故拖了很长时间不敢动手。及至后元元年（前88年）六月，武帝行幸林光宫，恰这时金日䃅生了小病卧床休息，马何罗认为机会来了，就与其弟马通、马安成假托武帝之命夜间出来，杀掉统军宿卫林光宫的使者，然后发兵谋反。由于行动隐秘，无人觉察，次日天一明，武帝还没起床，马何罗就进了宫，意欲趁武帝不备，将其刺死。其时，金日䃅正在厕所方便，突然间心没来由地狂跳起来，预感到要出事，赶忙起身来到武帝住宿的宫殿，坐在了武帝卧室外的房间里。不一会儿，就见马何罗袖藏匕首从东厢房走了进来，而马何罗一见到金日䃅，脸色大变，当时便急朝武帝卧室奔去，因行动慌乱，不小心触动了放在旁边的宝瑟，使其发出巨大的声响，马何罗骤然听到刺耳的响声，惊恐之下，一下子僵在了那里，被蹿上来的金日䃅趁机一把抱住，并大呼："马何罗反！"遂生擒之。金日䃅由此名声大著！也正因如此，武帝对金日䃅的信任程度并不亚于霍光，而马何罗则臭名昭著。后来到了东汉时，其后人名将马援的女儿做了东汉明帝的皇后，厌恶其祖先有造反者，因将马何罗兄弟改姓莽。故又称莽何罗、莽通。

上官桀，陇西上邽人，字少叔。少时为羽林期门郎，最初因力大而被武帝赏识。话说有次上官桀跟随武帝上甘泉宫，途中遇到大风，由于武帝乘坐的车辆车盖又高又大，顶风而行，竟不得前进。当时很多侍卫都解决不了这个问题，上官桀见状，上去把车盖取了下来，然后用手擎着，跟着马车一起朝前走，车走多快，他就走多快，要知道天子六驾，没了车盖之后，就是顶风跑起来也很快，但上官桀始终没有被拉下来。不久天下起雨来，上官桀又擎着车盖为武帝挡雨，这力量未免也太大了，故武帝对上官桀甚为欣赏，就升他为未央厩令，主管养马事务。过了一段时间，武帝生了病，病好后武帝想看看自己的马，结果养在未央厩的马被牵出来后，武帝一看，很多马都明显消瘦，当时就恼了，说："你认为我不再见这些马了吗？"那意思就是说上官桀得知他生病，想着他也活不成了，没人管了，就玩忽职守，不再专心养马了。当时就要把上官桀抓起来。这很危险，曾经有一次也是武帝生病，病好后出去巡视，发现一个地方的路面很不平坦，大怒，训斥当地的太守说:"你以为我以后不走这条路了吗!"立马便把该太守杀了。却说上官桀一看武帝发怒,连忙叩头解释说:"我听说皇上身体不适,日夜忧虑害怕,心思确实没有放在养马事务上。"话没说完,眼泪早一行行地流了下来,武帝见状,遂转怒为喜。实则官员在朝任职,各有职守,当国家领导人出现大的变故时,若官员真正忠于国家,就应该比平时更加努力地做好本职工作,以保持政局的稳定,而不是消极怠工,招致人心浮动。故王夫之论及上官桀此举,很反感,说:"桀非与国休戚之臣,厩令之职,在马而已,其泣也,何为而泣也?"①但武帝却深受感动,从此开始重用他,任命他为侍中,继而迁其职为太仆,而位列九卿。

总之,由于武帝认为霍光、金日䃅、上官桀等对自己忠心耿耿,让他们辅佐少子,就一定能保证自己未竟的事业得以延续;且三人关系甚睦,霍光与金日䃅相互敬仰,霍光与上官桀又是儿女亲家,因此在弥留之际,特选他们三人为少子刘弗陵的辅政大臣,与丞相田千秋、御史大夫桑弘羊一起辅佐刘弗陵,其中霍光拥有政事决断权。

按说,在这个由五人组成的辅政班子中,田千秋与桑弘羊俩人一为丞相、一为御史大夫,官位最高,实权应该掌握在他们手中,而不是霍光手中,然而他们却忝居末席,处在协助霍光施政的地位。这是因为汉朝到武帝时,为了加强皇权,武帝从官僚机构及社会上选拔了一批有才能的人任以侍中、左右曹、诸吏、散骑、中常侍、给事中等职入宫侍从左右,参与大政。还设秘书职务,该职若由宦官担任称中书,士人担任称尚书,属一职二名,掌管内廷收发文件事务,将丞相权部分移于中书或尚书,即由中书或尚书掌机要,披章奏,分曹理事。又罢太尉,改置大司马,作为大将军的加官,由亲贵大臣担任。这样在朝廷便有了中朝和外朝之分。由大将军、侍中、中书、给事中等官组成中朝或称内朝,成为中央决策机构。以丞相、御史大夫为首的外朝,逐渐成为政务执行机关。大司马大将军是中朝最高官员,不过就武帝时而言,任大司马大将军、大司马骠骑将军的卫青、霍去病虽然贵幸,但并未干预政事。大司马大将军权兼中外,是从霍光开始的。虽然武帝委霍光于

---

① 王夫之:《读通鉴论》卷三《武帝惑于上官桀之佞而托以孤》,《船山全书》(第10册),岳麓书社1994年版,第152页。

重任,但具体事情还是要由以丞相为首的外朝来办理,故而在组建辅政班子时,将外朝领袖丞相田千秋、搜粟都尉桑弘羊也整合了进来,希望中朝、外朝能相互配合,共同维护政局的稳定并促进国家的发展。田千秋虽无他才能术学,又无伐阅功劳,特以一言寤意,旬月取宰相封侯,然其为人敦厚有智,居位称职,其前后数位宰相比之皆不如,是一个可以托付大事的人。桑弘羊是一理财能臣,是武帝之政的坚定支持者,武帝在去世前特提拔他至御史大夫之位,也是要利用的他的才能协助霍光,共同继承自己的遗志,治理国家。此外,由于刘弗陵年岁尚幼,生活还不能自理,武帝又让自己的女儿鄂邑盖长公主(简称"盖主")入宫照顾刘弗陵的生活起居。

后元二年(前87年)二月十四日,武帝驾崩于五柞宫。二月十五日,时年八岁的太子刘弗陵即皇帝位,这就是昭帝。

虽然武帝对自己身后事的安排甚为缜密,但因他以少子嗣位,破坏了汉朝的立储传统;以中朝指挥外朝,破坏了汉朝由君主控驭外朝的传统;以贤臣辅政,破坏了汉朝亲疏相制的传统,从而使汉朝陷入长期动荡不安的局势之中。

第六章

霍光：党亲连体，根据于朝廷

后元二年(前87年)二月昭帝即位后,以霍光为首的统治集团为稳定民心,普施德政。同时霍光为强化对政局的掌控能力,大力组建新的统治团队,并与燕王刘旦、左将军上官桀、盖主等权贵展开激烈的权力博弈,最终大权独揽,威震海内。

首先,励精图治,普施德政。

昭帝一改武帝的奢靡之风,即位以后,从未出巡过一次,且甚少大事兴作。

同时着力减轻百姓的赋役负担。兵役方面,对外不再主动向匈奴发起战争,即使受到攻击,一般也是以守为主,如后元二年(前87年)冬,匈奴入朔方,杀掠吏民。朝廷发军屯西河,左将军上官桀视察北部边疆。始元四年(前83年)秋,匈奴入代郡,杀汉都尉,但汉并没有发兵报复。对于不得不开展的军事行动,为少侵扰百姓,则尽可能地使用刑徒、招募吏民及征调事发地附近的士卒从军征讨。始元元年(前86年)夏,益州廉头、姑缯、牂柯、谈指、同并等二十四邑皆反。朝廷遣水衡都尉吕破胡统军平叛,从军士卒由两部分构成,一部分是招募的吏民,一部分是犍为、蜀郡的士卒。始元四年(前83年)益州蛮夷姑缯、叶榆复反,朝廷遣水衡都尉吕破胡将益州兵击之,因未能平定叛乱,方派军正王平与大鸿胪田广明等统大军平定之。在平定叛乱的过程中,又充分调动了西南夷钩町的力量。霍光的女婿范明友以羌骑校尉的身份率王侯君长以下的羌人也参与了此次平叛活动。又对武帝时期实行的马政进行调整。武帝时朝廷令百姓为国家供养马匹,始元四年(前83年)七月,诏令停止执行这项政策。赋税方面,后元二年(前87年)七月,鉴于庄稼连年歉收,百姓食物匮乏,流民没有全部还归故里,诏令对供给京师各官府的租税予以减免。始元二年(前85年)八月,又因灾免收百姓当年的田租。

并且减轻刑罚。后元二年(前87年)六月,始元元年(前86年)七月,始元四年(前83年)三月,先后三次大赦天下。始元四年(前83年)三月的赦令中还规定后元二年(前87年)以前的案子,不再审理。

对百姓进行赈贷赏赐,扶持弱势群体。始元元年(前86年)七月,赐民百户牛、酒。始元二年(前85年)三月,遣使者赈贷没有种子、粮食的贫民。八月,因灾害严重,诏令原来赈贷给贫民的种子、粮食不用再归还国家。此外在始元元年(前86年)闰九月,遣故廷尉王平等五人持节视察郡国,举荐贤良,了解民生疾苦。

始元五年(前82年),发生伪卫太子诣阙自陈事件后,又加强了德政推行力度。

昭帝即位后,先是有燕王刘旦的谋反,后又出现以上官桀为首的权贵与霍光对抗,政局一直不稳,于是到了始元五年(前82年)初,就发生了一件轰动一时的闹剧。当年春,有一个身穿黄色长衣,头戴黄色帽子的男子,乘着一辆插有画着龟蛇图案的黄旗的黄牛车,来到未央宫北阙,自称是卫太子归来。主受章奏的公车府令将此事上奏给霍光等,霍光等下诏让公卿、将军、中二千石等高官前去辨认,长安官吏百姓前来围观的有数万人,因担心发生非常之事,霍光等特派右将军率兵来到北阙维持秩序。前来辨认的丞相田千秋、御史大夫桑弘羊以及中二千石九卿高官望着自称是卫太子的人都不敢说话,及至京兆尹隽不疑赶到,才下令随从的属吏将此人逮捕。经过审理,得知此人本夏阳人,姓成名方遂(一云张延年),居于湖县,以卜筮为业。此前有已故卫太子的舍人曾找成方遂占卜,对成方遂说:"您的容貌非常像卫太子。"成方遂于是就动了冒充卫太子谋取富贵的念头,遂诈称自己是卫太子,来到未央宫北阙。廷尉传唤乡里张宗禄等认识他的人前来作证,最终将成方遂定为诬罔不道之罪,腰斩于长安东市。

史书关于此事的叙述就这么简单,但其中的内涵却颇值得玩味。因为纵观此事的发展过程,可以使我们确信在巫蛊之祸后,民间关于卫太子并没有死的传言甚盛。

例证一:主受章奏的公车府令将此事上奏之后,国家的最高领导人居然以诏书的形式令公卿、将军、中二千石等官吏一起去辨认真假。显见对于卫太子是否还活着这事,霍光等也不清楚。

例证二:前往北阙辨认真假的高官们也没人敢表态,而后来京兆尹隽不疑也不是以假冒卫太子之罪逮捕成方遂的。我们还是看一看抓捕成方遂过程中的一段对话吧。隽不疑叫下属逮捕成方遂,有人劝他说:"此人是不是卫太子还没弄清楚,还是等等再说吧。"隽不疑回答说:"诸君何必畏惧卫太子呢?春秋时期卫国太子蒯聩因违抗他的父亲卫灵公之命,逃亡国外。卫灵公死后,蒯聩的儿子蒯辄继承了君位,这时蒯聩请求回国,而蒯辄为维护卫灵公的权威拒绝了蒯聩的请求。孔子在《春秋》中对此给予肯定。本朝的卫太子得罪了先帝,逃亡在外而没有接受死刑的处罚,现在又自己回来,这是朝廷的罪人!"从隽不疑与他人的对话中,可以看出他也确定不了卫太子是否还活着。

例证三:消息传出后,前来围观的长安百姓有数万之多。为此右将军率军来到北阙下,以防备发生不测之事。一个男子,只因打着卫太子的旗号,就引来了数万百姓围观,显见卫太子还活着的谣言在民间传布甚广。

最高领导人确定不了卫太子的生死,百官也确定不了卫太子的生死,百姓对伪卫太子充满了好奇,由此可以推测自巫蛊之祸以来,关于卫太子,社会上一直流传着他还在人间的谣言,并且势头很盛。于是卫太子的残余势力见成方遂相貌与卫太子相像,就想借他搅乱时局,遂为他讲说时事,剖析利害,指出当时朝廷之所以内有以上官桀为首的权贵猖狂活动,外有以燕王刘旦为首的宗室贵族兴风作浪,致使大将军霍光疲于应付,都是因为当年武帝逼死卫太子,强立其少子为帝所致,而从武帝后来对卫太子一案的反应看,武帝对因误用奸臣导致太子冤死一事也很后悔,故太子当时若在,就一定仍会让太子做他的继承人。就当前的严峻形势而言,若太子在,以他在朝野所拥有的崇高声望,一定能够在很短的时间内震慑住各方反对势力,使政局转危为安,所以说霍光应当也很怀念卫太子。而现在社会上关于卫太子仍在世的传言甚盛,而成方遂长得与卫太子很像,若他能在霍光危难之际,冒充卫太子出现在朝廷,就一定会受到霍光的欢迎,接下来立他为皇帝也说不定。因为自从上官氏被立为皇后以后,上官桀自以为与昭帝的关系比霍光近,频频向霍光发难,使霍光感到非常被动,现在如果改立卫太子为皇帝,就能使霍光摆脱这种尴尬的处境,而在与上官桀父子的博弈中重新占据有利地位。同时霍光还不用担心丧失权力,因为霍光是大司马骠骑将军霍去病的亲弟弟,属于卫氏外戚集团的成员,本就与卫太子是一体的。并且改立卫太子为皇帝,理由也很充分:

武帝时并没有废除卫太子的太子之位,后来立昭帝是以为卫太子死了。现在卫太子又回来了,则按照汉代的立君传统,让昭帝退位,将皇位还给卫太子,也是合情合理的。卫太子的舍人大概是给成方遂讲了这样一席话,才让成方遂怦然心动:"心利其言,几得以富贵。"①遂有冒充卫太子,诣阙自陈一事发生。卫太子舍人之所以借成方遂生事,当与其不满卫太子含冤而死却不得官方正式昭雪、愤恨其自身受太子一案牵连而断送了自己的大好前程有关。

而从此事中透露出来的民间关于卫太子未死的传言,从一个侧面也反映了世人对卫太子的同情,和对以少子身份继位的昭帝的排斥。因为同情,所以不愿意接受卫太子死亡这一事实,于是就有了卫太子还活着的谣言;因为排斥,人们热衷于传播这一谣言,借以表达对昭帝政权的不满,及对卫太子重回朝廷的期盼。而数万人自发奔赴未央宫北阙去围观卫太子,从某种意义上可视为民间对昭帝以少子身份继位的一次无声的集体抗议。此前关于卫太子的传言霍光等朝臣是有所了解的,但绝对没有料到影响会如此巨大,从而让霍光等人感受到了沉重的压力,因为这显示民间对昭帝的认可度很有限,一旦朝廷出现重大变故,霍光等很可能得不到民意的支持。

于是为了争取民心,霍光特地加大了推行德政的力度。始元五年(前82年)夏,废除武帝以来推行的天下诸乡亭为国家养母马及马高五尺六寸齿未平、弩十石以上,皆不得出关的规定。六月,诏令三辅、太常举贤良各二人、郡国文学高第各一人,以满足民间精英参政议政的愿望。同时赐中二千石以下至吏、民爵位。罢儋耳、真番郡以息民力。始元六年(前81年)正月,昭帝象征性地亲耕于上林,以体现国家对农业的重视。二月,诏有关部门举行盐铁会议,向郡国所举荐的贤良、文学了解民生疾苦,商议废除盐、铁、酒国家专营政策。继而连续出台一系列措施以便民。如当年七月,撤销主管酒类专卖工作的榷酤官,命令从事酒类经营的百姓可以根据律令规定自报应交纳的税额,规定酒的售价为每升四钱。并罢函谷关以内的铁官。因西北边塞地

---

①班固撰,王先谦补注:《汉书补注》卷七十一《隽不疑传》,上海古籍出版社2008年版,第4733页。

区一些县距郡治过远,给人们工作生活带来诸多不便,特取天水、陇西、张掖郡各二县置金城郡。此年又减运漕粮三百万石,减省昭帝车驾使用马匹及皇家苑林所养马匹数量,用以补充边郡及三辅地区邮传用马之不足。元凤元年(前80年)三月,赐给地方郡国所推选出的道德楷模,如涿郡的韩福等五人每人五十匹帛,然后遣送归乡,下诏要他们专心修习孝悌之道以教化乡里,令他们所在的郡、县经常在正月赐给他们羊、酒,有不幸去世者,要赐给一套衣被,并以中牢之礼祭奠。当年春,西南夷武都氐人反,由于春季是耕种的季节,为了不妨碍农事,就将在三辅、太常服役的刑徒予以免刑,让他们从军征讨。又让羌骑校尉范明友率羌人参与平叛活动。六月,赦天下。

其次,为了实现对朝政的掌控,霍光着力培植自己的势力。

虽然在昭帝即位之初,面对内忧外患,五位辅政大臣颇能团结应对,但随着时间的推移,他们之间的矛盾很快就显露出来。霍光虽被武帝委以周公之任,主持朝政,但由于其此前官职仅做到奉车都尉、光禄大夫,资历在五位辅政大臣中最浅,故很长时间内难以确立权威。如昭帝刚即位时,殿中夜间发生怪事,群臣皆惊慌失措,为避免有人乘机为乱,篡夺皇权,霍光就把掌管象征皇权的玉玺、虎符、竹符的符玺郎召到面前,想让他交出玉玺等物由自己掌管。不想符玺郎却按剑答道:"臣头可得,玺不可得!"竟不听他的号令。后元元年(前88年)马何罗等阴谋叛乱,金日磾擒杀马何罗,霍光与上官桀捕斩马通。时因武帝病体沉重,庶事繁多,不及封赏三人,后遗诏封三人为侯。然而后来按遗诏封爵时,行事一直低调的金日磾以昭帝年少为借口,不肯受封,由于金日磾是平定马何罗等反叛的首功之人,他不肯受封,霍光、上官桀自然也不敢接受封爵。及至始元元年(前86年)九月,金日磾病重,霍光遂奏请昭帝,在金日磾去世前一天以遗诏于卧榻前强封金日磾为秺侯。始元二年(前85年),根据遗诏,霍光被封为博陆侯,上官桀被封为安阳侯。武帝在世时,对平定反叛者每行重赏,如征和二年(前91年)七、八月间,以马通等五人在平定太子之乱中立有大功,武帝先后封他们为列侯。征和三年(前90年)九月,淮阳郡圉县官吏魏不害等四人因捕斩造反者公孙勇等有功,皆封侯。因此金日磾等三人擒捕反者,立有大功,其被武帝遗诏封侯本在情理之中,然而三人封侯后,曾在宫中侍奉过武帝的卫尉王莽的儿子王忽却扬言说武帝生病时,他常侍奉在左右,武帝根本就没有留下遗诏封他们三人为侯的事,这不过是他们在自相尊贵罢了:"帝病,忽常在左右,安得遗诏封三子事? 群儿自相贵耳。"①由于王莽为人正直,故霍光颇注重加强与他的联系,按说王忽作为王莽的儿子,见其父亲与霍光关系亲密,应该主动支持霍光才是正理,可他却公然在大庭广众之下,嘲讽霍光,并轻蔑地将霍光等称为"群儿",或许在王忽看来霍光亲近他的父亲王莽,是在讨好他父亲也说不定,不然他不会对霍光如此不屑一顾。总之,通过这两件事可知霍光虽然被武帝钦定为国家的最高决策者,但在朝臣中的威望相当有限。

因此霍光虽然主持朝政,可是在许多问题的处置上,却不得不寻求其他辅政大臣的支持。而就其他几位辅政大臣而言,金日䃅在朝中威名甚著,且为人正派,忠于国家,并甘愿辅佐霍光,故可视为霍光的得力助手,武帝当年的布局安排也是要以他俩人为核心来撑起汉家江山,惜乎天不假年,其人辅政年余,即于始元元年(前86年)九月去世,享年不过49岁。此正所谓人算不如天算。若金日䃅在,以其刚正端严,不仅可辅助霍光,亦可规范霍光,则后来许多乱政很可能就不会出现了。因此金日䃅的英年早逝,可谓是汉朝的重大损失。后来王夫之论及此事,深感痛惜:"金日䃅,降夷也,而可为大臣,德威胜也。武帝遗诏封日䃅及霍光、上官桀为列侯,日䃅不受封,光亦不敢受。日䃅病垂死,而后强以印绶加其身。日䃅不死,光且惮之,况桀乎? 桀之逆,日䃅亡而光受其欺也。霍光妻子之骄纵,至弑后谋逆以亡其家,无日䃅镇抚之也。"②

田千秋为外朝群臣之首,德高望重,为了得到他的支持,霍光对他非常尊重,每有公卿朝会,霍光都要请求他予以指教,称他为"君侯"而

---

① 班固撰,王先谦补注:《汉书补注》卷六十八卷《霍光传》,上海古籍出版社2008年版,第4611页。
② 王夫之:《读通鉴论》卷四《金日䃅不受封》,《船山全书》(第10册),岳麓书社1994年版,第153页。

不名，如霍光曾当着群臣的面对田千秋说："起初我与君侯同受先帝遗诏辅政，现在我主持内朝事务，君侯主持外朝事务，应该对我有所教诲督促，从而使我不至于辜负了天下。"田千秋则非常客气地回答说："只要将军留意政事，对天下而言就是极大的荣幸。"始终不肯对霍光的主张发表看法，以此来表示对霍光的支持，但也仅此而已。田千秋久沉宦海，老年得位，故为官注重明哲保身，与人为善，是出名的好好先生，他对霍光如此，对待其他人也是这样。桑弘羊十三岁时便入宫宿卫武帝。元狩四年（前119年），以善于筹算为侍中，与孔仅、东郭咸阳共同谋划国家的财政事务。元鼎二年（前115年）迁官大农丞。元封元年（前110年）为治粟都尉，领大农事。天汉元年（前100年）为大司农，太始元年（前96年）被贬为搜粟都尉。后元二年（前87年）迁官御史大夫。自元封元年（前110年）至始元六年（前81年），桑弘羊的官职虽有贬迁，然其一直兼领大农事务，长期主持国家财政，因而党羽众多，是真正的实力派，在朝廷甚有势力。其治国尊奉武帝之政，"是汉武帝兴利之臣的代表"①，与欲修文帝之政与民休息的霍光有政见之异："桑弘羊是纯法家思想，和霍光重视现实，认为在客观条件之下，要把武帝时代的作风扭转过来不同。"②且为人贪财好利，求请无厌，纵容宾客子弟追逐财货。另外武帝时虽有中朝官员佐理朝政，但都是通过武帝来实现的，中朝官并无统驭外朝公卿之权。现在霍光却以中朝官的身份直接指挥外朝，这让作为外朝领袖、位高权重的桑弘羊深为不满，因此昭帝即位后一直与霍光牴牾不断，故而霍光想得到他的支持是不容易的。上官桀在武帝时就与霍光关系和睦，俩人又有姻亲关系，显然是可以依靠的。因此辅政之初，霍光就对上官桀甚为倚重，每每委以重任，金日磾去世后，更是常常让其代自己主持朝政。

金日磾去世后，剩余的四人辅政班子中田千秋主动靠边站，因此真正操控朝政的是中朝的霍光、上官桀和外朝的桑弘羊。由于霍光对上官桀竭诚相待，上官桀不免投桃报李，鼎力支持霍光，遂使桑弘羊在

---

①田余庆：《论轮台诏》，《秦汉魏晋史探微》（重订本），中华书局2004年版，第53页。
②劳干：《霍光当政时的政治问题》，《古代中国的历史与文化》，中华书局2006年版，第140页。

辅政团队中呈孤立之势，因此桑弘羊虽没少给霍光制造麻烦，但因有上官桀的支持，霍光还是基本实现了对朝局的掌控。但是这种脆弱的三角平衡模式注定难以持久。因为政治结盟从来都是以利益交换为条件的，上官桀将自己的政治资本投注在霍光一方，必然会要求霍光付出相应的回报，如果霍光能够满足上官桀的要求，让他对自己的资本收益感到满意，则俩人的合作就会继续；反之，上官桀就会撤资反目，中止双方的合作。而历观古今资本结盟的案例，无论是商业资本结盟还是政治资本结盟，由于合伙人有着各自不同的利益追求，能够长期维持融洽关系的少之又少。霍光对此心知肚明，因此自一主政，便有意识地从少壮官员中物色提拔优秀人才协助自己。后来随着与上官桀为首的反霍集团的持续交恶，霍光更是加紧组建自己的团队。他知道虽然武帝钦定自己为国家的最高决策者，但他要想真正实现对朝局的掌控，却需要他自己去进行艰辛的开拓。

由于名臣之后在朝中根基深厚，拥有广泛的人脉，故若能与其领军人物建立密切关系，就能得到一大批朝臣的拥护，有事半功倍之效。因此霍光非常注重结交那些优秀的名臣之后，张安世为武帝时期名臣御史大夫张汤之子，为人博闻强记，精明干练，武帝时官至尚书令、光禄大夫，始元元年（前86年），霍光提拔他为光禄勋。光禄勋，秦名郎中令，武帝太初元年（前104年）改名光禄勋。主要职责为统领诸郎官守卫宫殿门户，职司殿中安全，责任重大，为九卿重臣，故非亲信不任此职。杜延年为武帝名臣御史大夫杜周的少子，明于律令，长于谋议，昭帝初，霍光提拔他为大将军莫府军司马，始元四年（前83年），益州蛮夷叛乱，霍光让杜延年以校尉的身份，随从田广明前去征讨，叛乱平定后，因功将杜延年迁官谏大夫，此职掌顾问、应对、言议，霍光任杜延年以谏大夫之职，就是要他做自己的参谋，协助自己处理政事。奉车都尉、秺侯金赏是名臣金日䃅的儿子，霍光将女儿嫁给他为妻。

考虑到宗室贵族是一支重要的政治力量，为了得到他们的支持，霍光对刘德予以重用。刘德为楚元王刘交曾孙，有智略，少时被武帝称为"千里驹"，颇负时望；昭帝初，霍光提拔他为宗正丞，参与审理刘泽谋反一案，后因其父刘辟强为宗正，霍光将他徙为大鸿胪丞，迁官太中大夫,元凤元年(前 80 年)又提拔他为宗正,使他侧身九卿之列。

此外又将一批才能卓异的官员提拔至要害部位。始元元年(前 86 年)以能吏青州刺史隽不疑为京兆尹。同年,以王莽为卫尉。卫尉统领卫卒,负责殿外的安全,地位甚重。始元四年(前 83 年)以卫尉王莽为右将军。同时以大鸿胪田广明为卫尉。杨敞以处事谨慎为霍光爱厚,先后为大将军幕府军司马、长史,始元六年(前 81 年)将其迁官大司农,为九卿。赵充国勇猛善战,昭帝时,为大将军护军都尉,以平定武都氏人反,迁官中郎将,将兵屯守上谷,元凤元年(前 80 年)还朝后,被迁官水衡都尉,此职主管皇室的大部分收入,是重要的财政官员。丙吉敦厚有智,霍光先以他为车骑将军军市令,后将他迁官大将军长史,成为自己的重要助手。

总之,通过数年运作,霍光基本组建起了自己的团队,实现了在中朝与外朝两个官僚集团的人事布局。这其中值得注意的是,主管宫殿内外宿卫工作的外朝官光禄勋及卫尉两职,始终都处在霍光亲信的掌控之中。从后来上官桀等筹谋发动政变时无一语及北军及胡越兵,显见这些精锐部队也在霍光掌握之中。由于京师宿卫之权一直操控在自己手中,这使霍光在与上官桀等权贵周旋时显得甚有底气。对于上官桀等权贵,他的态度是自己不会主动挑事,但也绝对不怕事。能照顾到他们的他一定照顾,但若事涉原则,他一定不会妥协。另外,在始元六年(前 81 年)和元凤元年(前 80 年),霍光又先后通过任命杨敞为大司农、赵充国为水衡都尉,将国家和皇室的财政大权收归己有。此意味着他对时局的掌握能力得到空前的加强。这也就是说到了元凤元年(前 80 年)的时候,霍光的实力已发展到几可摆脱上官桀等权贵的制约而自行其是了。

最后,霍光与燕王刘旦、上官桀等反霍势力展开激烈的博弈。

由于武帝没有按照汉朝立嫡子或庶长子为君的立储传统,强立其少子刘弗陵为继承人,因此后元二年(前 87 年)二月昭帝即位的消息一经传出,便引起了许多宗室贵族的不满。如济北王刘宽即祠祭祝诅昭帝,而一直对皇位抱有痴心妄想的燕王刘旦对此尤其愤怒。

当时昭帝一即位，即颁赐各诸侯王玺书①，即加盖玉玺的书信，告知他们武帝去世的消息。刘旦接到书信，得知武帝驾崩，少弟继位，甚为恼怒，就不肯哭泣，说："装玺书用的封袋小，与平时不同，我怀疑京师有变乱。"遂派遣亲信寿西长、孙纵之、王孺等前往长安，以询问礼仪为名打探消息。其中王孺见到执金吾郭广意，问皇帝得的什么病导致驾崩，继位的君主是谁的儿子，年龄多大。郭广意说，当时他待诏于五柞宫，听到宫中喧嚷皇帝驾崩，诸位将军共同拥立太子为帝，太子年龄有八九岁，武帝丧葬期间不出宫临朝。当时入宫照顾昭帝饮食起居的盖主与燕王刘旦是一母所生，王孺等想见她了解情况，却没能见到。

王孺等回到燕国后，将打探来的消息向刘旦作了报告。刘旦经过认真分析，从中看到数个疑点：首先武帝驾崩，变起仓促，昭帝在混乱中被拥立为新君，是否真正得到大臣们的支持还有待观察；其次，新君在武帝丧葬期间不出宫临朝，是否意味着被身边的重臣控制？最后，盖主入宫而不得见，显见深入参与了朝政，而盖主与刘旦为一母所生，朝臣请盖主入宫议事，是否与运作拥立刘旦有关？因此刘旦说："皇上弃群臣而崩，没有留下遗言，盖主又不得见，实在太令人奇怪了。"忙又派中大夫作为自己的正式使者到长安上书历数武帝的功德，请求在郡国为武帝建庙供奉。意在借此与主持朝政的霍光等新贵建立密切的联系，为自己入主长安作好准备。想当年吕后去世时，虽然立有少帝，但因为没能得到朝中重臣的承认，朝臣在除掉吕氏外戚后，转而拥立了高祖在世儿子中的长子代王刘恒为新君。如今情势与当年颇为相似，刘旦觉得自己被拥为新君的可能性非常大。但中大夫回到燕国后，反馈给刘旦的信息却让他大失所望。因为朝廷对他在奏书中表现出的对已故皇帝的忠孝之心并不在意，书奏上去后，有关方面仅是轻描淡写地对使者说皇帝知道了。中大夫也没有得到霍光等的接见。并且执金吾郭广意还因私下向王孺透露朝廷信息被免职。当年七月，

---

① 汉世诏策皆用木简，也可称为板、版或牒，长一尺一寸，称尺一板或尺一牒。若用简较多，则用绳编连成册，结绳处以武都紫泥封之，再在封泥上加盖天子玺印，称玺封。然后装入以白素为里的青布囊中，青布囊两端无缝，用以保护封泥。在青布囊封口处以一尺一寸长的签板予以封护，在其中央进行捆束，在捆束处施以武都紫泥，由尚书令加盖官印予以题署。

济北王刘宽祝诅昭帝等罪行暴露,朝廷对他数罪并罚,处以死罪,刘宽自杀,国除。

刘旦见称帝无望,就动了谋反的念头。

始元元年(前86年)二月,为安抚刘旦,朝廷赏赐他钱三千万,增加封邑一万三千户。眼见入主长安无望,刘旦就很生气,说:"我本应当做皇帝,怎么能对我赏赐呢!"就与宗室中山哀王的儿子刘长、齐孝王的孙子刘泽等人勾结图谋叛乱,放出话说:"我哪有弟弟在!现在被立的人是大将军霍光的儿子。"并鼓动燕国群臣为自己出谋划策。于是郎中成轸对刘旦说:"大王您失掉了应该得到的职位,现在只可起来主动去索取,不可坐着等待得到。只要大王一起兵,连国中女子都会奋臂追随大王。"刘旦说:"从前吕后当政时,假称刘弘是惠帝之子,将他立为皇帝,诸侯们拱手侍奉了他八年。吕太后驾崩后,大臣们诛除诸吕,迎立文帝,天下之人才知道刘弘不是惠帝的儿子。现今武帝去世,我身为武帝长子,反而不得被立为皇帝,我上书请求为武帝立庙,又不被采纳。从这些反常的事情看,我怀疑现在立的这个皇帝不是刘家的人。"随即与刘泽等人谋划撰写了造谣的文书,声称当今的少帝不是武帝的儿子,是一些大臣共同拥立的,天下之人应该共同讨伐他们。然后派人向各郡国传布,意图动摇百姓视听。刘泽谋划回到齐国,从临淄发兵,和燕王一同起事。

刘旦遂开始招纳郡国的奸邪之人,征敛铜铁制作盔甲兵器,多次操练士卒,建置旌旗鼓车,以旄头骑士作为先头部队,郎中侍从戴着以貂尾为羽并附有金蝉的冠冕,都号称侍中。刘旦让燕国相、中尉以下官员,督领车骑兵马,征发百姓聚会,设围场,在文安县进行大规模的狩猎活动,以操练兵马,等待起事之日的到来。郎中韩义等人多次劝谏刘旦,刘旦不仅不听,反而杀掉韩义等十五人。应该说刘旦的反叛工作做得还是相当扎实的,因为他在封国内虽然搞得声势浩大,而朝廷对他的行为竟似毫无觉察。但他的阴谋终究还是败露了。原来刘泽回到临淄后,在与其同伙谋划杀掉青州刺史隽不疑发动叛乱时,被宗室贵族鉼侯刘成发觉,刘成就向隽不疑告发了他们,隽不疑遂收捕刘泽等,并奏知朝廷。朝廷于是遣大鸿胪丞来审理此事,在审问的过程中,燕王被供了出来,但昭帝刚即位就处死其兄长,传扬出去,容易对昭帝产生不良影响,于是诏令不治燕王的罪,而把刘泽等人处死。时为始元元年(前86年)八月。闰九月,遣故廷尉王平等五人持节巡行郡国,表面上是要他们举荐贤良,了解民情,实则是意在向天下解释昭帝为武帝之子,消弭刘旦、刘泽等散布的谣言给朝廷带来的消极影响。

当时虽然对刘旦的责任不予追究,但公卿们认为朝廷不能就此不了了之,姑息养奸。必须让刘旦知道朝廷对他所做的一切了如指掌,此次是看在昭帝的面子上饶了他,若他胆敢继续胡作非为,定将严惩不贷。为此特派主管宗室事务的宗正、太中大夫公户满意以及二个侍御史,一同出使燕国,劝谕刘旦。

为了彻底折服刘旦,几个官员到达燕国后,分别选不同的日子,轮流去对付刘旦。其中宗正先见刘旦,为他开列事实,陈说昭帝实为武帝的儿子,意在让他明白昭帝即位名正言顺,他不要再有非分之想。接着两个侍御史去见刘旦,双方一见面,两个侍御史就毫不客气地质问刘旦,并声色俱厉地表示朝廷要以国家严正的法律严惩他,侍御史道:"大王想发兵的罪名明白,当依律治罪。汉家有严正的法律,诸侯王犯下细小的罪过,就会按照法律直接惩治,现在大王犯下这么大的罪过,怎么能够宽恕大王!"刘旦当时还不知朝廷对他的处理意见,因此在侍御史的不断质问与斥责下,情绪愈来愈低落,内心因惧怕被处死而惶恐不已。眼见刘旦锐气尽挫,明习经术的太中大夫公户满意这才来见刘旦,在与刘旦的谈话中,公户满意称引古今通行的道义、国家大礼,云天雾地、温文尔雅地先讲了一通大道理,最后说:"大王应当自己行事谨慎,不要让自己身死国灭,为天下所耻笑。"刘旦此前已被侍御史的斥责吓破了胆,现在公户满意这样说,显然是在暗示他只要能承认错误,并保证以后不再犯法,这次就饶了他。因此忙恐惧服罪,叩头请求朝廷饶恕自己的罪过。

霍光震慑住刘旦没多久,他与上官桀的关系就恶化了。前已论及,霍光与上官桀的结盟是以利益交换为前提的。具体而言,霍光希望利用上官桀的政治资源巩固自己的地位并实现政局的稳定与社会

第六章 霍光：党亲连体，根据于朝廷

的发展，上官桀则希望利用霍光手中握有的权力不断提升自己的政治地位。由于利益诉求存在重大差异，因而随着时间的推移，俩人之间的矛盾不断积累，以至渐行渐远，最终反目成仇。各种势力之间遂展开新的角逐，原来的平衡被打破，汉代的政局再度陷入动荡不安的境地。

霍光与上官桀交恶始于上官桀的孙女立后一事。始元三、四年（前84—83年）间，盖主将周阳氏女引入宫中，令她与昭帝相配。而霍光的长女嫁给上官安后，在后元元年（前88年）生下一个女儿，此时有五、六岁，上官桀父子担心盖主立周阳氏女为后，就合计着想把自己的女孩儿送进宫中。征求霍光意见时，霍光认为自己这个外孙女年龄太小，就没有同意。事实上，霍光倒是有个女儿年岁与昭帝大致相当，估计是因担心舆论讥讽他利用权势谋取私利，因此无意将该女送进宫中，后来将该女嫁给了金赏。由于上官桀与霍光同属辅政大臣，且两家为姻亲关系，上官家现在要将上官安与霍光长女所生的女孩送进宫中，同样会给霍光带来消极的影响，并且自景武以来，汉朝已形成了后族辅政的传统，若让上官家女孩儿做了皇后，上官桀父子就成了汉朝的正牌皇亲，这势必将降低霍光主政的正当性。而上官桀父子认为机会难得，不肯错过，见霍光不答应，就转而去求盖主的情人丁外人帮忙。

盖主当时寡居，养有一个情人叫丁外人，上官安与此人关系甚好，上官安就对丁外人说："听说长公主要挑选女子进宫，我的女儿容貌端正，如果能借此机会进宫得以做皇后，这样我们父子在朝廷为官的同时，又有了皇后可以倚重。而能否实现这个愿望，就全靠您成全了，汉家的旧例常以列侯娶公主为妻，您还担心封不了侯吗？"上官安把话说得比较委婉，但其中透着的意思丁外人是能领会到的。上官安的意思是只要丁外人把上官家的女孩招进宫中做皇后，他就保证让丁外人封侯。因为金日磾辅政之后年余就死了，上官桀现在是朝中第二号实权派人物，所以上官安的话还是比较可信的，而如果真能如此，对丁外人而言，这个交易还是划算的。所以丁外人就去找盖主说这事儿，盖主听了也觉得划算，于是始元四年（前83年）初，盖主未经霍光同意便下

诏召上官安的女儿入宫立为婕妤，并提拔上官安为骑都尉。月余后便立上官氏为皇后，时为当年三月，该女孩时年仅六岁。

上官安的女儿被立为皇后，其父子可谓志得意满，可丁外人还没封侯，就急了，催着上官家要侯爵。不过上官桀父子虽然对盖主作了承诺，但当家的却是霍光，封与不封霍光说了才算，于是上官安多次找霍光，要求封丁外人为侯。由于汉代传统无功者不得封侯，武帝时那样强势，也不敢轻易打破传统，想封他宠幸的外戚为侯，也要先让他们立功才封。所以说这是原则问题，霍光就不肯答应。上官氏父子不得已，只好退而求其次，由上官桀出面，请霍光提拔丁外人为光禄大夫，使他有机会被昭帝接见，但霍光仍然没有答应。因为让丁外人做光禄大夫，你得拿出一个理由。光禄大夫职掌顾问，属于皇帝的高级参谋，非有才德者不居，且秩为比二千石，故朝廷对此职的委任一贯颇为慎重，而丁外人既无才、又无德、且无功于国，凭什么让他做光禄大夫？就因为他是盖主的情人？这样的理由能上得了台面么？盖主作为一个守寡的女子却养情人，属于不守妇道的行为，此前霍光与昭帝顾念盖主养育昭帝之功，特地允许丁外人入宫侍奉盖主，已属过举。现在又公然让他出现在朝堂之上，侧身智者之列，朝臣会怎么看待霍光？武帝时，馆陶公主宠幸董偃，东方朔认为董偃有三条当斩之罪，其中第一条是董偃作为人臣而私下服侍公主；第二条是败坏男女之间的风化，扰乱婚姻之礼，破坏圣王之制。因此这种伤风败俗的人是绝对不能登大雅之堂的。所以说霍光并不是刻意要拒绝上官氏父子，他也有他的难处。人们都认为霍光有专断国是之权，则他提拔谁都是举手之劳，包括昭帝也是这样认为的，如昭帝与金日磾的两个儿子金赏、金建友善，见金赏有侯爵而金建没有，就想让霍光封金建为侯，霍光没有同意，昭帝就说："是否封侯不是由我与将军决定吗？"殊不知正是因为霍光成了朝政的掌控者，才使他不能随意行使自己的权力。因为他作为皇权的代理人，肩负着维护社会稳定的重任，而社会稳定是靠一系规则、制度、条例、法令的制定与维护来实现的。故霍光要想实现社会的稳定，他自己首先要做的就是要坚持原则，以身作则，率先垂范，因为己不正何以正人！所以当时霍光在向昭帝解释为何不封金建为侯时说:"先帝的约定,有功才得封侯。"言下之意,金建无功,故昭帝对他再喜爱也不能封侯,有违原则的事情,他们两个都不能做。霍光不答应上官氏父子给丁外人拜爵封官,也是因为事关原则,霍光无法答应他们。霍光也知道没有满足上官桀父子的要求,会引起他们的不满,于是在当年提拔上官安为车骑将军,始元五年(前 82 年)六月,又封上官安为桑乐侯,食邑一千五百户,作为对他们父子的补偿。但此时的上官桀父子对此已不屑一顾。尤其是上官安,此人自从做了昭帝的岳父后,日渐骄横荒淫。有次他进宫与昭帝一起吃了顿饭,出来后见人就说:"跟女婿一起饮酒,感觉很好。见他穿的服饰那么华贵,使我回家后想把自己衣物都烧掉。"他喝醉酒后,就光着身子在内宅走动,与他的继母以及他父亲的姬妾、侍婢大搞淫乱活动。他的儿子病死,他仰面大骂上天。可以说此时的上官安已自我膨胀得目空一切,忘乎所以了。霍光要想让他满意,除非把自己手中的权力交给他,此外给他任何东西他都不感兴趣。更何况按照汉代皇后之父封侯的传统,他的女儿被立为皇后,他就应该被封侯,凭什么感激霍光?因此上官父子照样怨恨霍光。丁外人的事如果是以前,他们可能也就忍了,而现在他们可是正宗皇亲,如果按规矩来,霍光实际上应该主动让贤的。所以霍光不给他们面子,拒绝封赏丁外人,他们就不满。而盖主与丁外人更是大失所望,不免都怨恨霍光。后来元凤元年(前 80 年)春,为安抚盖主,以盖主有养育昭帝之功,霍光把蓝田县作为盖主的汤沐邑,然盖主所得非所想,并不领霍光的情。这些人都因此疏远霍光,而彼此互相接近,并最终结成反霍同盟,共同对抗霍光。

  如上官桀的岳父宠爱的太医监充国,无故入殿,被捉拿下狱,并被有关官员按律处以死罪。由于霍光持正守法,上官桀竟无法解救。最后还是盖主替充国交纳二十匹马以赎罪,这才使充国免被处死。这让上官桀父子非常怨恨霍光而感激盖主的恩德。此后一直想着投桃报李,报答盖主。当时丁外人受盖主宠幸,骄恣不法,因怨恨故京兆尹樊福,始元六年(前 81 年)初,使刺客在渭城县射死了樊福,渭城县县令胡建闻讯派官吏去追捕刺客,刺客走投无路之下,逃入盖主的房舍中避难,渭城县官吏慑于盖主的权势,不敢去抓捕。胡建知道后,亲自率官兵前去围捕。消息传到盖主那里,盖主马上就和丁外人、上官安带领许多家奴兵丁赶来,边跑边射,追打官差,官兵只得四散逃跑。接下来盖主又指使仆射弹劾渭城县令胡建,称其派游徼伤害自己的家奴。胡建上书称自己没有什么罪过,盖主很生气,定要严惩胡建,便又指使人上书告胡建侵犯侮辱自己,用箭射自己府第的大门;胡建知道属下伤害公主的家奴,却避罪不报,故意不彻底追查审问。但霍光收到奏书后却压下不予处理,这不免让盖主颜面尽失。而上官桀为了报答盖主的恩情,后来趁霍光生病,自己代理霍光处理朝政的机会,命令官吏将胡建逮捕,胡建被迫自杀。

御史大夫桑弘羊自以为为国家兴了大利,因此居功自傲,且又与霍光有政见之异,因此辅政之后,一直与霍光矛盾不断,兼之想为自己的子弟谋取官职,而霍光没满足他的要求,所以桑弘羊也一直怨恨霍光,及见上官桀与霍光反目,与盖主结成同盟对抗霍光,就也投入了上官桀的怀抱。

汉初,由于国家残破,经济萧条,为了恢复社会经济,朝廷推行休养生息政策,采取一系列经济激励措施,以期促进农业、工商业的恢复与发展。就工商业而言,高祖时便解除对商贾的禁令,文帝时对工商业更持全面开放态度,百姓可以自由地从事商品交易活动,出入关卡不需再用通行证。又解除山泽之禁,允许百姓冶铁、煮盐、铸钱。结果到了武帝时期,豪富之家遍布天下。如蜀卓氏用铁发家,富至僮千人。程郑,亦冶铸,富埒卓氏。宛孔氏之先,用铁冶为业,大鼓铸,家致富数千金。鲁曹邴氏以铁冶起,富至巨万。齐刁间逐渔盐商贾之利,起富数千万。周师史致财七千万。宣曲任氏以战时出售仓粟起富,富者数世。边塞桥姚致马千匹,牛倍之,羊万头,粟以万钟计。关中无盐氏以放贷富埒关中。关中富商大贾,大抵都出自如田啬、田兰等田氏,又有韦家栗氏,安陵县、杜县杜氏,亦巨万。这些富豪皆倾动天下。其他的更是数不胜数:"若至力农畜,工虞商贾,为权利以成富,大者倾郡,中者倾县,下者倾乡里者,不可胜数。"①贵族之家富甲一方,如汉初所封

---

①司马迁:《史记》卷一百二十九《货殖列传》,中华书局1959年版,第3282页。

列侯到景武时期户数大增,"萧、曹、绛、灌之属或至四万,小侯自倍,富厚如之"①。

武帝时期,因长期外事四夷,内兴功利,导致财政状况不断恶化,而豪富之家却不肯出资佐助国家,于是武帝为了增加国家的财政收入,任用一批兴利之臣,采取了一系列敛财措施,来分割掠夺社会财富。洛阳商人之子、精于理财的桑弘羊就是在这样的背景下,参与到了汉代的政治之中,并成为武帝后期最为倚重的理财之臣。而桑弘羊最得意的举措就是推行盐铁酒专营及均输平准政策。盐铁专营的首倡者,并不是桑弘羊,而是工商业者出身的孔仅、东郭咸阳,但盐铁专营的大发展却是由桑弘羊推动的。元狩四年(前119年)大农丞孔仅、东郭咸阳建言禁止民间私营盐铁业,实行由国家专营的盐铁专卖政策,为武帝所采纳,并派他们在全国范围内产盐铁之地设置盐官、铁官,建立相应的官僚系统。元封元年(前110年),桑弘羊以治粟都尉的身份兼领管理国家财政事务的大农事,代替孔仅尽掌天下盐铁专卖事务,使汉朝的盐铁专卖活动进入大发展时期,所置盐铁官,几遍天下。

盐铁专营使国家的财政状况大为好转,故桑弘羊论及盐铁之利滔滔不绝,关于盐铁政策推行的效果,其一则曰:"县官用饶足";再则曰:"兵革东西征伐,赋敛不增而用足"。复曰:"当此之时,四方征暴乱,车甲之费,克获之赏,以亿万计,皆赡大司农。此者扁鹊之力,而盐、铁之福也。"②

元封元年(前110年),又实行均输平准政策。均输政策推行的原因是鉴于地方郡国经常向朝廷运送地方物产,往来麻烦杂乱,且所送物品质量多苦恶,或者运输花费超过所运之物的价值,从而给朝廷和地方政府都带了很多不便。为此在桑弘羊的主持下,由大司农派遣数十名官员分赴全国各地,主持地方的物资调配工作,在许多县都设置均输盐铁官,执行均输任务,具体方式是各地的均输官将当地向朝廷交纳的贡物,折合成当地丰饶廉价的产品,然后将其运往价格高的地

---

① 司马迁:《史记》卷十八《高祖功臣侯者年表》,中华书局1959年版,第878页。
② 王利器校注:《盐铁论校注》卷三《轻重》,中华书局1992年版,第178~180页。

区售卖,赚取差价,在价格低的地区购买朝廷所需之物,输往长安。鉴于京师各官府自行经营商业活动,导致物价暴涨,桑弘羊建议在京师设平准官,接受全国输送来的各种物资,然后贵卖贱买,平抑物价,此议为武帝所采纳。均输平准政策给国家带来了巨大利益:"于是天子北至朔方,东到太山,巡海上,并北边以归。所过赏赐,用帛百余万匹,钱金以巨万计,皆取足大农。"①天汉三年(前98年)二月,在桑弘羊的主持下,又对酒实行了国家专卖政策。

  盐铁酒专营与均输平准政策,可谓桑弘羊平生的得意之作,其能身兼数职,长期主持国家财政事务,并被武帝提拔至御史大夫的高位,侧身托孤重臣之列,都是因为这些政策措施。所以他不免居功自傲,滋生非分之想。然而这些政策措施严重损害了工商豪富的利益,招致他们的强烈不满,同时也使百姓深受其害。首先,致使大批流亡人口无以为生。未实行盐铁官营之前,豪强大家冶铁煮盐活动吸纳了大批破产农民,盐铁官营后,国家主要利用卒徒来从事这些活动,这就将原来受雇于豪强大家,以冶铸、煮盐为生的破产农民从盐铁业中剥离了出来,使其成为无业游民,加重了他们的苦难,自然也加剧了社会的动荡不安。其次,普通民众常常被征发从事煮盐冶铁活动,加重了他们的负担。盐铁官常征发更卒煮盐冶铸,其地遥远且工作繁重,使许多更卒不堪忍受,以至于不得不出钱雇人代役。若铁官不能完成任务,往往随时征派百姓助之,让百姓不堪承受。盐铁的运输工作也要由百姓来完成,给百姓带来了许多痛苦。最后,官卖食盐及铁器问题重重。铁官为完成任务而铸造铁器,因而多不实用。并且铁器多次品,农民购买无所选择。卖铁器的官吏又经常找不到,且出售铁器的地方路途遥远,从而影响农耕。盐铁售价贵,影响百姓的生产与生活,贫民以至于用木器甚至徒手耕种田地,又因为买不起盐而只好淡食。官府的铁器卖不出去,就摊派强卖给百姓。有的县还按人头征收铁,并且压低收购价格。卜式任御史大夫,对盐铁官营进行了深入了解,发现"郡国多不便县官作盐铁,铁器苦恶,贾贵,或强令民卖买之"②。实行均输

---

  ①司马迁:《史记》卷三十《平准书》,中华书局1959年版,第1441页。
  ②司马迁:《史记》卷三十《平准书》,中华书局1959年版,第1440页。

平准政策,官方直接参与到商品交易领域,极大地压缩了商贾的生存空间,造成商业萧条。因此元封元年(前110年)发生旱灾,武帝令官员求雨,时任太子太傅的卜式说:"县官当食租衣税而已,今弘羊令吏坐市列肆,贩物求利。亨弘羊,天乃雨。"①

总之,由于盐铁酒官营及均输平准政策对社会各阶层都造成了相当严重的消极影响,故民愤极大。以社会舆论代言人自居、主张实行以仁政为核心的王道之治的儒生群体,更是将此视为霸政而痛斥之。昭帝即位后,人们翘首盼望朝廷能有所更张以便民,但因桑弘羊的阻挠,昭帝虽已即位数年,可朝廷在这方面竟不能有任何作为。有鉴于此,霍光的亲信谏大夫杜延年建议霍光征召地方贤人赴京议政,意欲以民意逼迫桑弘羊让步,并打击其嚣张气焰。于是始元五年(前82年)六月,朝廷下诏令三辅、太常②向朝廷举荐贤良各二人、郡国文学高第各一人。贤良、文学属汉代选官制度察举制的两个科目,贤良又称贤良方正,此科举荐对象是能直言极谏之士;文学一科举荐对象是明习儒家经典之士。由于当时已排斥其他学说,故无论是贤良还是文学,实际上都是儒生。当时一共征召上来贤良、文学之士有六十余人。待这些人来到京师后,始元六年(前81年)二月,朝廷下诏让丞相田千秋、御史大夫桑弘羊向这些人询问民生疾苦。结果来自全国各地的贤良、文学无一例外地反对盐铁酒专卖和均输政策:"皆对愿罢盐铁酒榷均输官,毋与天下争利,视以俭节,然后教化可兴。"③而桑弘羊则坚持认为这些政策措施无错。为厘清是非曲直,以桑弘羊为首的朝廷一方与地方民意代表贤良、文学展开了激烈的辩论。在辩论过程中,贤良文学们针对桑弘羊等的辩解一一予以驳斥,聪明者表达自己的思虑,仁厚者阐明自己的措施,勇敢者显示自己的决断,善辩者陈述自己的言辞,个个显得理直气壮,刚正不阿。这就是历史上著名的盐铁会议。在会议上桑弘羊虽机辩百出,却始终不能得到贤良文学们的理解,不

---

① 司马迁:《史记》卷三十《平准书》,中华书局1959年版,第1442页。
② 太常:掌宗庙礼仪。汉朝以三辅地区的帝陵、后陵为中心,设置陵县。汉元帝前,陵县皆属太常管理。元帝时起分属三辅管理。
③ 班固撰,王先谦补注:《汉书补注》卷二十四下《食货志》,上海古籍出版社2008年版,第1644页。

免为之气沮,最终只好向民意让步。当年七月,在与丞相田千秋进行沟通之后,俩人一起奏请昭帝,撤销主管酒类专卖工作的榷酤官,命令从事酒类经营的百姓可以根据律令规定自报应交纳的租税数额,规定酒的售价为每升四钱,并罢函谷关以内的铁官。

始元六年(前81年),位高体尊的桑弘羊已七十二岁,却被霍光纠集的六十余位民间人士当面肆意指斥,形同围殴,体面尽失,不免让他羞愤不已。因此在盐铁会议上,他一度按捺不住心中的不满,借评论胡建一事暗中讥讽霍光。

桑弘羊与文学论及孔子弟子宰我、子路被杀,桑弘羊说:"现在的做学问的人,既没有姜太公那样的能力,也没有良马那样的本领,有的只是如蜂虿放毒一样自己害自己。东海人成颠、河东人胡建就是这样的人。这两个人施展权术,以蒙骗的手段受到举荐,发迹于卒伍,做了县令,自以为是,没有人的观点能与他们一致。牵他不来,推他不往,狂妄放纵而不谦逊,忌刻残忍而不恭顺,欺凌公主,侵犯大臣。明知不该那样做却还要强行去做,想以此求取名位。行事不遵循国家法令,果然死于非命。没看到他们成就什么功业,而见到他们遭受杀身之祸,身犯重罪,不能以寿终老。把狡猾当作聪明,把攻讦当作正直,把不逊当作勇敢,故而他们遭到大难也是应该的。"

桑弘羊的这番话颇值得玩味。成颠的事迹于史无考,然与胡建并称,其遭迹应该与胡建相似。而关于胡建,前已论及,胡建秉公执法,得罪了盖主,为其所不容,定要朝廷严惩胡建,霍光为保护胡建,将盖主的奏章压下不予处理。后上官桀为报答盖主救充国的情义,借代霍光主政的机会,命令官吏将胡建逮捕,胡建被迫自杀。现在桑弘羊重提此事,对成颠、胡建予以严厉批判,声称其咎由自取,就暗含有肯定上官桀处事公道,指斥霍光识人不明,处事不公,不配做辅政大臣的意思。因为如此不堪的人,霍光却不同意惩处,则其居心何在!

然而由于成颠、胡建二人的事迹在当时甚为明白,桑弘羊颠倒黑白,大放厥词,实属厚诬这两个人,而其党同伐异,含沙射影地攻击霍光,也为文学所不容。因此文学对桑弘羊的谬论予以严正驳斥和嘲讽,并毫不客气地诅咒桑弘羊不得善终。文学说:"二公怀精诚坦白之心,行忠诚正直之道,以守正不阿的态度对待上司,竭尽全力为国家操劳,遵奉法令,推定事理,不躲避强暴之人,不偏袒亲近之人,不重视对妻子儿女的抚养,不顾念私家的产业。然而终不能免于受人嫉妒,为众多小人所排挤,因此他们才遭受不测之刑而功名不成。宗室贵族行事不正则法令就难以推行,辅政大臣行事不正则奸邪之事就会兴起。战国时期,赵奢纠正平原君的错误,范雎纠正穰侯的错误,使赵国和秦国都得到治理,平原君家和穰侯家也都得到保全。因此君主有过错,臣子就应该纠正,上面做得不对,下边就应该批评,大臣处事端正,县令还有什么可做的?不反省自身的过错却去指责别人,这是执政者的大过失。屈原沉渊自杀,是因为遭到子椒的陷害;管仲能够实施他的治国理念,是因为有鲍叔牙的支持。现在有的人看不到鲍叔牙那样的人的作用,而只见到屈原投汨罗江自杀这类灾祸,虽然想以寿终,怎么能办得到呢?"

贤良、文学来自三辅及关东郡国,通过选拔被从民间推荐至朝廷,其不属霍光阵营甚明,然霍光高扬至公大义的旗帜,与熟读圣人之书的儒生治国理念相合,所谓同声相应,同气相求,儒生自然也就站到了霍光的一边。也正是有霍光阵营为依托,故儒生们在盐铁会议上慷慨陈词,底气十足。因此学者们普遍认为盐铁会议是霍光一派与桑弘羊一派的正面交锋,这种看法显然是正确的。但同时学者又多将其视为双方的治国路线之争,则似并没有窥透其底蕴。盐铁会议从本质上讲是敌对的政治派别借议论国是之名而展开的激烈的利益博弈。儒生被动卷入其中,成为霍光制衡桑弘羊等人的工具,似乎有点可悲,但儒生因为朝中的派系之争,被推至政治舞台的中央,得以充分发表自己对朝政的意见与建议,对他们而言这又何尝不是一次难得的机会。

前已论及,自元封元年(前110年)以来,桑弘羊一直执掌着国家的财政大权,始元六年(前81年),为了摆脱桑弘羊的掣肘,霍光特将其亲信、大将军莫府军司马杨敞安插进外朝,将杨敞拜官太司农,从而将原为桑弘羊所掌管的财权收归己有。而桑弘羊遭受如此重大打击,势必会让他更加死心塌地地追随上官桀父子,而对霍光进行疯狂反击。

上官桀、盖主、桑弘羊等结成反霍同盟后,为了壮大自己的力量,知道燕王刘旦因不被立为皇帝,对霍光心存怨恨,就都暗中笼络刘旦。刘旦此前受朝廷重谴,本已灰心,现在朝中贵人主动与他联系,让他再次看到了入主长安的希望。于是派遣亲信孙纵之等前后十余拨人,携带很多金宝骏马,赴长安贿赂盖主、上官桀及桑弘羊等。当上官桀等笼络刘旦之时,霍光也加大了安抚宗室的力度,始元五年(前82年)六月,在封上安官为桑乐侯的同时,又封六安共王刘庆之子刘霸为松兹侯,胶东哀王刘贤之子刘安国为温水侯,鲁安王刘光之子刘临朝、刘方山、刘文德为兰祺侯、容丘侯、良成侯。始元六年(前81年)五月,封清河刚王刘义之子刘禄、刘迁为蒲领侯、南曲侯,六月封长沙顷王刘附朐之子刘梁为高城侯。

　　当时刘旦为了讨盖主的欢心,曾特地上书昭帝替丁外人求侯爵,刘旦在奏书中说:"子路的姐姐去世,子路为她服丧,过一周年还没有脱掉丧服,孔子认为这样做不对。子路就说:'我不幸,没有兄弟,所以不忍脱掉为姐姐穿的丧服。'所以说'看人的过失,可以知道他是否仁爱'。现在臣与陛下只有长公主一位姐姐,陛下宠幸公主,让丁外人侍奉公主,丁外人应当被授予爵号。"书奏上后,昭帝征求霍光的意见,霍光坚持不能答应刘旦的请求。

　　由于霍光始终不肯向上官桀等妥协,上官桀等恼羞成怒之下,最终决定扳倒霍光。于是上官桀与桑弘羊等就将他们认为的霍光的过失记录下来,派人送给刘旦,让他向昭帝上书告发霍光,由上官桀趁势将奏章下发给桑弘羊等,让桑弘羊等与诸大臣一起对霍光进行控制并将他清除出朝堂。

　　当时官员们每工作五日都要休息一天,由于霍光与上官桀是儿女亲家,因此霍光每遇到这个时候,就让上官桀代他入宫处理军国重事。而上官桀等与霍光产生矛盾后,就阴谋以此为契机,扳倒霍光。由于深知霍光的厉害,所以他们把事情做得很严密,以至于大难都要临头了,霍光还丝毫没有觉察。当然这应该也与事起仓促有关。因为霍光处事缜密,对上官桀不会不有所防范,又由于上官桀曾借代霍光主政之机逼死胡建,这不免让霍光担心上官桀故伎重演,故若非迫不得已,霍光是不会再让上官桀代自己主政的。所以这种机会对上官桀而言已非常难得。

因此当元凤元年(前80年)上官桀再次得到代霍光主政的机会后,自知机不可失,而刘旦的奏章却未能及时送到,遂临时起意,以燕王的语气给昭帝写了一篇揭露霍光要谋反的奏书,在自己主政那天,让人奏了上来,奏书上说:"霍光出城检阅郎官、羽林时,使用皇帝出行所用的制度,路上称跸,还让太官提前准备饭菜。"又说:"苏武出使匈奴,被拘押了二十年都没有投降,回来后也只做了个典属国,而大将军的长史杨敞没有什么功劳,却做了搜粟都尉①。又擅自调发增加自己幕府的校尉。霍光专权放肆,恐怕会有不良的企图。因此臣刘旦愿交还燕王的符节玺印,来到朝中值宿守卫,审察奸臣的阴谋。"上官桀一接到奏书,便把此书的内容向昭帝作了汇报。此举对霍光而言非常凶险,当时昭帝才十四岁,是个小孩儿,如果他被这几个人糊弄了,且不说把霍光抓起来,单是派人去问问霍光事情原委,霍光的政治生命估计也就结束了。

元帝时,许、史外戚与宦官弘恭、石显合谋陷害辅政大臣萧望之时,用的就是这一招。宣帝死前,效法其曾祖父武帝,也安排了一个辅政班子,即让外戚侍中乐陵侯史高为大司马车骑将军、太子太傅萧望之为前将军光禄勋、太子少傅周堪为光禄大夫,让他们皆受遗诏辅佐元帝。然而由于许、史外戚及宦官弘恭、石显等擅权乱政,萧望之、周堪等很快就与以史高为代表的外戚宦官集团产生了矛盾。当时为打击萧望之,用事宦官弘恭、石显就趁萧望之出宫休沐的日子,让人向元帝告发萧望之等阴谋罢黜车骑将军史高及许、史子弟,并请求元帝调查此事。元帝初亲政,不谙权术之道,以为不过就是了解一下情况而已,就让弘恭去询问萧望之,结果这一问,萧望之被免职,周堪及另一

---

① 杨敞始元六年被任命为大司农,此处却云"搜粟都尉",马元材认为太始元年大司农桑弘羊被贬为搜粟都尉后,至杨敞被任命为大司农,中间十五年,《汉书·百官公卿表》均无关于大司农的记载。因此大司农之职务,或仍由桑弘羊主持,"故当时对于大司农,往往既以'搜粟都尉'称之。如《百官公卿表》,始元六年,杨敞明系为大司农,而燕王旦使人所上书则曰:'大将军长史(案即指杨敞)无功劳为搜粟都尉。'(《汉书·苏武传》)是其证矣"。见马元材:《桑弘羊年谱订补》,中州书画社1982年版,第130页。

官员宗正刘更生被免为庶人。弘恭问萧望之话时,萧望之承认他确实有罢退许、史外戚的意图,但萧望之同时又解释说:"当政的外戚大多骄奢荒淫,我这样做是想匡正国家,非是为邪。"弘恭听后,回去便与石显一起上奏元帝时,只说萧望之承认自己有罢退许、史外戚的图谋,只字不提萧望之的解释,声称:"萧望之、周堪、刘更生等人,结为朋党,相互称举,多次诽谤大臣,离间亲戚,打算专擅朝政。作为臣子,这是不忠、不道的行为,请让谒者把他们叫到廷尉那里接受调查。"元帝得知萧望之自己承认有此意图,就接受了弘恭、石显的建议,萧望之等人就此失势。而这件事情发生时,元帝已经是二十八岁的成年人,仍然避免不了被佞臣算计,更何况昭帝还是个小孩子。

当时上官桀等就是想着昭帝少不更事,听说霍光要篡夺他的皇位,还不立马就急了。而只要昭帝一发话,上官桀当即便从宫中直接把此事下发给朝廷,而桑弘羊等一接到诏令,立马就会和其他大臣一道去逮捕霍光并解除他的职务。不过上官桀等的如意算盘虽拨得哗哗响,书奏上去之后,昭帝却不同意传达下去,上官桀一下子傻了眼。

次日早晨,霍光进宫后听说发生了这样的事情,就没有去朝拜昭帝,而是待罪于近臣议事的画室内。昭帝等了一阵儿不见霍光进来,就问:"大将军在吗?"上官桀还装好人说:"因为燕王告他罪状,所以不敢来了。"昭帝听了忙下诏召霍光进殿,而霍光一进殿就免冠向昭帝叩头谢罪。昭帝说:"将军把冠戴好!我知道那奏书上说的都是假的,将军没有罪。"霍光奇怪地问:"陛下为什么知道这是假的?"昭帝说:"将军去广明检阅郎官,是近来的事。从调选校尉到现在,还没有十日,燕王离京城那么远,怎么会知道呢?"接着昭帝又说:"以将军现在所具备的能力,您要做非法的事情,也不需要校尉来帮忙。"说这番话时,昭帝才十四岁,所以侍从的近侍、大臣听了无不感到震惊,这孩子也太聪明了。就这昭帝还不算完,又下令逮捕上书者案问,而上书者果然已畏罪逃亡,昭帝又下令严加搜捕,这让上官桀等深感恐惧,就劝昭帝不要太在意这种小事,但昭帝却不听。虽然最终没抓到上书者,但把上官桀等吓得确实不轻。此事对于上官桀等而言,可谓百密一疏,他们把心思都用在霍光身上了,没想到这个小孩儿也不是容易对付的人。后来上官桀的党羽但凡有说霍光坏话的，昭帝就发怒说："大将军是忠臣，是受先帝嘱托来辅佐朕的，谁敢诽谤他就治谁的罪。"而这件事情对霍光的教训起码有二。其一，要把权力牢牢地攥在自己手中，不能给任何人以可乘之机。为此他实行了副封制度，即规定吏民上书时，都要写成两份封好，在其中一封的封面上要署上一个"副"字，呈上来后，只有领尚书事者本人有权先打开副封阅读，若发现所上书中言语有违碍，就可以不向皇帝上奏。副封制度的实行，意味着霍光彻底将权力攥在了自己手中。其二，主持朝政，没有亲信是不行的。为此他加大了发展自己团队的力度。

上官桀等见形势对己方愈来愈不利，又不甘心坐以待毙，就阴谋发动宫廷政变，计划让盖主置酒请霍光赴宴，等霍光来后，让伏兵即席格杀之，然后废除昭帝，立刘旦为天子。刘旦为了与上官桀等保持密切联系，特设驿站，传递书信，承诺若事成，封上官桀为王，并联络郡国豪杰以千数，定要做成此事。

刘旦把自己的谋划告诉燕国相平，平说："大王此前与刘泽连结合谋，事情未做成就被发觉，是因为刘泽为人一向浮夸，好侵犯凌辱他人。我听说左将军为人一向轻率，车骑将军年少而骄横，我害怕他们可能会像刘泽一样不能成功，又害怕成功了，他们又反叛大王。"刘旦说："前日一个男子来到皇宫北阙，自称是故太子，长安百姓听说后忙去观看迎接，场面甚是热烈，大将军见了，心中恐惧，忙派兵进行警戒，这是在自我防备。我是武帝的长子，为天下所信赖，为什么担心被人反叛呢？"后来他对自己的群臣说："盖主来信说，他们只惧怕大将军和右将军王莽。现在右将军已经去世，丞相又正在病中，好事一定能成，不久就会征我入京。"命令群臣都整治装备，等待出发。

而据史载，正如平所担心的那样，上官安还真的很快又改变了主意，阴谋除掉霍光后，诱骗燕王来京然后把他杀掉，继而废除昭帝立上官桀为皇帝。有人问皇后怎么办，上官安说："追逐麋鹿的猎狗，岂能顾得上兔子！况且利用皇后得到尊位，一旦皇帝变了主意，就是想做平民百姓都不可得，这是百世一时的良机！"王益之认为史书关于上官安的这段叙述属文致之辞，并不足信："《外戚传》载桀又谋诱燕王至而诛之,因废帝而立桀,此必无之事,殆当时文致之辞也。《本纪》诏亦不过曰:'共谋令长公主置酒,伏兵杀大将军光,征立燕王为天子。'亦无诛燕王立桀之语。今从《本纪》削去此两语。推原其始,不过争权,遂致于此。"又称:"至宣帝时,魏相欲摧霍氏。或告霍禹等,欲令太后置酒,引丞相斩之,因废帝而立禹。谓霍氏怨望,欲杀相则有之,至于废天子而立禹,是亦诛燕王立桀之类也。出乎尔者反乎尔,其斯之谓与? 褚先生补《史记·侯表》书上官桀曰:'与大将军霍光争权,因以谋反,族灭。'此得之矣。"①吕思勉论及史载霍氏谋反时欲废天子立禹之事,也说"然谓禹谋自立,则与上官桀欲杀燕王而自立,同一无稽"②。本人认为上官安等谋诱燕王至而诛之,然后废帝而立上官桀一事是可信的。《昭帝纪》诏书若载此事,则会让世人认识到燕王一定程度上也是此次谋反的受害者,这无疑会冲淡诏书所要表达的主题,故不书之。史书诸表由于空间有限,故在书写时,讲求言简意赅,不书细事。故褚先生《史记·侯表》不书此事,不等于就没有此事。当然从旁观者的角度看,上官安此语,让人觉得实在是丧心病狂,匪夷所思。但站在上官安等的立场看,却是可以理解的。他们以阴谋除掉霍光,废除昭帝,必然也担心他人以同样的手腕对付他们。要想解决此问题,首先要做的就是在夺权后,将权力牢牢地掌握在自己手中。而若拥立燕王为皇帝,由于燕王正当壮年,颇有政治手腕,同时又拥有雄厚的王府势力,且其为武帝在世长子,自身本就具备做天子的条件,则其做皇帝后,一定不会甘心听从上官氏父子等的摆布,因此双方矛盾的产生竟似是不可避免的。而真到那时候,他们怎么办? 再发动一次宫廷政变? 因此,对他们而言,最好的办法就是一不做,二不休,干脆直接让上官桀做皇帝。然而在臣民普遍拥戴汉家皇朝的情况下,此举无疑是公然与天下为敌,最终有可能仍难免死于非命。对此,以桑弘羊、上官桀等之老谋深算,不会不知道;而知道仍然出此下策,是因为除此之外,他们已别无良策了。可以说,但凡有一线希望,他们就不会走上谋反这条不归路。所以与其说这反映了上官安等的丧心病狂,倒不如

————————

① 王益之:《西汉年纪》卷十八,同治退补斋本。
② 吕思勉:《秦汉史》,上海古籍出版社1983年版,第157页。

说反映了他们内心的绝望与悲凉：霍光已经把他们逼得走投无路了。后来宣帝时，霍氏所面临的处境与上官桀等此时的处境惊人地相似，也是不造反就只能坐以待毙，无奈之下，只得起而抗争，可若废了宣帝，立谁他们都不放心，就打算立霍禹为天子。事实上，霍禹连中人之资都说不上，他能做皇帝？估计他自己都不相信。但不如此，又有什么更好的办法呢？所以说，这一切都是被逼的，虽明知是饮鸩止渴，可仍不得不为之。很可怜的。

然而上官桀等的计划还没有实施，就被人告发了。盖主一个舍人的父亲、代理稻田使者燕仓知道上官氏父子的阴谋后，把这事报告给了大司农杨敞，杨敞平素谨慎怕事，不敢告诉霍光，就发布文告称病卧床不起。但兹事体大，又不能不让霍光知道，杨敞就把事情告诉了谏大夫杜延年，杜延年知道后，就告诉了霍光。九月，昭帝下诏令丞相田千秋安排中二千石官员逐捕孙纵之以及上官桀、上官安、桑弘羊、丁外人等，连带着他们的宗族全部诛杀；盖主自杀；上官皇后年幼，没有参与谋反，又是霍光的外孙女，因此没有被废掉。

当时历尽艰辛，刚刚从匈奴还朝的苏武因卷入霍光与上官桀等的纷争，差点断送性命。苏武，杜陵人，天汉元年（前100年）以中郎将身份出使匈奴，临回国时，其随从与单于属下谋劫单于母阏氏归汉，事泄，匈奴贵人逼苏武等投降匈奴，苏武不愿屈节辱命，即拔佩刀自杀，为单于重臣卫律等所救，气绝半日方苏，及其痊愈，单于又逼苏武降匈奴，苏武仍不肯。单于为逼他屈服，将他幽禁于大窖之中，不与饮食，幸天降大雪，苏武把雪与旃毛和在一起吞入腹中，得数日不死。匈奴人见状，又把他送到北海无人处牧羊，也不给他食物，苏武一度靠挖掘野鼠、采集草子为生。可谓屡遭困厄，几死者数。直到昭帝继位后，匈奴与汉关系缓和，苏武在匈奴滞留十九年后，才于始元六年（前81年）春回到长安。苏武回到长安后，朝廷下诏让苏武奉太牢之礼赴茂陵拜谒武帝神庙，然后拜他为典属国，秩中二千石，赐钱二百万，公田二顷，宅一区。苏武以壮年出使，再返长安时，已是须发尽白！本该安然度过余生，哪知一回来就卷入朝中的纷争。苏武在出使匈奴前就与上官桀、桑弘羊关系密切，因此他的儿子苏元也加入了反霍集团，为上官安出谋划策,成为反霍团队的骨干力量。苏武回朝后,上官桀、桑弘羊等又着意拉拢他,还让燕王为苏武鸣不平。及至上官桀等案发,苏元受到牵连被处死,廷尉又奏请朝廷逮捕苏武,此时苏武的生死就在霍光的一念之间,而霍光对此事的处理颇值得称道:他把廷尉的奏章压下,对苏武稍示薄惩,仅是将其免官而已。这显见霍光并没被愤怒冲昏头脑,在铲除反霍集团的行动中,他是有分寸的。对待君子,他以君子之道处之。此前卫尉王莽的儿子王忽无端抨击自己,霍光对王莽进行了严厉的批评,王莽被迫毒杀王忽,过后霍光不计前嫌,仍让他做卫尉,继而又提拔他为右将军,成为自己的重要助手,而为反霍势力所严惮;现在苏武的儿子苏元谋反,按律苏武应该连坐,但霍光杀掉苏元后,对苏武却不予深究。后来为了给苏武一个复出的机会,昭帝去世后,在议立宣帝时,霍光特地把苏武召来,让他参与其事。苏武因而得赐爵关内侯,食邑三百户。霍光这样做的原因在于他知道王莽、苏武皆为光明磊落之人,都有明辨是非之心,只要是他们的过错,就会承担责任,不用担心他们会报复自己。而对于上官桀之流没有操守、唯利是图的小人,霍光是一定要彻底铲除而后快的。

就霍光铲除上官桀集团一事看,此次事件看似颇为偶然,不免会让人感慨若非燕仓告密,鹿死谁手恐怕还很难说。其实这种感慨是多余的。当时上官桀等因权力尽失,实际上已成霍光案头之肉,只能任由霍光宰割了。当此情况下,他们要想活命,只有集中力量,做殊死之搏,或许能有一线生机,但这也只不过是理论上的机会而已。在霍光牢牢地掌握着军政大权,同时又对上官桀等严密监控的情况下,他们又怎么可能成功呢?上官桀等的谋划看似很周详,但许多谋议都是建立在已除掉霍光的前提下展开的,如同兄弟争雁,雁还没打下来,却为如何烹制论争不已。而他们除掉霍光的计谋也就一招:让盖主摆下酒席,邀请霍光赴宴,然后在席间格杀霍光。此计看似可行,但问题是霍光肯不肯赴宴呢?自上官桀等阴谋陷害霍光不成,以霍光处事之谨慎,他已经不会再给他们任何机会算计自己了。尤其是当年七月初六还发生了日食,日食被时人视为凶兆,如汉初诸吕作乱时,就出现了日食现象。现在又出现日食,就不能不引起霍光的警惕。故若霍光为慎重起见，不肯赴宴，则他们后续的计划便俱成空谈；而若霍光肯赴宴，也定会有备而来，宴席上动起手来，被除掉的恐怕还是他们自己。而事情的结果是霍光根本就没给他们实施计划的机会，一听说他们要算计自己，立马便把他们铲除了。而告发他们的盖主舍人的父亲燕仓，诏书中称是"故稻田使者"，实则其人是故大将军幕府军吏，也是霍光的人，所以他告发上官桀等之举，并非偶然为之，其间定有深刻的筹谋。而霍光经此一事，方才彻底摆脱各种势力的牵制，真正大权在握而威震海内！

却说刘旦面对群臣虽然信誓旦旦，但其内心却甚为忐忑。因为京师的事情他不仅插不上手，而且由于路途悬远，相关信息也不能及时得到，不免终日患得患失，忧心不已，他的家人及亲信因与他休戚相关，同样终日焦躁不安。由于时人普遍相信天人感应之说，认为天象异兆预示着人世的吉凶祸福，故而燕王府的人就希望能通过观察并剖析出现在身边的异兆，来窥测时局的走向，排遣心中的不安。结果一经留意，竟发现了很多怪异现象。

其一，天正在下雨时，人们发现彩虹竟下垂到宫中去饮井水，并且把井水都喝干了。其二，燕王府养在圈中的猪一起蹿出，撞坏了蒸炊用的大灶，然后又衔起六七口锅置于殿前。其三，乌鸦与鹊相斗于宫中池上，乌鸦坠池而死。其四，黄鼠口含自己的尾巴在王宫正门中跳舞，刘旦让官员以酒和干肉祷祠，黄鼠却始终舞动不休，跳了一天一夜后气绝而死。其五，大殿上的门自动关闭，无法打开。其六，天火烧毁城门。其七，国都蓟发生大风雨，大风刮坏王宫的城楼，拔掉宫中七围以上的大树十六棵。其八，流星下坠于地。针对这一系列的怪异现象，后妃以下的宫人们都非常恐惧，刘旦也受惊发病。为了消灾，刘旦特派人到葭水、台水去祭祀。刘旦的宾客吕广等懂得星象，对刘旦说："这些异兆预示着会有大兵围城，时间在九、十月间，汉朝廷当会有大臣被处死。"刘旦听了更加忧虑恐惧，对吕广等说："谋划的事情还没有成功，显示灾异的凶兆却多次出现，兵气将至，怎么办？"正在这时盖主等伏诛的消息传到燕国，刘旦知道后，召见燕相平说："事情失败了，因此发兵吗？"平说："左将军已死，百姓都已经知道事情的真相，不可发兵了。"燕王忧虑愤懑,在万载宫设酒宴,招宾客、群臣、妃妾等坐席饮酒。燕王自己唱道:"归空城兮,狗不吠,鸡不鸣。横术何广广兮,固知国中之无人!"歌的大意是说日后自己的魂魄回到这座空城,听不到狗叫鸡鸣,街道非常空旷,因此知道国中已经没有人了。意指自己将身死国灭。其宠姬华容夫人也起舞唱道:"发纷纷兮寘渠,骨籍籍兮亡居。母求死子兮,妻求死夫。裴回两渠间兮,君子独安居!"[①]歌的大意是说头发纷纷填塞沟渠,尸骨散乱无处安葬。母亲寻找死去的儿子,妻子寻找死去的丈夫。自己徘徊在王宫中的两渠之间,不知道君子会在何处安居! 在座的人都为之哭泣。

朝廷有赦令传到燕国,刘旦读罢,叹道:"唉! 只赦免官吏百姓,不赦免我。"于是将王后、宠姬、诸位夫人迎至明光殿,说:"我这个老奴所做的事应该被族诛!"说着就想自杀。因为与刘旦相关的诏书还没到,身边的人就宽慰他说:"倘若被削去封国,可能有幸不被处死。"他的王后、姬妾等都哭啼着阻止他自杀。这时昭帝派使者来赐燕王玺书说:"以前高祖皇帝君临天下,分封子弟为诸侯王用以捍卫国家的安全。先前吕氏外戚阴谋为大逆不道之事,刘家天下不绝如发,靠绛侯周勃等诛讨贼乱,尊立孝文皇帝,使宗庙得以安全,不是因为朝廷内外都有拥戴刘氏的人,里外相互配合的缘故吗! 樊哙、郦商、曹参、灌婴等人,仗剑冲锋,跟从高祖皇帝垦除灾害,耕耘海内,当此之时,头发乱如丛生的蓬草,勤劳辛苦之极,然而他们得到的赏赐不过是封侯。现今宗室子孙未曾有日晒衣服、露湿冠冕的辛劳,朝廷顾念骨肉之情,仍然裂地而王之,分财而赐之,让他们父死子继,兄终弟及。今天燕王本为骨肉至亲,如同彼此身体的一部分,却与他姓异族一道谋害国家社稷,亲近与自己关系疏远的人,疏远与自己关系亲近的人,有叛逆悖乱之心,无忠诚仁爱之义。假如先人泉下有知,你当有什么面目再奉上斋酎去参拜高祖之庙!"

刘旦得到玺书后,将象征燕王权力的符节、王玺交给医工长,然后向燕相及二千石官员告罪说:"我奉事朝廷不恭谨,只有死了。"随即

[①] 班固撰,王先谦补注:《汉书补注》卷六十三《武五子传》,上海古籍出版社 2008 年版,第 4396 页。

以绶带自绞而死。王后、夫人跟随刘旦自杀者有二十余人。天子格外施恩,赦免燕王太子刘建为庶人。赐刘旦谥为"剌",《逸周书·谥法解》称"剌"意为乖戾无亲:"不思忘爱曰剌。"①这是个恶谥。其封国被废除。时为元凤元年(前80年)十月。

元凤元年(前80年)十月,霍光诏告天下,历数诛杀上官桀等的原因,并对立功者予以封赏。杜延年、燕仓以告密有功,分别被封为建平侯、宜城侯,丞相征事任宫亲手捕斩上官桀于便门、丞相少史王寿诱骗上官安入丞相府门而捕斩之,分别被封为弋阳侯、商利侯。同时对涉案的从犯予以赦免,以稳定民心。燕王太子刘建、盖主的儿子文信及宗室子弟与燕王、上官桀等的父母同胞兄弟姐妹当连坐的,都免为庶人。有的官吏受到上官桀等人的牵连,但其罪行因未被发觉而没有受到拘捕的,不再追究其罪责。

霍光除掉上官桀等后,为了实现对外朝的彻底掌控,遂在政局稳定之后的元凤三年(前78年),旧事重提,使侍御史重新复核桑弘羊故吏侯史吴一案②,意欲借此震慑外朝官员,并动摇丞相田千秋的地位。

话说当初审理燕王、上官桀、桑弘羊等谋反一案时,桑弘羊的儿子桑迁听说父亲事败而逃亡,其间曾在桑弘羊的故吏侯史吴家待过,后桑迁被朝廷抓到并被处死。及朝廷下诏赦罪,侯史吴因担心日后受到惩处,主动赴监狱自首。当时廷尉王平与少府徐仁共同审理反叛案件,在处理侯史吴的事情时,都认为桑迁因父亲谋反获罪,自己并没有造反,而侯史吴藏匿桑迁,不是藏匿反叛者,而是藏匿反叛者的随从,属于谋反案的受牵连者,且没有被发觉逮捕,因此根据赦令免除了侯史吴的罪责。

霍光对这样的处理很不满意。当初上官桀与桑弘羊等诈为燕王奏书,设计陷害霍光之时,其最后一环是桑弘羊与外朝诸大臣一道执

---

① 黄怀信、张懋镕、田旭东:《逸周书汇校集注》卷六《谥法解》,上海古籍出版社1995年版,第727页。
② 《汉书·杜延年传》汲古阁本云:"治燕王狱时,御史大夫桑弘羊子迁亡,过父故吏侯史吴……后侍御史治实。"宋祁称"后侍御史治实"一语,"江南本'后'字下有'使'字"。细绎文意,江南本当是。见班固撰,王先谦补注:《汉书补注》卷六十《杜延年传》,第4270~4271页。

退霍光，显见在对付霍光一事上，桑弘羊与外朝大臣颇有默契，这让霍光甚为恼恨，只因查无实据，且大肆株连，势必会引起朝廷震荡，故一直隐忍未发。及至在处理反叛事件时，王平、徐仁明知霍光对桑弘羊恨之入骨，却赦免桑弘羊的故吏，这不能不让霍光怀疑他们这些外朝官仍然对自己意存轻视，故意袒护侯史吴，暗中与自己作对。

同时，霍光借侯史吴一案向外朝官员开刀，还在于少府徐仁是丞相田千秋的女婿，霍光打击徐仁，就会让田千秋陷入尴尬的境地，可谓一石二鸟、一举两得。虽然自武帝托孤以来，作为辅政大臣，田千秋一直小心谨慎，竭力避免冒犯霍光，而霍光也着力与他结交，俩人关系貌似颇为和睦，但事实上霍光对他意见甚大。因为从田千秋的所作所为看，他看似不与霍光为难，实则皮里阳秋，老奸巨猾。如始元五年（前82 年），有男子冒充卫太子诣阙，诏使田千秋率公卿、将军、中二千石杂识，然其来到现场后却一言不发，这不能不让霍光怀疑他的居心。尤其让霍光不能容忍的是，田千秋在霍光与桑弘羊等的斗争中，每每偏袒桑弘羊等。始元六年（前 81 年）盐铁会议，田千秋虽与会，却一无所言："车丞相即周、吕之列，当轴处中，括囊不言，容身而去。"①实则赞同桑弘羊的主张，后又与桑弘羊一起商议对策，最终由俩人共同奏罢酒酤。及至元凤元年（前 80 年），霍光与桑弘羊等的斗争白热化之际，田千秋又称病不理事。如当时燕王刘旦对其臣下称："盖主报言，独患大将军与右将军王莽。今右将军物故，丞相病，幸事必成，征不久。"②并且田千秋作为丞相，还经常袒护外朝官员，变相阻挠霍光政令在外朝的推行。上官桀与桑弘羊等在时，霍光为了避免加大打击异己势力的难度，对田千秋颇为容让，现在上官桀等已被铲除，霍光真正大权独揽，已无求于田千秋，于是为了在外朝确立自己绝对的权威，霍光意欲借侯史吴一案，为难田千秋，定要让他颜面扫地。

自除掉上官桀等反霍集团的核心成员后，霍光因担心遭到其残余势力的暗算，对其余党一直穷治不休，务要斩草除根，杜绝后患。在此情况下，王平、徐仁还敢赦免侯史吴，是因为他们对霍光的认知出现严

---

①王利器校注：《盐铁论校注》卷十《杂论》，中华书局 1992 年版，第 614 页。
②班固撰，王先谦补注：《汉书补注》卷六十三《武五子传》，第 4392 页。

重误判所致。

此前的霍光受制于多头政治,为了维护稳定,对其他权贵颇多容让,显得甚是窝囊,在人们看来,用呆板、谨慎、懦弱等词描述他,那是再恰当不过了,这就难免让人对他意存轻视。他的权威长期难以确立,原因就在于此。当然他也有过强势的表现,尤其是一举铲除以上官桀为首的反叛势力,更是让举国震惊。但细加分析,可发现霍光所有这些动作都是被动而为,属无奈之举。① 他的懦弱无能的本性并没有发生改变。因此虽然霍光已大权独揽,但王平、徐仁等外朝官仍未把他放在眼里,自认为依法办事,有理有据,霍光能把他们怎么办! 他们却没想到如果霍光果真是一个庸才,以武帝之雄才大略怎么可能会把汉朝交给他来管理,要知道武帝可是观察了霍光数十年的。而霍光也确实是一个有担当、能决断、敢行权、能任大事的人,只是由于他的资历在辅政班子中最浅,得不到应有的尊重,不免处处受到掣肘而处境尴尬。现在终于大权独揽,他是绝对不会再允许任何人违背他的意愿了。他此前虽下诏赦免从犯,但那不过是要稳定民心而已,其真实想法则是要除恶务尽,彻底铲除反霍集团。只是已经下诏赦免从犯,而霍光又一直是以规则的维护者与奉行者的面目示人,则他又如何可以不遵守自己颁布的诏令处死侯史吴呢?王平、徐仁敢赦免侯史吴,正是考虑到了这一点。殊不知霍光正人君子的面目只是表象,事实上,霍光无论做什么事,都是以维护自身的利益为出发点的。此前他之所以坚决捍卫原则的神圣地位,是因为只有这样做才能最大限度地限制上官桀等反霍集团势力的膨胀。现在赦令已经阻碍了他的行为,并且他已权倾天下,行事不再需要看别人脸色,他当然不肯再遵从赦令的规定。如此前对于丁外人,如果霍光想提拔他,莫说给他个一官半职,就是封他为侯也不是什么难事。丁外人不是无功么,给他立功的机会不就行了?始元四年(前83年),益州蛮夷发动叛乱,霍光完全可以给丁外人个职位,让他随军出征,待军队凯旋后,即可因功对丁外

---

① 千百年后,有学者仍持此见解。如劳干认为在霍光所处理的各项事件之中,"他只是任其自然推演下去,这是他没有远见的地方"。见劳干:《霍光当政时的政治问题》,《古代中国的历史与文化》,中华书局2006年版,第135页。

人进行赏赐。霍光提拔他的亲信杜延年用的就是这一招。益州蛮夷发生叛乱后,霍光为了提拔杜延年,当年冬就让他以校尉的身份随田广明前去征讨,待到平定叛乱后,即因功提拔杜延年为谏大夫。而丁外人由于不是霍光的亲信,霍光就不肯给他这样的机会。上官桀、盖主等恨他,原因就在于此。在他们看来,霍光对于对自己有利的事情,总要千方百计把它做成,对自己不利的事情就总拿原则说事,竭尽全力予以阻拦,实在是太阴险狡诈了。

  侍御史知道霍光的想法,在复核案件时,为了得出侯史吴有罪的推定,先在桑迁身上做文章,将其定成谋反者,理由是桑迁通晓经术,明白事理,却知道父亲谋反而不谏诤劝阻,因此其与谋反者没有区别;侯史吴原为三百石官吏,知道桑迁犯罪还藏匿他,不应与普通人藏匿随从者量罪相等,故侯史吴不得被赦免。因奏请重新审理该案,并弹劾廷尉、少府放纵造反者。这样做就真有点颠倒黑白了,因为如果说侯史吴藏匿谋反者也就罢了,可王平、徐仁放走的分明是侯史吴,而侯史吴是藏匿谋反者的人,怎么就成了放纵造反者了?

  由于少府徐仁是丞相田千秋的女婿,故侍御史一弹劾徐仁等,田千秋立马就慌了,因担心徐仁受到惩处,就多次为侯史吴一案解说。怕霍光不听,田千秋特地召集中二千石官员、博士在公车门举行会议,议论侯史吴一案当如何定罪。参加会议的人都知道霍光的想法,怕受到牵连,且侯史吴不过是一个小吏而已,与己无涉,就都坚持认为侯史吴罪属不道。但对王平、徐仁的罪名却都不愿发表评论。因为这一判定虽确属诬陷,但若支持田千秋,就会招致霍光的报复;若支持霍光,不仅会让为人厚道、关心爱护下属的田千秋失望,而且这样做形同助纣为虐,自己的良心会不安的。因此大家都保持缄默。官员们这样的表现让田千秋很无奈,但由于召集群臣议事是一件大事,不能不让皇帝知道,所以次日田千秋向皇帝上封事,报告了群臣议论的内容。而霍光知道此事后,将田千秋此举视为公然与自己对抗,很愤怒,遂以田千秋不经允许,擅召中二千石以下官员举行会议,导致内朝、外朝意见不一之罪,先将寻求支持的廷尉王平、少府徐仁下狱。长安政坛再次被恐怖气氛所笼罩,群臣都在担心下一个受到牵连的很可能就是丞相田千秋!

太仆杜延年见霍光嚣张得忘乎所以,担心他再兴大狱,重伤国家的元气,就上书与霍光争辩,指出怎样才算官吏放纵罪人,法律是有明文规定的。现在先将桑迁推断为谋反者,将已离职为民的侯史吴视为官员,然后诬陷他作为官员藏匿谋反者,将他的行为定为不道之罪,从法律的角度看恐怕量刑过重。至于对王平、徐仁的指控,杜延年在奏书中没有讲,因为这明摆着是罗致罪名,还用提么?对于丞相田千秋擅自召开群臣会议一事,杜延年不认为这是田千秋意在与霍光对抗。因为众所周知,田千秋素无定见与主张,好为属下说好话以笼络人心。当然他擅召中二千石官员议事,是非常无礼的行为,应该受到批评。但杜延年同时认为对田千秋的惩处不应过于严厉。这一方面是因为田千秋曾与霍光长期同朝为官,形同故旧;另一方面,田千秋又曾在先帝时任职用事,与霍光一样同属托孤重臣,有必要顾及他的体面。因此若非有大的变故,不可将他轻易抛弃。最后,杜延年又苦口婆心地劝霍光说近来百姓颇有怨言,说治狱严峻苛刻,狱吏有刻毒诬陷之举,现在丞相所议论的又是狱事,如果因为此事连及到丞相,恐怕与民众的想法不合。如果霍光一意孤行,定要兴起大狱,难免会让群臣议论纷纷,百姓私相评议,流言向四方传布,从而影响到霍光的名誉:"间者民颇言狱深,吏为峻诋,今丞相所议,又狱事也,如是以及丞相,恐不合众心。群下讙哗,庶人私议,流言四布,延年窃重将军失此名于天下也!"①

杜延年的劝解,让霍光稍稍有所收敛,没有再追究丞相田千秋的责任。但由于认为王平、徐仁意在借法律条文与自己对抗,因而始终不肯原谅他们,元凤三年(前78年)四月,少府徐仁、廷尉王平、左冯翊贾胜胡皆以放纵造反者之罪受到严惩,徐仁自杀,王平、贾胜胡皆腰斩。未将徐仁腰斩,或许也算是霍光给丞相田千秋的人情吧,毕竟让徐仁死得不怎么痛苦,并且还给他留了个全尸。

自此之后,外朝彻底屈从于霍光的统治。元凤四年(前77年)正

---

① 班固撰,王先谦补注:《汉书补注》卷六十《杜延年传》,上海古籍出版社2008年版,第4270页。

月,遭受丧婿之痛又饱受惊吓的老丞相田千秋去世,这标志着群臣辅政时代彻底结束,大司马大将军霍光从此独治天下。

自上官桀为首的反霍集团被铲除后,霍光自知结怨太多,其出入都严加防备,以免受到暗算。接见官员百姓时,要先搜身,去掉被接见者随身携带的兵器,并让两个官员左右挟持着被接见者来见自己。武帝时期推行暴酷之政,导致民怨沸腾。霍光主政后,本来顺从民意,着手减轻刑罚,但诛除上官桀等后,因担心吏民为乱,复遵武帝之政,以严刑峻法严厉制裁官吏百姓,从而进一步加重了百姓的痛苦。又在要害部位大肆安插自己的亲党,以控制朝政。元凤元年(前80年),以光禄勋张安世为右将军、光禄勋,以谏大夫杜延年为太仆;元凤三年(前78年),以光禄大夫蔡义为少府;元凤四年(前77年)二月以大司农杨敞为御史大夫;元凤五年(前76年),以詹事韦贤为大鸿胪;元凤六年(前75年)十一月,以御史大夫杨敞为丞相,少府蔡义为御史大夫。又以河东太守田延年为大司农,以史乐成为少府。同时霍光又让其亲族成员纷纷典领宿卫部队、任职中朝以自卫。霍光的儿子霍禹及兄孙霍云皆为中郎将;霍云的弟弟霍山为奉车都尉、侍中,领胡越兵;霍光的女婿范明友为未央卫尉;昆弟、诸婿、外孙皆奉朝请,为诸曹大夫、骑都尉、给事中等职。又重用其家奴冯子都、田子方等,以至于百官以下皆敬事他们,而视丞相如无物。

自元凤元年(前80年)铲除上官桀集团后,霍光虽以严刑峻法痛绳群下,但仍能顺应时势,做到轻徭薄赋,与民休息。

赋税方面:元凤二年(前79年)六月,以昭帝名义诏令地方郡国免收本年度的马口钱。三辅、太常郡的百姓可以用菽、粟等物交纳口赋、算赋。汉代规定七岁至十四岁之人每年向国家缴纳二十钱的人头税,称口赋。武帝时增加三钱,用于战争车马费,称马口钱。现在免征天下百姓的马口钱,无疑对百姓是有利的。口赋、算赋等本当用钱缴纳的,此时让三辅、太常治下的百姓以菽、粟代替钱来缴纳,应该是当时菽、粟市场价格低,若以钱征赋,农民要比往年卖更多的粮食,才能完成赋钱缴纳任务。而国家所确定的菽、粟价格要高于市场价,故以实物代替钱来缴纳,有利于减轻百姓的负担。元凤四年(前77年)正月诏令免收本年及次年的口赋,免除元凤三年(前78年)以前百姓拖欠的更赋①。元凤六年(前75年)夏,以三辅、太常谷贱伤农,诏令这些地区的百姓可用菽、粟来完成本年度的赋税任务。元平元年(前74年)二月,以百姓尚贫困,诏减其十分之三的口赋钱。徭役方面:由于匈奴的侵扰,汉不得不发兵予以应对,这不免加重了百姓的负担,但这也是迫不得已而为之。在应对匈奴侵扰的过程中,霍光竭力减轻百姓的负担,力求以最小的代价实现边境的平安。为此他加强对边郡警戒系统的管理,及时了解敌情,并严加防范。由于边郡防范严密,匈奴前来侵扰者获利甚少,因此很少再来犯塞。同时对侵扰的匈奴部队予以强力回击,并每每取得胜利。元凤元年(前80年),匈奴发左、右部二万骑兵,分为四队,并入边为寇。汉兵追斩、俘虏其九千人,并生擒瓯脱王,汉无所失亡。匈奴被迫远循西北,于是霍光征发人民去瓯脱驻屯。元凤三年(前78年),单于发四千骑分三队,入寇张掖郡,张掖太守、属国都尉发兵大破之,匈奴骑士仅数百人得脱。此后匈奴不敢入张掖。当年冬,辽东乌桓反。东北地区的游牧民族乌桓,本为东胡人,汉初,匈奴冒顿灭其国,其残余力量聚保乌桓山,因以乌桓为号,常臣服于匈奴。武帝时遣骠骑将军霍去病击破匈奴左地,因徙乌桓于上谷、渔阳、右北平、辽西、辽东五郡塞外,让其为汉朝侦察匈奴动静。置护乌桓校尉,对其进行监护,防止其与匈奴交通。昭帝时,乌桓部众渐强,遂反。此前,匈奴三千余骑入五原郡,杀死、掳掠数千人;后又遣数万骑兵南至长城下打猎,攻打塞外亭障,掠取吏民而去。乌桓反后,汉从匈奴降者那里得知乌桓曾发掘匈奴已故单于的坟墓,匈奴要报复乌桓,因发二万骑兵攻击乌桓。霍光于是拜中郎将范明友为度辽将军,率二万骑兵出辽东,欲邀击匈奴。匈奴听说汉兵来到,遂引兵而去。范明友出师时,霍光曾告诫范明友:"兵不空出。如果没能追上匈奴,就把乌桓拿下。"乌桓当时刚被匈奴蹂躏过,正虚弱。范明友未能攻击

---

① 更赋,属代役税,汉代按规定应该服役者可以纳钱代役,称更赋。汉代徭役称为"更",共有两种:一种称"践更",即每年在本地服役一月,称"卒更",不愿服役者,可向官府出钱二千文,由官府代为雇人服役;一种称"过更",即全国所有人每年都需戍边三日,不愿亲自戍边者,可向官府出钱三百文,由官府雇人代为守边。见班固撰,王先谦补注:《汉书补注》卷七《昭帝纪》,上海古籍出版社2008年出版,第326~327页。

匈奴,便乘势攻打乌桓,斩首六千余级,获三王首级而归。匈奴因此恐惧,不敢再出兵生事。元凤六年(前75年),乌桓复犯塞,遣度辽将军范明友击之。当时又尽量减少戍边农民的数量。如元凤五年(前76年)六月,征发三辅及郡国无赖子弟、官员有被告劾而逃亡者,屯守辽东。元凤六年(前75年)正月,又招募郡国刑徒修筑辽东玄菟城。武帝晚年停止对外用兵后,匈奴人获得喘息之机,遂在西域扩张势力,利用其设在西域的统治机构僮仆都尉,处理西域事务,赋税诸国。西域一些原来臣服汉朝的国家,以为汉朝无暇西顾,不免首鼠两端,与匈奴接近,屡屡做出冒犯汉朝的举动。如霍光用桑弘羊前议,以赖丹为校尉,将军田轮台,结果赖丹为龟兹所杀。楼兰暗中与匈奴勾结,先后杀略卫司马安乐等汉使及安息、大宛使臣,并盗取汉使所携带的节印和安息、大宛使臣所献之物等。为维护汉朝在西域的地位,元凤年间,霍光遣傅介子出使西域,惩罚曾杀死汉朝使者的龟兹、楼兰两国。傅介子到楼兰、龟兹后,皆严词谴责两国的君主,迫使他们服罪,并率随行人员在龟兹诛斩出使乌孙经过龟兹的使者。出使龟兹期间,傅介子观察到有可刺杀龟兹王的机会,回朝后,在向霍光汇报工作时,请求再次出使龟兹,伺机刺杀龟兹王,以震慑西域。霍光认为龟兹路远,就让他先去刺杀楼兰王,而傅介子果然不辱使命,持楼兰王首而归。傅介子孤身而往,不烦师众,成此大功,威震西域。朝廷为之振奋,百官对此激赏不已。

霍光的一系列措施,使匈奴无计可施,只好不断向汉朝示好,而霍光也顺应时势,做出和解的姿态,使汉匈关系呈现出缓和的势头。

在减免赋税、尽可能地减轻百姓的兵役负担的同时,又注重赈贷贫民。元凤三年(前78年)春,罢除中牟苑给贫民耕种。并以昭帝的名义下诏说:"此前由于百姓遭受水灾,食物颇为匮乏,朕派遣使者用国家仓库中的粮食赈贷困乏的百姓。自今年到元凤四年(前77年)停止漕运粮食。元凤三年(前78年)以前租借给百姓的耕牛,若非丞相、御史提出请求,对边郡租借耕牛者免收利息。"另外又先后三次赦天下,两次赏赐百姓。

霍光自后元二年(前87年)辅佐昭帝继位,主持政务后,在与朝中权贵周旋的过程中,面对因武帝长期用兵造成的残破局面,持续推行轻徭薄赋措施,努力恢复社会经济,维护社会稳定;与此同时,对于边疆新征服地区的反叛活动,丝毫不予以妥协,针对所遇到的具体情况,精心谋划,选将发兵,进行平定,进一步巩固了武帝时期取得的成果;为了稳定边疆局势,在加强对匈奴的防御,坚决反击匈奴的侵扰的同时,又顺应时势,与匈奴和好。因此到了始元、元凤之际,边境少事,百姓充实,汉朝已呈现出太平的景象。故称霍光为汉世中兴名臣,实不为过。

巫

第六章
霍光：篡亲掉体，根据于势徒

昭帝：在花样年华里寂寞死去
第七章

想做什么就做什么——人生的幸福大概莫过于此。但幸福从来都是短暂的。霍光真正掌权才数年,昭帝竟死了。

元平元年(前74年)凶兆频出。正月初二,太阳初升时,有一朵黑云,形状如旋风和凌乱的鬓发,从西北转出,向东南行,然后转而向西,一会儿后消亡。二月十七日的早晨,有大如月亮的流星,在空中向西滑行,而众流星皆随其西行。十八日,有一种被称做"牂云"的流星,如狗状,红色,长尾巴,共三枚,夹河汉西行。时人对此予以解读,认为大星如月,象征的是大臣,众星随行,意味着群臣皆随从大臣。天象的规则是向东行为顺,向西行为逆,这意味着大臣要行使权力安定国家。牂云如狗,是金星之精散出而成的彗星,称天狗、卒起。若此物出现,喻示祸乱将要发生,大臣将运用国家的权柄。牂云为乱君之象。二月十九日[①],有流星出现于二十八星宿中位于南方的翼宿、轸宿的东北方,经过太微,进入紫宫。开始出现时比较小,要进入紫宫时变大,有光。进入紫宫后,过了没多长时间,人们听到如雷鸣一般的声音,响了三声,就停止了。古人将北极周围的星座,划分为紫微垣、太微垣、天市垣等三个星区,并将其赋予政治的内涵。其中,紫微垣为天帝之宫殿,引申为人间帝王之宫殿,称紫宫。流星入紫宫,预示着将要有大凶之事发生。考虑到汉朝统治者常常利用天象向社会传达其政治意图,故元平之年(前74年)初出现的之一连串天象异常警告,当为有关方面在霍光的指使下发布的。霍光之所以如此,当是要以隐晦的方式告知天下,朝廷将有不测之事发生,以免因变生仓促,引起天下震动。当时为了应对即将到来的大变局,除发布异常天象警告外,霍光还采取了一系列措施予以应时。如当时匈奴不断侵扰西域大国乌孙,乌孙请求汉朝出兵援助,但鉴于昭帝病重,霍光暂未出师。为稳定民心,霍光

[①]《汉书·天文志》称元平元年"三月丙戌,流星出翼、轸东北……其四月癸未,宫车晏驾"云云。然据陈垣《二十史朔闰表》,元平元年三月无丙戌,二月朔日为戊辰,丙戌为十九日;四月朔日为丁卯,癸未为十七日,丙戌为二十日。而《太平经·来善集三道文书诀》有"七日七夜,六真人三集议,俱有不解。三集露议者,三睹三流星变光"。见王明编:《太平经合校》,中华书局1979年版,第312页。其意为七日之内连续出现三次流星。学者考证认为此为昭帝时事。见刘九生:《〈太平经〉断代》,陈锋、张建民主编:《中国古代社会经济史论——黄惠贤先生八十华诞纪念论文集》,湖北人民出版社2010年版。而二月戊辰朔,十七日为甲申,十八日为乙酉,十九日为丙戌,正在七日之内。故"三月丙戌"当为"二月丙戌"。

又在元平元年(前74年)二月以昭帝的名义下诏,减免百姓的口赋钱,以示昭帝尚能治国理政。同时又征天下名医为昭帝治病,向天下透露昭帝病重的信息。

当年四月十七日,昭帝以二十一岁的花样年华撒手人寰。检讨秦西汉诸帝寿限,可发现呈现两头少,中间多的现象。所谓两头少,中间多的意思是,活过六十岁的只有一人:汉武帝七十岁;活过五十岁的也只有一人:汉高祖五十三岁(一说六十二岁)①;四十到五十岁的有六人:秦始皇五十岁,汉文帝四十六岁,汉景帝四十八岁,汉宣帝四十三岁,汉元帝四十三岁,汉成帝四十六岁;三十岁以下的有五人:秦二世十五岁②,汉惠帝二十三岁,汉昭帝二十一岁,汉哀帝二十六岁,汉平帝十四岁。

单从这十三个皇帝的数据看,好像去世早晚都正常,但事实上三十岁以下去世的五个人,有的是经不起推敲的。如秦二世,是被赵高逼死的;汉惠帝是自甘沉沦,日以酒色为务,把自己折腾死了。汉平帝十四岁而崩,他的死也有点不正常,从当时的情况看,很有可能是权臣王莽把他毒死了,与秦二世、汉惠帝一样,都属非正常死亡,所以寿不及三十岁的这五个人里,真正自然死亡的只有昭帝和哀帝两个,也就说在三十岁以下这个年龄段,正常情况大部分人还应该是活着的,四五十岁才是皇帝或者说时人的正常寿限。所以古人虽然普遍寿限不高,但昭帝二十一就死去,仍然有点不太正常。

---

①关于刘邦的年龄,《史记集解》引皇甫谧语称刘邦生于秦昭王五十一年,即公元前256年:"高祖以秦昭王五十一年生,至汉十二年,年六十二。"《史记·高祖本纪》称刘邦"及壮,试为吏,为泗水亭长"。《礼记·曲礼上》:"三十曰壮","及壮"意为刚满三十岁。据此则刘邦为亭长在始皇二十年即公元前227年前后,然据《水经注》:"秦始皇二十三年,以为泗水郡。"时为公元前224年,刘邦已33岁。故皇甫谧所语与史实不甚相合。而颜师古注《汉书·高帝纪》,引臣瓒语:"帝年四十二即位,即位十二年,寿五十三。"据此刘邦当生于前247年,其为亭长在始皇二十九年即公元前218年前后。而从刘邦曾与项羽约为兄弟一事看,二人年龄相差也不甚悬殊,故此说较为符合实际。

②传统观点认为秦二世二十余岁而卒,但据笔者考证应该是十五岁。详见拙著:《夭折的帝国:秦朝兴亡十六谈》,九州出版社2008年版,中华书局2006年版,第143~145页。

当然这并非是说昭帝是被人害死的,他确实是病死的①!当时为了给他治病,大将军霍光特地成立了个治疗班子,由太仆杜延年负责,招集天下名医来会诊,饶是如此,仍然未能留住昭帝的性命。一群名医都治不好昭帝的病,这或许是昭帝命该如此?说实在的,这还真不好说,因为当时医生的医疗水平实在不敢恭维。

汉文帝时,淳于意以善医著称。他曾为文帝列了二十五条医案,其中患者死亡的有十条,治愈率为60%。这应该就是当时一流医生的治疗水平了。一般医生是达不到这个水平的。淳于意曾说他自少时就喜医药,然而传世的药方试之多不能应验。后从公孙光、阳庆那里学到秘方才精通医理。

由于世间名医少,庸医多,所以在时人看来,与其饱受庸医的折磨,还不如不治硬挺过去的好。以至于时谚称"有病不治,常得中医"②。所谓"中医"就是获得中等的医疗效果的意思。正因如此,当时有的人病重后,干脆就不治了。如汉十二年(前195年)十月,刘邦与反叛的异姓王淮南王英布会战时,为流矢所中,因此生病,继而日渐沉重,急得吕后到处给他求医问药,后来找到一个所谓的"良医"来给他治病,但刘邦却不肯医治。后人论及此事,多认为刘邦为人达观,把生死看得很开,实际上很可能是刘邦对医生已彻底失望,知道他这病治了还不如不治好。

当时人们患病后,常求助于巫术。由于古人缺乏医学知识,又崇拜鬼神,认为鬼神主宰着人世的一切,因而将人生病的原因归结于鬼神作祟。所谓解铃还需系铃人,要想痊愈,就需要与鬼神进行沟通,来祈求鬼神解除惩罚,而能够与鬼神交通的人则非巫莫属,所以巫既从事祈祷、卜筮、星占活动,同时还兼用药物为人求福、祛灾、治病。秦汉时期以巫疗病的行为很盛行。如睡虎地秦简《日书》认为致病之因一般不外乎两种,其一是父母、祖父母的亡灵,也就是内鬼在作祟;其二

---

①劳干推测昭帝死于传染病:"他死在夏四月,这时正在初夏,是传染病流行的季节。在传染病未明了其原因的时代,青壮年人死于传染病的,比例相当高。"见劳干:《霍光当政时的政治问题》,《古代中国的历史与文化》,中华书局2006年版,第143页。

②班固撰,王先谦补注:《汉书补注》卷三十《艺文志》上海古籍出版社2008年版,第3073页。

是别人的亡灵,也就是外鬼在作祟。而治病的方法就是设法捉到它们。如《日书》称丙丁日患病,是祖父的鬼魂在作祟,在红色的肉、公鸡、酒中可以捉到它:"丙丁有疾,王父为祟,得之赤肉、雄鸡、酉(酒)。"戊己日患病,是祖母的鬼魂在作祟,在黄色的干鱼、食物和酒中可以捉到它:"戊己有疾,巫堪行,王母为祟,得之于黄色索鱼、堇酉(酒)。"庚辛日患病,是外边未成年而死的人的鬼魂在作祟,在狗肉、新鲜的白色的蛋中可以捉到它:"庚辛有疾,外鬼伤(殇)死为祟,得之犬肉、鲜卵白色。"①马王堆汉墓帛书《五十二病方》共载二百八十三方,主治五十二种病症,其中确证为用巫术治疗的有三十六个,主治十四种病症,如治疗"诸伤","伤者血出,祝曰:'男子竭,女子截。'五画地□之。"②意为受伤者有出血现象,就进行祷告,同时边祷告边画地。治"疣","祝尤(疣),以月晦日之室北,麾(磨)宥(疣),男子七,女子二七,曰:'今日月晦,麾(磨)宥(疣)室北。'不出一月宥(疣)已。"这是说要想治好疣,就要在月晦之日来到房屋的北面,来磨疣,男子磨七下,女子磨十四下,并说:"今日是月晦之日,我在房屋的北面磨疣。"然后不出一月疣就没有了。③另外尚有六个药方,三种病症,也带有浓厚的巫术色彩。东汉人王符曾论及当时人们生病后,往往弃用医药,而去事奉鬼神,以至于到死都不知道自己受了巫师的欺骗,反而痛恨自己找巫师找得晚了,可见巫术对于秦汉人的影响非常大。

总之,汉代无论是让医生还是巫师诊治,疗效都非常有限。所以昭帝之死不能排除当时医疗水平低下这一因素。而考其致病之因,应与其长期精神压抑关系很大。

从昭帝与霍光相互配合对付上官桀等看,俩人的关系还是颇为融洽的。然而有道是此一时彼一时,昭帝小时候没能力主持国政,由着霍光全权处理也就罢了,后来日渐长大,已经有了治国能力,尤其是到了元凤四年(前77年)正月,时年十八岁的昭帝已经行冠礼,举行成人

---

① 吴小强:《秦简日书集释》,岳麓书社2000年版,第70～71页。
② 周一谋、萧佐桃主编:《五十二病方》,《马王堆医书考注》,天津科学技术出版社1988年版,第55页。
③ 周一谋、萧佐桃主编:《五十二病方》,《马王堆医书考注》,天津科学技术出版社1988年版,第104页。

仪式了,可霍光却还霸着权力不肯放手。这样一来,估计昭帝就要郁闷了,因为昭帝不仅不傻,其智力还在中人以上,所以不可能不对权力产生渴望。然而不仅国家大事昭帝不能参与,就是他的一举一动也完全处在霍光的掌握之中,这从霍光干涉昭帝的私生活一事就可以看出。

当时霍光从家族利益方面考虑,非常希望他的外孙女上官皇后能生个太子,昭帝身边的近侍和医生们知道霍光的心意,为了讨好霍光,便以昭帝身体不好为借口,要求昭帝在私生活方面予以克制,不要临幸宫中女子。昭帝不听,大家就令宫中女子都穿前后有裆的裤子,估计这东西是连身的,带子又多,脱起来非常麻烦,甚至脱不掉,因为史书讲,自此以后,后宫再没有为昭帝所临幸者。连私生活都受到严格约束,是谁都会烦闷不已的。

不仅如此,昭帝连个诉苦的人都找不到。因为朝中群臣多为霍光亲党,后宫之中又是霍光的外孙女做着皇后,朝中和后宫都被霍家牢牢控制。古代君主往往爱说"孤家"如何、"寡人"如何,用以自谦无德无能,而昭帝却真是个名副其实的"孤家寡人"!试想这样的人,活着有什么快乐可言?

说起来,昭帝真是个可怜的孩子,先是母亲被父亲逼死,接着老父亲又一命归西,当时他才八岁!虽然武帝临死前为他做了精心安排,外有重臣帮他打理天下,内有同父异母的姐姐盖主照顾他的饮食起居,但这些人有谁真正为他着想过?从他们的种种行为看,都是在想方设法最大限度地从他身上榨取利益,最终因分赃不均发生火并,失势者命归黄泉,得意者专擅朝政,而整个过程,昭帝几乎一直都在被动地扮演着傀儡的角色。生活在如此冷酷的环境中,昭帝怎么能够高兴起来?除非他是个白痴!偏偏这孩子还不是一般地聪明。

始元元年(前86年)二月,黄鹄飞落在建章宫太液池中,昭帝为此作《黄鹄歌》,歌曰:"黄鹄飞兮下建章,羽肃肃兮行跄跄,金为衣兮菊为裳。唼喋荷荇,出入蒹葭,自顾菲薄,愧尔嘉祥。"[①]大概还是在这一

[①] 葛洪:《西京杂记》卷一《黄鹄歌》,中华书局1985年版,第4~5页。

年,他去淋池游玩,曾作《淋池歌》,命宫人歌唱,歌曰:"秋素景兮泛洪波,挥纤手兮折芰荷;凉风凄凄扬棹歌,云光开曙月低河。万岁为乐岂云多。"①当时昭帝年方九岁。而其十四岁时,便能识破上官桀、桑弘羊等一群老奸巨猾的大臣的奸计,更是让人们感慨不已。李德裕将周成王、汉高祖、文帝、景帝等与他相比,觉得他们都不如昭帝英明:"人君之德,莫大于至明,明以昭奸,则百邪不能蔽矣,汉昭帝是也。周成王有惭德矣;高祖、文、景俱不如也。"因为周成王曾疑心周公,汉高祖曾怀疑陈平,汉文帝不信任季布、疏远贾谊,汉景帝听信谗言诛杀晁错。他认为如果昭帝能得到商朝名臣伊尹、周朝名臣吕尚那样的贤臣辅佐,其治必将超过历史上著名的成康之治:"使昭帝得伊、吕之佐,则成、康不足侔也。"②惜哉!

　　正是由于昭帝后期病体沉重,又没有子嗣,遂使武帝一系的各方势力再度蠢蠢欲动。

　　元凤三年(前78年)正月,泰山莱芜山的南面传出像是有数千人聚在一起的喧哗之声,当地百姓跑去看,只见有块大石莫明其妙地自己立了起来,该石头有一丈五尺高,粗得四十八个人手牵手才能把它合抱住;入地有八尺深,有三块石头像足一样撑在大石下面。更让人惊讶的是,大石自立后,不知从哪里飞来数千只白色的乌鸦聚在它的旁边。当时,昌邑社庙中一棵已经枯死倒地的树又活了过来,另外上林苑中一棵大柳树本已断枯倒地,这时候竟然自己又立了起来,并且枝条发芽长出了许多叶子,后来人们再去看,竟发现虫子在树叶上吃出了"公孙病已立"等五个字。对此,很多人都觉得非常怪异,但是又弄不清楚这是什么寓意。

　　在此情况下,符节令鲁国蕃人眭弘利用《春秋》之学对此进行了解读,认为从阴阳的分类看,石头和柳树都属阴物,这象征处在下层的百姓,而泰山作为群山之首,一直是改朝换代之后天子祭天报功的地方。现在大石自立,枯死的柳树又活了过来,这都不是人力所能为的,这说明要有普通老百姓成为天子了。枯死的社木复生,表示以前被废的家

---

①沈德潜选:《古诗源》卷二《淋池歌》,中华书局1963年版,第50~51页。
②司马光:《资治通鉴》卷二十三,中华书局1956年版,第763~764页。

第七章 昭帝:在花样年华里寂寞死去

族公孙氏要复兴了。但这个公孙氏在哪里眭弘也说不清楚,但说到兴头上,就有点收不住了,于是继续阐发,并拉出了董仲舒为自己壮胆,说自己的先师董仲舒曾讲过,即使继承皇位并遵行文治的君主,也不妨碍圣人受命于天。汉家是尧的后代,有传国给他姓的运势。因此汉朝的皇帝应该主动求索天下贤人,把帝位禅让给他,自己则退位自封百里之地,就像殷周二王之后那样,以顺承天命:"先师董仲舒有言,虽有继体守文之君,不害圣人之受命。汉家尧后,有传国之运。汉帝宜谁差天下,求索贤人,禅以帝位,而退自封百里,如殷周二王后,以承顺天命。"①

汉朝皇室是尧的后代的说法,最初见于《左传》,据《左传》记载,春秋时期,晋卿范氏士会由晋国叛逃入秦国,后士会归晋,当初与他随行的家属这时或跟他一起回了晋国,或是留在了秦国,留在秦国的那部分人就以刘为姓。而范氏的世系,据士会之孙范宣子讲,在虞舜时期称陶唐氏,夏朝称御龙氏,商朝称豕韦氏,周朝称唐杜氏,春秋时期在晋国称为范氏。另外,春秋时人蔡墨说陶唐氏衰落后,他的后代刘累向豢龙氏学习养龙,以此事奉孔甲,孔甲嘉奖他,赐他作御龙氏,春秋时期的范氏就是刘累的后代,这就是刘姓的由来。而所谓的陶唐氏指的就是尧,所以说刘姓是尧的后代。眭弘虽以《春秋公羊传》名家,但当时学者兼通其他学问的现象也很普遍,故不能排除眭弘采《左传》之说,使汉朝皇族与圣君尧攀上关系。

眭弘这样说分明是公然否定汉朝的合法性,这不是找死么?可眭弘自以为发现了惊天大秘密,觉得不吐不快,就请担任内官长的朋友赐替他奏上了此书。结果霍光看后,非常反感,就把他的奏书交给廷尉处理,最终以妖言惑众,大逆不道之罪,将眭弘和赐处以极刑。

就元凤三年(前78年)发生的数桩怪事而言,从今天的角度重新审视,就会发现这其实是人为的结果。那么是谁导演了这出闹剧呢?本人认为昌邑王刘贺集团与卫太子残余势力都脱不了干系。就昌邑集团而言,早在武帝时期,他们就觊觎大位,结果招致武帝的严厉打

---

① 班固撰,王先谦补注:《汉书补注》卷七十五《眭弘传》,上海古籍出版社2008年版,第4870页。

击,丞相刘屈氂阖门被诛,贰师将军李广利被迫投降匈奴,其家族被武帝诛除,而刘髆也在武帝去世前莫名其妙地死去,继立的刘贺当时不过五六岁。在相当长的一段时间里,昌邑集团都处在恢复元气的过程之中,无力问鼎皇权。然而到了元凤年间,刘贺已经十四五岁,长大成人了,昭帝身体却一直不好,且无子嗣,在此情况下,昌邑集团不垂涎皇位是不可能的,更何况刘贺这人天性多欲,围绕在他身边的近臣又多非良善之辈,所以他们要想做出点事情以耸动视听,一点也不稀奇。泰山大石自立事件,多半是此集团所为,因为一来昌邑离泰山比较近,容易搞怪;二来作为朝廷显赫的宗王,刘贺也具备做成此事的实力。他这样做的目的,就是想借此暗示民众将有新的天子崛起,那么这个新的天子在哪里呢?就在人们窃窃私语之际,昌邑又发生了枯树复活的怪事。这显然是泰山大石自立后的后续动作,意欲借此将人们的视线引向昌邑王国,使世人形成昌邑王将要复兴的看法。而如果形成这样的舆论,对于也在图谋崛起的卫太子残余势力而言就不利了。

就卫太子而言,由于他长期备位储君,且经常代武帝主政,因而也就不可避免地形成了庞大的势力。巫蛊之祸虽对卫太子集团造成了毁灭性打击,但有道是百足之虫,死而不僵。巫蛊之祸后,卫太子的残余势力一直图谋东山再起,因而不断地制造事端,意图引起社会对卫太子一案的注意。于是就出现了卫太子还在人间的传言,并愈传愈盛。在此背景下,卫太子的残余势力又煽动起了伪卫太子事件,在长安城引起极大的轰动。

此后由于太子之孙刘病已日渐长大,卫太子的支持者遂将注意力投在了刘病已的身上。因此围绕着刘病已产生了许多奇怪的传闻。如他所居之处多次发出光亮,又如他每次去买饼,就会带动店家的饼大卖。但细究其来,这些事情显然皆属造作的结果,如刘病已买饼致使所买之家饼大售之事,就是拥护卫太子的势力对其追捧的结果。因为汉代长安的商贸活动,都是在专门设置的"九市"展开,所谓"长安市有九,各方二百六十六步。六市在道西,三市在道东。凡四里为一市"①。"九市"是当时长安城的繁华之地,据班固说九市开市之后,

---

① 陈直:《三辅黄图校证》卷二《长安九市》,陕西人民出版社1980年版,第29页。

"货别隧分,人不得顾,车不得旋,阗城溢郭,旁流百廛,红尘四合,烟云相连"①。此说虽颇有夸张的成分,但九市是长安百姓的活动中心却是不争的事实,正因如此,才有当年卫太子闹事时,驱使四市数万人对抗朝廷之事的发生。由于九市是人口集中之地,故皇曾孙刘病已的出现必然会引起人们的关注,其所到之处自然也就成了人们关注的焦点,于是曾卖给他饼的店家饼大售也就是自然而然的事情了。

从以上分析可知,巫蛊之祸虽然早已结束,但卫太子的残余势力从来没有停止过他们的活动。故一见昌邑集团出手,他们随即也行动起来,在长安附近的上林苑制造了僵柳复起及"公孙病已立"的谶言,试图将人们的注意力重新吸引到卫太子遗孙刘病已的身上来,这就不免严重影响了眭弘的判断能力。

此外广陵王刘胥对昭帝的皇位也觊觎不已。为能当上皇帝,他暗地里也着实下了一番功夫。刘胥为武帝四子,因性情粗鲁,武帝在世时早就将他排除出继承人之列。而他也颇有自知之明,昭帝一继位,他就表示拥戴,这对饱受宗室贵族质疑的新贵们而言,无疑是雪中送炭。故昭帝继位后,先接见前来朝拜的刘胥,赏赐他金钱财币,价值三千余万,又益封他食邑一万三千户。元凤年间刘胥再入朝,昭帝又益封他食邑万户,赐钱二千万,黄金二千斤,此外又赐他安车、驷马与宝剑。朝廷本意是在安抚他,哪知他入朝发现昭帝病体沉重,又没有后人,想着昭帝若死,他便是武帝唯一在世的儿子,则皇帝之位自非他莫属。因此回到广陵后,就请了一位叫李女须的女巫为他施法求神对昭帝降殃,让昭帝快死,并让他来做皇帝。据考证,"女须"并不是一个名字,所谓"须"就是大的意思,"女须"就是俗称的大姐的意思,则李女须就是李大姐,不是什么正规的名字。李女须来后,施法不久就哭了起来,说:"孝武帝已经降附到我的身上了。"然后又以武帝的口气说:"我一定要让刘胥做天子!"刘胥听了,非常高兴。事后,赏了李女须很多钱,让她再到楚地一个叫巫山的地方去继续祷告。不想李女须还没到巫山,消息传来:昭帝死了。刘胥大喜!

---

① 范晔:《后汉书》卷四十上《班固列传》,中华书局 1965 年版,第 1336 页。

第七章
群臣议立，咸推一人
第八章

昭帝死后，由于国不可一日无主，因此霍光面临的首要任务就是另立新君，由于昭帝无后，为了对已故的武帝负责，就只能从武帝另外的子孙中选立皇帝，以传承汉家皇位。当时武帝另外五个儿子中，唯其四子广陵王刘胥尚健在。已故次子齐怀王刘闳一系无传。另外三个儿子卫太子刘据、燕刺王刘旦、昌邑哀王刘髆虽已去世，但都有后人在世。刘据有一遗孙，名病已，巫蛊之祸后，以庶人的身份由官方在掖庭抚养成人，如今已年满十八岁，刚成亲，有一子。刘旦有儿子刘建、刘庆、刘贤等在世，身份为庶人。刘髆有子刘贺在世，嗣爵昌邑王，时年二十岁左右，已有子女。选立新君的活动就在这些继承人中展开，那么选谁好呢？

此事对今人而言，可能有点麻烦，但在当时，好像并不是大问题，因为霍光一征求意见，大家马上便都推举广陵王刘胥："群臣议所立，咸持广陵王。"①之所以出现这种情况，是汉代的立君传统使然。

西周、春秋时期，贵族选立继承人的大原则一般是父死子继，至于由贵族的哪一个儿子做继承人，则要按照"立適以长不以贤，立子以贵不以长"的立储原则来确定。②"適"同"嫡"，为正宗、正统之意，此处指贵族正妻所生之子。就是说在贵族的儿子中，谁的地位最尊贵，就由谁来做储君。而尊贵的标准则是看这些继承人的母亲地位是否尊贵，所谓"子以母贵"。就贵族的一群妻妾而言，由于其正妻属于他的配偶，是一个家庭中的女主人，故地位最尊贵，则若她有儿子，称作嫡子，若选立储君就非她的儿子莫属。在此情况下，若贵族的正妻只有一个嫡子，则该嫡子就是天然的继承人；若有若干嫡子，就选立年长的为储君——这就是所谓的"立適以长不以贤"的嫡长子继承制。若贵族的正妻无子，贵族的继承人就要从称作庶子的其他女子所生的儿子中去选立，选立的标准仍是首先看哪一个庶子的母亲出身尊贵，而不是看候选人年龄的大小。当时贵族嫁女，其他与该贵族关系不错的

---

① 班固撰，王先谦补注：《汉书补注》卷六十八《霍光传》，上海古籍出版社2008年版，第4611页。
② 公羊寿传，何休解诂，徐彦疏：《春秋公羊传注疏》卷一"隐公元年"，《十三经注疏本》，中华书局1980年版，第2197页。

贵族往往将自家的女孩送来，作为陪嫁者与嫁女之家的女子一同送往男家，共同侍奉所嫁贵族，称作媵妾制度。由于陪嫁的女子出身各不相同，在贵族家中有左媵、右媵等名分之别，由此也就有了地位的差异，他们所生的孩子自然也就有了高下之别。这样，在贵族正妻无子的情况下，贵族继承人的选立就由贵族媵妾中地位高的女子所生的庶子来做继承人，至于贤德与否并非决定因素。

具体到汉代，在选立继承人时，一直坚持父死子继的大原则，如高祖六年五月诏称："人之至亲，莫亲于父子。故父有天下传归于子。"①景帝未立太子时，其同母弟梁王刘武来朝，景帝心知其母窦太后喜爱刘武，与刘武宴饮时，景帝对刘武说待到自己去世后，要把皇位传给刘武。当时外戚窦婴在旁，闻言立马反对说："天下者，高祖天下，父子相传，此汉之约也，上何以得擅传梁王！"②由于后宫女子大都出于民间，无所谓尊卑之别，故皇帝从诸子中选立继承人时，在坚持传统的同时，又做了适当的变通，即在采用嫡长子继承制的同时，又辅之以庶长子继承制。具体而言：

首先，采用嫡长子继承制。若皇后有子，则皇后之子为太子。如高祖时，吕氏为后，其子刘盈是嫡子，所以被立为太子。武帝时，卫子夫为皇后，则其子刘据就为太子。

其次，采用庶长子继承制。若皇后无子，储君就从庶子中选立，其中年长者有优先权，这就是庶长子继承制。如景帝刘启就是因为文帝无嫡子，而刘启是文帝庶子之中年最长者，故立为太子。

最后，若皇帝去世却无后，这就意味着他未能将从他父亲那里继承来的皇位传承下去，因此大臣们就需要重新为他的父亲选立继承人，这样一来，新的君主自然应该从他在世的兄弟们中产生，选立原则不变。如惠帝死后，其母吕后专权，而以出身不明的所谓惠帝之子为少帝。吕后死后，功臣、宗室合谋诛除诸吕，然后又议立新君，当时的

---

① 班固撰，王先谦补注：《汉书补注》卷一下《高帝纪》，上海古籍出版社 2008 年版，第 95 页。

② 班固撰，王先谦补注：《汉书补注》卷五十二《窦婴传》，上海古籍出版社 2008 年版，第 3849 页。

候选人既有高祖的儿子,又有高祖的孙子,最终大臣们仍是立了高祖在世的两个儿子中年长者代王刘恒为帝,是为文帝。

总体而言,汉代的君主要么是按照嫡长子继承制选出来的,要么是按照庶长子继承制选出来的。只有昭帝既非嫡子亦非庶长子,以少子身份继承皇位,是个例外。

通过分析,可能读者会认为汉代在选立君主或储君时,还是很讲原则的。实事上,这只是表象,真实的情况是,汉代几乎每一位君主或储君的选立都会发生激烈而残酷的斗争。

汉高祖刘邦初立吕后之子刘盈为太子,后其宠姬戚夫人生子刘如意,遂生争位之心,跟随刘邦征战关东,日夜哭泣,逼刘邦废刘盈而立刘如意为太子。刘邦也因为刘盈为人仁慈柔弱,不如刘如意类己,对刘盈不甚喜爱;吕后又因年老色衰,常留守关中,与刘邦相见甚稀,关系愈益疏远。故刘邦常欲废刘盈而立刘如意为太子。这让吕后常常陷入恐惧之中,却又不知如何是好。以至于有次听见大臣周昌与刘邦面折庭争,坚决反对立刘如意为太子,把她感激得竟不顾皇后之尊,专门找到周昌,向周昌行跪拜之礼,以表达诚挚的谢意。为了保住太子之位,吕后让她的兄弟建成侯吕泽劫持留侯张良,逼张良为自己出谋划策。最后,靠着大臣们的普遍反对和张良的计策,刘盈的太子之位总算得以保全。刘邦死后,刘盈继位做了皇帝,吕后得势,便疯狂报复戚夫人,先是毒死戚夫人的儿子赵王刘如意,然后截断戚夫人手足,去眼熏耳,饮瘖药,使居于窟室中,名曰"人彘"。

景帝时期的储君之争也非常激烈。景帝即位后,他的母亲窦太后因宠爱他的同母弟弟梁王刘武,一直想让景帝立刘武为继承人。由于窦太后甚有权势,自己又是新即位,为了讨好窦太后,景帝三年(前154年),刘武从封国来京师朝拜,景帝在设宴欢迎刘武时,当着窦太后的面,郑重地对刘武说:"待我千秋万岁后,传位于王。"窦太后与刘武虽知景帝言不由衷,但心中仍甚高兴。为了报答景帝,当年春吴楚七国之乱发生后,刘武率领梁国臣民拼死力与吴楚七国斗争,为汉朝平定叛乱立下了汗马功劳。七国之乱平定后,景帝担心自己若不早立太子,窦太后可能会以刘武为国立有大功为借口,逼他立刘武为储君,那时他将更加被动。于是忙于次年四月，立了他的儿子刘荣为太子。景帝的皇后薄氏无子，他所有的儿子皆为庶出，而刘荣年最长，故立之。

　　景帝此前曾承诺立刘武为继承人，刘武又为汉朝平定七国之乱立下大功，但他转眼却立了自己的儿子为太子，于情于理都有点说不过去。由于自知理屈，作为对刘武的补偿，景帝赐给他天子旌旗，任由他在东方为所欲为。窦太后对刘武的赏赐又络绎不绝。刘武遂出警入跸，以天子的规格行事，并招延四方豪杰，大造兵器，府库中金钱近百亿，珠玉宝器比京师还要多，可谓贵盛一时。

　　景帝付出了巨大代价，方才安抚住刘武，但他的后宫却始终无法平静。景帝的同母姐姐长公主刘嫖见刘荣被立为太子，就向刘荣的母亲、景帝的宠姬栗姬表示，想把自己的女儿陈阿娇嫁与太子为妃。由于长公主经常给景帝宫中选送美女，妒忌成性的栗姬一直对她心怀不满，如何肯与她结亲！就不肯答应长公主。当时武帝名刘彘，被立为胶东王，才数岁，其母王夫人颇受景帝宠幸，长公主在栗姬那里碰壁后，又想与王夫人做亲，把女儿嫁给刘彘，王夫人深知长公主在景帝心目中的地位，也愿意与长公主结亲，双方遂定下了两个孩子的婚事，而这也就等于双方结成了同盟，从此休戚与共。故而自此以后，长公主一有机会就会在景帝面前说栗姬坏话，如她对景帝说，栗姬与景帝宠幸的贵夫人等聚会时，常让她的侍从祝诅并唾她们的背，用媚道祸乱宫廷。景帝因此对栗姬怀恨在心。后景帝曾身体不适，心情抑郁，就想把儿子们托付给栗姬，景帝说："我百年以后，你要善待他们。"哪知栗姬听罢很生气，不肯答应景帝，并出言不逊，骂景帝是"老狗"，这让景帝更加愤恨。

　　长公主在诋毁栗姬的同时，又经常向景帝夸奖王夫人的儿子刘彘。王夫人当年怀刘彘时，曾声称其梦日入怀，景帝认为这是"贵征"，刘彘出生后，言谈举止表现得相当聪慧，这使景帝对刘彘一直颇为宠爱。现在长公主又不断地赞扬刘彘，这不免让景帝心生易储之念，只是兹事体大，一时之间实难做出决断。

　　景帝六年（前151年）九月，景帝皇后薄氏被废，王夫人知道景帝恨栗姬,且怒气未消,就欲趁势扳倒栗姬,遂暗地里使人催促大臣们奏请立栗姬为皇后,礼官典客不知其计,在奏事完后引《春秋公羊传》"子以母贵,母以子贵"之语,劝景帝立栗姬为皇后说:"现在栗姬的儿子已被立为太子,则太子的母亲就应该被立为皇后。"本就对栗姬心怀愤恨的景帝闻言,以为这是栗姬在背后指使官员向自己索要皇后之位,大怒说:"这是你应该说的话吗!"盛怒之下,遂诛杀典客,废太子刘荣为临江王。时为景帝七年(前150年)十一月初五[①]。之后将栗姬打入冷宫,后刘荣被逼自杀,栗姬忧闷而死,栗氏外戚也被处死。

当景帝后宫出现激烈纷争之时,梁王刘武正在京师。见刘荣被废,窦太后对景帝说:"吾闻殷道亲亲,周道尊尊,其义一也。安车大驾,用梁孝王为寄。"[②]意谓商朝重兄弟之情,君主立其弟弟为继承人,周朝尊敬祖宗,君主以其子为继承人,其立君之道虽不同,但本质上都是一样的。有朝一日景帝去世,要以梁王为寄托。也就是要景帝以梁王刘武为继承人。景帝当面虽答应了,但过后却让袁盎等一群大臣去见窦太后,引经据典,为她陈说效法殷道兄终弟及之害,最终让窦太后打消了立刘武为储君的念头,让刘武归国。当年四月,景帝立胶东王刘彘为太子,并说:"彘者,彻也。"遂改太子名为"彻"。刘武为此怨恨袁盎等大臣,因遣刺客刺杀袁盎等十余位大臣,景帝知道后,虽没有治刘武罪,但此后刻意冷落刘武,数年后,刘武郁郁而终。

景帝时期的储位之争使丞相周亚夫也卷入其中。当景帝废太子刘荣之时,身为丞相的周亚夫坚决反对,并与景帝争执不已,这让景帝对周亚夫非常反感,从此开始疏远周亚夫。此前七国之乱发生后,吴王刘濞重兵攻打梁王刘武,刘武派人向时任太尉的主帅周亚夫求救,周亚夫从全局考虑没有救援,这使刘武对周亚夫甚为怨恨,后刘武每次入朝,常与窦太后一起向景帝讲周亚夫的坏话。及知景帝疏远周亚

[①]《史记·景帝本纪》:"七年冬,废栗太子为临江王。"《史记·汉兴以来诸侯王年表》:"(七年)十一月乙丑太子废。"《汉书·景帝纪》:"(七年)春正月,废皇太子荣为临江王。"《汉书·诸侯王表》:"七年十一月己酉,以故皇太子立(为临江王)。"据陈垣:《二十史朔闰表》,景帝七年十一月辛酉朔,无己酉。司马光:《资治通鉴》卷十六:"(景帝前七年)冬,十一月,己酉,废太子荣为临江王。"当误,应以《史记》为是。

[②]司马迁:《史记》卷五十八《梁孝王世家》,中华书局1959年版,第2091页。

夫,就欲利用储君废立一事算计周亚夫。按说刘武的母亲窦太后与刘彘的母亲王夫人在角逐储君之位一事上,属于敌对关系,最终窦太后落败,王夫人胜出,不仅摘得太子桂冠,还为自己谋得了皇后之位,窦太后本应忌恨王夫人,然而窦太后却主动请景帝封王夫人的兄长王信为侯。但这显然有违汉家制度。因为当年高祖刘邦曾与群臣立约:非刘氏不得封王,非有功不得封侯,如果有人不如约而得王侯之位,天下要一起攻击他!因此文帝时,窦氏虽贵为皇后,但他的两个兄弟窦长君、窦广国皆不得封侯,直到景帝即位,才以太后故,封侯窦氏。其时窦长君已死,窦广国尚在,景帝遂封窦长君的儿子窦彭祖为南皮侯,窦广国为章武侯。所以景帝认为王信作为皇后的兄长,没有资格封侯。窦太后却说:"人主应该各自根据自己所处的时代的需要而行事,不必一一相效法。"并举例说由于自己的兄长窦长君活着的时候没有能够封侯,使自己感到非常遗憾,将心比心,她希望这样的悲剧不要在王皇后身上重演,因此她对景帝说:"皇帝快封王信为侯!"窦太后此计甚毒。因为封侯是国之大事,景帝若封王信,就必须与丞相周亚夫商量,由于此举不合国典,作为丞相的周亚夫一定不敢也不能同意。事实也确实如此,景帝找周亚夫商量此事,被周亚夫一口回绝,周亚夫说:"高皇帝曾经与群臣立下誓约:'非刘氏不得王,非有功不得侯。不如约,天下共击之。'因此现在王信虽然是皇后的兄长,但没有功劳,如果封他为侯,就违背了誓约。"景帝闻言,只好打消了封王信的念头。结果王皇后一无所获,窦太后却一箭三雕:即让景帝更加厌恶周亚夫,使王皇后忌恨周亚夫,同时又修复了自己与王皇后因争夺储君之位而导致的颇为紧张的关系。随着周亚夫与景帝的日渐交恶,最终周亚夫在景帝中三年(前147年)以病免相,后又呕血而死。

  窦太后的堂侄魏其侯窦婴在景帝时期的储君之争中也差点受到牵连。景帝四年(前153年)立刘荣为太子,景帝让窦婴为太子傅,及至景帝七年(前150年)刘荣被废,窦婴多次与景帝争辩,希望景帝能够恢复刘荣的太子之位,但景帝始终不肯答应,窦婴遂谢病屏居蓝田南山之下达数月之久,以示抗议。后有人劝他不要不识时务,一旦惹恼景帝与新立的太子,他将死无葬身之地,窦婴这才出来朝见景帝。

武帝时期的皇储废立之争尤其残酷。如前所述,武帝将他的皇储由长子刘据更换为少子刘弗陵,用了五年时间。在这五年中,有十余个重量级人物诸如皇后卫子夫、太子刘据、诸邑公主、阳石公主、御史大夫暴胜之、丞相刘屈氂等皆被处死;有数个显赫的权贵家族被覆灭;数万人死于非命,更有无数人受到牵连。

可以说,在汉代一个皇子能不能成为储君,靠的不是他的条件是否与立储原则相符,而是他是否具备足够的政治实力。但有意思的是,那些获得储君之位者,如果他们的条件与立储原则不符,其支持者都要想方设法地为他们创造条件,力求使他们与立储原则相符,为此,可谓煞费苦心。

如景帝的条件就是这样造出来的。文帝从代王的位子上入继大统之初,虽然他的王后已死,但王后所生四个嫡子都还活着,如果立太子,根据传统,自非这四个嫡子莫属。但当时最受宠的窦氏也有儿子,结果在接下来的几个月内,王后所生的四个儿子都莫名其妙地死了。余下的诸子皆庶出,而窦氏的儿子刘启年最长,于是刘启就名正言顺地做了太子,这就是后来的景帝。

武帝的储君条件也是造出来的。当年景帝想立刘彻为太子,然而刘彻在景帝的十四个儿子中,排行第九,既非嫡子又非庶长子,从哪方面说都不具备做太子的条件。不过这也难不倒他们,因为制度是死的而人是活的,没有条件可以创造,只要想做,办法总是有的。于是,为了立刘彻为太子,景帝七年(前150年)四月,景帝先立王夫人为皇后,这样刘彻就成了嫡子,然后立刘彻为太子。不过这种事情也是经不起推敲的。严格地说,只有身份属景帝的正妻的女子所生之子才是嫡子,在未获得此身份之前所生孩子不能算是嫡子。据说商朝的君主纣王本来同母兄弟三个,他大哥是微子启,二哥叫中衍,纣王最小,名受德。本来按照长幼之序,微子启应该继承他们的父亲帝乙的王位做天子,但因为他们的母亲在生微子启和中衍的时候身份还是妾,所以微子启和中衍不算嫡子,没有资格做王;而纣王是他们的母亲被立为帝乙的正妻后所生,属于嫡子,于是他就做了天子。不过就王夫人等而言,其所为虽小有瑕疵,但能做到这一步已经是不错了。因为除此之外，她们再无别的办法了。

当时只有武帝不加任何掩饰地径直立他的少子为储君。或许在武帝看来，所谓的立储条件不过是个形式而已，要不要都无所谓。但事实并非如此。因为那些按照立储原则包装出来的君主或储君，他们的身份一经公布，很快便得到了社会的认可，而武帝由于没按规则办事，导致昭帝时长期政局不稳。

这就如同做游戏，必须要有游戏规则，尽管游戏规则可能存在这样那样的问题，但只要一经确定，所有参与者都必须严格遵守，否则就会带来两个严重的后果：其一，他所取得的任何成绩都得不到他人的认可；其二，会诱使人们破坏游戏规则，导致游戏无法进行。这就是为什么在拥立储君的过程中，拥立者大都想尽办法创造条件以使自己支持的人选与立储原则相符的原因。

当然有人可能会说，既然都知道汉代立储的真相，那么他们的拥立者这样做谁还会相信呢？这里需要指出的是，汉代立储的真相是我们在研读史书后才知道的，对于大多数汉朝人来说，他们对本朝的时事并不清楚。因为储君之争是在统治核心展开的，属暗箱操作，参与者数量有限，所以获胜者往往可以封锁消息，并制造出被选立者确实是按照立储原则被选立的假象，让人们信以为真，从而达到欺骗大众的目的。而汉武帝不走合法程序，径自将其少子推上皇位，便犯了立储之大忌。结果刘弗陵做了皇帝后，由于得国不正，致使武帝其他四家后人，不约而同地向他发起了挑战，如他三哥刘旦先后两次阴谋造反，他四哥刘胥在家偷偷请女巫咒他快死，他大哥、五哥家后人的支持者则装神弄鬼，制造他们主人将做皇帝的舆论。从而给当时的政局带来严重的消极影响。

通过对汉代选立储君情况的分析可以看出，虽然决定一个皇子能不能被立为皇储的原因非常复杂，但公之于世的理由却是个个与立储原则相符，这就使许多不明真相的人以为朝廷真的是严格按照立储原则行事的。所以当霍光征求大家意见时，这些人便认为应该按原则办事。而对于那些明了事实真相的人而言，由于他们不是国家负责人，并且拥立何人为君与他们也没有直接的利害关系，可以说是事不关己,而只要是与己无关的事情,自古以来,人们都喜欢按原则办事,因为这样最省事。所以当霍光征求意见时,这部分人也主张按原则办事。而按传统的立储原则办事,选出的自然就是刘胥了。因为他是武帝当时唯一在世的儿子。根据在位皇帝去世却无后,新君从其兄弟中选立的原则,皇位自然非刘胥莫属了。

但是选立刘胥为新君,并不合霍光的心意。究其原因,主要有二:其一,刘胥由于性情粗鲁,动无法度,武帝在世时就不喜欢他,不肯立他为继承人,因此立他有违武帝的意愿;其二,此时刘胥年龄当在四五十岁左右,已经拥有了一定的政治势力和治国经验,选他做皇帝,霍光很难把控住他。这应该是霍光犹豫不决的主因。可不选刘胥,又说不过去,因为群臣异口同声地支持刘胥。在此情况下,他若出言反对,其他人固然不能不听,但这样一来,就会给人以独断专行的口实,而一直以来,霍光都是讲求以理服人的,像这种无理的事情不到万不得已,他是绝对不会干的,于是霍光将此前一个郎官所写的奏章拿出来给丞相杨敞等看。该奏章上估计讲了很多,但留在史书上的只有一句话,这句话是这样说的:"周太王废太伯立王季,文王舍伯邑考立武王,唯在所宜,虽废长立少可也。广陵王不可以承宗庙。"①

这里讲的是西周建立前的两个典故,太王名古公亶父,是周文王的祖父,他有三个儿子,长子太伯、次子虞仲、少子季历;周文王的正妃太姒生子十人,长子伯邑考,次子发。在立继承人时,太王立了三子季历,文王立了次子姬发,都没有立长子。所以郎官据此认为从为国家的长治久安考虑,不让广陵王入继大统是合乎道理的。

不过郎官虽然言之凿凿,但他的话其实是经不起推敲的。因为太王的长子太伯没能做继承人,并非是被太王废黜的缘故,而是当年太王见他的孙子姬昌有人君的气度,认为以姬昌为继承人,有可能光大周室,就想将君位传于姬昌,问题是他与姬昌隔了一代,且姬昌是他的三子季历的儿子,他若想传位于姬昌,就必须先将君位传于他的小儿子季历,但这样一来就违背了周人嫡长子继承制的传统,对他的长子

---

①班固撰,王先谦补注:《汉书补注》卷六十八《霍光传》,上海古籍出版社 2008 年版,第 4616 页。

太伯也不公平,这让太王很为难。后来他的想法被太伯知道后,为了成全父亲,太伯就主动领了一群人朝南方跑了。太伯一跑,虞仲急了,因为太伯一走,太王的继承人就成了他,而若他继承太王之位,太王肯定会不高兴,则他就成了不孝之人,所以太伯前脚刚走,虞仲后脚就追了上去。于是兄弟两个结伴,远走荆蛮,文身断发,以让季历,后来南方的大国吴国最初就是这兄弟两个建立的。

周文王的正妻太姒一共给文王生了十个儿子,从长到幼依次是伯邑考、武王发、管叔鲜、周公旦、蔡叔度、曹叔振铎、成叔武、霍叔处、康叔封、冄季载。据说次子姬发、四子姬旦贤明,甚为文王所倚重。"故文王舍伯邑考,而以发为太子。"对此,日本学者中井积德指出:"'舍伯邑考',出于《戴记》,然彼以立子不立孙而言,伯邑考早死,而文王以发为嗣也,非生时废长之谓,史公恐失据也。"①至于伯邑考的死因,很可能是被纣王所杀。《史记·龟策列传》有"杀周太子历,囚文王昌"语,据《史记会注考证》引陈仁锡语:"'历'字衍文。太子,谓伯邑考也。"②所以说郎官引用的这两个论据都是很成问题的。

即便郎官所引用的这两个论据成立,由此得出的结论也是不成立的。因为他所举的两个例子处理的都是兄弟间的继承问题,而刘胥与其他继承人之间属于长辈与晚辈关系,与前二者性质不同,所以郎官拿这两个例子来说事,实际上是在用解决兄弟之间问题的办法来解决长辈与晚辈之间的问题,纯属牵强附会。但握有生杀予夺之权的霍光却不管这些,他所需要的仅仅是能有人站出来替他说一句刘胥不适合继位的话。就郎官的奏章而言,虽然我们经过分析发现讲得乱七八糟,但该奏章毕竟说出了霍光最想听的几个字,那就是"广陵王不可以承宗庙",这就行了,至于那些论据成立与否,霍光并不在意。

杨敞等大臣看罢郎官的奏章,方才揣摩透霍光的心思:原来大将军不想让刘胥做皇帝啊,那就不让他做好了。于是纷纷发表意见,反

---

①司马迁撰,泷川资言考证,水泽利忠校补:《史记会注考证》卷三十五《管蔡世家》,上海古籍出版社1986年版,第919页。

②司马迁撰,泷川资言考证,水泽利忠校补:《史记会注考证》卷一百二十八《龟策列传》,上海古籍出版社1986年版,第2027页。

对刘胥做皇帝,结果这事也就黄了。而上书的郎官由于说出了霍光最想听的话,解了霍光燃眉之急,后来被霍光提拔为九江太守,做了封疆大吏。

刘胥被否之后,接下来再议。

刘病已为武帝犯了错的长子卫太子刘据之后,虽为皇室子孙,但身份却是庶人,也就是说朝廷已把他排除在皇族之外,因此在有其他人选的情况下,选他做皇帝是不合适的。所以他当时并没有进入群臣的视野。

燕王刘旦的儿子刘建等倒是进入了群臣的考虑范围,但由于他们的父亲刘旦是因阴谋除掉霍光推翻昭帝而死于霍光之手,霍光当然不会选他们来做皇帝,所以群臣议论的结果是刘建等属罪臣之后,没有资格做皇帝。

在此情况下,剩下的候选人就只有昌邑王刘贺了。而立刘贺为帝,对霍光而言好处甚多,因为刘贺年轻,好把握。并且刘贺本非第一顺序继承人选,霍光若拥立他做皇帝,霍光就成了他的恩人,他就应该对霍光心存感激,这是最重要的。台面上的理由也说得过去。刘贺是诸侯王,身份贵重,且其祖母李夫人生前甚得武帝宠幸,是武帝所宠幸的女子中死后唯一以皇后之礼下葬的人。故立刘贺为帝,应该符合武帝心意。只是刘贺是武帝的孙子,以他为武帝皇位的继承人,与汉代立储传统不合。但这也难不倒霍光等,既然刘贺继武帝之统不合适,那就转为以昭帝为主线来选立继承人。由于昭帝无子,而刘贺于昭帝为子侄辈,霍光等于是决定以过继的方式,先让刘贺成为昭帝的继子,然后让刘贺以继子的身份继承昭帝的帝位,而这也是合情合理的。总此诸点原因,霍光最终决定把昌邑王刘贺迎进未央宫。

第九章

旋立旋废：刘贺究竟做错了什么？

当迎立刘贺之初，霍光对他满怀期待。因此议定之后，即日便由皇太后下诏，派两位九卿高官——代理执行大鸿胪事务的少府史乐成、宗正刘德，中朝官光禄大夫给事中丙吉，以及负责宿卫的中郎将利汉等，一起前去迎接昌邑王。当时从保护刘贺的安全考虑，要刘贺乘坐"七乘传"，也就是七匹马拉的车入京主持昭帝的丧事。由于大行在殡，许多事情都要等刘贺到后方能展开，所以史乐成等在路上丝毫不敢懈怠，日夜兼程，朝着治所在今山东巨野县的昌邑王国进发。到昌邑后已是深夜，但考虑到事情紧急，使者们顾不上休息，直接就去王府敲门，向刘贺传达朝廷的诏书。这对刘贺而言，不啻天大的喜讯，接到诏书后，王府立马沸腾起来，接下来人们觉也不睡了，一齐动手置办赴京的行装，一直忙到次日中午方才准备妥当。然后一行数百人簇拥着刘贺，从昌邑动身，开始朝着下一个落脚点、距离昌邑一百三十五里的定陶行进。

当时实行两餐制，早餐一般在上午八九点进餐，晚餐一般在下午四五点进餐。因此刘贺他们要想赶上吃晚饭，必须赶在晚餐前到达定陶。因有时间要求，刘贺和他的王府侍从们一动身便使出全力朝定陶狂奔，由于跑得太快，很多侍从的马匹纷纷倒毙于路旁，引起一片骚动。因为刘贺乘的是七匹马拉的车，这七匹马在行进的过程中，是轮换着发力，所以说他的马总是有着使不完的劲儿，而其侍从多是只骑了一匹马，本来就跑不过他，偏刘贺又爱飙车，结果就把许多侍从的马给跑死了。不过这也显示出刘贺对做皇帝这事还是挺感兴趣的，要不怎么会飞疯一般地要朝长安跑。

总之，从双方对此事的反应看，应该说在主观上都有把这事做好的愿望。

哪知刘贺在元平元年（前74年）六月初一，于未央宫即位后，只做了二十七天皇帝，就把霍光惹毛了，六月二十八日，霍光竟大会群臣，把他又废归昌邑故地。当然作为臣子，从礼法上讲，霍光是无权废黜刘贺的，但多年的大权独揽，使他积累下了丰富的政治资源，到如今无论什么样的政治难题都奈何不了他。就此事而言，他是没有资格，但他的外孙女上官氏有。上官氏这个女子不简单，虽然才十五岁，可地位之尊贵无人可以比拟：她是昭帝的皇后，昭帝死后，她就成了皇太后，刘贺以昭帝嗣子的身份入继大统，在礼法上就是她的儿子，虽然这儿子年纪比她还要大几岁，但有道是山高遮不住太阳，她就是有权惩罚他，并且天经地义！为此霍光请出了上官氏。

在霍光的安排下，上官氏驾临未央宫承明殿，身着盛装高坐在布有兵器的帷帐中，数百名宫廷卫士都拿着兵器侍奉于殿中，期门武士持戟，神情威严地排列于殿下，百官依次侍立于殿内，然后以太后的名义把刘贺招来，让他伏于地上听诏，由尚书令代表群臣历数他的罪过。

尚书令开篇说刘贺"身穿孝子之丧服，却无悲哀之心，举止不循礼义"。接着主要从不孝和昏庸两个方面对他进行了激烈的批评。

奏章指出昌邑王是作为昭帝继嗣的身份入主未央宫的，根据礼法，"为人后者为之子也"，所以昌邑王就是昭帝的儿子了。现在昭帝死了，他就应该以孝子的身份为昭帝行孝，然而刘贺虽穿着孝子之服，但却全无孝子之行。

首先表现在他不斋戒素食。父母去世，服丧期间，为了表示对父母的尊重，作为孝子就不能喝酒吃肉了。但刘贺在这方面做得很差。在从昌邑进京的路上，侍从说他需要斋戒，他口上答应着，私下里却让人给自己弄肉吃。当时到了沿途的驿站一歇下脚，他就偷偷地派人去附近的村落买猪买鸡，拿回来宰了吃。进京谒见皇太后被立为皇太子后，还经常私下里买鸡、猪吃。做了皇帝后，又下诏让太官呈上皇帝正常时候享用的食物，食监奏称在没有除去丧服的情况下，不能这样做。刘贺听了，就又下诏让太官赶快去准备，不要通过食监来进行。太官不敢这样做，刘贺就派自己从昌邑带来的侍臣去长安的街市上买鸡、猪，带进宫中宰杀吃掉。有宫殿门卫阻止不让入宫，刘贺特地下令放行，并作为常规让门卫执行。在这期间，他又打祭品的主意，最高规格祭品称太牢，也就是用整头牛做祭品，刘贺传令让官员取出三副太牢供品，也就是三头牛的供品陈于阁室中，当时昭帝已下葬，刘贺的理由是要祭祀昭帝，但等三副太牢拿来后，他胡乱祭奠了一下，就与从官一起将三头牛的供品全给吃了。他还经常与随从的官员以及官府的奴仆彻夜聚饮，沉湎于酒中。

其次是行乐。孝子服丧期间不得行乐,但刘贺却我行我素。比如他喜欢音乐,皇宫御用班子不给他奏乐,他让人把从昌邑带的乐舞班子引进宫中,又叫人把乐府乐器取出来交给这些人,让他们给自己奏乐取乐,要知道这个时候昭帝还没有下葬,灵柩就停在未央宫的前殿!等到灵柩下葬,刘贺返回皇宫后,更是亲自去未央宫前殿击打钟磬取乐,又召宫廷乐人为自己鼓吹歌舞,悉奏众乐,热闹得不行。这样玩还觉得不过瘾,又让随从的官员拿着象征皇权的符节,把从昌邑跟来的官员等二百多人带进宫中,经常与他们在宫中禁地玩耍嬉戏。在宫中玩腻了,又驾着皇帝的法驾,车上蒙着虎皮,插着鸾旗,驱驰到北宫、桂宫,斗弄野猪和老虎。

再次是淫乱。据说在从昌邑进京的路上,随从刘贺的官员就抢劫女子送到刘贺歇息的传舍中,供他取乐。即位后,又与昭帝曾临幸过的宫女蒙等淫乱,并威胁掖庭令敢泄露消息就处以腰斩之刑。非礼自己父亲亲近过的女子,这就是不孝的行为。所以尚书令念到其他的地方,上官皇太后还都能承受,唯有念到这个地方的时候,她受不了了,当时就愤怒地打断尚书令,插话训斥刘贺说:"停下,这是做人家儿子所应该做的事情吗?"

最后是无礼。按照礼法,刘贺作为昭帝的继子,来到国门前就应该哭泣以示哀痛,因此刘贺一行来到长安广明东都门时,陪乘刘贺的郎中令龚遂就说:"按礼孝子奔丧望见国都就要哭泣,这里是长安的外城门。"刘贺却说:"我喉咙痛,不能哭泣。"来到长安城门口,龚遂又要刘贺哭,刘贺仍不肯哭。直到车驾来到未央宫东阙,在龚遂的督促下,刘贺迫不得已才下车面朝未央宫依礼哭了一通。再如他对皇帝信物的态度也是不敢让人恭维。汉承秦制,皇帝有六玺,其文分别为"皇帝行玺""皇帝之玺""皇帝信玺""天子行玺""天子之玺""天子信玺",皆以白玉为之,玺纽皆螭虎纽。六玺各有用途,如处理杂务用皇帝行玺,赐诸侯王书用皇帝之玺,发兵用皇帝信玺,征召大臣用天子行玺,处理外国事务用天子之玺,处理天地鬼神事务用天子信玺。天子绶带为黄地六采。天子一般佩绶不佩玺,玺放在用金银丝带子包束的盒子中,系于绶带上,由侍中背负随侍在天子左右。刘贺是在昭帝灵前即的位,当时人们就把信玺、行玺等象征皇权的信物交给了他。一般而言,父亲去世,做儿子的都应该表现得很伤心,再重要的事情在此时都应该表现得浑不在意,这才称得上是孝子,具体到在先君灵柩前交接皇权这事,新君虽然内心欢喜,但给人的感觉应该是全没放在心上才算得体。然而刘贺一见人把这些器物递过来,马上便依次打开检查了一番,看罢之后也不封上。要知道这是国之重器,从慎重的角度考虑,看罢之后就应该立刻将它们封上,可是刘贺打开玺印看后,就不再封上。还有一件让人不能容忍的事情是,刘贺即位后,祖宗的神庙还没有祭奠,就作玺书派使者拿着符节,用三副太牢祭祀其父昌邑哀王的神庙,竟称"嗣子皇帝"!这也是极无礼的表现,因为按理他已经过继给昭帝,就只能是昭帝的儿子了,然而他却称自己是昌邑哀王的"嗣子皇帝",暗含的意思就是说他是继承了他的父亲昌邑哀王的帝位做的皇帝,这不是颠倒黑白不尊重昭帝么!此外刘贺又招来皇太后用的小马车,让官奴乘着,在宫人居住的掖庭嬉戏。我们知道,古代统治者为了维护等级秩序,特地规定不同等级身份的人享用规格不同的礼器,这就是所谓的"器以藏礼",处在某一等级的人只能享用他该享用的礼器,不可僭越,只有这样才能保持社会的稳定,故孔子有"唯器与名,不可以假人"之说。[①]具体到车驾就属于礼器,而刘贺让其奴仆乘坐皇太后的车驾,这就是违背礼制的僭越行为。

除了不孝,尚书令检举刘贺的另一个问题是昏庸,缺乏做皇帝的能力。首先,为了能够随时发号施令,刘贺亲自到保管符玺的地方取走了十六支符节,早晚去昭帝灵前祭奠时,都令侍从官员带在身边。符节象征着皇帝的权威,皇帝想办什么事,往往会让使者拿着符节去,有关部门见了符节才办事。而刘贺一下子要了十六支,估计是怕少了不够用。而这些符节到他手里,确实都没有闲着,在他即位以后的二十七天之中,他派遣使者拿着符节往来不绝地向诸官署征索物品的事情,就有一千一百二十七起。同时他又随意将符节上的黄色改为红色。其次,宠幸他的昌邑旧臣。如他即位后让随从的官员拿着符节,

---

[①] 杜预注,孔颖达疏:《春秋左传正义》卷二十五"成公二年",《十三经注疏本》,中华书局1980年版,第1894页。

把从昌邑带来的官员等二百多人带进宫中,让他们陪自己玩,在此过程中,他取出诸侯王、列侯、二千石官员等佩戴的绶带及墨绶、黄绶一并给昌邑郎官佩戴,并免他们为良人,还把御府财物赏赐给一同游戏的人。对没能跟来的昌邑旧臣,他也没忘记赏赐,如原昌邑侍中君卿当时没能跟来,他就让人给君卿送了一千斤黄金,并写信说:"皇帝问候侍中君卿:派中御府令高昌奉黄金千斤,赐给君卿娶十个妻子用。"这是皇帝该说的话么!另外,他还独自于夜间设九宾之礼于温室,把他的姐夫昌邑关内侯招来相见。这种礼节是在朝会时迎接贵宾的时候才可使用的,而刘贺见他的姐夫,就施以九宾大礼,纯粹是在显摆。最后,拒谏饰非。针对刘贺的肆意妄为,文学、光禄大夫夏侯胜、侍中傅嘉等多次进谏规劝,然而他非但不听,还让人拿着文书责备夏侯胜,并把傅嘉抓起来关进牢中。

观这段叙述,从四月刘贺被征到六月被废,短短的三个月内,尤其是即位后的二十七天内所做下的"荒淫迷惑""淫辟不轨"的事情之多,真有点罄竹难书,这分明是桀纣再现。由于这时刘贺才二十岁左右,霍光等担心有人会说,虽然刘贺犯了这么多错,但终究是年轻不懂事,还有点小孩子心性,可以理解。为了回答这个问题,奏章中特意引用了《诗经》中的一句话:"籍曰未知,亦既抱子。"意即虽然刘贺年龄不大,可他现在已经结婚,并且有了孩子,是个做父亲的人了,应该什么都懂了,不能再当小孩子看待,所以他的所作所为是不可原谅的。尤其不能原谅的是汉家以孝治天下,天子就是孝的典范,而刘贺却不能孝事昭帝与皇太后上官氏,要知道在所有的罪孽中,再大的罪孽也没有比不孝更大的。东周时期,由于周襄王不能侍奉好自己的母亲,因而被赶出京城,与天下人隔绝,不让他治理天下。孔子所著的《春秋》有"天王出居于郑"六字,讲的就是这件事。因此像刘贺这样的人是不配承受天命侍奉祖宗的神庙并统率天下的。总此原因,尚书令最后向上官皇太后请求废黜刘贺,上官皇太后只说了一个字:"可。"刘贺的皇帝就做到了头。

得到上官氏同意后,霍光就让刘贺接受诏令,可刘贺却还不肯认输,说:"听说若天子有七个能言直谏的大臣,则天子虽然无道,也不会失去天下。"此语出自《孝经》"昔者天子有争臣七人,虽无道,不失其天下"①。意思是说霍光等大臣不要把责任都推到自己头上,出现今天这种局面,虽然自己有责任,但大臣们也不能辞其咎,自己昏乱固然不对,可也没见霍光等朝廷重臣有所提醒啊!但霍光却再不肯与他磨牙,说:"皇太后已把你废黜了,你哪还是天子!"说着,霍光抓起刘贺的手,毫不客气地将玉玺从他身上夺过来,交给上官皇太后,而后拉着他在群臣的簇拥下,将他送出了未央宫东门金马门。自知大势已去,出宫后,临上车前,刘贺回身朝着皇宫下了一拜,自我解嘲地说:"我这人又蠢又傻,担当不了治理天下的重任啊。"然后在霍光的陪同下,坐车回到了设在京师的昌邑官邸,霍光与刘贺道别说:"您的行为是自绝于天,臣等怯懦无能,不能自杀以报答您的恩德。臣宁可有负于您,不敢有负于国家。希望您能自爱,臣以后也不能再侍奉您了!"霍光说着还流下了伤心的泪水。然而平心而论,估计这感动不了多少人!刚刚才对人家金刚怒目过,现在转过头来又对人家惺惺作态,谁信?这方面霍光就远不如后来的王莽做得好,由于王莽前期铺垫得好,当他废掉孺子婴时,在朝堂上眼泪一流,当时便感动得大臣们哭成一片。而细考其送昌邑王至昌邑官邸之意,乃在于防止刘贺意外死亡,使自己名声受损:"自送至邸,防其自裁,或他人承望意指,逼人使死,致负谤于天下。"②

从刘贺在不到一月时间里被立而复废的经过看,让人觉得霍光好像并没把这当成多大一回事,不合适就废掉,很简单。事实并非如此。因为在古代君臣之间的尊卑关系一经确立,就如同父子关系一样,成为天经地义之事,在此情况下,为君、为父者做得再不好,为臣、为子者所能做的也只有反复劝谏,而最终的极致则是死而后已。因为君主昏庸就将其废黜,这种以下犯上、大逆不道的事情是为正人君子、忠臣孝子所深恶痛绝的。就霍光而言,由于他一生都在孜孜不倦地塑造着自己光辉的正人君子形象,而废黜刘贺很可能会玷污自己的名声,所以

---

① 邢昺注疏:《孝经注疏》卷七《谏诤章》,《十三经注疏本》,中华书局1980年版,第2558页。

② 何焯著,崔高维点校:《义门读书记》卷十八,中华书局1987年版,第309页。

起初他虽然不满刘贺的行为，却一直下不了决心，不免天天生闷气，很痛苦。后来实在忍无可忍了，这才把他的副手张安世找来商议对策。当时为了应对变局，昭帝一死，霍光就将张安世迁官车骑将军，让他协助自己处理纷繁的朝政。霍光与张安世商议之后，遂决定废除刘贺。接着便从亲党中物色合适的人选来帮助自己做成此事。霍光的亲党中丞相杨敞谨慎畏事；御史大夫蔡义、大鸿胪韦贤是儒生，不擅权斗，且蔡义更是老迈不堪；太仆杜延年为人宽厚；少府史乐成出身寒微，缺乏号召力；卫尉范明友是霍光的女婿，不适合出面——只有大司农田延年不仅精明强干，而且能任事、敢决断。于是霍光便把田延年叫来，忧心忡忡地说："子宾，昌邑王如此淫乱不堪，你是都看到了的，这该如何是好？"子宾是田延年的字，古人在与人交往时，为表示对他人的尊重，往往不称其字，只有关系非常亲近的人才以字来称呼对方，霍光称田延年的字而非名，就是意在显示他把田延年当自己人看。因此田延年听在耳中，心中甚为激动，朝中那么多大臣，霍光遇到这等大事却先找自己商量，这足以说明自己在霍光心中的地位之重要，有道是士为知己者死，既然霍光如此看得起自己，自己就一定要替霍光排忧解难。田延年是汉代著名的酷吏，办事讲求干脆利索，因此当即就建议废了刘贺，田延年说："将军您为国之重臣，承担着国家的安危，因此您要是觉得此人不行，为什么不向太后建议，另选贤人立为君主？"一听田延年建议废黜刘贺，霍光很兴奋。但是霍光为自己的千秋声誉考虑，仍是下不了决心，他怕自己创下以臣废君的先例，在历史上留下恶名。于是霍光就问田延年："历史上有没有发生过这样的事情啊？"田延年答道："有啊，想当年商朝初年，商汤死后，他的儿子太甲继位，由于太甲昏庸无道，辅佐他的大臣伊尹，为了安定宗庙就把他给废黜了。由于伊尹的行为有利于商朝的发展，所以后世论及此事，都称赞伊尹是忠臣。"然后田延年又鼓励霍光说："将军要是也能做这样的事，那就是汉朝伊尹。"霍光一听历史有过这种先例，才最终下定决心废黜刘贺。于是特将田延年加官给事中，让他暗中与张安世一起谋划废黜刘贺的策略。

当然，尽管前代的伊尹曾做过废黜君主的事情，但现在真正要废黜刘贺时，三人仍深感压力甚大。为避免给人以口实，三人遂设计要挟持百官与他们一起联名奏废刘贺，以此向天下人显示废黜刘贺不是一两个人的主张，而是朝廷官员普遍的共识。

为了把这件事情做成，霍光先派田延年去丞相杨敞家做杨敞的工作，而杨敞一听田延年说霍光要废黜新立的皇帝，当时吓得汗流浃背，说不出个囫囵话来。田延年见状起身去了更衣室，估计是想让杨敞稳稳神再议。结果田延年一走，躲在东厢房听他们谈话的杨敞的夫人马上走了出来。杨敞这人一贯胆小怕事，昭帝时霍光对他恩重如山，将他由大将军幕府军司马提拔为大司农，位列九卿，可是元凤元年（前80年）有人把上官桀要谋反的消息告诉他后，他不是马上去报告霍光，帮霍光对付上官桀，而是称病卧床，躲了起来，这让霍光内心对他颇为不满。饶是如此，后来霍光还是不计前嫌，提拔他为御史大夫，继而又让他做了丞相，封安平侯，对他可谓是仁至义尽。故如果这次在关键时刻他还不帮霍光，那就真的不点说不过去了，接下来他也就别怪霍光对他不客气了。所以他的夫人就劝他说："这可是国家大事，现在大将军计议已定，派九卿来向您通报。在这种情况下，您不立即表示同意，以示与大将军同心，却犹豫不决，我恐怕当今皇帝还没有被废，您就先性命不保了。"杨敞这才下定决心。等到田延年从更衣室回来后，杨敞的夫人担心杨敞再有反复，就留在客厅与杨敞、田延年共议废立之事，表示同意尊奉大将军的教令废黜刘贺。

搞定杨敞后，霍光等遂在未央宫召开有丞相、御史、将军、列侯、中二千石、大夫、博士等各方面人士参加的群臣大会，会上由霍光首先抛出议题："昌邑王行为昏乱，恐怕会危害社稷，大家看该怎么办？"见霍光公然称刘贺为昌邑王而不称皇帝，显然是要与刘贺撕破脸了，眼见一场剧变立马就要在朝廷发生，群臣吓得无不大惊失色，会场的气氛一时间显得极其紧张。见此情景，大司农田延年遂离席按剑走上前来，声色俱厉地要求大家就支持还是反对废黜刘贺一事立马表态，田延年说："先帝把幼子托付给将军，让将军主管国家大事，是因为将军忠诚贤德，可以安定刘氏。而现在朝廷一片混乱，社稷将要倾倒。汉朝皇帝相传的谥号常用'孝'字，是为了能够长久地拥有天下，使宗庙得到供奉,如果现在汉朝断绝了香火,那么将军纵然是以死谢罪,又有什么脸面去九泉之下见先帝呢?因此今日所议之事,应该马上得出结果。群臣有拖延回答的,我请求用手中的剑斩杀他!"田延年一席狠话让霍光也听得心怦怦直跳,稳不住神。待田延年把话说完,霍光再次向群臣强调了他废黜刘贺的决心,霍光说:"九卿责备我很正确。天下骚动不安,我应当受到责难。"显见霍光是铁了心要废黜刘贺,在此情况下,敢跟霍光唱反调,大家都清楚会是什么下场。但群臣也都明白,在这种时候顺从霍光的心意提议废黜刘贺也不是明智之举,因为这样一来以臣废君的名声就成自己的了!所以当前最好的对策是不表态,但不表态显然是不可能的,估计当时把一干官员们难为得头上直冒冷汗。但这群人能坐在这里议论国是,自然都非等闲之辈,他们考虑了一会儿,便都叩头说:"万民的性命都在于将军的决断,我们都唯大将军令是从。"这等于是霍光把球踢到他们面前,他们倒腾几脚又踢给了霍光:"您不是让我们发表看法吗?可我们实在不知道怎么办,您是当家的,还是您来做决断吧,我们都听您的。"这未免会让霍光有点失望,旗帜都不鲜明啊!但能这样也很不错了,让每个人都对是否废黜刘贺明确表态,不是做不到,但这样做未免也欺人太甚了。

　　见官员们都表示支持自己,霍光就让大家对刘贺的言行展开议论,最后共同得出刘贺当废的结论。废黜刘贺之议遂成。然后霍光就带着他们去见上官皇太后,陈说刘贺不宜为皇帝的种种过错。然后上官皇太后驾临未央宫承明殿,下诏控制刘贺及昌邑群臣。当刘贺被控制时,还不知道自己要被废黜,问控制他的人说:"我的群臣从官犯了什么罪,大将军把他们都抓了起来?"接下来上官皇太后诏刘贺至承明殿废之。为了显示废黜刘贺的决定是由内外朝臣共同议定的,霍光让官员们与自己一起在奏废刘贺的奏疏上署名,并特地将丞相杨敞的名字写在第一位,自己的名字写在第二位,以示这是在杨敞的领导下所作出的决断。而上奏皇太后,让上官氏出面以继母的身份下诏废黜刘贺,也是为了避免给人以自己以臣废君的口实。总之,为了做成此事,霍光可谓是煞费苦心。

　　或许有人会说,仅仅因为那些所谓的不孝、昏乱的事情就让霍光忍无可忍么？若是这样，霍光也太小心眼了。因为虽然刘贺做了很多让人不快的事，但这些事说白了都是些吃喝玩乐方面的小事而已，并且有的可理解为新皇帝初来乍到，不懂规矩；有的可理解为新皇帝年岁尚轻，还缺乏自我节制能力；有的是新皇帝身边的近臣所为，新皇帝并不知情；而若除去这些方面的事情，同时再除去奏章中的一些虚枉之辞，则新皇帝所犯错误数量就会大减。之所以说奏章中有虚枉之辞，是因为奏疏中有的指责分明就不合常理。如说刘贺接受皇帝玺符以来的二十七天之中，让使者拿着符节向诸官署征索物品的事情，共有一千一百二十七起，就有点不可信。首先，每天平均近四十二起，这刘贺干起坏事来，未免也太勤奋了；其次，纵使有一千多件事，事与事也有大小之别，如果仅仅让人去府中要一匹布也算一件事，这事未免也太小了。再如其与昭帝的宫人淫乱之事，像这种事看似很大，其实也是可大可小的，因为汉代贵族乱伦的事情比比皆是，统治者对此往往都是故作不知而已。

并且就当时从一些官员对刘贺的劝谏看，他们所强调的重点也多不在刘贺的言行不检点方面。如太仆丞张敞，以切谏刘贺而知名，但他并没提诸如不孝、昏庸之类的事。刘贺的王府近臣郎中令龚遂、王府中尉王吉劝告他的话语虽有要他不要行为不检点的内容，但重点也是在彼而不在此。说实在的，刘贺这人虽然毛病不少，但也并非一无是处。他爱打猎，常常率领臣仆们驱驰国中，没有节制。为此王吉上疏劝谏他，他虽然控制不住自己，仍然我行我素，但也知道王吉这是为他好，于是下令赏赐牛肉五百斤，酒五石，脯五束，以褒其忠。龚遂对他也多有批评，甚至当面指责他的过错，刘贺的反应不是暴怒，而是捂着耳朵离席逃走，说："郎中令好羞辱人。"有的时候他也肯听从龚遂的劝谏，可惜往往坚持不几天，就坚持不下去了。说来说去，也是小孩子心性，贪玩。

所以说就凭这些可大可小甚至是栽赃诬陷的鸡毛蒜皮小事，实不足以让霍光下狠心废黜刘贺，因为废黜皇帝不是件小事，做起来很麻烦不说，对自己的名声也会产生消极的影响。而细绎史籍可以发现，让霍光下狠心废黜刘贺的主因也的确不是奏章上那成堆的坏事，而是一件写不到奏章上但却足以让霍光寝食难安的闹心事：刘贺这孩子刚登上皇位，就想另起炉灶，意欲舍霍光为首的朝臣而自立。而这是霍光绝对不能容忍的。

刘贺入主未央宫后，就开始布局安排自己的亲信。这让许多真心为他考虑的人非常担忧，纷纷出来劝阻，如龚遂劝他应该先选拔已故皇帝的大臣们的后代作为自己的侍从人员，而不是他的昌邑故人。太仆丞张敞上书进谏，指出辅佐国家的大臣还没有受到刘贺的褒扬，而昌邑的小臣却先得到提拔，这是很大的过错。但刘贺却不肯听。后来刘贺被赶回昌邑后，他从昌邑带来的群臣二百余人被霍光悉数诛杀，当时有人号呼于市中称："当断不断，反受其乱。"[1]刘贺被废许多年后，一个叫孙万世的人曾对刘贺说："以前被废黜时，为何不坚守未央宫，斩杀大将军，而听任他人夺去玺绶？"刘贺回答道："是啊，没把这件事处理好。"显见昌邑君臣就是否向霍光痛下杀手彻底夺权这个问题是一直是有争论的。故苏轼也指出刘贺的从官中，"必有谋光者，光知之，故立废贺，非专以淫乱故也。二百人方诛，号呼于市，曰：'当断不断，反受其乱。'此其有谋明矣。特其事秘密，无缘得之。若此者，亦欲后人微见其意也。武王数纣之罪，孔子犹且疑之。光等疏贺之恶，可尽信耶？"[2]所以昌邑王之废，从根本上讲是因为他和他的集团想摆脱以霍光为首的朝臣的控制而自立，从而激化了他们与朝臣之间的矛盾所致。

或许有人会认为如果昌邑君臣早作决断，恐怕笑到最后的就不是霍光了。本人想说的是，他们要真敢这样，恐怕会死得更难看！看看尚书令所作的陈辞，霍光等对昌邑王的一言一行都了如指掌，可以说他从昌邑一出发，就处在霍光势力的严密监视下了，如："史乐成，光所亲信，故首遣之。丙吉亦故大将军长史也。"[3]他敢找霍光的茬，那就等于是找死。有学者认为此事甚凶险："盖谋废皇帝，乃是以身家生命

---

[1] 班固撰，王先谦补注：《汉书补注》卷六十八《霍光传》，上海古籍出版社2008年版，第4637页。
[2] 苏轼：《苏轼文集》卷六十五《霍光疏昌邑王之罪》，中华书局1986年版，第2012~2013页。
[3] 何焯著，崔高维点校：《义门读书记》卷十八，中华书局1987年版，第309页。

为赌注。"①实则他人废皇帝可能是这样,但霍光废除刘贺并非如此,昌邑君臣不过二百余人,他们能在被霍光牢牢控制的长安城掀起多大的风浪?让霍光烦心的是这事做起来太麻烦,稍不小心就会遗讥千古。

以宗王身份入继大统的事情,在刘贺之前也不是没发生过,文帝就是在吕后死后,为朝臣所拥立,以代王身份入主未央宫的。当时任何一个大臣都没有像霍光这么大的权力,且文帝是高祖的儿子,身份尊贵。他做了皇帝之后,行事一直很低调,在以其近臣宋昌为卫将军领南、北军,张武为郎中令主持宫廷宿卫事务的同时,又主动向功臣集团妥协,委之以国事,如让周勃、陈平、灌婴等依次为丞相。这是个聪明人,他知道不如此他就坐不稳江山。抛开朝臣,另起炉灶,从本质上看就是以地方对抗朝廷,会得罪一大批实力派人物,这样做只有死路一条。可是刘贺却偏要朝这条路上走,结果不仅皇帝做不了,连带着封国也被取消,由朝廷收回,设为山阳郡,可谓损失惨重。

最后要说的是,关于刘贺被废黜这件事,有学者认为其中有些细节值得推敲,如认为刘贺很可能在霍光大会群臣前就已被霍光控制。理由有三:

其一,参与会议者,"人数最少数十,多者可至一二百人。霍光召百官会议未央宫,讨论废皇帝事,按西汉皇帝居未央宫,百官在未央宫会议,保密甚为不易,若此时昌邑王不在霍光完全控制之下,绝不可能有此会议。盖谋废皇帝,乃是以身家生命为赌注,若非诸事准备妥当,决不敢公开言之。此所以谓霍光于囚禁昌邑王贺之前不可能召群臣大会未央宫议废皇帝,此其一"。

其二,西汉皇太后居长乐宫,驾临未央宫属大事。"王若于未央宫朝见太后,必先查明皇太后因何移驾,且甚易查明其事。盖至少数十官员在未央宫大会,又集体往请太后移驾,其事不易保密。再者,王入京后,即任命其旧臣故昌邑相安乐为长乐卫尉,长乐卫尉职掌守卫长乐宫,保卫皇太后之安全,太后移驾,安乐不可能不知原因,必通知昌

---

① 廖伯源:《昌邑王废黜考》,《秦汉史论丛》,(台北)五南图书出版股份有限公司 2003 年版,第 37 页。

邑王。当然，霍光可以逮捕安乐及其部下，然此只会扩大事端，更难守秘，且王不知安乐所在，必会有所怀疑。上引文谓王见囚时，尚懵然不知何事，则王似往长乐宫朝太后，于还未央宫归温室时见囚。若此，王见囚应在群臣大会之前，此其二。"

其三，史言霍光拘留刘贺后，非即刻废之，先囚禁王，后始行废帝之礼。然而"霍光囚禁昌邑王，政变意图已露，延迟不行废王之礼，极为危险。盖王一日不废，一日仍是至尊，延迟废王可能引起形势之变化，为霍光计，囚王后越快废王越为有利。霍光为何冒险延迟废王，不可解，必有非冒险不可之理由，如必须得到群臣之同意以分担责任。然上引文谓群臣会议在囚禁王之前，此所以谓上引文有不符事实处。王见囚应在群臣大会之前，此其三"①。

就这三条理由而言，第一条估算参与群臣会议人数最少数十，多者可至一二百人。实则史文明言与会者共四十二人。而未央宫为一庞大的建筑群："未央宫周回二十二里九十五步五尺，街道周回七十里。台殿四十三，其三十二在外，其十一在后。宫池十三，山六，池一、山一亦在后。宫门闼凡九十五。"②所以四十二人在宫中找一个僻静的地方开会，保密工作还是容易做的。

第二条认为昌邑王见囚之情形有疑。实则因征和二年（前91年）卫太子曾发长乐宫屯卫与武帝对抗，武帝后来就废罢了长乐宫屯卫，故安乐虽任长乐卫尉，其实并无实权，因此非常容易控制。而从霍光公然进出长乐宫一事看，可知霍光确实控制了安乐。接下来上官氏与霍光等商定废黜刘贺之事后，马上便驾临未央宫，一进承明殿就诏令禁止昌邑群臣进入诸禁门，其意就在于封锁消息，使昌邑臣下无法向刘贺通风报信。而刘贺前来朝见上官氏，应该是有所警觉，借问安来打探虚实。而从刘贺为昌邑群臣叫屈一事看，霍光等的保密工作做得相当扎实，因为这显示刘贺并不知道霍光等已决定要废黜他。霍光待他朝见上官氏后，又放走了他，应该是还没有准备妥当。后来孙万世

---

① 廖伯源：《昌邑王废黜考》，《秦汉史论丛》，（台北）五南图书出版股份有限公司2003年版，第37~38页。
② 葛洪：《西京杂记》，中华书局1985年版，第1页。

为刘贺感到遗憾,是因为刘贺见上官氏时,带有众多亲信,而刘贺在承明殿朝见过上官氏后,陪同他回温室殿的就是霍光,在孙万世看来,刘贺若趁机下令动手,以当时他所拥有的实力,是可以杀掉霍光的。如果杀掉霍光,控制上官皇太后,坚守未央宫,很可能就将局势反转过来。刘贺论及此事感到后悔,原因正在于此。所以第二条理由看似有道理,其实也经不起推敲。

第三条以霍光延迟废王立论。然朝廷宿卫部队尽在霍光掌握之中,知道霍光行废王之事的大臣都在霍光的控制之下,昌邑群臣侍从都已被抓捕,试问何来的危险?并且霍光控制刘贺之后,须臾即行废黜之礼,并没有耽搁多长时间。

总之,学者虽疑霍光在召开群臣大会前就已控制刘贺,但其论并不能成立。就霍光而言,他一生以行事谨慎著称,就废除刘贺而言,他劳心费力、孜孜以求的就是要保证整个过程程序合法,怎么可能在群臣大会之前就将刘贺控制,从而给世人留下以下犯上的口实呢!当然,霍光之所以敢有恃无恐地在未控制刘贺的情况下,召集群臣议废刘贺,事前确实是做好了充分准备的,从刘贺一被控制,车骑将军张安世就率羽林骑收缚昌邑臣下二百余人的情形看,当时负责布控工作的就是张安世。但因事属机密,详情他人无从得知。

第九章
验血验尿：勤贺家竟做错了什么？
病已龙飞：震撼千古的传奇
第十章

第十章 病已龙飞:震撼千古的传奇

霍光废黜了昌邑王,固然是痛快,可这样一来汉朝就又没有皇帝了,于是霍光会集群臣,再选。由于广陵王刘胥是武帝唯一在世的儿子,地位最尊贵,故群臣首先讨论的就是他的资格问题,与上次大家都异口同声地支持刘胥做皇帝不同,这次大家虽然仍是异口同声,但观点却与上次完全相反,群臣们都说刘胥不能做皇帝。理由很简单:广陵王刘胥上次选拔时就已被淘汰,所以这次自然不在考虑之列。就因为上次不用,所以这次也不用,这是什么逻辑?但是既然大家都说这是理由,那么这就是理由!刘胥就这样被糊里糊涂地否了。

当然这只是台面上的话,其实真正的原因,大家都心知肚明,只是不说而已。看看昌邑王带着他的数百名仆从在这二十七天中都干了些啥事,明显是不把朝臣放在眼里,要另起炉灶,这谁能受得了。所以如果说上次选天子时,许多朝臣还心仪刘胥的话,这次见识了昌邑王的表现后,是再也没有人肯为刘胥说话了,因为选刘胥分明是一昌邑王去又一昌邑王来,哪还有自己的好日子过!

既然广陵王刘胥是绝对不能用的,那燕剌王刘旦的后人如何呢?群臣议论的结果是:刘旦以反被诛,其子不在议中。那么选谁好呢?

事实上直到这时,卫太子的孙子刘病已仍没进入群臣的视野。究其原因,还应该是由于刘病已的祖父卫太子刘据得罪了他的曾祖父汉武帝,他也属罪臣之后,早就被排除在了皇族之外的缘故。并且他于昭帝为侄孙,无法过继给昭帝,他的条件也与汉代立储的传统不符。

而若不考虑刘病已,由于武帝在世的四支后人中刘贺已被废,刘胥被否,刘旦的儿子们不被考虑,则新君人选就需在景帝其他儿子的后人中来挑选了。西汉晚期就曾发生过这种事情。如成帝死后,由于成帝无后,新君哀帝就是从成帝的父亲元帝的其他后人中选立的,哀帝死后,由于哀帝也无后,新君平帝仍是从元帝一系后人中选立的,后来平帝又早逝,且无后,而这时元帝一系已无男性后人,于是王莽等就从元帝的父亲宣帝一系来选,当时宣帝曾孙在世的有五王、四十八列侯,可年岁都相当大,王莽担心选立他们难以驾驭,就以他们与平帝是兄弟关系,而礼法规定兄弟不得相互为对方的继承人为由,选立了宣帝玄孙中最年幼的广戚侯刘显的儿子刘婴为皇太子,号称孺子。

就刘贺被废之后的情况看,虽然与后来的情况稍有不同,但由于没有合适人选,若从景帝的其他儿子的后人中选立新君,也是说得过去的。景帝除武帝外,还有十三个儿子,其中仅中山靖王刘胜就有子一百二十余人,子孙甚众,足够霍光等挑选。也正因如此,当时朝中已经开始议论其他贵族人选了。

当然,本人的这种分析并不是人人都会赞同的。有种观点就认为由于霍光出身卫氏外戚集团,所以他始终心向卫氏,如今候选人只剩下了卫太子的后人刘病已,应该正合霍光之意,并且深究起来,甚至刘贺立而复废都是霍光为了最终拥立刘病已而耍的阴谋诡计。即由于刘贺身份比刘病已更为贵重,在当时情况下只能选立刘贺,选立之后便挑他的毛病,将他废黜掉,从而为刘病已入主未央宫扫清障碍。实则从上一章的论述可知,立君乃国之大事,儿戏不得,霍光废除刘贺实属迫不得已。只因为霍光出身卫氏外戚集团,就得出霍光始终心向卫氏的结论,未免太机械了。事实上,通过向武帝表示忠心,霍光赢得了武帝的充分信任,武帝已不将霍光视为卫氏集团的成员,因此,武帝在将卫氏集团清除之后,对霍光以周公相期许,放心地将幼子托付于他。王夫之便敏锐地发现了这一事实,他说:"武帝拔霍光于下僚,与降胡厮隶等,非缘后族也。"[①]就霍光而言,也不以卫氏外戚自视,他当政之后,不仅不继续为卫太子平反,而且对太子遗孙刘病已相当冷淡,在他执政期间,刘病已的地位没有发生任何改变。若他对刘病已存有想法,以他手中握有的权势和在朝廷的威望,莫说封侯,就是给刘病已一个王爵也不是什么难事。这种先例此前就有过。如淮南王刘长因谋反被朝廷废除王位,并徙往蜀地,途中刘长自杀。后文帝以怜惜刘长为名,封其四子皆为侯,即刘安为阜陵侯,刘勃为安阳侯,刘赐为阳周侯,刘良为东城侯。后又三分淮南故地,封刘安为淮南王,刘勃为衡山王,刘赐为庐江王,东城侯刘良此前已去世且无后,故没封王。当然论者可能会说,刘长谋反对汉朝并没有造成大的实质性伤害,而卫太子之乱却导致长安战死数万人,故两者没有可比性。但卫太子兴兵是被

---

① 王夫之:《读通鉴论》卷五《元后以柔道亡汉》,船山全书(第10册),岳麓书社1988年版,第185页。

逼所致,大家都知道太子是被冤枉的,就连武帝也承认这一点,所以武帝虽然没有为卫太子正式平反昭雪,但也没有把卫太子的行为定性为谋反,并且始终没有废黜卫太子的太子之位。因此,既然被定性为谋反的刘长的后人都可以封侯、封王,卫太子的后人为什么不可以呢?然而霍光在这方面始终没有什么作为。不仅如此,由于霍光是大臣中巫蛊之祸的最大受益者,而刘病已是巫蛊之祸的最大受害者,俩人本属殊途异路,故霍光对刘病已还颇为疑忌。吕思勉就指出:"《外戚传》言曾孙数有征怪,贺闻之,为安世道之,称其材美,安世辄绝止,以为少主在上,不宜称述曾孙,光之忌曾孙可知。"①刘病已后来继位后,对霍光充满畏惧。如他与霍光同乘一辆马车谒见高庙时,紧张得坐立不安,像有芒刺在背一样。后来霍光想与他攀亲,欲将小女许嫁于他,但他因担心为霍氏所控制,没有答应,而是立了自己的妻子为后。观此可知他与霍光隔膜之深,显见他对霍光也不以卫氏外戚视之。所以因为霍光出身卫氏外戚集团,就得出他会始终心向卫氏的结论,并以此分析汉代史事,是值得商榷的。

在当时微妙的形势下,前面提到的曾去昌邑迎接刘贺的光禄大夫、给事中丙吉率先上书霍光,驳斥了朝臣想从诸侯宗室在位贵族中选立新君的观点,提出了拥立皇曾孙刘病已为继承人的主张。为此丙吉先是指出当时在位贵族皆平庸,然后强调了皇曾孙与武帝的渊源,指出皇曾孙是受武帝遗诏养于掖庭的,以此显示武帝对刘病已的重视,破除他是罪人之后的看法;同时表示自己从刘病已幼年就开始关注刘病已,而据他了解,刘病已的各方面素质都很优秀。当然由于刘病已出自庶民,身份特殊,骤然拥立为天子,可能会引起吏民惊骇,那就不妨先把他召进宫去服侍皇太后上官氏,慢慢地做成这件事,其意在暗示霍光可以通过制造条件的方式,使刘病已的条件与立储原则相符。丙吉提出建议之后,太仆、右曹、给事中杜延年也认为刘病已确实很优秀,劝霍光、张安世立之。继而,其他大臣也纷纷跟进,都表示希望立刘病已为君。而霍光经过深思熟虑之后,最终选立了刘病已。因

---

① 吕思勉:《秦汉史》,上海古籍出版社1983年版,第155页。

为立此人为君好处真是多多啊！

其一，在排除了武帝其他后人的继承资格后，在世的皇子皇孙之中，只有此人在血缘上与武帝最近，若舍此人不选，就要选武帝兄弟的后人。霍光受武帝遗诏顾命，最终却把江山拱手送给武帝兄弟的后人，使武帝宗庙不得血食，这显然有负武帝的重托，日后九泉之下他如何向武帝交代！

其二，刘病已为卫太子一支唯一在世的遗孙，既无王府旧臣，也无强势外戚，朝中更无亲党，势单力孤，是个真正意义上的"寡人"，非常容易驾驭。

其三，巫蛊之祸中含冤而死的卫太子刘据，一直以来都是有良知的汉人心中的痛，如果现在立卫太子刘据的遗孙为皇帝，就会让人感到这是朝廷对刘据所作的补偿，因而心生感动。

最后，刘病已本没有资格做皇帝，而霍光却选立了他，他必然会对霍光感恩戴德。

总此诸点，元平元年（前74年）七月，霍光与丞相杨敞等上奏皇太后上官氏说："《礼》书中说，为人之道就是要爱自己的亲人，能够亲爱自己的亲人就能够尊崇祖先，能够尊崇祖先就能够敬重宗庙。现在大宗没有了继承人，就应该选旁支子孙中贤德的人来做继承人。孝武皇帝的曾孙病已，武帝遗诏令在掖庭养育，现在已年满十八岁，从师学习了《诗》《论语》《孝经》等书，力行节俭，仁慈爱人，可以继承孝昭皇帝的皇位，事奉祖先宗庙，统驭天下。"上官氏下诏准奏。于是派遣宗正刘德到皇曾孙刘病已在尚冠里的家中，为他梳洗沐浴，穿上皇服，由太仆用叫作軨猎车的轻便小车将他迎进宗正府进行斋戒。用这种小车来接他，并非有轻视之意，实在是时间紧，来不及做更多的准备。所谓斋戒，是指古人在祭祀或举行其他隆重的典礼前往往要先清心寡欲，净身洁食，以示庄重恭敬，以求通于神明。由于接下来有一系列的礼仪要刘病已参加，所以就要先行斋戒。待斋戒过后，七月二十五日，刘病已被群臣引入未央宫，拜见皇太后，由于他是庶民身份，不能直接被立为天子，就先封他为阳武侯，接着霍光等群臣献上象征皇权的玺、绶，拥立他即位，然后，又簇拥着他浩浩荡荡地去高庙拜谒高祖刘邦的神位。因为情况特殊，时间紧迫，霍光等没有工夫去包装刘病已，只能一切从权。至此，刘病已，这个被朝廷冷落了十八年的皇家孤儿，因被权臣霍光相中，而一飞冲天，成为汉朝的第七任君主，是为宣帝。而这也意味着眭弘的预言成真。前已论及，元凤三年（前78年）春，汉朝曾发生泰山大石自立、昌邑枯社木复生、上林苑枯柳复生之事，且上林苑枯柳复生后，有虫食树叶成"公孙病已立"之文字。符节令眭弘将此解读为当有异姓百姓为天子："此当有从匹夫为天子者。枯社木复生，故废之家公孙氏当复兴者也。"①并要求昭帝退位让贤，结果被诛。由于宣帝本名"病已"，其为卫太子之孙，故可称"公孙"，且出自民间，因此宣帝即位后，人们旧事重提，认为眭弘的预言应验。因此宣帝一即位，即拜眭弘之子为郎，对眭弘的预言表示认可，以示自己即位乃是天意。

而事实上，如果不是因为机缘巧合做了皇帝，宣帝刘病已②留给世人的印象也就是贪玩而已，比如他喜欢斗鸡走马，像个没笼头的马似的爱四下转悠，常常一出长安就没了踪影，其足迹所至，周遍三辅。人们要想在长安城再见到他，往往要等到每年朝会的时候，因为在这个时候他必须随其他的汉室宗亲一起去朝见昭帝。但这也只是随便说说，长安城里有谁会在意这个几个月大小就家人死绝的倒霉孩子呢？而注意到他的人，或者说那些与他有过接触的人，多半也不过是认为这孩子颇有他祖上高皇帝刘邦的遗风而已。至于他对自己的身世怎么看，他思念他的父母吗？这些问题恐怕人人都想知道，但因属国家的禁忌，估计很少有人敢去问他。不过看他活得如此有滋有味，他应该不会伤心吧，即便是伤心，应该也不会很伤心吧，毕竟这些事都发生在他懂事以前，他对自己的父母史皇孙、王夫人并没有什么印象，也就谈不上有什么感情，而且这些事已经过去很久了。日后班固撰写《汉书》时，关于他的内容大概也不过寥寥几笔而已，还是附在《武五子传》中戾太子刘据的传后，名字是俗得不能再俗的"病已"而非"询"："太子有遗孙一人，名病已，以庶人终"？或曰："太子有遗孙一人，名

---

①班固撰，王先谦补注：《汉书补注》卷七十五《眭弘传》，上海古籍出版社2008年版，第4263页。

②汉宣帝原名"病已"，元康二年（前64年）为了方便百姓避讳，更名为"询"。

病已,某帝即位,复封为某某王,传子至孙"云云。也就是说如果汉昭帝能有一两个子嗣,如果继任的昌邑王刘贺能够把皇位坐稳,则留在时人以及历史的记忆中的刘病已恐怕也就是这样了。谁也没想到他一个落难王孙居然会时来运转,做了皇帝,一下子站到了汉朝统治舞台的中心,成为了举世瞩目的对象。这就是历史偶然性的魅力!

  话说霍光旬月之间,废立两帝,权势之盛,震古烁今,然而当朝居然仍有人敢不避斧钺而撄其锋。宣帝初即位,东海人侍御史严延年[①]就上奏章弹劾霍光"擅废立,无人臣礼,不道"[②]。虽然奏章被压下未予处理,但朝廷因此对他肃然敬惮,严延年因此名闻天下,并为历代所敬仰。如吕祖谦称:"大哉,延年之奏也。自夷、齐之后,一人而已。"[③]但王夫之却认为严延年此举是经过深思熟虑的,他知道自己这样说,霍光会因顾忌影响自己的声誉而不会惩治他,宣帝会因畏惧霍光,内心一定会欣赏他的言论,所以也不会诛戮他,严延年"既熟虑诛戮之不加,而抑为庸人之所敬惮,延年之计得矣"。王夫之将严延年这样的人称为"矫诡之士",说这种人"每翘君与大臣危疑不自信之过,言之无讳以立名,而早计不逢其祸,此所谓'言辟而辨,行伪而坚'者也。"[④]此真可谓诛心之论。

[①]《汉书》有两个严延年,此严延年字次卿,为汉世酷吏,《汉书》有传。另一严延年字长孙,为昌邑王刘贺妻父。

[②] 班固撰,王先谦补注:《汉书补注》卷九十《严延年传》,上海古籍出版社2008年版,第5514页。

[③] 王应麟著,翁元圻等注,栾保群、田松青、吕宗力校点:《困学纪闻》卷十二《考史》,上海古籍出版社2008年版,第1444页。

[④] 王夫之:《读通鉴论》卷四《严延年劾奏霍光非能守正》,船山全书(第10册),岳麓书社1988年版,第155页。

第十章

诏求故剑：秀的是夫妻情重

第十一章

第十一章 诏求故剑：秀的是夫妻情重

宣帝一即位，他的妻子许平君也被迎入宫中，立为婕妤。想他夫妻二人起自穷巷，初入巍峨的宫殿，闲庭信步之时，耳鬓厮磨之际，追忆前尘往事、畅想美好人生，定会相视而笑，心中欢愉无限。然而他们没有高兴多久，一个难题就摆在了宣帝的面前：霍光想立他的小女霍成君而非许平君为皇后，宣帝立还是不立？

元平元年（前74年）七月宣帝做皇帝时，年已十八岁。十八岁在今天只能算是刚刚成人，想结婚要再等几年。但在汉代十八岁的人，孩子都有了，宣帝就是如此。所以宣帝一继位，群臣就开始为他议立皇后。一个国家有天子就要有皇后与之相配，皇后是皇帝的正妻，始于秦而为汉所继承，秦朝皇帝的母亲称皇太后，祖母称太皇太后，妻称皇后。而秦之皇后是承周而来，周最高统治者称王，王之正妻则称王后，入秦后，因秦称君主为皇帝，故其正妻有皇后之称。在古人看来，天下如同一个大家庭，被称作天子的王或皇帝就如同这个家庭中的父亲，而王后或皇后则如同母亲，二者各司其职，天子管理男性事务，王后或皇后管理女性事务，二者如同日之与月、阴之与阳一样，相辅而成。故对于一个国家而言，有皇帝就必须有皇后与之相配，二者缺一不可。正因如此，宣帝一继位，为其选立皇后的事很快就提上了日程。

当时霍光的小女霍成君尚待字闺中，霍光有意立其为后。汉初因吕氏之祸，继起的文帝、景帝皆不甚重外戚，然而到了武帝时，权力又渐由朝臣向外戚转移。当时哪个女子在后宫地位尊贵，则其外家必重于时。如武帝初年文帝皇后窦氏还在，因年高位尊，故其堂侄魏其侯窦婴被任命为丞相；窦氏死后，景帝的皇后、武帝的母亲王太后地位尊重，则其弟武安侯田蚡为丞相；及卫子夫为皇后，其弟卫青就做了大司马大将军，成了朝廷中最有权势的人。显见皇帝以其最亲近的外戚帮助自己佐理朝政在当时已经成为一种传统。故昭帝时，霍光与左将军上官桀起初同心辅政，关系融洽，但后来却争起权来，原因就是上官安的女儿也就是霍光的外孙女做了皇后，上官安父子觉得自家有椒房中宫之重，与皇帝的关系更近，认为应该按照传统由其上官家，而不是以外祖父身份临朝的霍光来主持朝政。所以就当前情况而言，若立他姓女子为后，霍光无异于再次自树强敌。因此若霍光能将霍成君送入宫中立为皇后,既可让其爱女终身有托,又可进一步巩固自己的统治地位,同时还能有效地阻止其他外戚干预朝政,虽一举而有三得之利。

霍光的夫人显也极其渴盼让霍成君母仪天下。显是霍光的第二任妻子,上官安娶的那个女子是霍光前妻东闾氏所生,从血缘上讲昭帝皇后上官氏与显并无关系。从显的角度考虑,只有自己的女儿进了宫,自己才真正称得上是皇亲国戚。昭帝时,上官家捷足先登,估计显一直耿耿于怀,那么这一次,她家就要抢先了。

不过,霍家虽有这种想法,却不肯自己提出来,因为这将形同交易,会为人所不齿的。群臣倒是知道霍家的心思,却也都不愿替霍家开这个口,因为宣帝是有妻子的人,若请他立霍成君为皇后,他只有照办。事情一经挑明,宣帝若推脱不立,那就是不给霍光面子,宣帝怎么敢?!问题是若宣帝真正想立的是自己的妻子,却被迫立了霍家的女儿,一旦日后宣帝得了势,那就会给提议者带来无尽的祸患,所以群臣对此都缄默不语。对于这种棘手的事情,他们希望还是由宣帝自己来解决。

对宣帝而言,与霍光结亲,无疑会使他如浮萍般的根基得到巩固,但是在当时情况下,让他舍弃自己的妻子而立别人做皇后,他确实于心不忍。

说起来,宣帝这个妻子可是骗来的。以他当时的条件,若走正常渠道,是娶不到这样的妻子的。前面已讲到,宣帝从小养在掖庭,而当时的掖庭令是张贺。

张贺曾是卫太子刘据的家吏,巫蛊之祸中受卫太子牵连,被处以宫刑,而后做了管理宫女事务的掖庭令。昭帝初,霍光等遵从武帝的遗诏,把在其祖母史良娣的娘家生活的宣帝召回了掖庭,由国家养育。张贺本就对卫太子无辜而死伤感不已,现在又见到了太子无依无靠的幼小孤孙,自是分外怜惜,所以对宣帝倍加呵护。

在张贺的悉心照料下,宣帝渐渐地长到了十五六岁。在汉代,女孩十四五岁、男孩十五六岁,就该成家了。张贺想给他娶房妻室,让他过上正常人的日子。可问题是此人乃罪人之后,以庶人的身份被养在掖庭,地位尴尬不说,并且一无所有,谁会愿意把女儿嫁给他?思来想

第十一章 诏求故剑：秀的是夫妻情重

去，张贺觉得还是把自己的孙女嫁给他好了，于是就去征求他的兄弟张安世的意见。张安世当时是右将军、光禄勋、富平侯，正与霍光一起同心辅佐青春年少的昭帝，听他哥哥这样一说，立即就火了，因为昭帝是巫蛊之祸的最大获益者，宣帝则是巫蛊之祸的最大受害者，两个人并不是一路人，而现在张贺想把自己的孙女嫁给宣帝，让敏感多疑的霍光知道了，会不会认为张家是想脚踏两只船？所以张安世听他哥哥说想把孙女嫁给宣帝，就对张贺说："他是卫太子的后人，能以庶人的身份得到官府的收养，对他已经足够了，嫁给他孙女的事情以后再也甭提。"

张安世位高权重，故虽是弟，他的话张贺却不得不听，于是只好另做打算，四下打听谁家有待嫁之女。后来得知掖庭有一个叫许广汉的暴室啬夫，有一适龄女儿，叫许平君，还未嫁人。张贺不免就动了心思。

说起来，许广汉也是个命运多舛之人。他原是宫中的一个郎官，有次扈从武帝去甘泉宫时，误拿别人的马鞍，被发觉后，官员弹劾他从行途中盗窃他人财物，罪当处死。时武帝下诏招募死囚为宦官，许广汉因应募，被处以宫刑，进宫做了宦官，后来做到了宦者丞。宦者是少府下属的一个部门，武帝太初元年（前104年），将其增置七丞，属中下级职位，虽然如此，但总算有了点上进的希望，哪知又生事端。昭帝时上官桀谋行废立，阴谋败露后，霍光对其进行抓捕，又派人到其办公的地方搜索罪证，当时先派许广汉去搜，一无所获。后来霍光又派人再进去搜，竟然搜出一筐子绳头，有数千条之多，每条都是几尺长，人们对此进行了推理，认为这应该是上官桀准备发动宫廷政变时用来捆人的，于是许广汉又犯了罪：包庇反贼！经过审理，许广汉被判为服劳役的鬼薪，送到掖庭服刑，刑满后就留在了掖庭，做了暴室啬夫。暴室是宫中晾晒布匹的地方，暴室啬夫就是负责晾晒布匹等工作的服务人员。

张贺听说暴室啬夫许广汉家有这么一个女孩儿，就想让许广汉把女儿嫁给宣帝，可是又怕许广汉不答应。汉代官府从长官到普通工作人员，皆五日一休沐，工作期间都住在官舍里，休沐日才得回家。就许广汉而言,他在掖庭与宣帝比邻而居,熟知宣帝的底细,所以若在他清醒的情况下向他提亲,张贺真的没有把握。于是为做成此事,张贺耍了个阴谋:请许广汉喝酒。而许广汉见领导请客,自觉荣幸,就接受了邀请。俩人喝到酒酣耳热之时,张贺就很亲切地对许广汉说:"皇曾孙和当今皇上关系亲近,纵然他才能低劣,日后也定能做关内侯,你可把女儿嫁给他。"许广汉那时已喝得醉眼迷离,见张贺如此说,觉得这是好事,当即就答应了。回家睡了一晚上,次日酒一醒,就知道上了张贺的当,但事已至此,他也只好将答应把女儿许配给刘病已的事情告诉了自己的妻子,他妻子一听,当时大怒:谁不知道皇曾孙刘病已是一个不受待见的平民百姓,这不是骗人么?该女子当时正一门心思等着跟闺女享受荣华富贵呢。不久前她专门找人给许平君看相,据看相的人说这闺女有大贵之相。许广汉两口就这一个闺女,一辈子就靠她了,所以看相的人这么一说,把许广汉的妻子高兴坏了,想不到许广汉竟不经她同意就把闺女许给了刘病已这个倒霉孩子,她岂能不气愤?

　　卜相,就是看相,即通过观察分析人的形体外貌、精神气质、举止情态等方面的特征来测定、评判其禀性和命运。此活动在战国秦汉时期很是盛行。检索历史,可知其出现当不早于春秋时期,此前很罕见。因为在此之前,人们都生活在家族之中,大家一荣俱荣,一损俱损,所以人们多关心家族的命运,不重视个人的荣辱。到了春秋时期,社会发展,礼坏乐崩,原来的贵族之家纷纷分化瓦解,个人开始从家族中挣脱出来,成为社会的主角。同时受社会大环境的影响,个人命运的升降浮沉也变得更加剧烈,地位尊贵的君主、卿大夫转瞬成为阶下之囚,卑微的平民、奴隶一夜之间执掌国柄等等诸如此类的悲喜剧,在当时的政治舞台上屡屡上演,人们的命运一下子变得不可捉摸起来。残酷的社会现实逼迫着人们不得不关心自己的前途命运,于是看相算命这种预测个体未来的活动就开始出现了。史载楚成王在立商臣为太子前,征求令尹子上的意见。子上说:"这个人长了一双像蜂肚子那样的眼睛,声音听起来像豺叫,像这样的人就是恶人,立他是不合适的。"成王不听,后来商臣作乱杀掉了成王。鲁文公元年(前626年),周襄王派内史叔服来鲁国参加鲁僖公的葬礼,鲁国大夫公孙敖听说他能相人,就将自己的两个儿子谷和难叫出来请他看相,叔服看后对公孙敖说:"以后谷这个孩子会赡养您,但安葬您的任务却要由难这个孩子来完成。谷的下颌长得比较丰满,这说明他的子孙一定会在鲁国兴旺发达起来。"大致生活在公元前六世纪中期的音乐家师旷,在见到周灵王的太子晋后,对晋说:"你说话声音清浮没有尾音,你的面色火红,而红色是短寿的征兆。"三年后晋果然死了,时年十七岁。这是发生在春秋时期的三个案例。

到了战国时期,这类案例就更多了。当时最著名的是赵国人姑布子卿、魏国人唐举。唐举曾制造过颇多经典案例,如他相赵国大臣李兑百日之内主持国政,相燕国人蔡泽能做丞相、寿四十三岁,后皆应验。

对于这种以相貌预测命运的行为,大儒荀子非常反感,曾专门撰文予以批判。荀子认为观察人的形貌不如剖析他的心理,剖析他的心理不如鉴别他立身处世的道术。形貌不如心理重要,心理不如道术重要。道术正确而心理又顺应了它,形貌即使丑陋,也不会影响他成为君子;心理与道术丑恶,形貌即使好看,也不能制止他成为小人。是君子就会吉利,是小人就会凶险。所以高矮、大小、美丑等形貌上的特征,并不是吉凶的标志。古代没有这种事,学者也不谈论这种事:"故相形不如论心,论心不如择术。形不胜心,心不胜术。术正而心顺之,则形相虽恶而心术善,无害为君子也;形相虽善而心术恶,无害为小人也。君子之谓吉,小人之谓凶。故长短、小大、善恶形相,非吉凶也。古之人无有也,学者不道也。"①

虽然遭到了荀子的批判,但这并不能阻止相术的发展,历史发展到秦汉时期,相术更是大行于世。这一方面是因为荀子的思想超前,很难为芸芸众生所接受;另一方面也与相士们频频制造经典案例有关。这其中刘邦、英布、刘濞、周亚夫、卫青等的事迹更是广为人知。

刘邦未发迹前,至少有两次被人相出有大贵之相,后来他做了皇帝。与刘邦同时代的英布,相人预测他当在受刑之后称王,结果英布

---

① 王先谦撰,沈啸寰、王星贤点校:《荀子集解》卷三《非相篇》,中华书局1988年版,第72~73页。

先是犯罪被处以黥刑,后来他先后被项羽、刘邦立为九江王、淮南王。刘邦统一天下之后,分封诸王,其侄子刘濞被封为吴王,封罢之后刘邦招相士为刘濞看相,相士说刘濞有反相,后来果然造反。周亚夫是汉朝开国功臣周勃的儿子,他在做河内太守时,让著名相者许负给他看相,许负预言他再过三年封侯,封侯之后的第八年做将相,接下来到第九年饿死,后来皆应验。卫青是个私生子,有相士说他有贵人之相,以后定当封侯,后来卫青被封长平侯,官至大司马大将军。

凡此种种,都是当时人们耳熟能详的成功案例,在它们的影响下,人们怎么可能不相信相术!也正因如此,秦汉时期,相术才会大行其道。

说起来,许广汉的妻子给自己女儿看相,也是有原因的。本来许平君就要结婚了,男方是内者令欧侯氏的儿子,哪承想许平君就要过门的时候,欧侯氏的儿子却死了,许广汉的妻子简直气得要死,怎么这么倒霉呢?赶忙带着许平君去找卜相者占问命运。及听卜相者说许平君有大贵之相,许广汉的妻子一下子愁容尽展,谁知还没高兴多久,许广汉就把闺女许给了刘病已这个倒霉孩子!所以听许广汉一说,当时就跟许广汉闹将起来。而许广汉想着已经答应了领导,怎能说话不算数!并且许广汉也确实喜欢宣帝。元凤元年(前80年),许广汉因罪被赶到掖庭与宣帝同居一处官舍时,宣帝虽年方十二,可已是英气外露,许广汉见了不由地就喜欢,一相处,又颇投缘,俩人很快成了忘年之交,亲密到做什么事都要向对方告知一下。后来许广汉得知宣帝有许多神异之事,且有卜相者说宣帝当大贵,想着日后或许能沾宣帝点光,更是悉心呵护宣帝。许广汉家境殷实,因为喜欢宣帝,对宣帝没少照顾,恩情甚重,应该说这是一个真心喜欢宣帝又藏了点私心的人。所以虽然他妻子闹得不可开交,他最终还是顶着压力把许平君嫁给了宣帝。当然张贺做得也不错,张贺自己出资给宣帝下了聘礼,又在当时长安的尚冠里给宣帝置办了一处宅子,宣帝成亲后,就在这里生活。

对于绝大多数人来说,由于一直生活在家庭之中,也就没有感觉到这种生活有什么特殊之处,而宣帝不一样,他是个孤儿,从小没过过正常人的日子,尽管他祖母娘家史家和张贺对他都很好,但很多时候还会有照顾不到的地方。及至婚后,虽然和许平君在一起生活也就一年多的时间,却是他有生以来第一次真正过上正常人的日子。许广汉的妻子此前很不满意宣帝,而一旦结亲成了一家人之后,也就把宣帝当作自己的孩子看待,对宣帝照顾得非常周到。当然她对宣帝如何好,史书并无明言,但史书讲宣帝结婚后,经常去许家住。如果许家对他不好,他怎么可能去呢!就许家而言,许广汉虽然只有一个女儿,但许广汉的两个弟弟家孩子挺多,宣帝在那里玩得也挺开心。所以说他与许家人的感情是相当深的。

这且不说,此后过了年余,许平君就给宣帝生了个孩子,并且还是个男孩,这自然会让宣帝对她倍加珍惜。

所以让宣帝一即位就舍弃发妻许平君,而另立霍家小女为皇后,致使许平君向隅而泣,郁郁寡欢,宣帝还真是有点于心不忍。同时他也担心,立霍成君为皇后,自己可能会成为第二个昭帝。霍家权势太盛,以至于他登极的当天就被惊得六神无主。

元平元年(前74年)七月二十五日宣帝被立为帝后,当天就被百官簇拥着去高庙拜谒高祖刘邦的神位,从而使拥立宣帝的活动达到了最高潮。

汉代天子出行,车驾的规格有三种,即大驾、法驾与小驾。大驾由公卿乘车在前导引;天子所乘之车由大将军陪乘,太仆驾车,居中;尚书、御史等中级官员分乘八十一辆车,分成三排在后侍从,然后在千骑万乘的簇拥下行进。法驾规格稍低,导引者为京兆尹,陪乘者为侍中,驾车者为奉车郎,侍从车辆三十六乘。小驾更简单,由太仆侍奉皇帝,侍御史管理车骑的行进。

一般而言,大驾只在举行最隆重的礼节如祭祀天地时才用,像去高庙谒见高祖的神位,按规定应该用小驾。但是由于这是新皇帝即位,特地去向高祖的神位报告,不同于一般的祭祀,特用大驾。于是自未央宫出发,宣帝登上由太仆杜延年驾驶、大司马大将军霍光陪乘的天子之车,然后前由丞相杨敞、御史大夫蔡义、大司农田延年、少府史乐成等公卿乘车导引,后有尚书、御史等中级官员分乘八十一辆车跟随,旁边有千骑万乘护卫,浩浩荡荡地向高庙进发。而沿途观看这一盛况的百姓更是人山人海。

　　面对这样的场景,估计当时宣帝就懵了,这一切来得太突然了。在数月前昭帝驾崩时,他想都没敢想自己能做天子,二十多天前,昌邑王立而复废,皇位虚悬,他起初也没敢有奢望。因为尽管昭帝没有后人,尽管昌邑王被撵下了台,但武帝有身份的皇子皇孙多了去了,即使这些人不合适,还有武帝的兄弟们的后裔可以选择,哪会轮到他这个庶民身份的曾孙,更何况还是一个祖父犯了事的皇族后裔。对他来说,日后能安安稳稳地活下来就不错了,如果有哪个皇帝发善心,赏他一个侯,那简直就是飞来的横福。万万没想到官员们竟奉着皇太后的诏令来到他的家中,给他沐浴、更衣,然后带他入宗正府、斋戒、见皇太后、封侯、即皇帝位,最后就是如今的谒见高庙。整个过程有如做梦一般,说快乐、激动,那是肯定的,一飞冲天啊;说麻木、疲惫,也有点,这些天来,自己就像陀螺一般被一帮大臣们拨弄得团团转,真是不做皇帝不知道皇帝的苦,太不自在了。

　　宣帝正在胡思乱想之际,不经意间瞥了陪坐在一旁的大司马大将军霍光一眼。尽管这些天来没少与霍光见面,但如此近距离长时间地与霍光在一起,还是头一次。霍光虽然个子不高,只有一米七左右,但是皮肤白皙,眉目疏朗,须髯雅致,据乐府诗《陌上桑》称,汉代美男子的标准是"为人洁白皙,鬑鬑颇有须。"① 霍光正与此相符,可谓一表人才。就品性而言,霍光性格沉静,思虑周道,秉性端正。因而他沉静地端坐在车上,像一尊雕像一般,面对眼前热闹的场景,一路行来,表情没有丝毫的变化,望去庄严肃穆,不怒自威。王夫之认为这并非霍光刻意如此,而是其威严的自然流露,因为霍光"立震世之功名,以社稷为己任,恃其气以行其志,志气动而猝无以持,非必骄而神已溢"②。因此宣帝仅仅这么一瞥,从霍光身上透出的凛凛之气立马就令他不由自主地打了个寒战,头脑一下子从极度兴奋中冷静下来:大驾出行,看似奉承的是自己,实际上拥戴的却是霍光,自己不过是握在霍光手中

---

① 沈德潜选:《古诗源》卷三《陌上桑》,中华书局1963年版,第73页。
② 王夫之:《读通鉴论》卷四《霍光祸萌骖乘》,《船山全书》(第10册),岳麓书社1988年版,第161页。

第十一章 诏求故剑：秀的是夫妻情重

的一个傀儡而已，霍光才是当今真正的皇帝啊！一想到此，宣帝立马就感到脊柱发凉，如芒刺在背般，浑身不自在！

很显然如果宣帝立霍成君为皇后，再加上上官皇太后，后宫就会彻底被霍家所控制，由于朝廷早已为霍光所把持，则宣帝就只能如已故的昭帝一样，任由霍家摆布。而如果立许平君为皇后，宣帝可让许平君行使皇后的权力，在后宫与上官氏形成分庭抗礼之势；并可根据传统，封许平君的父亲许广汉为侯，使许氏外戚成为朝廷新贵，作为自己的得力助手。所以在立皇后这件事上，宣帝倾向于立自己的妻子许平君。

宣帝的理想虽然丰满，现实却很骨感。他想立自己的发妻为皇后，决定权却在霍光手里，并且谁都知道霍光想让自己的小女做皇后。因此他若明确表明自己心意，就是公然违背霍光的意愿，由此带来的后果，很可能是他所无法承受的。但顺从霍光的意愿，宣帝着实心有不甘。在犹豫良久之后，宣帝决定赌一把。

于是就在群臣翘首期盼宣帝作出决断的时候，宣帝突然下诏寻找微时故剑。至此宣帝对立皇后一事的态度可以做出两种解读。其一：宣帝在民间时虽娶有妻子，但即位以来，始终没有表态要立他的妻子为皇后，这说明他并无意立他的妻子为皇后。这是有利于霍光的解读。其二：通过宣帝诏求故剑一事，可知宣帝是个恋旧的人，一柄故剑尚且珍惜，更何况是结发妻子，他这是意在告诉群臣他想立自己的妻子。这是有利于宣帝的解读。不过，无论怎样解读，都是别人的事，对于宣帝而言，该表达的意思他都表达了，但他好像什么也没有说。这就使宣帝在选立皇后一事上，变得进退自如。因为无论是群臣建言立许平君还是霍成君，他都没意见，他听大家的。

而群臣见到这道诏书，便都明白他这是想立他的妻子为皇后。考虑到老迈的霍光死后，宣帝很可能要执掌朝政，群臣为自己的前途着想，觉得既然一定有所取舍，与其让宣帝不满，不如让霍光不满，所谓两害相权取其轻，就是这个意思。于是虽然群臣知道霍光想让自己的女儿进宫做皇后，但权衡利弊，还是遂顺了宣帝的心意，请求立许平君为皇后。通过这件事，也可以看出自宣帝一即位，皇权便呈现出自权臣之手向君主转移的态势，群臣由于敏锐地注意到了这一政治现象，因而不惜得罪霍光，也要跟上时代的步伐。就霍光而言，他虽然想让自己的女儿做皇后，但众议难违，事情发展到这个地步，他纵然不满，也只能认了。但愤怒是肯定的，并且他也宣泄了自己的愤怒。

元平元年(前74年)十一月，许平君被立为皇后，上官皇太后归长乐宫居住，霍光特为长乐宫设置屯卫，加强对上官氏的护卫，意在警告宣帝，若他胆肆意妄为，小心自己再行废立。

同时又拒绝封许广汉为侯。一般来说，皇后被立，为示尊崇，皇后之父是要封侯的。如文帝窦皇后被立时，其父已死，因追封其亡父为安成侯；昭帝时立上官氏为皇后，其父上官安封桑乐侯。现在许氏被立为皇后，就应该按照传统封她的父亲为侯，然而霍光却以"刑人不可君国"为借口，不肯封许广汉。这里用的是《春秋》古义，是说古人认为受到刑罚处罚的人，都属于德行有欠缺的人，而这样的人是没有资格统治封国的，许广汉受过刑，自然不能封侯。后来，一直拖了年余，方才给许广汉封了个爵位低于侯的昌成君。霍光这样做，用意有二：即限制许广汉参与政事；警告群臣，他对许氏外戚非常反感，大家不得与其有深入的接触。

宣帝与霍光围绕立后一事展开的博弈，使俩人的关系自宣帝一即位就呈剑拔弩张之势。这不能不让人担心废立的闹剧在汉家宫廷再度上演！

第十一章

君臣角力，霍家终得位

第十二章

第十二章 君臣角力,霍家终得位

霍光在昭帝在位期间摧燕王,仆上官;昭帝去世后,旬月之间废立两帝——其权势之盛可谓震古烁今。因此宣帝初登大宝,就被他身上散发出来的肃杀的严威震慑得手足无措。宣帝深知要想坐稳皇位,就一定不能冒犯霍光的权威。虽然如此,他还是在立后一事上,触怒了霍光。为了缓和与霍光的关系,宣帝通过各种方式反复强调,自己不是一个忘恩负义之人,自己能有今天,都是拜霍光之赐,所以霍光的权威在新朝不会因此发生任何改变。如本始元年(前73年)春,霍光表示要归政养老。宣帝坚决不答应,并且还特地交代大臣们以后奏事,要先报告给霍光;并特地下诏褒美霍光,称他宿卫忠正,宣德明恩,守节秉谊,以安宗庙。为此益封他食邑一万七千户,与以前的食邑合起来共二万户。前后赏赐霍光黄金七千斤,钱六千万,杂缯三万匹,奴婢一百七十人,马二千匹,甲第一区。对于霍家自昭帝以来形成的"党亲连体,根据于朝廷"①的局面不做任何改变。霍光每朝见宣帝,宣帝都对他表现出极度的尊敬,俨然如臣子之待君父。在尊崇霍光的同时,宣帝又对霍光严加提防,行事小心谨慎,竭力避免冒犯霍光。

霍光虽然权倾天下,但此时人生已进入暮年,而宣帝却年富春秋,日后要想保持其家族的荣华富贵,多少还要靠宣帝的支持;并且他自铲除上官桀等反霍集团以来的所作所为,已为时论所不容。如宣帝一即位,侍御史严延年就上奏章弹劾霍光擅废立,无人臣礼,不道。这让霍光颇为忌惮;同时在维护社会稳定方面,宣帝与霍光的利益具有一致性,因此虽然宣帝谦让不主朝政,但在形式上,霍光仍让他主持朝政,并对他的意见给予一定的尊重。

如霍光为表示自己不专断国是,比较注重及时补充官位空缺,并有意识地选用贤才。元平元年(前74年)八月初五,丞相杨敞薨,九月初四,霍光即以御史大夫蔡义为丞相,意在表示自己不专擅朝政。然而蔡义时已八十余岁,貌似老妪,行步俯偻,常两吏扶夹乃能行。故而仍未免世人疵议:"议者或言光置宰相不选贤,苟用可专制者。"霍光听说后,感到很尴尬,对侍中左右及官属曰:"以为人主师当为宰相,何谓

---

① 班固撰,王先谦补注:《汉书补注》卷六十八《霍光传》,上海古籍出版社2008年版,第4629页。

云云？此语不可使天下闻也。"①李源澄论及本始元年（前73年）春，霍光要求归政一事，认为是宣帝即位后便专擅权力所致："盖其前之政令一出于宣帝，霍光不能堪耳。"②然观霍光选任丞相可知，宣帝即位后，汉朝的实权还是掌握在霍光手中。当时为了摆脱尴尬的局面，霍光特提拔曾被自己逮捕入狱的魏相任职朝廷。魏相，昭帝时为茂陵令，曾诛杀霍光的政敌御史大夫桑弘羊之宾客，为霍光所赏识，迁官河南太守，治郡有声。时丞相田千秋子为洛阳武库令，田千秋死后，其子见魏相治郡严厉，恐岁久获罪，遂自免归长安。霍光误以为魏相见田千秋去世，就为难其子，缺乏大局观，因借人状告魏相滥杀无辜一事，将魏相逮捕入狱，后来赶上朝廷大赦，魏相才被放出来。霍光虽惩治魏相，但颇欣赏他的才干，赦出后，又让他守茂陵令，迁扬州刺史，征为谏大夫，复为河南太守。本始二年（前72年）以魏相入为大司农，本始三年（前71年）五月御史大夫、祁连将军田广明因罪被诛，六月十一日丞相蔡义薨后，六月二十六，霍光在提拔自己亲信长信少府韦贤为丞相的同时，又提拔魏相为御史大夫，以显示自己用人之公正。

霍光虽掌控着人事变更之权，但在具体施政方面，也给予了宣帝一定的权力。如对龚遂的任用就是如此。宣帝即位后，渤海郡乱，选能治者，"丞相、御史举遂可用，上以为渤海太守。时，遂年七十余，召见，形貌短小，宣帝望见，不副所闻，心内轻焉"③。史称宣帝极为重视郡国守相人选，然而丞相、御史一奏举，宣帝马上便任命龚遂为渤海太守，可知用人权在霍光而非宣帝："《汉书》中没有说龚遂被任命为太守的时间，但称他数岁后因为政绩卓著而被宣帝任命为水衡都尉，这一时间为地节四年（公元前66年），那么上推数岁，当在霍光去世之前出任太守。霍光在世时丞相无论是蔡义还是韦贤都只是霍氏的傀儡，

---

① 班固撰，王先谦补注：《汉书补注》卷六十六《蔡义传》，上海古籍出版社2008年版，第4571页。
② 李源澄：《霍光辅政与霍氏族诛考实》，《文史杂志》1942年第2卷第9、10期。
③ 班固撰，王先谦补注：《汉书补注》卷八十九《龚遂传》，上海古籍出版社2008年版，第5479页。

第十二章　君臣角力，霍家终得位

所以龚遂的真正举荐人是霍光。"①而龚遂得以便易行事的权力却是宣帝特许的："遂曰：'臣闻治乱民犹治乱绳，不可急也；唯缓之，然后可治。臣愿丞相御史且无拘臣以文法，得一切便宜从事。'上许焉，加赐黄金，赠遣乘传。"②当时只有在宣帝举措不当的情况下，霍光才会出面予以调整。如昭帝时，龟兹国曾擅杀汉校尉赖丹，本始三年（前71年）汉与乌孙联合发兵攻伐匈奴后，朝廷又派常惠出使乌孙，"惠因奏请龟兹国尝杀校尉赖丹，未伏诛，请便道击之，宣帝不许。大将军霍光风惠以便宜从事"③。

宣帝在即位之后，也能够主动维护霍光的利益。

如本始元年（前73年）春，以拥戴之功，封赏霍光等二十五位重臣。益封十二位功臣侯：即大将军霍光前封博陆侯，食邑二千三百五十户，今益封一万七千二百户；车骑将军光禄勋张安世前封富平侯，食邑三千四十户，今益封一万零六百户；故丞相杨敞之子杨忠绍封安平侯，食邑七百户，今益封四千八百四十七户；丞相蔡义前封阳平侯，今益封，与前所封共七百户；度辽将军范明友前封平陵侯，今益封，与前所封共二千九百二十户；前将军韩增前封龙额侯，今益封千户；太仆杜延年前封建平侯，食邑二千户，今益封二千三百六十户；太常苏昌前封蒲侯，食邑一千二十六户，今益封；谏大夫王谭始绍封宜春侯，今益封，与前封共一千一百零八户；魏圣始绍封当涂侯，今益封，与前所封共二千二百户；屠耆堂始绍封杜侯，一千三百户，今益封；长信少府夏侯胜始封关内侯，今益封千户。赐五人为列侯：即御史大夫田广明为昌水侯，食邑二千七百户；后将军赵充国为营平侯，食邑一千二百七十九户；大司农田延年为阳城侯，食邑二千四百五十三户；少府乐成为爰氏侯，食邑二千三百二十七户；光禄大夫王迁为平丘侯，食邑一千二百五十三户。赐八人为关内侯：即右扶风周德、典属国苏武、廷尉李光、宗

---

①吴涛：《"术""学"纷争背景下的西汉〈春秋〉学》，中国社会科学出版社2011年版，第146页。
②班固撰，王先谦补注：《汉书补注》卷八十九《龚遂传》，上海古籍出版社2008年版，第5479页。
③班固撰，王先谦补注：《汉书补注》卷七十《常惠传》，上海古籍出版社2008年版，第4695页。

正刘德、大鸿胪韦贤、詹事宋畸、光禄大夫丙吉、京辅都尉赵广汉爵皆关内侯。周德、苏武食邑。

本始二年(前72年)五月,诏令群臣议武帝庙乐,动议当是出自宣帝。张小锋认为"宣帝修'武帝故事',本身就表明了自己对君权衰弱、霍光秉政现状的不满。而他对霍光秉政的'不满',也就是他颇修'武帝故事'的深层用意"①。事实上,宣帝此举的意蕴虽甚为丰富,但却无借此来表达其对霍光的不满之意,相反,宣帝这样做,正是为了尊崇霍光。因为霍光之权为武帝所授予,宣帝尊崇武帝,其意就在于肯定霍光掌权的合法性。不过,由于霍光在昭帝时举行的盐铁会议上,为了打击御史大夫桑弘羊,曾支持贤良文学抨击武帝之政,霍光的亲信夏侯胜遂误认为宣帝此举意在与霍光相异,故而在朝堂之上公然批评诏书之不当。但宣帝因意不在挑战霍光的权威,因此仍然要求群臣执行诏令,并于本始二年(前72年)六月尊武帝为世宗。在尊立武帝的过程中,发生许多神异之事:"宣帝即位,由武帝正统兴,故立三年,尊孝武庙为世宗,行所巡狩郡国皆立庙。告祠世宗庙日,有白鹤集后庭。以立世宗庙告祠孝昭寝,有雁五色集殿前。西河筑世宗庙,神光兴于殿旁,有鸟如白鹤,前赤后青。神光又兴于房中,如烛状。广川国世宗庙殿上有钟音,门户大开,夜有光,殿上尽明。上乃下诏赦天下。"②这意味着武帝与昭帝对宣帝此举表示满意,并对霍光立宣帝之举表示认可,故宣帝此举表面上看是在尊崇先帝,实则是在向霍光致敬。

宣帝还多次化解霍光面临的尴尬局面。本始元年(前73年)四月、本始四年(前70年)四月,先后两次发生地震,其中后一次尤其严重,郡国四十九地震,或山崩水出。北海、琅邪所建祖宗庙的城郭受损,死亡六千余人。西周晚期人伯阳甫认为地震是阴迫阳伏所致:"阳伏而不能出,阴迫而不能升,于是有地震。"③由于君为阳,臣为阴,故

---

① 张小锋:《西汉中后期政局演变探微》,天津古籍出版社2007年版,第88页。
② 班固撰,王先谦补注:《汉书补注》卷二十五下《郊祀志》,上海古籍出版社2008年版,第1747~1748页。
③ 司马迁:《史记》卷四《周本纪》,中华书局1959年版,第145页。

第十二章　君臣角力，霍家终得位

此实为臣迫君之象。如张敞称霍光专权期间，"感动天地，侵迫阴阳，月朓日蚀，昼冥宵光，地大震裂，火生地中，天文失度，祆祥变怪，不可胜记，皆阴类盛长，臣下颛制之所生也"①。这不免让霍光颇为窘迫。为了替霍光解困，宣帝主动承担了责任。本始四年（前70年）四月地震后，宣帝下罪己诏，要求群臣奏陈自己的过失，令三辅、太常、内郡国②举荐贤良方正之士，并推行德政，素服避正殿以思过："诏曰：'盖灾异者，天地之戒也。朕承洪业，奉宗庙，讬于士民之上，未能和群生。乃者地震北海、琅邪，坏祖宗庙，朕甚惧焉。丞相、御史其与列侯、中二千石博问经学之士，有以应变，辅朕之不逮，毋有所讳。令三辅、太常、内郡国举贤良方正各一人。律令有可蠲除以安百姓，条奏。被地震坏败甚者，勿收租赋。'大赦天下。上以宗庙堕，素服，避正殿五日。"而在本始元年（前73年）四月地震后，也曾"诏内郡国举文学高第各一人"。观此次诏书之意，当也是意在检讨自己的过失。宣帝还利用祥瑞来营造政通人和的气氛。两次地震之后的次月，地方都有祥瑞出现，如本始元年（前73年）五月，凤凰集胶东、千乘。本始四年（前70年）五月，凤凰集北海安丘、淳于。这两次祥瑞出现的时间点都很微妙，显系臣下造作的结果。但因史有阙略，难以窥知是哪一方的运作。不过宣帝的应对颇为积极。如本始元年（前73年）五月，借祥瑞事，大行德政："赦天下。赐吏二千石、诸侯相、下至中都官、宦吏、六百石爵，各有差。自左更至五大夫。赐天下人爵各一级，孝者二级，女子百户牛酒。租税勿收。"③其意显然是欲抵消因地震给霍光带来的消极影响。

与此同时，宣帝又充分利用有利时机，大力封拜宗室贵族爵位。本始元年（前73年）五月，立燕剌王刘旦太子刘建为广阳王；七月，封

---

① 班固撰，王先谦补注：《汉书补注》卷七十六《张敞传》，上海古籍出版社2008年版，第4955页。

② 内郡国：汉朝除缘边诸郡、三辅、太常外的郡国。颜师古曰："中国为内郡，缘边有夷狄障塞者为外郡。"见班固撰，王先谦补注：《汉书补注》卷八《宣帝纪》，上海古籍出版社2008年版，第341页。

③ 班固撰，王先谦补注：《汉书补注》卷八《宣帝纪》，上海古籍出版社2008年版，第341~345页。

广陵王刘胥的儿子刘圣为朝阳侯、刘曾为平曲侯、刘昌为南利侯;十月,封刘胥最喜爱的少子刘弘为高密王、封燕剌王子刘贤为安定侯。本始二年(前 72 年)四月,封广川缪王刘齐的儿子刘宽为东襄侯。本始三年(前 71 年)六月封中山康王刘昆侈的儿子刘章为宣处侯。本始四年(前 70 年)四月,封清河刚王刘义的儿子刘寅、刘成、刘豹、刘福、刘弘等分别为修市侯、东昌侯、新乡侯、修故侯、东阳侯;五月,封燕剌王刘旦子刘庆为新昌侯。本始五年(前 69 年)六月,宣帝下诏声称自己要效法圣君尧通过团结宗族使万国和睦的遗风,善待宗室。因此,对于那些本当隶属于宗室属籍①,却因获罪而被取消了属籍的宗室成员,决定给他们改过自新的机会,其中具有贤才并能改掉恶行努力向善的人,可恢复其宗室属籍。宣帝这样做,意在得到宗室贵族的支持,因为他是以昭帝继承人的身份入继大统的,但宣帝为昭帝侄孙,而礼只有兄终弟及、父死子继,无以孙继祖者。故王鸣盛称:"昭帝,武帝子;宣帝,武帝曾孙;以嗣昭帝,乱昭穆之序,奚可哉!"②而且宣帝是以庶人身份继位的,因此非常渴盼得到天下,尤其是宗室的认可。由于这些施恩的时间都是在尊崇、礼敬霍光的同时或之后,所以也都得到了霍光的许可。

宣帝还主动动用天子私藏以助国用。本始二年(前 72 年)春,用水衡都尉掌管的钱财修建昭帝的陵墓平陵,就属宣帝之政。汉世财政收入分两部分,一部分由大司农掌管,用于国家财政支出;一部分由水衡都尉、少府掌管,属皇帝的私有财产,用于皇帝自身消费的开支。汉朝为已故君主修建陵墓,属国家事务,以往都是从大司农掌管的财政中支出。现在宣帝主动拿出水衡都尉掌管的自己的私财来为昭帝修建陵墓,无疑是一项德政,因为这减省了国家的财政开支。故应邵指出:"水衡与少府皆天子私藏耳。县官公作,当仰给司农,今出水衡钱,

---

① 宗室属籍:秦汉户籍中身份等级最高的是皇族成员的宗室属籍。无论是居于京师的皇族,还是散居各郡国的宗室成员的户籍都归宗正掌管,各地要按时上报宗室户籍,是为上计制度的重要内容。并非所有皇族及后裔都具有宗室属籍,谋反者及其家属、毋节行者、五服之外者不具备宗室属籍。见刘敏:《秦汉户籍中的"宗室属籍"》,《河北学刊》2007 年第 6 期。

② 王鸣盛:《十七史商榷》卷九《宣帝嗣昭帝》,中国书店 1987 年版。

第十二章 君臣角力,霍家终得位

言宣帝即位为异政也。"①本始四年(前70年)正月,因收成不好,宣帝还诏令太官减少膳食,少宰杀牲畜,裁减乐府乐工,令他们回乡从事农业。

宣帝即位后,他与霍光的关系看似颇为和睦,但这只是表象而已,事实上,双方围绕权力展开的博弈非常激烈。

就宣帝而言,他虽然以庶人身份由官府抚养成人,"幸得以庶人衣食县官"②,因为机缘巧合,侥幸被霍光扶上帝位,但由于执掌朝政为君主之职,"夫威福者,人君之器也"③,故他一登上帝位,便油然而生掌控天下之心。并且为了维护自身的安危,他更迫切地希望执掌大权。因此宣帝在尊崇霍光的同时,为了摆脱霍氏集团对他的控制,还以极其隐晦的手段来拓展自己的权力空间。

首先,针对霍光亲党掌控朝政的现实,宣帝试图通过与霍光的亲信的互动,从内部对其集团予以分化瓦解。

由于张安世位高权重,宣帝即位后,一直有意识地拉拢张安世。张安世之兄张贺有大恩于宣帝,然而不幸的是,张贺在给宣帝娶亲成家后没多久就死了。宣帝即位后,追念旧恩,不断地向张家施以恩惠,由于张贺无后,宣帝对张贺的报答事实上都落在了张安世父子身上。如宣帝以定策功益封张安世的食邑,将张安世的三个儿子张千秋、张延寿、张彭祖都任命为中郎将、侍中,同时由于张彭祖被过继给张贺,少时曾与宣帝同席读书,关系甚密,故宣帝即位之后,通过张彭祖向张安世致意,是可以想见的。

在施恩的同时,宣帝又对张安世稍示严威。却说当年宣帝未发迹时,张安世曾经屡屡阻止他的哥哥张贺称赞宣帝,因此宣帝有次对张安世意味深长地说:"掖庭令以前称赞我,将军制止他这样做,这是正确的。"此话看似是表扬,实则大有深意。因为当时宣帝落难民间,不过是一介平民,对他能构成什么威胁!而他却视宣帝如大敌,好话不

---

① 班固撰,王先谦补注:《汉书补注》卷八《宣帝纪》,上海古籍出版社2008年版,第342页。
② 班固撰,王先谦补注:《汉书补注》卷九十七上《外戚传》,上海古籍出版社2008年版,第5954页。
③ 司马光:《资治通鉴》卷二十五,中华书局1956年版,第821页。

让说,姑娘不让嫁,更别说指望他这个当朝的第二号人物稍施恩惠,改变一下宣帝的人生境况了。所以说宣帝这句话与其说是表扬,不如说是讥讽更恰当。此外,当时宣帝这样说,也可视为对张安世的警告,即如今他已然成为君临天下的皇帝,不再是当年那个不被人待见的小百姓了,希望张安世不要执迷不悟紧随霍家,仍像原来那样反对自己,一条道走到黑。

张安世行事一贯小心谨慎,这恐怕是吸取了他父亲因过于张扬而遭人暗算的教训,但小心谨慎并非是胆小怕事,而是希望通过缜密的筹谋,使自己能始终立于不败之地。所以当年他确信跟随霍光可以飞黄腾达后,便一门心思辅佐霍光,在诛除上官桀集团、废立昌邑王刘贺、尊立宣帝的过程中,张安世都是积极的参与者。而当历史进入宣帝时代,眼见霍光垂垂老矣,而霍氏却后继乏人,宣帝掌权已是迟早的事,在此情况下,张安世从自身安危考虑,脱离霍光集团,效忠羽翼日渐丰满的宣帝,自然就成了其最佳选择,更何况宣帝还对他恩威并施,频频致意,因此张安世渐渐地就与宣帝结下了君臣之谊。

光禄大夫给事中丙吉首倡拥立宣帝,宣帝虽不知其在郡邸狱时的抚育之恩,但仅从其率先推举自己,就知道丙吉是一个可以信任的人。而丙吉作为中朝议臣,时常侍奉在宣帝左右,故宣帝将着力强化与丙吉的关系是可以想见的。

宣帝在掖庭时,太仆杜延年的中子杜佗与宣帝关系亲密,杜延年又是率先支持丙吉拥立宣帝之议者,故宣帝即位后,很快也与杜延年建立了稳定的关系,给予了他高度的信任,让他出即奉驾,入给事中,并对他赏赐甚众。

金安上,是金日䃅弟弟金伦之子,时为侍中,惇笃有智,宣帝对他非常宠信。后金安上参与揭发楚王刘廷寿谋反一事,宣帝借此赐金安上爵关内侯,食邑三百户。

杨敞之子杨恽以其兄杨忠任为郎,补常侍骑。其人好结交英俊诸儒,名显朝廷,被拔擢为左曹。

夏侯胜本始二年(前72年)五月,因阻挠宣帝褒崇武帝下狱,本始四年(前70年)赦出后,为谏大夫、给事中。宣帝主动向他示好,朝廷每有大议，宣帝都劝慰他不要因为此前因言获罪一事，心存顾忌，尽管畅所欲言。

在拉拢霍光亲信的同时，宣帝还暗中着力发展自己的外戚势力。如要求朝廷为其父祖恢复名誉，就含有想借此将他祖母的娘家史家与他母亲的娘家王家也引入朝廷，作为他的依靠的意图。

想当初，受巫蛊之祸牵连，宣帝刚出生数月就被抓进了长安城的郡邸狱。郡邸狱本来是为惩治天下郡国来朝廷汇报工作者的不法行为而设的，及巫蛊案起，被逮捕的人都被关押在了这里，宣帝就是其中之一。

宣帝在郡邸狱一直被羁押了五年，方才遇赦。遇赦本应是好事，但却给当时主管郡邸狱事的治狱使者丙吉出了个不小的难题。因为宣帝的直系亲属都已被诛死，若把他赦免出去，他只能流浪街头。可让他一直待在监狱肯定也不是办法，因为巫蛊案经天子大赦已经结束，作为临时委派来主持工作的丙吉处理完善后事宜，很快也要离开这里，这样就无法再照顾宣帝了。所以在离开郡邸狱之前，丙吉希望能给这个苦命的孩子找一个比较合适的归宿。当时他首先想到的是把宣帝交给治理京师的京兆尹来照顾，京兆尹却不肯接受。丙吉只好再想办法，后来打听到宣帝祖母史良娣的娘家的地址，就把宣帝送了过去。

史良娣是元鼎四年（前113年）被纳入太子宫的。汉代太子临幸的女子有妃、良娣及孺人等三个等级，良娣属于中级女官。史良娣进宫后，很快就给卫太子生了个儿子叫史进，号称史皇孙。由于古人尤其是贵族对子嗣非常重视，故史良娣为卫太子生下儿子，就等于确立了自己在太子宫中尊崇的地位。由于太子成年后经常代武帝执政，权势自是非其他时代的太子可比，按说给史良娣娘家一官半职是不成问题的，然而从巫蛊之祸发生后，史家却没有受到株连这一事实可以看出，自史良娣入宫到巫蛊之祸发生的长达二十余年的时间内，刘据在政治上并没有刻意提拔过自己的外家。由此可知卫太子为了避免招致武帝的疑忌，在处理家庭事务方面的谨慎。而也正因如此，才使史家在这次浩劫中幸存下来。

丙吉把宣帝送到史家，交给了史良娣的兄长史恭。对此或许有人会问，丙吉这样做是不是为了推卸责任，随便找个地方把宣帝打发了呢？因为祖母的娘家，从血缘上看有点远。但这只能说是今人的看法，古人并不这么认为。上古时期，由于社会发展迟滞，生产力不发达，人口的流动性差，这就使亲缘关系在各种社会关系中占据了主导地位。所谓亲缘关系，即以血缘、婚姻关系为纽带而建立起来的人际关系。它包括血缘关系、婚姻关系和拟血缘关系。上古时期人与人之间的关系即是以此为基础展开的，而这种关系发展到极致，甚至可以建立强大的统治秩序。三代就是以此为框架搭建起来的。

在三代，不仅社会秩序是由既定的亲缘关系推演出来的，就是国家也是以家族的形式来建构的，此即所谓的家国同构，并由此衍生出了系统而完备的以亲亲为内容的宗法体制，并为整个社会所认同，融入民族的文化传统之中。

在此过程中，亲缘关系中的血缘关系由于是通过婚姻生育而产生的与生俱来的关系，具有极强的稳定性，因而在社会关系中占据了主导地位。而婚姻关系虽不及血缘关系重要，但无婚姻就无生育，且两姓婚姻的结成，从某种意义上也可视为两个不同血统的家族的血脉在一个共同点上的交汇，子女的产生则是两姓血脉的贯通，因而也就有了血缘上的联系，成为稳定的可以利用的关系，故而婚姻关系作为血缘关系的补充，也受到了社会的广泛重视，成为亲缘关系的重要内容。

就秦汉而言，其时新出上古，不免带有浓厚的上古遗习，对婚姻关系的重视即是一重要表现。当时婚姻之家往往以兄弟相称，如《尔雅·释亲》称："父之党为宗族，母与妻之党为兄弟。妇之父母、婿之父母，相谓为婚姻。"又"妇之党为婚兄弟，婿之党为姻兄弟"。[1] 因此《汉书·何武传》有"不宜令异姓大臣持权"之语，颜师古释曰："异姓谓非宗室及外戚。"[2]这显见是把姻亲与宗族同等看待。《汉书·翼奉传》

---

[1] 郭璞注，邢昺疏：《尔雅注疏》卷四《释亲》，《十三经注疏本》，中华书局1980年版，第2593页。
[2] 班固撰，王先谦补注：《汉书补注》卷八十六《何武传》，上海古籍出版社2008年版，第5274~5275页。

把姻亲之家视为"非异姓",所谓:"同姓亲而易进,异姓疏而难通,故同姓一,异姓五,乃为平均。今左右无同姓,独以舅后之家为亲,异姓之臣又疏。"①这种关系尤其注重有实质的内容,即夫妇双方育下子嗣,那就是骨肉相连的至亲了。如霍光的女儿是宣帝的皇后,但由于没有生下儿子,人们便认为霍家与宣帝的关系不如许、史两家亲密是很正常的,如任宣就曾直白地对大司马霍禹说:"今许、史自天子骨肉,贵正宜耳。"②所以说,虽然宣帝是史家闺女的孙子,但在时人眼中与史家的孙子并无太大的差别。因此丙吉这样做是妥当的。当然,把宣帝送到他母亲的娘家王家会更好,只是王家在哪里,谁也不知道。

当时史良娣的母亲贞君本以为太子家已被诛杀净尽,没想到突然间儿子史恭带着一个怯生生的小儿来到了她的面前,告诉她这是她冤死的女儿的遗孙!一时间惊讶、欣喜、哀怜等诸般感情涌上心头,贞君老夫人怎能不双泪长流!本来史恭打算由他来养育这孩子的,可贞君无论如何放心不下,这可是闺女家留下的唯一血脉呀,万一有个闪失怎么办?便不顾年迈体弱,亲自来养育这孩子。这让幼小的宣帝感到无比的温暖,并留下了深刻的记忆。从后来宣帝的表现看,他对自己的往事开始有比较清晰的记忆,基本上就是从此时开始的,此前的一切都被他忘了!

宣帝在史家生活一段时间后,又被朝廷召回掖庭,由国家养了起来。这期间他没少得到史家的照顾是可以想见的。由于与史家关系亲密,宣帝娶了许平君后,经常去史家住。史恭的孙子史丹、史恬等与宣帝的年岁大致相当,估计当年他们在一起没少干斗鸡走马的营生。

正是由于和史家关系深厚,史家也就成了除许家之外,宣帝最为信赖的外戚,置身险恶环境的宣帝,迫切需要得到他们的保护。

史家之外,还有宣帝母亲的娘家王家。宣帝母亲姓王,名翁须,是涿郡人,在太始年间以歌女身份进入太子宫,并得幸于史皇孙刘进。

---

① 班固撰,王先谦补注:《汉书补注》卷七十五《翼奉传》,上海古籍出版社2008年版,第4898页。

② 班固撰,王先谦补注:《汉书补注》卷六十八《霍光传》,上海古籍出版社2008年版,第4636页。

虽然如此,其仍然不过是太子深宫中一个普通宫女而已,因此卫太子一家阖门被诛后,留存世间的关于王翁须的信息非常少,就是已故的太子家吏张贺以及史良娣的母亲贞君、兄长史恭等,对她的情况也不甚清楚。故而不仅当年丙吉找不到王家,就是宣帝也不知道王家在哪里。因此,宣帝要想依靠王家,就必须先找到王家。

只是,无论是提拔史家,还是寻找王家,宣帝首先要做的是恢复他们的外戚地位。否则在他们还是戴罪之身的情况下,一切都无从谈起。而要想恢复他们的外戚地位,就必须为卫太子平反。

关于宣帝父祖的冤案,以宣帝的本意,他是希望有人能主动上奏章来论说的,这样他就可因势而为,促成此事。人皆为父母所生,都有孝敬感恩之心。父母在世时,为人子的要极尽孝养之事,父母去世则须岁时祭奠,寄托哀思,此实人之常情。汉世重孝道,人人皆欲为孝子贤孙,故尤重敬事父祖。因此很难想象当皇家孤儿刘病已被立为天子后,天下吏民尤其是朝中重臣,会没人注意到新天子的父祖连个正经的祠祭地方都没有这一事实。然而他已即位近一年了,仍不见有人提及此事。宣帝情急之下,干脆亲自出马,要求朝廷对此事拿出意见。

本始元年(前73年)六月,在宣帝即位后的第十二个月,宣帝下了一道诏书说:"前皇太子葬在京兆的湖县,还没有谥号和一年四季用来祭祀的祠庙。有关方面应该为前太子议定谥号、建置陵园。"从而亲自揭开了尘封近二十年的惨痛往事。

关于谥,《逸周书·谥法解》云:"谥者,行之迹也。"大致而言,是指人死后,后人根据其生前行为而评定的带有褒贬意义的称号,有点盖棺定论的意思:"谥者,死后之称,累生时之行而谥之,生有善行死有善谥,所以劝善戒恶也。"①所以古人对此非常重视。就宣帝的父祖而言,要想给他们立祠祭祀,就必须对他们生前的行为给出一个评价,然后国家才能据此评定出他们应享受的礼遇。宣帝首提给他祖父议谥号,其实就是要求朝廷给他的祖父下一个定评。但这个评语很难下。因为虽然卫太子是含冤而死,但此事却有五不可提:

---

①黄怀信、张懋镕、田旭东:《逸周书汇校集注》卷六《谥法解》,上海古籍出版社1995年版,第668页。

首先，若官方正式为卫太子恢复名誉，则会对已故的武帝产生不利影响。武帝虽然通过一系列活动，将太子冤死一事推在了江充和刘屈氂头上，但他始终无法抹去自己误信谗言的失察之过。而他为了维护自己的权威，一直不肯承认自己的过错。现在正式为卫太子昭雪，这就形同批评武帝，这既是对武帝的大不敬，也有损武帝的神圣形象。由此而产生的消极影响是汉统治者所不愿承受的。

其次，卫太子在此次事件中并非没有过错。人们同情卫太子遭江充陷害的不幸，但不能原谅他的一错再错。如果说他愤而诛杀江充是情有可原的话，接下来发兵攻打丞相府就不应该了。尤其不可原谅的是他又矫制赦免中都官囚犯，发放武库中的兵器，并让属下驱使长安城中的百姓与丞相大战于长乐宫西阙下，导致死者数万。这难道说是为人臣、为人子所当做的吗？因此，刘据固然有冤，但其错也不小。如胡寅就指出："既不忍忿忿，斩充炙胡，犹可身之甘泉，庶几见察。方且发中厩车载战士，出武库兵，发长乐卫卒，是将何为？少傅不之谏，皇后不之止，拒丞相军合战五日。于不得已中得已而不已，是真反矣。至此，罪不可贷，则亡而经死，非不幸也。"①因此若为卫太子平反，就等同认可了其行为的正当性，这也就意味着今后为臣子的，若自认为君主、父亲对待自己不公，就可以起来抗争，如果是这样，现有的社会秩序就会受到极大的挑战，天下就会大乱，所以这样的恶例是开不得的。

再次，若给卫太子平反，那么给当时死难的人平反不？给那些受到牵连而逮捕入狱的人平反不？要知道此案牵涉之广，遍及全国。就此案的规模而论，可称得上是西汉开国以来的第一大案，当时死亡数万不说，嗣后武帝又广事株连，案件从长安扩大到地方，许多人因此被捕送到长安郡邸狱中看管。并且案子连年不决，不知有多少人因此而家破人亡，所以处理起来非常麻烦。

复次，若给卫太子平反，那怎样界定宣帝与他父祖的关系？若不认可他与他父祖的父子、祖孙关系，他必然会不高兴；若认可了他与他

---

① 胡寅：《致堂读史管见》卷二，台湾商务印书馆1981年版，第91页。

父祖的关系,就等于是在事实上否定了他与昭帝的承继关系,则霍光必然会不满。尤为严重的是这将使宣帝的母家、祖母家成为正宗的皇亲,则朝廷接下来就须对这些皇亲进行封赏,这样一来,必将威胁到霍光的地位,霍光当然不会答应。

最后,朝臣皆知霍光因宣帝强立其妻为皇后,而对宣帝心生芥蒂,不愿张罗他的好事,既然大将军都不肯专美于前,谁又敢出来说三道四呢?

总此诸点原因,虽然天下吏民都知道卫太子冤死一案是宣帝的心病,可是宣帝做皇帝都快一年了,始终没人肯站出来论说此事。而宣帝认为要求为他含冤而死的家人昭雪平反属于他的正当诉求,并且也没有触犯任何人的利益,为什么不能提?遂亲自出马,要求论说此事。由于知道此事敏感复杂,所以他没有直接要求朝廷为其父祖恢复名誉,只是委婉地要求群臣议一议,但同时也颇为强势地划了一条红线,即其父祖的谥号、陵园以及守陵户数都可以探讨,但不管怎样探讨都有一个前提,那就是必须给其父祖定谥、置园以及守陵户,这是不容商量的。

就霍光而言,他虽然知道宣帝之意并不仅仅在于为其父祖议谥,但既然宣帝亲自提了出来,且此事早晚都要议,倒不如现在就议一议,看看大家怎么说,因此就没有阻拦。

而官员们见躲不过去,只好在丞相韦贤的主持下,就此事展开深入探讨。经过商议权衡,最终的处理办法是,把宣帝的父亲史皇孙刘进从卫太子事件中剥离出来,谥曰:"悼"。何谓悼呢?《逸周书·谥法解》称"年中早夭曰悼"[1]。所谓"年中",也就是中年的意思,因此所谓"悼"就是伤感英年早逝的意思。这是一个不错的谥号。当然宣帝以昭帝继嗣的身份入继大统,虽生父为刘进,但他已经过继给了昭帝,故从礼法上讲就不能再作刘进的儿子了,自然对刘进就不能以天子之礼来对待,而应以诸侯之礼为其置园邑。

对卫太子刘据,谥为"戾"。何谓"戾"?《逸周书·谥法解》称:

---

[1] 黄怀信、张懋镕、田旭东:《逸周书汇校集注》卷六《谥法解》,上海古籍出版社1995年版,第726页。

"不悔前过曰戾"①。这应该是一个恶谥。但相对于丑、剌、幽、厉、荒、纣等谥号而言,戾的贬义应该是比较轻的,并且也只能这样了,如果给他美谥,则意味着给他正式平反,由此将会带来一系列消极影响。想来关于这方面的利害关系,官员们在奏请之前是给宣帝谈过的。历史太沉重,一味纠结于往日恩怨,是会拖住汉朝前进的步伐的,当前应该做的是尽量放下包袱,团结一致向前看。

因此,官员们商量的结果是这样说的:"礼法规定:'做了人家的继承人,就要做人家的儿子。'所以自己的亲生父母就得降位屈尊,不能得到儿子的祭祀,这并不是对亲生父母的不敬,而是出自对祖宗的尊崇。陛下是孝昭皇帝的继承人,也就继承了对祖宗的祭祀,因此制定礼仪就不能逾越规则。通过考察后确定孝昭皇帝时为前皇太子在湖县修了坟墓,史良娣的坟墓在博望苑的北边,您生父史皇孙的坟墓在广明苑北边。谥法说'谥,就是对生前事迹所做的考评',我们以为您的亲生父亲可谥为'悼',亲生母亲称'悼后',比照诸侯王的规格建置陵园,配置供奉采地三百家。前皇太子谥号为'戾',配置供奉采地二百家。史良娣称'戾夫人',配置守坟户三十家。陵园设置长、丞等官职,依制对这些地方进行供奉保护。"

官员们对宣帝父祖所上的谥号,将卫太子谥为"戾",意味着朝廷并没有给卫太子平反,这既维护了武帝的尊严,也维护了社会的稳定;另外群臣再次强调了宣帝与昭帝间的承继关系,明确否定了宣帝与其父亲在法律意义上的父子关系,不仅确保了皇权传承统系的稳定,而且让宣帝的母家、祖母家仅获得了诸侯王外戚的身份,使他们难以名正言顺地进入政局,因此霍光很满意。宣帝则是哑巴吃黄连,有苦难言。因为不仅他的祖父被定了个恶谥,他与刘进的父子关系也没得到承认。但他的父亲毕竟被恢复了名誉,还享受到诸侯王的待遇,且他的父祖家人都被恢复了贵族的身份与地位,故宣帝虽对官员们这样处理不甚满意,但在霍光主政下,也只能这样了。

因为官方给宣帝的父祖作出了评价,宣帝就有了处置相关事宜的

---

① 黄怀信、张懋镕、田旭东:《逸周书汇校集注》卷六《谥法解》,上海古籍出版社 1995 年版,第 742 页。

借口。他遂为其祖父在湖县阌乡邪里聚他祖父的葬地设戾园,长安县白亭以东史良娣的葬地设戾夫人园,其父母的葬地广明苑的成乡设悼园。并对他的亲人们都建陵改葬。大概与此同时,又将被埋葬在长安城南一个叫桐柏的地方的卫后,改葬在杜门外的大道东侧,追谥其为思后,并为她配置供奉采地三百家,诏令长、丞等依制对其陵园进行供奉守护,还让上千倡优杂伎在其园内歌舞奏乐,因号千人聚。总之,这一系列动作做下来,宣帝总算对父祖有了个交代。

他的母家及祖母家虽仅获得了诸侯王外戚的地位,但毕竟拥有一个外戚的名分,宣帝虽不能公开对他们大行封赏,但凭此已可以将他们引入政坛,安排一些相应的职务,让他们来辅助自己了。只是令宣帝遗憾的是,他母亲的娘家王家虽然恢复了外戚身份,可是却没人知道这家人现在何处!这让宣帝非常挂念,为了找到王家,宣帝多次派遣使者去民间寻访。由于找到宣帝的母家,等同于壮大宣帝的实力,故在霍光主政的情况下,官员们为避免得罪霍光,敷衍塞责,不肯尽力寻找也属常事。所以直到霍光去世,王家还是没有被找到。

宣帝在发展外戚势力的同时,还重用宦官。宦官是古代在宫中侍奉皇帝及其家族的被阉割的男人,他们在宫中执洒扫之役,供驱使之任,份属皇家奴仆,地位下贱;同时又因其上辱其先,中伤自身,下绝其后,与儒家所宣扬的伦理道德背离,因而为士人所不耻。不过,由于他们份属皇家奴仆,是皇帝的自家人,且幽处深宫,与外朝大臣无甚联系,故从皇帝的角度看,还是颇可信任的。因此武帝时游宴后庭,颇用宦者助其处理政务。宣帝即位后,为了对付霍氏集团,有意识地利用宫廷中的宦官辅佐他处理国事,其中尤以济南人石显、沛人弘恭最受信任。这俩人都是少时因罪而被施以腐刑,做了中黄门,后来又做中尚书,宣帝时他们为中书官,以明习汉朝的法令制度,善于处理政务,而受到宣帝的重用。此外,宣帝还将在民间时结识的一些朋友如戴长乐、陈遂等引入政坛,帮助自己。

当时,针对宣帝的种种作为,霍氏集团不断借天象异常警告他不得背叛霍家。本始元年(前73年)四月初二初更时分,即二十一时左右,原本错行、互不相见的辰星与参星同时出现在西方。本始二年(前

第十二章 君臣角力,霍家终得位

72年)七月某日①傍晚,辰星与翼星一起出现,这两次都属提前出现。占候者说:"大臣将有被诛杀的。"后来火星留守在房宿北方二星钩星、铃星所在星区。钩、铃二星是天帝的车驾,象征为天子之御者。占候者说:"其兆不是应在太仆,就是应在奉车都尉,不是被罢黜就是被处死。"当时霍光亲信杜延年为太仆,霍光侄孙霍山为奉车都尉、侍中,领胡、越兵。然而霍光的女婿赵平不认为此兆应在杜延年,而暗中担忧霍山等的命运,可知他对于宣帝暗中发展自己的势力的行动是知道的。故占候者出此占辞,其意当是警告宣帝不得轻举妄动。

及至本始三年(前71年)正月,霍家又害死了许皇后。

原来,宣帝立许平君为皇后后,霍光将小女送进宫去的念头一直没有打消,但让霍成君入宫做婕妤,形同为人之妾,又是他所无法接受的,因此之后数年一直让其小女待字闺中。其夫人显揣摩到了霍光的心机,遂伺机自作主张除掉了许平君。

本始三年(前71年)正月,许皇后要临产时生了病,召女医淳于衍入宫诊治。淳于衍与霍家关系亲密,当时淳于衍的丈夫赏做着掖庭户卫,见淳于衍要进宫,就让她顺便去霍夫人家走一遭,替他讨个好的职位。显见到淳于衍,得知她要进宫为皇后治病,当时就动了邪念。于是屏退左右,以字称淳于衍说:"少夫来找我办事,我也有事想请少夫帮忙,可以吗?"淳于衍说:"夫人您说的事,哪有不可以的!"显说:"将军一向喜爱小女儿成君,想让她显贵,所以要麻烦少夫。"淳于衍不明所以,显就解释道:"妇人分娩是九死一生的大事,现在皇后要分娩,可以趁此机会投毒除掉她,那么成君就能够做皇后了。若能蒙少夫出力办成这件事,我将和少夫共享福贵。"淳于衍感到很为难,说:"药是由众位医生共同配制成的,制好后还要先让人尝验,怎么有机会下毒呢?"显说:"这就要看少夫的能耐了。将军掌管着天下,谁敢说他什么?出了问题我们会妥善解决的,就怕少夫没这个意思!"淳于衍沉思良久,最后答应尽力而为。于是她将附子捣成末,带进了许皇后所居的长定宫中。许皇后生产之后,她就取出附子末掺和在太医制作的药

---

① 《汉书·天文志》:"其(本始)二年七月辛亥夕,辰星与翼出"云云。然据陈垣《二十史朔闰表》,七月甲寅朔,无辛亥。

丸中,服侍着许皇后吃了下去。许皇后服过药后,过不一会儿,就感觉头很难受,问道:"我的头感觉沉沉的,是不是有人下毒了?"接下来就觉得更加烦懑,然后就死了。时为本始三年(前71年)正月十三日。

关于此事,自班固将它写在《汉书》上后,千百年来没有人提出任何的异议。但是到了二十世纪,吕思勉却认为这是"莫须有之事。附子非能杀人,尤不能杀人于俄顷间。宣帝非愚駮者,即视后死不能救,又宁待许伯而后知之乎?"①实则并非如此。附子的母根为毛茛科植物乌头,乌头为多年生草本植物,又名乌喙,先秦时期,人们便熟知此类植物为毒物,如战国时,苏秦游说齐王,称人们饿了也不食乌喙,是因为知道乌喙有毒,吃了要被毒死,与饿死一样:"臣闻饥人所以饥而不食乌喙者,为其愈充腹而与饿死同患也。"②《淮南子》称:"天雄乌喙,药之凶毒也,良医以活人。"③自先秦以来,乌头作为一种毒药被人广泛使用。具体到附子,该药为乌头的侧根,"气味辛甘,腌者大咸,性大热,阳中之阳也。有毒",有遇阴回阳、起死回生之力,但是"惟孕忌服,下胎甚速"④,为产妇所忌。现代临床研究也显示,附子内服用量一般以不超过15g为宜,过此就会有危险,并且这指的还是煎服经过多道程序炮制之后药性稍减的熟附子。因为附子中含有剧毒物质乌头碱,服用乌头碱达到2毫克,即可致人死命。从史书记载可知,淳于衍在侍医过程中,参与了最后一道程序,即服侍许后将药服下,因此她有施毒的机会。可见淳于衍是有能力用附子把许皇后害死的。

许皇后死后,淳于衍就去霍家邀功。显本来想好好报答淳于衍,但这个时候又不敢做了,怕给淳于衍东西过多,传扬出去,人们会起疑心,就象征性地给了淳于衍一些东西,把她打发走了。而宫中发生此事后,官吏很快便把侍疾的医生都给抓了起来,并劾奏淳于衍侍疾时所犯之罪不可言状,不道。遂将其下狱。紧接着宣帝又不断地让官员追问淳于衍许后暴崩的缘由。霍显知道后,就慌了。因为事情发展到

---

① 吕思勉:《秦汉史》,上海古籍出版社1983年版,第157页。
② 司马迁:《史记》卷六十九《苏秦列传》,中华书局1959年版,第2263页。
③ 何宁:《淮南子集释》卷十《谬称训》,中华书局1998年版,第711页。
④ 张景岳:《景岳全书》卷四十八《附子》,《张景岳医学全书》,中国中医药出版社1999年版,第1552页。

第十二章 君臣角力,霍家终得位

这个地步,她已经无法控制了,无奈之下,只好把实情告诉了霍光,霍光听后非常震惊,有心把她抓起来送到官府处理,但这种罪行一经告发,霍显便将被处以极刑,他实在不忍心眼睁睁地看着妻子自己的身首异处!纵使他能狠下心来将霍显秉公法办,但因为是他的妻子干出这种大逆不道之事,他也将不可避免地要受到连坐之罪,对此,宣帝当然不敢追究他的责任,可他还有什么脸面治理天下!可以说,他一世的英名就将毁在这件事上。并且从根本上讲,除掉许平君,将其小女霍成君扶上皇后之位,正是霍光的本意。显之所以敢毒害许后,正是因为窥到了霍光的心思,才敢于无所顾忌:"许后之立本非光意,光未尝不欲贵其少女也。显之邪谋,盖亦微窥光意而为之耳。"①凡此种种原因,使霍光对于是否告发霍显,一直犹豫不决,此时恰好此案的奏章报了上来,霍光就在奏章上签署文字,要求对淳于衍不予追究,宣帝只好放了淳于衍。遂谥许皇后为恭哀皇后,葬杜南,是为杜陵南园。

当宣帝埋葬许皇后之时,霍显已开始为其小女霍成君置办嫁妆,准备入宫用品,并劝霍光将霍成君送入宫中。次年三月,霍家小女霍成君名正言顺地入宫做了皇后,霍显终于得偿所愿,而宣帝想倚重许氏外戚的愿望似乎成了泡影。不过,霍成君入宫,似乎也意味着霍家与宣帝终于理顺了彼此的关系,从此将君臣一体,再无嫌隙。②

霍光是个典型的美男子,其夫人显属霍光府中侍女上位,姿色自也不差,故俩人生下的锦衣玉食的小女霍成君相貌当也不丑,又兼青春妙龄,则该女自有其可人之处。因此年方二十二岁的宣帝与其新婚

---

①黄恩彤:《鉴评别录》卷六《汉纪四》,光绪三十一年家塾刻本。
②论及霍光妻显毒害许后一事,吴裕垂称:"博陆一身所行,皆伊尹周公之事。……博陆有伊尹之志,而不克学伊尹之术,遂有妻显毒后之诬,惜哉。曷诬乎,曰尔时功名之士,鲜不欲以取天下之术,谋诸博陆,谮诸昭宣者。然历事三朝,终莫敢干以邪谋,必其忠厚之德,有以型于寡妻,实示人无可窥伺之端,故诉上变书,孝昭亦不待辨而自明也。一自昌邑废,奸雄欲因以籍口,而小心谨慎,不失臣节,欲加之罪,终患无辞。于是进毒许后,俾立霍后,以伏霍氏之罪案,以为欲立其女,而先弑其后也。夫博陆大节不可夺,妻宜知之素矣。既不敢谋于未弑之前,独敢盲于既弑之后乎。既弑而敢言,不且未弑而同谋乎。一妻不能制,而能处天下之大变,决天下之大计,行天下之大权乎。且既闻妻弑后,而即听其纳女为后,倘又闻妻弑帝,亦将听其立子为帝乎。博陆断不若是之奸,亦断不若是之愚,麟故曰:许后之弑,霍后之立,皆小人之反间,而史臣之失实也。"此可备一说。见洪亮吉编,吴裕垂著,纪晓岚等订,杜道生、蜀人点校:《霍博陆侯光》,《历朝史案》,巴蜀书社1992年版,第116~117页。

燕尔,同床共枕,自有其难以言表的欢乐。可惜的是这种温馨的情调始终无法遮蔽住这桩婚姻冷酷的政治底色,他清楚地知道他与霍成君的结合,就是一桩赤裸裸的政治交易,在这桩交易中,他付出了皇位,使霍家成了正牌的皇亲国戚,只是他得到了什么呢?霍家的支持与信任?不一定!因为宣帝的感觉很不好。许皇后在时,五日一赴长乐宫朝见上官皇太后,并亲自为上官氏奉案布席,以妇道奉养上官氏,可谓其乐融融;霍成君入宫后,也效法许皇后,侍奉上官氏,因霍皇后是上官氏母亲的妹妹,故上官氏每当霍后朝见时,就表现得深为不安,对霍后敬而礼之。许皇后时出行,随从官员、车驾、服饰都非常节俭;霍皇后出行,扈从车驾、侍从数量甚盛,又挥金如土,单是对官属的赏赐就以千万计。霍家女眷又时时出入霍皇后居住的宫殿长信宫,无所顾忌。总之,自霍皇后一入主长信宫,其势力很快便覆盖了整个后宫,昭帝时期的霍家擅权前朝与后廷的政治格局再度出现,宣帝俨然已成昭帝第二!

因为随着霍成君入宫为皇后,霍家对他的控制不仅没有放松,反而更加严厉起来。当时霍光借天象异常频繁地警告宣帝。

本始四年(前70年)七月初二,辰星行至翼宿,受到月亮侵犯。占候者说:"征伐将起,有上卿死,是将相。"当天,火星进入鬼宿天质星星区。占候者说:"大臣将有被诛杀的,这一天象意为天贼在帝王之侧。"本始五年(前69年)正月十九日二更时分,即二十三时左右,火星在角宿、亢宿,被月亮遮掩。占候者说:"忧患发生在宫中,不是贼就是盗。有内乱将发生,君主的身边有进谗言的臣子。"二十二日,火星进入氐宿中部。氐宿,象征天子的宫廷,火星进入其中,预示有居心叵测的贼臣在天子身边。六月初二①初更时分,有彗星又处在左右角星之间,彗尾指向东南,长约二尺,白色。占候者说:"这预示着有奸邪之人在宫廷中。"到三十日,又有彗星出现在贯索星的东北,朝南方运行,至七月初七夜进入天市垣,星光明亮,彗尾指向东南,白色。占候者说:"预示

---

①《汉书·天文志》:"其六月戊戌甲夜,客星又居左右角间"云云。曹相成、夏琼英称"戊戌:当作'壬戌',为夏历正月二十三日。"未知何据。见张烈主编:《汉书注译》卷二十六《天文志》,南方出版社1997年版,第1551页。

着卿士将被戮杀。"所谓的天贼、奸人、逸臣等意指的就是宣帝身边的外戚故旧等亲信。霍光让人出这样的占辞,其意是在警告宣帝不得对自己有二心,暗中发展势力。而所出的大臣将被诛杀的占辞,当是霍光借此表达对宣帝的不信任,认为宣帝意欲诛除霍氏集团。

这显然是霍成君一进宫,宣帝很快便受到了她的严密监视,遂使宣帝的隐私大量为霍家所掌握所致。这不由地让宣帝更加怀念自己的发妻许皇后,本来经过数年经营,许氏已经在宫中打下一定的根基,没想到一次生产,竟然要了她的性命。而从当时各方的反应看,许氏死得很蹊跷,宣帝要查,人都抓进监狱了,可却被霍光阻止了,为什么?宣帝不敢想。一个铁的事实是,霍家想让他们的小女做皇后,他们的小女就做了皇后。这等于是在警告他:对于他们霍家而言,只有他们想不到的事,没有他们做不成的事。无论什么事,只要他们想做,任是皇帝也阻拦不了!而现在霍家频频利用天象敲打他,更是在告诫他最好态度放老实点,否则甭怪霍家对他不客气。

严峻的形势,让宣帝不寒而栗。但他只能在焦虑中隐忍,在隐忍中等待,等待着那个属于他的时刻的到来。在此之前,他要做的就是加倍讨好对其家人言听计从的霍成君,让她享受专房之宠,任由她在后宫为所欲为。只是他能等到那个时候吗?

第十二章
君臣交易，霍家终得恕
宣帝亲政：政坛波涛汹涌
第十三章

第十三章 宣帝亲政：政坛波涛汹涌

本始六年（前68年），专擅朝政长达二十年之久的权臣霍光，终于走到了他人生的尽头。这年春，霍光病重，卧床不起，宣帝闻讯忙亲赴霍府探视，见霍光果然病势沉重，心中甚为激动，为表示对霍光的不舍与感念，当时就哭得涕泪交流。霍光自知时日无多，遂上书向宣帝谢恩，与宣帝做最后的道别，并在奏书中表示愿从自己的封邑中分出三千户，请求宣帝封自己兄长霍去病之孙奉车都尉霍山为列侯。观此可知，为了家族的利益，霍光真是做到了鞠躬尽瘁，死而后已。当然这个要求也不过分，毕竟分的封邑是霍光自己的，他只是需要宣帝给他侄孙一个名分而已。宣帝接到他的奏章后，马上把奏书交给丞相韦贤、御史大夫魏相商议。不仅同意了霍光的请求，还揣摩霍光的心思，当天又拜霍光的儿子霍禹为右将军，意为霍光一死即让霍禹接掌国事。

霍光去世后，宣帝与皇太后都亲自来到霍光的灵堂吊唁，这在汉代是大臣少有的殊荣。宣帝还把霍光的丧事办得极其隆重。宣帝让太中大夫任宣和五个侍御史拿着符节操办丧事，中二千石大臣在墓地设幕府具体处置相关事宜。赐给霍家金钱、缯絮，绣花被子百条，衣服五十箱，金缕玉衣一件，皇帝用的梓木做的棺材、象征帝王生前起居玩乐的便房、帝王所用的覆盖棺椁的柏木材料黄肠题凑各一副，随葬的外藏椁木椁十五副。少府东园官署所制作的温明秘器，都如同皇帝的规格。用辒辌车载着霍光的灵柩，车上用黄缎覆盖，辕左插着羽饰大旗，征发材官、北军五校士兵沿途列队直到茂陵，来为霍光送丧。为其谥号为宣成侯。征发河东、河南、河内三郡的士卒来挖掘墓穴，建起祠堂，设置三百户百姓看护园邑，有关官员依法奉守护陵园。整个过程可谓是极尽哀荣。而也正是从这个时候开始，打掉霍氏集团的计划被宣帝提上了日程。可一来由于霍氏集团势力庞大，骤然之间很难下手；二来都知道霍氏对自己是有大恩的，若霍光尸骨未寒，就对霍家大行诛戮，难免会落下一个忘恩负义的名声。因此这事只能慢慢来，细细做。

却说霍光一死，宣帝即亲政。宣帝亲政后，很快便改元地节，将本始六年（前68年）改为地节三年，并追改本始五年（前69年）为地节元年。自武帝创设年号用以纪年以来，年号的变更往往都与时政密切相关,故宣帝此举,内涵相当丰富。首先,通过改元使本始年号使用四年而止,这意味着霍光主政以来六年一改元的传统被抛弃,从而使宣帝亲政、大权在握的信息得以清晰明确地传布天下。其次,前已论及,本始四年(前70年)汉朝发生大地震,此为大臣擅权、侵迫君主之象。宣帝追改本始五年(前69年)为地节元年,而"地节"为希望大地节制,降福苍生之意,故此次改元实为本始四年(前70年)地震而发,意在表达对霍氏长期专权的不满和改变这种状况的决心。① 而为了尽快解决霍氏问题,维护社会的稳定与发展,宣帝一亲政,即严格要求自己,每五天上朝听政一次,数管齐下,励精图治。

一、力行变革,推行新政。霍光主政期间,治理天下崇尚严厉。宣帝亲政后,对百姓施以宽缓之政。

汉初继承秦制,一度治民相当严酷,文景时期,曾经做过适当的调整。武帝时,由于征发频繁,百姓资财损耗严重,导致利益受损阶层铤而走险、作奸犯科成风;而富人则恃财而骄,干犯王法。于是武帝让张汤、赵禹等人修订法令,制定了知人犯法不举告,所监察的部主有罪一同连坐的法令,放宽官员执法苛刻的罪行,严急对释放犯人的官员的诛杀。此后奸猾的官员钻法律的空子,互相比较,使法网渐趋峻密,律令烦琐苛刻,文件充满几案书架,以至于主管文件的官员都看不完,更何况是普通的百姓。因此案件繁多,犯禁者众。生活在这样的时代,对许多百姓而言,不啻被置于炉火之上,因此他们迫切希望朝廷约法省禁,宽以待民。但是昭帝时,由于政局一直动荡不安,因此主政的霍光继续推行武帝的严苛之政,以震慑天下。

宣帝亲政后颇有志于反霍光之政,放宽刑狱以苏民困,因此在其亲政的当年四月及次年四月,先后两次大赦天下。但因头绪众多,接下来如何将这项活动推向深入,宣帝其实也颇为迷茫。恰在此时,一个叫路温舒的司法官员给他上了一个奏疏,向他详细讲述了冤案生成的经过。路温舒在奏疏中说:"就人情而言,生活安逸了,就热爱生命;过得痛苦了,则会想到死亡。严刑拷打,常常让人痛苦得生不如死,在

---

① 参见辛德勇:《汉宣帝地节改元事发微》,《文史》2012年第3辑。

这样的情况下,什么样的供词得不到呢?所以被囚受审的人,因难以忍受严刑拷打之苦,只好承认了自己的罪过。但问题是他根本就没有犯罪,故而供词之中不免漏洞百出,这就需要官员们去旁敲侧击地指点引导他,让他明白他犯了什么罪,应该怎样说。到了将案件上报的时候,因怕被退回重审,官员们还要反复修改要上奏的文书,尽可能使之没有破绽。经过这一系列的运作之后,奏书上所定的罪名只要已成,由于经过多次细致的雕琢,因此根据法律条文罗致的罪状自然是明白无误,在这种情况下,就是让古代善于处理刑狱的皋陶来复核这样的文书,也会认为犯人死有余辜。"

宣帝久处民间,对当时被处死的人血流满市、被判徒刑的人比肩而立的情况,是了解的。但这些人是怎样被判以死刑、徒刑的,他其实并不甚清楚。及至看过路温舒的奏疏,他才知道所谓的铁案原来都是靠严刑逼供罗致罪名得来的,这让宣帝认识到维护司法的公平与正义是何等的重要,因此接下来即以重建司法的公正性为突破口,采取了一系列的措施来宽缓刑狱。

地节三年(前67年)十二月,宣帝下诏批评官吏用法严酷:"近来官吏在使用法令的时候,舞文弄墨的行为愈益深刻严峻,这都是因为朕没有德行的缘故。由于官员们对案件的处理不当,使得有罪者更兴邪恶之心,无辜者反遭杀戮,让百姓为此悲伤痛恨,朕对此非常悲伤!"为了保证司法公平公正,在国家的最高司法机构廷尉设置廷尉平,秩六百石,共四人。负责审核案件。

霍光主政期间,虽然国家掌握着大量的公田、池苑,但很少提供给贫困破产的贫民耕种。宣帝亲政后,则将大量的公田池苑假借给贫民,同时又采取相应的措施对他们予以扶助。如地节三年(前67年)三月,下诏说:"鳏寡孤独、高年和贫困的百姓,是朕所怜悯之人。前已下诏假借给他们公田,并贷给他们种子和粮食,让他们耕种。现在再加赐他们帛。二千石官员要严格督导属下重视这些人的生活状况,不要让他们失去了常业。"十月因地震又下诏说:"把久不使用的皇家池苑,租借给无地的贫民耕种。各郡国不再修建行宫馆舍。对于还乡的流民,要假借给他们公田,贷给他种子和粮食。同时免去他们的租税、人头税和劳役等。"

霍光主政期间,应乌孙之请,发大军远征匈奴。乌孙是西域的游牧大国。武帝时,为联合乌孙,对抗匈奴,武帝先后将宗室女细君、解忧以公主的身份嫁与乌孙君主昆弥为妻。其中解忧先嫁乌孙君主岑陬。岑陬死后,又改嫁给新的君主岑陬的堂兄弟翁归靡,翁归靡号称肥王,与解忧生下三男两女。

昭帝时,匈奴派兵在车师屯田,与车师联合,侵扰乌孙。车师原来位于罗布泊西北,武帝时由于天山东端匈奴势力很盛,汉朝出使西方的使节一般都是取道南道,出阳关,沿阿尔金山北麓西行至罗布泊西南的楼兰,继而北上至姑师亦即车师,然后自车师沿孔雀河西行,赴北道诸国。时车师多次攻劫汉使,并为匈奴的耳目,成为汉朝西进的大患。元封三年(前108年)武帝派将军赵破奴率兵数万攻破车师,并俘虏其王。其余众遂越过库鲁克塔克山,在靠近匈奴的博格多山南北居住下来。征和三年(前90年),汉发兵征服车师,撤退后,车师复归匈奴所控制。昭帝时,匈奴又派四千骑兵屯田车师,与车师联合侵犯乌孙。解忧上书昭帝,请求朝廷派兵救援,但因昭帝去世,此事被搁置下来。宣帝即位后,解忧公主与昆弥皆上书求援,本始二年(前72年)秋,汉朝开始大规模征发关东地区的轻车士兵,挑选各郡国秩禄在三百石且身体强健擅长骑射的吏员,让他们全部从军。同时征发骑士,让他们分别朝西河、张掖、云中、酒泉、五原等五处集结。本始三年(前71年)正月,由五将军统领共十五六万骑兵,同时出塞攻击匈奴。乌孙五万余骑兵也在校尉常惠的监护下,从西方进击匈奴。此次征伐历时五个月,不仅加重了百姓的兵役负担,且耗费资财甚众。汉世发兵,士卒每月需食2.67斛谷,所以且不说随军战马消耗的粮草,单是这十五六万军卒,保守估计耗费的粮食也当在二百余万斛。是役乌孙俘获匈奴三万九千人,得马、牛、驴、骡等五万余匹,羊六十余万头。可是汉军却近乎一无所获。后又派三千余骑兵,分三道,深入匈奴,也仅俘得数千人而已。

宣帝主政后,虽然继续与匈奴展开博弈,但尽量做到不烦扰百姓。地节二年(前68年),以匈奴对汉朝边疆侵扰渐少,罢除汉朝为了防备匈奴而在塞外建筑的光禄塞、受降城、庶虏障等城,不再戍守,以期让百姓得到休息。当年得知匈奴将发两万骑兵犯边的消息,宣帝下诏征发边境地区的骑士驻屯要害之处,特派大将军军监治众等四人率五千骑兵,分三队,各自出塞数百里,炫耀武力,震慑匈奴。匈奴畏惧,引兵去。

地节三年(前67年)十月,宣帝因地震下诏,为因异族未归附,自己不得不向边疆派驻军队而向天下表示歉意,并罢黜车骑将军、右将军统领的边防部队:"朕由于缺乏德行,不能够使远方之人归附,故而未能停止向边境驻军。现在又要调发重兵驻守边疆,使百姓长期遭受劳苦,这不是安定天下的办法啊。为此撤销由车骑将军、右将军统领的边防部队。"

在与匈奴争夺车师的过程中,汉朝所用兵力皆是免刑屯田的罪人及西域城郭兵,而非平民百姓。本始三年(前71年)五将军攻击匈奴,在车师屯田的匈奴士卒惊惧而去,车师遂复与汉相通。后车师太子乌贵在匈奴的支持下为王,因与匈奴结为婚姻,教匈奴阻拦从北道出使乌孙的使节。汉朝再次失去车师。地节三年(前67年),宣帝派侍郎郑吉、校尉司马憙等率领刑免罪人屯田渠犁,然后用收获的谷物为军粮,征发城郭诸国兵一万余人,与他们所率领的屯田将士共击车师,车师王投降,最终将其平定。郑吉征服车师后,将车师王的妻子和儿女送至长安,宣帝对他们厚加赏赐,每当朝会四夷的时候,常以高规格的礼仪待之,借此显示汉朝对异族的尊崇,以安抚夷族之心。将郑吉迁官卫司马,使护鄯善以西的且末、精绝、于阗、莎车等南道诸国。又诏令郑吉在渠犁、车师继续屯田,积谷以定西域诸国,并威慑匈奴。郑吉于是从屯田渠犁的士卒中分出三百人屯田车师。

霍光主政期间,经常提拔自己的亲信,对其委以要职。宣帝亲政后,力求做到任人唯贤,论功行赏。为了鼓励地方官员勤于政务,郡守、诸侯相如果政绩突出,他总是亲自赐书褒扬,增加俸禄并赐以重金,或授爵至关内侯;当朝廷里公卿的位置出现空缺时,就选拔那些受到过表彰的地方长吏依次任用,而不是像霍光那样把自己的亲信提拔到这些位置。对于身边的侍中、尚书等近臣,即使有功当升迁或有特殊政绩,宣帝往往也只采用厚加赏赐的方式予以安抚。

汉代的课计年度为当年十月至次年九月:"秦以十月为岁首,至武帝太初元年(前104年)改历,乃改以元月为一年之始。然课计之年度不随改历而变,终两汉之世,课计年度始于十月初一,终于次年之九月尾日(晦日)。"①考课的重点是地方政府,考课内容为地方政府一个课计年度的行政事务完成情况。地方政府之行政事务范围甚广,"举凡户口、垦田、赋税、司法、兵役、徭役、漕运、水土工程等,皆为地方长吏管理之事项,亦皆考课之科目"②。考课常在秋冬时节。首先是县级部门对属吏的考课。然后郡国守相对县级部门进行考核。各郡国汇集属县考课结果,年终由郡国上计吏携带计簿赴朝汇报工作:"汉制,岁尽,(郡守)遣上计掾史各一人,条上郡内众事,谓之计偕簿。"③朝廷考核郡国的时间一般在正月。卫宏《汉旧仪》引《朝会上计律》:"常以正月旦,受群臣朝贺,天下郡国奉计最奉献。"④班固《东都赋》云:"春王三朝,会同汉京,是日也,天子受四海之图籍。"李善注:"'三朝',岁首朔日也。《汉书》谷永上书曰:'今年正月朔,日有蚀之于三朝之会。'"⑤"三朝之会",颜师古曰:"岁月日三者之始,故云三朝。"⑥

宣帝亲政后,根据考课成绩对地方长吏进行褒赏并予以提拔。胶东相王成治郡有方,在考课年度里,吸引八万多流民自愿落籍胶东,成为国家的编户齐民,其治绩被评为"异等"。地节三年(前67年)三月,宣帝下诏褒奖王成说:"听说有功不奖励、有罪不诛罚,就是尧舜这样的名君也无法治理天下。现在胶东相王成劝勉招揽流民毫不懈怠,所以流民重新申报户籍的有八万余人,他的政绩之突出超出了通常的

---

① 廖伯源:《汉代考课制度杂考》,《秦汉史论丛》,中华书局2008年版,(台北)五南图书出版股份有限公司2003年版,第136页。
② 廖伯源:《汉代考课制度杂考》,《秦汉史论丛》,中华书局2008年版,(台北)五南图书出版股份有限公司2003年版,第139页。
③ 杜佑撰,王文锦等点校:《通典》卷三三《职官十五·郡太守》,中华书局1992年版,第904页。
④ 王应麟:《玉海》(第5册)卷一八五《汉上计律》,江苏古籍出版社、上海书店1978年版,第3386页。
⑤ 班固:《东都赋》,萧统编,李善注:《文选》,中华书局1977年版,第33页。
⑥ 班固:《汉书》卷八十五《谷永传》,中华书局1962年版,第3469页。

评定标准。为此特给王成晋级至中二千石,赐给他关内侯爵。"中二千石是朝廷九卿的秩级,关内侯虽不及列侯,也是非有特殊贡献不封,所以宣帝对王成的封赏不可谓不重。

朱邑为庐江郡舒县桐乡啬夫时,就以热衷于为民谋利而闻名,后被任命为北海太守,治郡甚有方略。渤海太守龚遂是在盗贼并起,郡守束手的情况下,被宣帝派往渤海的。龚遂认为渤海郡之所以盗贼并起,其根源在于百姓饥寒交迫,而官员又不加体恤。于是他到任之后,即开仓放粮救济贫民。见渤海风俗奢侈,喜好工商业而轻视农耕,就亲自带头厉行节俭,劝导百姓从事农桑之业,下令百姓每人种一株榆树、百棵薤、五十棵葱、一畦韭,每家养两头母猪,五只鸡。如果发现百姓有带刀佩剑的,就让他们卖剑买牛,卖刀买犊,说:"为什么要带牛佩犊呢!"春夏劝百姓到田野耕作,秋冬督促他们去收割庄稼,还让他们多储备果实、菱、芡之类的食物。由于龚遂的巡视劝勉,郡中各处官仓里都有蓄积,官吏和百姓都富足殷实。诉讼案件因此大为减少。在地节二年(前68年)十月至地节三年(前67年)九月的考课年度里,朱邑、龚遂皆得佳评。其中朱邑被评为"治行第一"。因此地节四年(前66年),朱邑被宣帝提拔为九卿之一的大司农。龚遂也被征入京,虽因年老没拜他为公卿,但宣帝仍是任命他为官职亲近的水衡都尉。

再如本始四年(前70年)黄霸被宣帝提拔为扬州刺史,地节二年(前68年),又因政绩显著被宣帝拔擢为颍川太守,诏称:"制诏御史:以其贤良高第扬州刺史黄霸为颍川太守,秩比二千石居官。官府赐给他车盖,特高一丈,其下属别驾和主簿所乘坐的车辆,车轼前可挂挡泥用的缇油屏,用以彰显他的德行。"

宣帝褒赏地方官员的措施,极大地调动了官员们施政的积极性,使汉朝在他统治期间涌现出一批优秀的官员。

霍光主政期间,对道德教化不甚在意。宣帝亲政后,对此非常重视。因为论及社会风俗,汉人普遍认为秦朝亡在刑罚暴酷,不行仁义,世风败坏;汉继秦而兴,在一定程度上也继承了其不讲礼义廉耻的陋俗,习俗薄恶,人民嚣顽。武帝以来随着社会经济的繁荣,奢侈之风又大盛,因此人们追逐财利,崇尚享乐,不讲礼义,礼制混乱,上下僭差而习以为常。又由于国家措置失当,使无义而有财者、欺谩而善书者、悖逆而勇猛者贵显于时,更使人们的价值观受到强烈的扭曲。孝弟、礼义为人所卑弃,父母活着时不赡养,及至其去世,为沽名钓誉,则予以厚葬;发财、做官成为人们追求的目标,即便行为如同猪狗一般,只要有钱有势,就会被视为贤人。人们称居官而置富者为雄杰,处奸而得利者为壮士,兄长劝说其弟弟,父亲勉励其儿子,要他们向这些人学习。风俗可谓严重败坏。以至于民心离散,人情淡漠,盗贼频兴,杀戮迭起。这种局面直到宣帝时仍没有发生大的改变。这不免让宣帝忧心不已。因此亲政以后,针对风俗凉薄的现实,宣帝连续下诏,采取措施,强化道德教化建设。

由于家庭是社会的细胞,家庭关系的和谐与否直接关乎社会的稳定。大量的历史事实和长期的实践经验使统治者认识到,如果百姓父慈子孝,家庭和睦,人们就不会做违法越礼之事,国家就易于治理。故汉自立国起,即注重弘扬孝道。然自武帝以来,由于风俗败坏,家庭伦理秩序受到极大冲击,导致家庭关系持续紧张,家庭成员之间矛盾重重,冲突不断。这使宣帝认识到固本培元已成当务之急。因此宣帝在加强道德教化建设的过程中,注意将构建稳定的家庭伦理道德秩序作为着力点,围绕"孝"字大做文章。

宣帝率先垂范,自一即位,便采取很多措施,善待自己的亲人。如他作为武帝的曾孙,尊武帝为世宗。作为昭帝的继承人,对昭帝的皇后上官氏极尽孝道。为自己已故的家人议定谥号,设置园邑,重新安葬。为了体现对自己已故母亲的孝敬,历时数年,在地方寻找他母亲的家人,找到之后,又给其母家以极高的礼遇。他的叔祖燕刺王刘旦昭帝时以谋反被诛,其太子刘建被废为庶人,他即位后,不计前嫌,封刘旦的儿子刘庆为新昌侯,刘贤为安定侯,又立燕王故太子刘建为广阳王。对于他的另一叔祖刘胥,则尽封其四子:刘圣为朝阳侯、刘曾为平曲侯、刘昌为南利侯,刘胥最喜爱的少子刘弘则被封为高密王。刘胥后来虽反谋暴露,宣帝对他也不予追究,前后赏赐他黄金五千斤,此外还有很多其他财物。可谓仁至义尽。推而广之,念及亲情,宣帝对犯法当死的宗室贵族往往法外施恩,赦其死罪,废徙远方。

在垂范天下的同时,宣帝采取一系列措施,鼓励民间行孝。

地节三年(前67年)十一月,诏令地方郡国推举以孝顺父母、敬爱兄弟、品质高尚而闻名乡里的人士各一人。诏书说:"朕的思虑不周道,不了解该怎样引导百姓才好,为此辗转反侧夜不能寐,天一明就起身,思考国家大事,从来没有忘记过百姓。生怕自己的行为有损先帝的圣德,所以曾令地方郡国举荐贤良方正等优秀人才以了解下情,亲近百姓。至今几年过去了,民间仍然缺乏德化之风。《论语》说:'孝顺父母,敬爱兄弟,这是仁义的根本啊!'现在令地方郡国各推举一名孝顺父母、敬爱兄弟、品质高尚而闻名乡里的人士。"

地节四年(前66年)二月,诏令家有丧事者可不承担徭役。诏书说:"用孝道教导百姓,则天就会和顺。现在有百姓家中有丧事需要处理,地方官吏却要派他们去服役,使死者得不到安葬,这使孝子之心受到伤害,朕为此非常怜惜他们。从现在起,但凡有祖父母、父母去世需要安葬的人,官府不要再派他们去服役,使他们得以为自己的亲人收敛送终,以尽人子之道。"

地节四年(前66年)五月,诏令今后对亲人之间相互隐瞒罪行的行为不治罪或减轻惩罚。诏书说:"父子之间的亲情,夫妇之间的恩爱,都是出于天性。虽然遭遇忧患祸乱,还要冒死去保全亲人的性命,实在是因为有爱联结着彼此的心,仁义厚道到了极点,所以对于这种行为怎么能够违背呢!从现在起,儿子隐匿父母的罪行,妻子隐匿丈夫的罪行,孙子隐匿祖父母的罪行,都不治罪。如果父母隐匿儿子的罪行,丈夫隐匿妻子的罪行,祖父母隐匿孙子的罪行,按律应该处以死刑的,都要上报请廷尉知道。"

宣帝还注重节俭。早在本始四年(前70年)春,宣帝就曾因粮食歉收,令太官减少膳食,少宰杀牲畜,乐府裁减乐工,令他们回乡从事农业。地节三年(前67年)十月,又因地震要求郡国不再修建行宫馆舍。并且自即位以来,宣帝从没有出巡过。

在推行新政的过程中,宣帝又鼓励官民积极上书言事。霍光自元凤元年(前80年)铲除反霍集团后,为了维护自己的利益,不仅任人唯亲,还以酷法治下,日渐为百姓所不满,因此不喜欢让以百姓利益代言人自居的儒生议论朝政。而宣帝亲政后,在地节三年(前67年)先后两次下诏延揽贤俊。当年春,令郡国举荐贤良方正可亲民的人。当年十月因地震下诏说:"今年九月十九日发生地震,朕很恐惧。若有人能纠正朕的过失,以及贤良方正直言极谏之士能够补救朕的不足,尽可以说出来,不必忌讳。"在宣帝的鼓励下,当时吏民上书言事者甚众,其中有许多奏书都是抨击霍光与霍氏家族的。

宣帝的新政带来了两个后果:其一是稳定住了时局;其二是将霍光从神坛上请了下来。自古以来,要想搞臭一个已故政治人物,最佳方法无过于否定他在世时所推行的政策,只要投世人所好,将他的政策一一加以批判或修正,则任是多么伟大的人物也难以在世人心目中保持其完美的形象。霍光就是如此,虽然宣帝口口声声说尊崇他,但他这一系列纠偏活动做下来,霍光近乎圣人的形象也就基本上荡然无存了。当然对于已故的霍光而言,对他的评价无论是好还是坏,都已对他产生不了任何影响,然而宣帝却还要劳心费力地搞臭他,是因为这样做不仅有利于塑造宣帝自身的光辉形象,而且可以使霍氏家族在民间丧失影响力,从而为宣帝铲除霍氏家族打下良好的基础。因为如果不设法褪去霍光身上的光环,则虽然霍光故去,他的家族仍会因为他有大功于汉室,而受到臣民的崇敬,在此背景下处置霍氏家族,必然会招致臣民的不满,引起社会的动荡。而剥去了罩在霍光身上的神圣的外衣后,他的家族在世人的心目中就成了靠着权臣霍光的余荫,窃据要职、作威作福的寄生群体而已,对于这样的群体,世人普遍是欲除之而后快的。也正因如此,对于宣帝不遗余力地变更霍光的政策,霍家人很反感,如霍山说:"现在丞相魏相主持朝政,皇帝对他非常信任,因此悉数变易大将军主政时期的法令,把国家的耕地交给贫民耕种,显扬大将军的过错与失误。"

二、打击分化霍氏集团。霍光临死前,向宣帝上书谢恩做最后的道别,同时表示想从自己的二万户食邑中分出三千户,来封他的兄长霍去病的孙子奉车都尉霍山为列侯。霍光下葬之后,宣帝便满足霍光的遗愿,封霍山为乐平侯,但是其封邑不是从霍光的食邑中分割而来,而是由国家提供的,显得甚有情义。同时又出人意料地让霍山以奉车都尉的身份领尚书事,也就是让霍山而不是霍禹接替霍光主持国事。霍禹作为霍光的儿子,且已被皇帝任命为最高武官之一右将军,并继承了霍光博陆侯的爵位,本应名正言顺地接领尚书事,哪知最终却竹篮打水一场空;而霍山不过是一个掌管皇帝车马的中级武官,且为霍光兄长的孙子,却被宣帝委以领尚书事。宣帝这步棋走得很高明,该做的没做,不该做的反而做了,这势必会引起霍氏内部的猜忌。而且霍山人微言轻,以其领尚书事,驾驭起来就轻松多了。事实也正是如此。如自霍光秉政期间,一直实行副封制度,霍光死后,御史大夫魏相认为这样不利于治理国家,要求除去副封,于是宣帝便下令吏民再上书奏事时,不须关白尚书,而由中书令宦官弘恭直接到收纳奏书的公车府将奏书取走,呈送给他。从而变相剥夺了霍山的权力。

在打击霍氏集团的同时,宣帝又重用霍氏亲信。霍光去世才数月,御史大夫魏相就上奏宣帝,请求以张安世为大将军。接下来,虽然张安世恳辞,宣帝仍拜他为大司马、车骑将军,领尚书事。当时宣帝为了搞平衡,同时加封右将军霍禹为大司马,数月后又将张安世和霍禹所统领的军队都罢除了。然而霍禹所统军队被撤销后宣帝再没给他统兵的权力,张安世却又被改任为卫将军,两宫卫尉、城门、北军兵都由他统领,权力反而更大了。地节三年(前67年)四月立皇太子,以丙吉为太子太傅,数月后又将他迁官御史大夫。太仆杜延年、侍中金安上、右曹杨恽等也大受重用。

在张安世、丙吉等受到重用的同时,霍氏集团中的一些成员,通过向宣帝示好,或得到了宣帝的谅解,或受到了宣帝的重用。如霍光的女婿侍中金赏见宣帝要向霍家发难,为了避免受到牵连,就上书请求休掉自己的妻子。因金赏是名臣金日䃅之子,少时曾为昭帝玩伴,故颇为宣帝所欣赏,及见金赏主动表示要与霍家脱离关系,对金赏甚为同情,就放过了他。

再如京兆尹赵广汉,霍光秉政时,他唯霍光之令是从,然霍光一死,他就亲自带领属官,来到博鲁侯霍禹的府第,径直闯入府内,将霍禹家的酿酒作坊砸了个稀烂,然后扬长而去。霍皇后听说后,哭着向宣帝告赵广汉的状。而宣帝不仅没有惩治赵广汉,还特地将赵广汉召入宫中询问详情,这就等于认可了他的行为。赵广汉从此就成了侵犯霍氏权贵的急先锋。赵广汉为人精明,治吏有方,其耳目遍布治内,因而悉知权豪隐私,故他转投宣帝旗下,霍家的那些见不得人的勾当,自当是倾情相告了。所以有人论及此事,认为霍光赏识赵广汉,真是他的不幸。

三、加紧提拔外戚势力。最显著的表现就是地节三年(前67年)四月,宣帝册立已故许皇后所生的儿子刘奭为皇太子,封太子外祖父许广汉为平恩侯,让他出入宫禁,参与军国重事。霍光的遗孀显闻讯,愤懑得吃不下饭不说,还狂呕鲜血三天!因为这意味着日后霍皇后纵使生了儿子,她的儿子也只能做王。这分明是不把皇后放在眼里,而稍往深处想一点,这更是对霍氏家族的蔑视!宣帝这一手也太狠了。因此接下来显又让霍皇后去毒害太子,霍皇后不愧是显的女儿,得了显的指示后,数次召太子赐食,无奈每有赐食,随侍太子的人员都要先尝一下,霍皇后竟找不到下毒的机会。

地节四年(前66年)二月,宣帝又封其舅王无故为平昌侯、王武为乐昌侯。宣帝的外祖母王媪一家是在地节三年(前67年)找到的。其方式是通过一系列当事人及证人的证言,最终确认是王媪的女儿王翁须在太始年间进了太子宫中,宣帝母名王翁须,则王媪自然就是正牌的皇亲了。具体情况是这样的:

王媪赴官府认皇亲后,宣帝即令大中大夫任宣与丞相、御史大夫的属官一起按验真伪。这女子被称作王媪,任宣等讯问她的乡里认识她的人,都说她叫"王妪"。妪与媪意同,都是指老年女子。

王媪自称她名叫妄人,本是涿郡蠡吾县平乡人,十四岁那年嫁给同乡王更得为妻。更得死后,又嫁与广望县王乃始为妻。生下了儿子王无故和王武以及女儿翁须。翁须长到八九岁时,将她寄养在了广望节侯的儿子刘仲卿家里学习歌舞。四五年后被刘仲卿送给邯郸一个叫贾长儿的人,王媪夫妇曾追至中山卢奴,在那里王媪看到翁须和另外的歌舞女子一共五人在一起。当晚王媪与翁须住了一宿,后来因为缺少盘缠,无力追随,就失联了。关于王媪讲的这段历史,任宣等又向广望县的知情人如三老更始、刘仲卿妻其等进行了核实,结果证明王媪所说属实。

接下来任宣等找到了贾长儿家,估计贾长儿此时已死,因为作证的是贾长儿的妻子贞和跟随王翁须她们的歌舞教师遂,据此二人的供词称:"二十年前,太子舍人侯明从长安来寻求歌舞女子,就选走了王翁须等五个人。贾长儿让遂把她们送到了长安,都进了太子的宫中。"对于贞及遂的供词,任宣等又找了一些相关的人进行核对,结果证明所言非虚。

该案审理下来,除了主要当事人的证词外,又录取了另外四十五位相关者的证词,这些证词都与当事人所说相同。据此任宣上奏说王媪确实是悼后王翁须的母亲,宣帝于是召见王媪母子,赐王无故、王武为关内侯,接下来又在很短的时间内,赏赐他们资产以巨万计。不久,又下诏给御史,封外祖母为博平君,把博平、蠡吾两县共一万一千户人家作为她的封邑,封舅王无故为平昌侯、王武为乐昌侯,食邑各六千户。

王翁须的父亲王乃始早在本始四年(前70年)已经病死,这时就给他追赐谥号为思成侯,下诏令涿郡修建坟墓,设置陵邑四百家,让长丞按法度奉守。一年多后,博平君去世,谥号思成夫人。宣帝下诏将她与思成侯合葬在奉明顾成庙的南面,设置陵园、人家及长丞,废黜涿郡思成园。观此,真可谓是一人得道,鸡犬升天!

虽然宣帝暗地里对霍家狠招迭出,但其所作所为却显得对霍家似乎甚是宠爱。因为霍光死后,宣帝不仅还让霍家人主政,又追思霍光的功德,下诏说:"已故大司马、大将军、博陆侯在宫中宿卫孝武皇帝三十余年,辅佐孝昭皇帝十多年,其间遭遇到重大灾难,在此危急关头,能够挺身而出,秉执正义,率领三公、九卿、大夫决定万年大计,以安定社稷,天下的庶民百姓因此都获得了安康太平。功德甚伟,朕非常嘉许。因此决定免去他的后代的徭役,赐给他的爵位食邑,世世代代都不准改变,他的功劳与萧相国一样。"地节三年(前67年)夏,封昌平君许广汉为平恩侯后,宣帝又下诏封霍光兄长的孙子霍云为冠阳侯,诏书中说:"宣成侯霍光侍奉天子忠诚正直,勤劳国事。褒赏善良的人应该推及他的后代,因此封霍云为冠阳侯。"

宣帝的这种行为让社会上一些不明就里的人看了，还以为他对霍家真的挺有情义。茂陵有一读书人徐福就会错了意，因此非常担心宣帝如此纵容霍家，会让霍家因过于兴盛而骄傲自满，不知收敛，犯下侮上不道之罪，导致家族覆灭。却说霍光死后，其家人因少了约束，遂以霍光的妻子显为首，竞为豪奢不法之举。太夫人显改变霍光生前亲自为自己设计的墓地规制，将其加以扩大，建起三个出口的门阙，修筑长长的神道，大肆装饰祠堂，将辇车所用的通道直修到墓穴的永巷之中，又幽禁平民、奴婢、侍妾来看守。显还大建住宅，制造豪华的辇车。霍禹、霍山等也缮治住宅，并常走马驰逐于上林禁苑的平乐馆中。霍云每当朝会时，屡屡称病委派奴仆代己上朝谒见，而他本人则带着众多宾客，跑到黄山苑中张围打猎，大臣们虽明知他这样做不对，却没有人敢谴责他。而显与她的几个女儿，不分昼夜地随意出入霍皇后所居住的长信宫，毫无节制。发展到后来，霍氏家奴与御史大夫魏相的家奴争道，霍氏的家奴竟跑到御史府，要踢坏府上的大门，吓得御史直向他们叩头谢罪，霍氏家奴这才悻悻离去。

　　徐福见霍氏愈加跋扈，担心他们因此而覆灭，于是上书说："霍氏权势太盛，陛下即使宠爱厚待他们，也应该时时对他们加以抑制，不使他们走上覆亡的道路。"这封奏书先后奏上了三次，可每次答复都是说皇帝知道了。徐福只好作罢。

　　霍氏被灭族后，告发霍氏的都受到封赏，而似乎颇有先见之明的徐福却一无所获，这让知情者很为徐福不平，就替徐福上书说："臣听说有客人去拜访主人，见主人家炉灶的烟囱是直的，旁边还堆有柴草，客人就劝告主人将烟囱改造成弯曲的，并将柴草移远一点，否则将会发生火灾。主人听了却默然不应。不久主人家果然失火，邻里都来救火，侥幸将火扑灭。事后为酬谢乡邻，主人杀牛置酒，宴请救火者，被烧伤的人被请到上座，其余的人则根据功劳的大小依次入座，然而唯独没有请那个让他将烟囱换成弯曲形状的人。于是有人对主人说：'如果当初你听客人的话，今天也就不用破费大摆宴席，而且也不会发生火灾。然而今天你论功请客，事先提醒你要把烟囱改成弯曲状、将烟囱旁边的柴草移走的人还没有得到报答，怎么却让帮你救火而被烧得焦头烂额的人成了尊贵的客人?'主人这才省悟过来,忙去把那位客人请到了酒席上。现在茂陵的徐福多次上书提醒霍氏将有变故,应该加以防范杜绝。假使当初徐福的建议得到采纳,那么国家就不会有裂土封爵这样的花费,大臣就不会有反叛诛灭的祸败。以前的事已经结束,该封赏的都已被封赏,唯有徐福有功却未赏。望陛下明察,重视那个提出搬走柴草、将直烟囱改为弯曲烟囱的良策的人,使其功居于因救火而导致身体毛发被烧烂的人之上。"奏疏上去后,宣帝颇耐人寻味地赏了徐福十匹帛,后来又想起了这事,就让徐福做了郎官。

估计宣帝这样做,徐福以及他的同情者,无论如何是不会满意的。因为在他们看来,徐福的奏疏若早被采纳,哪会闹出这波天大的事故来,所以这篇奏疏的意义极其重大,因此徐福之功不在那些被封侯的人之下。却不知宣帝本意就是欲置霍氏家族于死地而后快,因此这篇奏疏于他而言没有丝毫意义。故李源澄指出:"此岂知当时情势耶?宣帝既不能明言其故,同薄赏之而已。"① 而这也显见宣帝褒崇霍氏的表面文章做得非常到位,使他在与霍氏的斗争中,能够始终立于道德的至高点上,而免受舆论的谴责。因为在这样一种氛围中诛灭霍氏家族,他可以说我对霍氏家族可谓仁至义尽,而他们却倒行逆施,这是他们自取灭亡,怪不得我的。

四、重用反霍官员。本始六年(前68年)春,霍光一去世,曾与霍光有矛盾的御史大夫魏相立马倒向了宣帝,他通过平恩侯许广汉向宣帝上奏章,要求限制霍氏的权力,魏相说:"《春秋》讥讽世世为卿相的人,憎恶宋国三代君主都内娶大夫之女为妻,以及鲁国季孙氏的专权,都曾使国家处于危乱的境地。就汉朝而言,自武帝后元年间以来,国家大政由大臣所掌握。现在霍光死了,他的儿子继续做大将军,他哥哥的后人掌管朝廷机要事务,他的兄弟、女婿们占据要害部门,掌管兵权。霍光的夫人显以及他们家的女眷们都获得出入长信宫的资格,有的夜间受诏出入禁门,骄奢放纵,恐怕时间长了会无法控制。从长远考虑,应该想法削弱他们的权势,打消他们的阴谋,以巩固汉家万世的

---

① 李源澄:《霍光辅政与霍氏族诛考实》,《文史杂志》1942年第2卷第9、10期。

基业,保全功臣的后代。"魏相奏章中提到的宋国的事情,是说春秋时期宋国的宋襄公、宋成公、宋昭公等三代都内娶本国大夫之女,结果造成大夫专权,为害国中。奏章中提到的鲁国季孙氏,属春秋时期鲁国的三家专权大夫三桓之一,三桓指孟孙、叔孙、季孙三家,因出于鲁桓公的三个儿子庆父、叔牙、季友,故名。其中季孙氏最强。成公时季孙氏操纵政权,鲁襄公十一年(前562年),扩军三军,三桓各领一军,三分公室。鲁昭公五年(前537年),四分公室,三军改二军,分为四份,季孙氏独得两份并执掌大权,叔、孟各一。季孙氏私属甲士达到七千人。国君费用靠三家和一些旧贵族纳贡维持。国家的大权和国君的废立基本上由三桓操纵,鲁定公元年(前509年)鲁大夫子家羁曾说:"如果立国君,则有卿士、大夫和守龟在,我不敢胡乱说话。"乐祁云:"鲁国的权力被季氏掌握,已经三世了,鲁国丧失权力的国君已经有四公了。"这里所谓的"三世"为季文子、季武子、季平子;所谓的"四公"为宣公、成公、襄公、昭公。

魏相上过奏章后,又通过许广汉请求宣帝除去副封以防壅蔽。宣帝本就对魏相有好感,现在见魏相处处为自己考虑,很高兴,因下诏以魏相为给事中,让他成为时时可以见到自己的中朝近臣,并将他的建议全部采纳。地节三年(前67年)六月拜魏相为丞相,封高平侯,食邑八百户。魏相为相后,专力对付霍氏,大量变易霍光当政时所推行的法令,把国家的公田交给贫民耕种,显扬霍光的过失,又多次指责霍家的罪行,成为宣帝与霍氏集团斗争中的重要人物。而霍氏因忌惮怨恨魏相,以至于后来要矫诏先斩魏相,后废天子。

萧望之字长倩,东海兰陵人,初以明于经术而闻名京师。当时,大将军霍光秉政,霍光的属官长史丙吉向霍光推荐萧望之、王仲翁等数名儒生,而霍光也同意接见他们。此前,霍光刚除掉左将军上官桀与盖主等,因担心他们的残余势力伺机报复,霍光此后出入都加强了防备,需要接见官吏百姓时,被接见者都要先被脱衣搜身,去除兵器,然后由两个官员挟持着来见自己。所以萧望之他们来见霍光时,侍卫人员也依例对他们进行搜查挟持,对此,王仲翁等人都没说什么,可是轮到萧望之时,他认为这种形同对待罪犯的行为是对他人格的侮辱,便

第十三章 宣帝亲政：政坛波涛汹涌

不肯让搜身挟持，自己从一个小门退了出来说："不愿谒见。"而负责引见的官吏见他闹情绪，在大将军府里撒野，就也生气，气势汹汹地拉着他不让走，结果双方就在庭院里吵了起来。霍光听说后，就让官吏不要挟持他，引他来见自己。萧望之来到霍光面前后，毫不客气地把霍光批评了一顿，说："将军您凭借着功勋和德行辅佐幼主，将要推行宏大的教化政策，以期天下和洽太平。因此天下的士人都伸长脖子，踮着脚跟，争着想来为国效劳，辅佐高明的您。现在士人被接见都要先脱衣搜身并被挟持着来见您，这恐怕不合乎当年周公辅成王时，一饭三吐哺、一沐三握发以招致寒士的礼仪吧。"对于萧望之的当面指责，霍光虽然当时没说什么，但内心很不满，因此被接见的其他几个人后来都被安排了官职，唯独萧望之被摒除不用。接下来，三岁之中，王仲翁就官至光禄大夫、给事中，而此时萧望之还只是一个负责守卫宫门的郎官。有次，王仲翁被侍从们簇拥着从萧望之身边经过，不无得意地嘲讽萧望之说："不愿意做一个平凡的人，结果却只做了个看门的！"萧望之说："咱们各从其志吧。"此后过了数年，萧望之又因弟弟犯法而连坐，不能再担任皇宫警卫的职务，被免职回郡做了郡吏。后来魏相任御史大夫后，提拔他做了自己的属官，继而将他提升为大行治礼丞这样一个中级官员。大将军霍光去世后的次年夏，长安下冰雹。萧望之遂因此上疏，请求宣帝给他一个机会，让他能够当面向宣帝陈述出现雹灾的原因。萧望之当年当面指斥位高权重，刚刚大行诛戮以立威的霍光，这份勇气十足让人敬佩，故而他虽然为此沉沦多年，但也因此而名动天下，宣帝在民间的时候就知道有这么个人。因此一见是一个叫萧望之的人上疏，就说："这是东海的萧先生吗？让少府宋畸向他了解一下情况，告诉他不要有所隐讳。"萧望之于是通过宋畸向宣帝表达了自己的看法，萧望之说："据《春秋》记载，鲁昭公三年（前539年），鲁国发生大降冰雹事件，当时季氏专权，最终驱逐了鲁昭公。假如当时鲁昭公察觉天灾所透露出来的信息，早为防范，这种事情应该就不会发生了。现在陛下以圣明之德而居于天子之位，思虑政事，征求贤人，这是尧、舜等圣君治理天下的用心啊。然而祥瑞的征兆却还没有出现，阴阳不和，这是由于大臣执政，一姓专权所导致的。树枝过大就会伤害树干,大臣的权势过盛就会危及朝廷。只有圣明的君主亲理国事,选拔同姓,举荐贤才,将他们作为心腹之人,参与朝政,命令公卿大臣朝见君主汇报工作,明白地陈述他们的职责,来考察他们的功劳才能,各种事情才会得到恰当处理,公正之道才会得以确立,奸邪之途才能被堵塞,大臣擅权的现象也就不复存在了。"宋畸将萧望之的奏言报告给宣帝后,宣帝遂拜萧望之为谒者。当时,宣帝刚刚亲政,希望广招贤能之士以辅佐自己治理天下,而当时也有很多人上书指陈时政,其中相当一部分人的奏书内容都是抨击霍氏的。如霍山就曾说:"诸位儒生,大多是穷人家的子弟,远道而来,客居京师,往往穷困潦倒得衣食都没有保证,却喜欢口出狂言,不避忌讳,大将军当年活着的时候对这些人非常讨厌,如今陛下却喜欢同这些儒生们交谈,又让他们自行上书奏事,这些人就尽说我们家的事。"而每遇到这些事情,宣帝就交给萧望之来处理,由此使许多反对霍家的人进入统治机构之中,从而壮大了朝廷的力量。而萧望之也因为处事得体,在被任命为谒者后,很快便被提拔为谏大夫,继而又迁官丞相司直,经过三次迁官,数月之间就成了二千石的高官。对此,王仲翁当时若在,不知会作何感想。

除了以上几个方面外,在加紧对霍家打压的同时,为了避免其他异己势力乘机兴风作浪,宣帝又有意识地强化对他们的控制。如由于刘贺身份贵重,又曾做过皇帝,所以虽然废处昌邑,宣帝对他仍然甚为忌惮。为了避免他在自己与霍氏斗争的过程中伺机作乱,地节三年(前67年)五月,宣帝特派张敞为山阳太守,加强对刘贺的监管。

第十三章
宣帝亲政：政坛掀起神澜
清算霍家，新人当政
第十四章

第十四章 清算霍家，新人当政

自宣帝取消了霍山拆读副封的权力，由自己直接处理吏民所上封事后，许多人上书告发霍氏的不法行为。此前许皇后被害一事也渐渐被揭发出来。起初宣帝由于未知其虚实，故利用明升暗降的方式，先把霍光的女婿度辽将军、平陵侯范明友，从掌管未央宫宿卫的未央卫尉的位置上调任光禄勋；次女婿任胜由统领皇家精锐骑兵宿卫部队羽林郎的诸吏、中郎将、羽林监的位置上调任安定太守。随着案情调查的深入，几个月后，又调霍光姐姐的女婿给事中、光禄大夫张朔任蜀郡太守，孙女婿宿卫官王汉为武威太守。继而又调霍光长婿、主宿卫的长乐卫尉邓广汉为少府。又调霍禹任大司马，只戴小帽子，无印章，撤销他的右将军称号及所统辖的驻军官兵，仅仅让他的官名与霍光一样。又收走范明友度辽将军印绶，只做光禄勋。霍光的另一女婿赵平为散骑、骑都尉、光禄大夫统领驻军，而宣帝又将他的骑都尉官印收回。所有统领胡越骑兵、羽林军以及两宫卫队的职位，全部改由宣帝所亲信的许、史两家子弟担任。

显及霍禹、霍山、霍云眼看着自己的权势被宣帝日渐削夺，却又束手无策，难为得多次聚在一起，相对哭泣，自然是边哭边发牢骚。如霍山一则怨宣帝听信丞相魏相的话，变易霍光的政策；再则不满宣帝信用儒生，任由他们故言乱语，诋毁霍家；又说宣帝不相信他，把他处理吏民上书的权力收回；还说："听说社会上传言说霍氏毒杀了许皇后，难道会有这种事吗？"显听了又惶恐又着急，眼见遮掩不住，只好把这事原原本本地告诉了霍山他们，霍山、霍云、霍禹听后大惊说："原来是这样，为什么不早告诉我们？皇帝将霍家的女婿们离散斥逐，就是因为这件事的缘故。这是件大事，诛罚肯定不会小，怎么办？"眼见与宣帝已势同水火，为了活命，霍氏诸人开始动起邪心来。

然而还没等他们动手，就有长安男子张章告发他们要谋逆。张章原为长安亭长，因故失官，遂赴长安要诣阙上书鸣冤，当时寄宿在霍家养马的房舍中，卧于马槽间，夜间听到养马奴们言谈中，说到霍氏子孙要谋反的事。原来少府属下东织室令史张赦与霍云的舅舅李竟关系不错，见霍氏家族岌岌可危，就给李竟出主意说："现在丞相魏相与平恩侯许广汉当权，可叫太夫人告诉上官皇太后，先把这两个人杀掉，则罢黜陛下,就在于上官皇太后了。"张章从霍家出来后,就把霍氏要谋反的事告诉了自己的朋友期门董忠,董忠又报告给了左曹、中郎杨恽,杨恽则报告给了侍中、中郎将金安上,金安上又上奏给了宣帝,宣帝于是召见杨恽了解情况,接着张章又上书详细叙述了事情的经过。侍中史高与金安上建议宣帝处置此事,建言宣帝禁止霍氏进入宫廷。宣帝就把此事交给廷尉处置,廷尉因派执金吾去抓捕张赦等人。可能是顾忌到上官皇太后的面子,没过多久,宣帝又下令把张赦等放了。霍家人深知宣帝不会就此罢手,惊恐之下,遂令诸女各自回夫家向她们的丈夫通风报信,要他们有所准备。

事实也正如霍氏的推测,宣帝是不会对他们收手的。刚放了张赦等人,接着就以与诸侯王勾结罪,把李竟抓了起来。李竟为了自保,便在供词中把霍氏牵扯了进来,宣帝因此下诏将霍云、霍山免官归家。诏书中同时还对霍光的几个女儿对太后无礼,霍氏家奴冯子都多次犯法之事,一并加以责问。霍山等人感到更加害怕,精神极度紧张,不免就闹腾出一连串的稀奇古怪之事。

比如显就连做噩梦,先是梦见宅中的井水溢出流到庭堂下,做饭的炉灶被放在树上;继而又梦见霍光对她说:"知道儿子们要被捕的事吗?他们很快就会来抓捕的。"宅中的老鼠又莫明其妙地突然多了起来,在院中来回奔跑,以至与人发生相撞,还用尾巴在地上乱画。并且住宅的门也无缘无故地毁坏了。不仅显的宅院里如此,霍云在尚冠里的住宅的门居然也令人诧异地坏了。在街巷口的人还都看见有人坐在霍云家屋顶上,揭下瓦片朝地上扔,待人们到跟前看时,却什么也没有。霍禹也在梦中听到车马喧嚣地来逮捕他。这些分明是大难将至的征兆,霍家人不免更加忧愁。

眼见宣帝把霍家折腾得上蹿下跳,六神无主,许多大臣如张安世、丙吉等原为霍光所亲信的人却都作壁上观,鲜有人出来为霍氏求情。倒是当初因得罪霍光而被其赶出长安,如今在山阳做太守的河东平阳人张敞,见霍家落难,甚是同情。张敞初以郡吏而步入仕途,后官至太仆丞,因曾谏诤昌邑王刘贺知名。宣帝即位后,先以其为豫州刺史,后征其为太中大夫,与于定国并平尚书事。因为其人守正不阿,违忤大将军霍光意,而使其主持节俭出兵用度事务,复出为函谷关都尉。时废帝刘贺在山阳郡,宣帝对他甚为忌惮,因以张敞为山阳太守,就近监视刘贺的起居。

张敞见宣帝对霍家步步紧逼,因上疏指出霍光主持国政,二十年间,独断专权,威行天下,以至于混淆了君臣的界限;但同时也应该看到霍光毕竟是有大功于宣帝的,当昭帝去世,新君难产之际,正是霍光的决定才使宣帝由民间骤登大位,天下因此重获安定。因此请求宣帝看在霍光于朝廷有大功的份上,在罢黜霍禹、霍山、霍云归第后,停止惩处霍家,让他们的爵位能够传承下去,世世代代不让他们遭受祸患痛苦,以示宣帝不忘记霍光的功德。同时也提醒宣帝,他正在处置的是一个势力庞大的家族,所以不要把霍家朝绝路上逼,否则是会发生不测之事的——但宣帝哪肯听他的。而霍家眼看着自己就要遭受灭门之灾,遂谋划采用张赦的建议,诛魏相、许广汉等,废黜宣帝,尊霍禹为皇帝。然而计策还没付诸实施,霍云便被拜为玄菟太守,霍氏外孙太中大夫任宣被任命为代郡太守。霍山又因抄写宫禁秘书而犯法。当显正在活动着要宣帝赦免霍山时,他们合谋反叛的阴谋又被揭发出来,此时是地节四年(前66年)七月。慌乱之下,霍云、霍山、范明友自杀。显、霍禹、邓广汉等被抓,霍禹被腰斩,显和她的几个女儿以及其他霍氏集团的重要成员都被处死。只有霍后没被处死,被废黜幽禁在昭台宫中。同时受到株连而被族灭的有数十家。至此,霍家专权的局面被正式终结。

在诛灭霍氏集团之后,宣帝下了一道诏令,告诉天下自己为什么要这样做。诏书大致是这样写的:"日前,东织室令史张赦让魏郡豪强李竟建议冠阳侯霍云阴谋造反,朕因为大将军的缘故,将此事压下来没有揭露,希望他能够悔过自新。没想到他们不仅不思悔改,反而变本加厉。发展到如今,大司马、博陆侯霍禹又与其母宣成侯夫人显及其堂兄弟的儿子冠阳侯霍云、乐平侯霍山,诸姐妹婿度辽将军范明友、长信少府邓广汉、中郎将任胜、骑都尉赵平,长安男子冯殷等谋划反叛朝廷。显以前曾指使女侍医淳于衍进毒药毒死故共哀许皇后,又企图谋害太子,危害宗庙。可谓逆乱不道,现皆已伏法。"而在诛灭霍氏家族过程中立了大功的五位功臣则被封侯:张章为博成侯,董忠为高昌侯,杨恽为平通侯,金安上为都成侯,史高为乐陵侯。

虽然宣帝讲得冠冕堂皇,但民间对此事却有自己的解读。时论认为即使霍氏不阴谋反叛,宣帝掌权之后也定会将他们诛灭。因为杀机早已萌动在宣帝即位之初,由霍光陪着去谒见高庙的路上:"威震主者不畜,霍氏之祸萌于骖乘。"①

不过,班固认为霍光有大功于汉室,如果霍光明白事理,不隐瞒妻子的奸邪阴谋及立自己的女儿为皇后,不沉溺于无止境的欲望之中,也就不至于死后才三年,宗族就被诛灭:"然光不学亡术,暗于大理,阴妻邪谋,立女为后,湛溺盈溢之欲,以增颠覆之祸,死财三年,宗族诛夷,哀哉!"②

而到了北宋,司马光对此事也给出了自己的评论。司马光先是自问:"霍光辅佐汉室,可称得上是忠心耿耿;然而最终却不能够庇护住他的宗族,这是为什么呢?"然后又自解说威福是人君之器;为人臣者长期将之执之而不归还君主,很少有不招致报复的。以昭帝十四岁就已能识破上官桀的奸诈看,当时就可以亲政了。况且宣帝正式即位时,已经十九岁,聪明刚毅,知民疾苦,完全可以亲政。然而霍光久专大政,不仅不知趁势退位,反而多置私党,充塞于朝廷,使人主蓄愤于上,吏民积怨于下,许多人对之切齿侧目,伺机报复,所以霍光能在生前没遭到诛灭已是够幸运了,更何况他的子孙又骄奢淫逸,促使祸患发生!虽然如此,但是假使当初宣帝亲政后,不让霍家再参与政事,专以禄秩赏赐他们,使他们食邑大县,奉朝请,也足以报答霍光的大德了;可是却又任命霍光的后人主持政事,掌管兵权,等到事情出来之后,又加以制裁,结果霍氏对他既怨恨又畏惧,以至于生出邪谋来,这岂仅是霍氏自取灭亡?宣帝也是脱不了干系的。春秋时子文的后人斗椒作乱于楚,楚庄王灭其族而赦免箴尹克黄,因为若使子文无后,就

---

①班固撰,王先谦补注:《汉书补注》卷六十八《霍光传》,上海古籍出版社2008年版,第4643页。

②班固撰,王先谦补注:《汉书补注》卷六十八《霍光传》,上海古籍出版社2008年版,第4652~4653页。

无法劝人为善。就霍氏之诛而言,以显、霍禹、霍云、霍山的罪行,虽应该将其处死,然而霍光因有大恩于汉,其灵位不可不祭祀;宣帝却将其满门诛绝,宣帝也未免太寡情薄义了!观此,司马光显是对霍光与宣帝各打五十大板:霍光错在不早交权,宣帝错在放纵霍家。看似颇为公正,但新意并不多。因为批评霍光不早交权是班固在先,认为宣帝放纵霍家是徐福的"高论",司马光只是将二者综合在了一起而已。

然而责怪宣帝纵容霍家,实属皮相之论。霍家作为当事方,都没有感到宣帝厚待自己,不知道旁观者为什么一片声地不满宣帝骄纵霍家?而责怪霍光不肯交权,也非平情之论。因为要让霍光交权,首先要使他有安全感,然而多年宦海浮沉,长期独持国秉,使其在朝中积怨甚深,他若交出大权,谁敢保证他的那些政敌不会复仇!对此王夫之的剖析尤为深刻。王夫之指出霍光刚立宣帝为帝,宣帝就已对霍光动了杀机,这且不提。假定霍光真的交了权,也难保有人会疑心他对宣帝意存欺骗,而谗言随之而起,同朝大臣与其离心离德,他的子弟又行事不谨慎,则谁能保证霍光能安然度过余年:"霍光之祸,萌于骖乘。司马温公曰:'光久专大柄,不知避去。'固也。虽然,骖乘于初谒高庙之时,非归政之日也,而祸已伏。虽避去,且有疑其谖者。而谗贼间起,同朝离贰,子弟不谨,窦融所以不免,而奚救于祸?"①其次,今非昔比,经过长期经营,霍光在朝廷已形成了庞大的利益集团,作为该集团的代言人和保护者,霍光有义务为他们的安危殚精竭虑,而这样做的前提就是他必须大权在握,否则一切都无从谈起。总之自霍光开始执掌汉室大权起,致仕对他而言早已只是一个美好的愿望,或者说是一种奢望,在权力的巅峰鞠躬尽瘁,死而后已,自古以来就是霍光一类权臣的人生宿命,正所谓是人在江湖,身不由己!

霍光无法交权,宣帝又渴盼掌权,矛盾于是产生,双方你来我往地交锋,最终势成水火。结果霍光一死,宣帝很快便将霍氏诛除无遗类。由于霍氏过于跋扈,司马光对宣帝除掉霍家也表示了理解,让司马光觉得难以接受的是宣帝做得太绝,把霍光的后人全数诛杀,使霍光连

---

① 王夫之:《读通鉴论》卷四《霍光祸萌骖乘》,《船山全书》(第 10 册),岳麓书社 1988 年版,第 160 页。

个供奉其灵位的人也没有。不过考虑到宣帝在霍光主政期间所受的屈辱与惊吓,他这样做也是可以理解的。

宣帝通过铲除霍氏的活动,将霍氏集团从统治核心中清除了出去,而没有遭到清洗的霍氏集团成员,自知大势已去,纷纷明哲保身,尽量靠边站,不与新贵争宠。

地节三年(前67年),昭帝之师、霍光之亲信,时年七八十岁的丞相韦贤以老病请求致仕。宣帝遂赐其黄金百两,罢归,加赐府第一区。史称汉代丞相退休是从韦贤开始的,显见是不得已才离位的。

又如霍氏被诛之后,宣帝以太仆杜延年为霍光的亲信,想贬退他,但一时之间又找不到合适的借口。丞相魏相认为杜延年长期参与朝政,贪赃枉法的事一定不少,建议宣帝对他进行审查,然后以罪废之。然而调查的结果却仅仅得到了苑马多死和官奴婢缺乏衣食等小问题。估计宣帝和魏相都感到难以置信,但事实确实如此。

杜延年的父亲杜周刚步入官场时,虽然穷得只有一匹马,但因长期为官,及其去世时,已积累下了上亿的财富。家里有钱,杜延年就不必靠贪污来积累财富,杜周曾任御史大夫,使杜延年在官场根基深厚,做官就做得从容,又兼杜延年为人谨慎,精通汉世律法,所以宣帝想挑他的毛病还真难。

但不管怎么说,苑马多死和官奴婢缺乏衣食毕竟也算个问题,宣帝遂以此为借口,免了杜延年的官,并将其四千六百户的食邑削去二千户。不过杜延年好歹也算举荐过宣帝,并且宣帝未发迹时与杜延年的儿子杜佗关系甚好,且杜延年确实甚有才能,闲置不用,未免可惜,所以数月后,又召拜杜延年为边疆地区的北地太守。而杜延年自知为霍氏故人,为宣帝所疑忌,以曾经的九卿重臣的身份被派到边疆做太守,形同流放,故治郡不敢有所作为,政绩颇差:"延年以故九卿,外为边吏,治郡不进。治郡不进者,以霍氏旧人,自托于无能也。"①宣帝闻讯给他发了一封盖有玺印的书信批评他不思进取,他才选用良吏,捕击豪强,郡中立马为之清静。说实在的,对于处理朝政都觉得驾轻就

---

① 何焯著,崔高维点校:《义门读书记》卷十八,中华书局1987年版,第298页。

熟的杜延年而言,治理一郡不过是小菜一碟而已。

而张安世更是刻意回避。张安世因在宣帝未发迹时曾得罪过宣帝,而宣帝又是一个报复心理比较强的人;同时他又曾是朝廷中第二号实权派人物,与霍氏关系极其亲密,这也是很招宣帝疑忌的,所以张安世见霍氏被宣帝以谋反之罪夷灭宗族,就担心宣帝会借机除掉自己。当然前已论及宣帝即位之后为了孤立霍家,对张安世恩威并施,着意拉拢,不过这种拉拢是宣帝真心实意地想让他辅佐自己,还是一种策略,谁也不知道。就张安世而言,他当时所知道的是他的嫁给霍氏亲戚的孙女张敬,在诛灭霍氏的过程中受到牵连,可能被处死,而宣帝对此却恍若不知,这让他有一种不祥的预感,以至于终日如坐针毡。他清楚如果宣帝这个时候想处置他,这就是一个非常合适的借口,即由他的孙女张敬牵连到他,以连坐之法名正言顺地将他治罪。正因如此,当年他不过是尚书令、光禄大夫这样一个中级官员,就敢斗胆为他的兄长请命,然而到了现在已贵为大司马、卫将军,似乎是当朝最有权势的官员了,却只能眼睁睁地看着自己的孙女将因连坐之罪被朝廷处死,而不敢请求宣帝赦免她。

事实上,张安世的担忧确非杞人忧天,宣帝因为对张安世怀恨在心,还真的对他动了杀机,据后将军、营平侯赵充国之子、中郎将赵卬后来私下与人讲,宣帝曾欲除掉张安世,赖其父从中调解,方才放过了他。赵卬说:"车骑将军张安世起初曾惹皇上不高兴,皇上想杀了他,我家将军认为张安世原来手中提着书袋,头上插着笔,侍奉孝武帝数十年之久,被公认为忠诚谨慎,所以应该保全他。张安世因此才得以免死。"而推考宣帝想处死张安世的时间,很可能就是在宣帝除掉霍氏家族后,张安世忧心不已的这个时候。当然宣帝最终饶了张安世,赵充国的劝说是一个重要原因,此外还有一个不可忽视的因素那就是张贺的影响。虽然宣帝讨厌张安世,但他毕竟是于己有大恩的张贺的家人,若除掉他,必然得一不做二不休,连带着族诛张安世家,由于张贺无后,如果这样,就意味着断了张家的血脉,那就会对不住张贺。另外张安世的少子张彭祖和他是好朋友,他忍心杀他吗?所以说,因为张贺的缘故,使宣帝与张家的关系剪不断理还乱,最终宣帝还是饶了张安世。

现在想来，我们不能不感叹张汤当年的明智。当年他从家族的长远发展考虑，不是将两个儿子安排在同一个地方，而是一个放在当政的老皇帝武帝身边，一个安排在未来的皇帝卫太子身边。这种行为正与今天从事投资经营活动者所信奉的"不把鸡蛋放在同一个篮子中"的理念相合。因为将鸡蛋放在同一个篮子里，虽然可能会获得高回报，但风险也高；而将鸡蛋分置于不同的篮子里，虽然回报率可能会降低，但风险也小，即便遭受打击，也不至于全军覆没，从而为东山再起留下本钱。就张汤家族而言，正是因为张汤的安排，使得张家两度在最危急的时刻化险为夷，渡过难关。第一次是武帝时，得幸于卫太子的张贺因巫蛊之祸将面临血光之灾，靠着得幸于武帝的张安世的上书求请，方才保全性命。第二次就是这一次，宣帝想杀掉张安世，但由于张贺的缘故，最终放过了他。

当然张安世对此并不知情，不免神情忧郁，寝食不安，以至于身体很快便消瘦下来，宣帝见了，故作惊讶地向身边的侍从询问缘由，侍从认为这是因为他的孙女张敬受到霍家的株连的缘故，宣帝听了，顺势赦免了张敬。张安世由于不知宣帝已对他放下了屠刀，不免把这理解为宣帝对他施展的欲擒故纵之计，所以更加恐惧。为了避免招致宣帝的疑忌，当时每定下大政后，张安世马上便称病回家，及听到诏令下达，就故作吃惊地派人去丞相府询问详情，以此来向宣帝表示自己不居功，不邀誉。由于张安世把这事做得极其周密，故而就是丞相、御史大夫等大臣都不知道张安世参与了朝廷的决策。以至于谏大夫盖宽饶上章弹劾张安世"居位无补"。张安世曾经举荐过官员任职，该官员知道后就来向张安世表示感谢，但这在张安世看来，分明是在给他招祸，因为这有结党的嫌疑，所以就与此人断绝了来往。有一郎官认为自己功高，请求张安世给自己升职，张安世不仅没升他的职，还批评他说："您的功劳高，圣明的君主是知道的。作为人臣，应该做的是把本职工作做好，怎么能自己提要求呢？"然而过后不久该郎官就升迁了。他的幕府长史迁任他职，该长史向张安世辞行时，张安世向他询问自己的过失之处，长史说："将军为明主的股肱大臣，然而却不见举荐士人,人们因此非议将军。"张安世听后说:"明主在上,对士人是贤还是不肖分得很清楚,因此作为臣下,所应做的只是修养自己的德性罢了,怎么会用得着了解士人而推荐他们呢?"班固在讲完这些小典故后,在张安世的传记中做了一个总评说:"其欲匿名迹远权势如此。"

霍光去世后的次年四月,张安世由车骑将军、光禄勋而升为大司马、车骑将军。七月又被任命为大司马、卫将军,而他的三个儿子张千秋、张延寿、张彭祖此时都是中郎将侍中,可谓父子尊显,这让张安世甚为不安,就主动向宣帝请求让他的儿子张延寿出京到边远地区做官,宣帝遂以张延寿为北地太守。一年多后,宣帝又把张延寿召回朝廷做了左曹、太仆。张延寿出而复归一事,如果换个角度看,可视为宣帝与张安世君臣间的一次情感交流,张安世要求将张延寿派往边地,意在向宣帝表示自己无意擅权、惧不自安;宣帝将张延寿派出后又召回朝廷,意在向张安世表示自己对他的信任与理解。只是苦了张延寿,让他在长安与北地之间生生跑了个来回。

在霍氏旧党或被强力剔除或主动淡出政治舞台的同时,一批新人相继进入了权力中心。

首先,诸途并举,拔擢贤臣。如从反霍官员中拔擢魏相、萧望之等,从批评废帝刘贺的官员中拔擢张敞、夏侯胜、王吉、龚遂、于定国等,从霍氏集团中拔擢丙吉、赵广汉、杨恽等,还有从上书自陈的士人中拔擢。宣帝亲政后,上书论利国利民之策者甚众,宣帝于是让萧望之负责处理这方面的事务,而萧望之则根据上书者才能的高下,分别推荐到不同的部门任职。另外还通过察举制拔擢贤臣。汉初选官主要有军功、任子、赀选诸途。所谓军功,就是以军功大小为任职依据。所谓任子,是指高级官员及贵族可根据规定,举荐子弟到京师为郎,称任子。所谓赀选,是指拥有一定数额的资产而又不是商人的平民,也可候选为郎。汉代官吏在前期一直以军功吏为主导,但随着时代发展,到武帝继位时,功臣已死亡殆尽;而任子、赀选分别以权、财为标准选官,故所选多不称意。于是为适应日益加强的专制统治的需要,武帝在沿用原有制度的同时,又推行察举制。察举制就是由地方长官或中央各部门官员负责考察、选取人才并推荐给朝廷,由朝廷根据其才能高下委任以不同官职的选官制度。察举分岁举和特举。岁举就是每年都要举行的选官制度,具体就是指孝廉。孝廉即孝子、廉吏,对象大部分为小吏和儒生,起初本为举孝、察廉二科,即举孝子和廉吏各一人,后孝廉往往连称而混同为一科。特举是偶然或多次举行的选官制度,有秀才、贤良方正、文学、有道之士、明经、明法、尤异、治剧、方伎等。其中秀才、贤良、文学、有道之士等是汉代选拔官吏的重要科目和途径。此外还从博士弟子中拔擢贤臣。武帝时置五经博士,并为博士置弟子五十员,立太学以纳之。博士弟子的数量昭帝时增加为一百人。博士弟子由太常从民间选择,同时又由郡国选择若干人入太学学习。一年期满,通过考试,按等第任官。总之,通过一系列的举措,以魏相、丙吉、萧望之、杨恽、张敞等为代表的精英官员成为政治舞台上的主角,由于是新人当政,因而整个政治面貌焕然一新。

其次,引许、史外戚及宦官作为自己的助手。前已论及,秦朝建立后,官员们从加强统治的角度考虑,要求秦始皇分封宗室,作为皇权的助手。但秦始皇没有听从他们的建议。及至秦亡,时人多归咎于此。故汉初惩亡秦之戒,大封同姓诸侯以为皇权之助。吕后专权期间,又引入外戚势力。然诸吕用事,对汉朝皇权构成极大威胁,因此吕后死后,官僚与贵族联手消灭诸吕。此后,外戚成为皇权防范的对象,长期都受到皇帝的限制。虽然压制住了外戚,但在文景时期,原本作为皇权助手的宗室诸侯又对皇权构成了威胁,为解决这一问题,文帝至武帝,皇权持续推行削藩措施,打击宗室贵族,最终在武帝时将其彻底抛弃。由于宗室、外戚皆不足依靠,因此自文帝起,皇帝开始有意识地从群臣中物色忠臣,对其着力培养,希望当皇朝遇到重大问题时,能得到他们的支持。武帝时,在这方面用功尤深,及其临终前,将朝政托付给霍光、金日磾、上官桀等几位久经考验的忠臣。

虽然霍光等以忠诚为武帝所信任,并被委以重任,但从此后形势的发展看,这些所谓的忠臣与此前的外戚、宗室一样,同样并不可靠。先是以上官桀为首的官僚集团阴谋伏兵格杀霍光,废昭帝,迎立燕王为天子,被霍光发觉后将其铲除。继而独揽朝政的霍光将他的子侄、女婿等亲人以及故吏等亲信皆安插在朝廷的要害部位上,形成庞大的

第十四章 清算霍家，新人当政

利益集团。昭帝去世后，旬月之间，霍光废立两帝，权势之大，自古罕有。故宣帝虽是由霍光所立，却对霍光充满畏惧。通察武帝所托付的几位忠臣的所作所为，再加上宣帝的亲身感受，使他深切地感受到将国事托付给大臣是不可靠的。而宣帝在霍光死后铲除霍氏集团，则标志着始自文帝的通过优待臣下以换取其忠诚的试验破产。与此同时，宣帝的特殊经历，使他对外戚的看法发生颠覆性改变，与此前的君主疑忌外戚不同，宣帝对他的外戚充满信任，将他们视为自己的得力助手，在与霍氏集团的斗争中委以重任。及至除掉霍氏集团后，更是将外戚作为皇权的保护者而大力扶植。

在一些核心部位，诸如掌管皇家宿卫的军权，负责决策的中朝官，宣帝都尽量选派许、史、王等外戚子弟担任。同时又对他们大行封赏。地节三年（前67年）四月封许广汉平恩侯，食邑五千六百户。地节四年（前66年）二月封其外祖母号为博平君，以博平、蠡吾两县户万一千为汤沐邑；其舅王无故为平昌侯、王武为乐昌侯，食邑各六千户。同年八月又封其祖母兄子史高为乐陵侯，食邑二千三百户。元康二年（前64年）三月封皇后父王奉光为邛成侯，食邑二千七百五十户。元康三年（前63年）三月，封其祖母兄子史曾为将陵侯、史玄为平台侯，食邑分别为二千二百户及二千九百户；封许广汉之弟长乐卫尉许舜为博望侯、侍中；封光禄大夫许延寿为乐成侯，食邑各一千五百户。

由于宣帝的提携，使许、史外戚很快发展成为朝中强大的政治势力，这从朝臣对他们近乎狂热的追捧攀附就可以看出来。如魏相贵为御史大夫，为了得到宣帝的赏识，走的就是外戚路线。他先是通过许广汉奏事宣帝要求对霍氏加以限制，继而又通过许广汉传话建议宣帝取消副封制度，由此得到宣帝的赏识，先受诏为给事中，后又被宣帝任命为丞相。魏相做了丞相后，有次在商议是否攻打匈奴时，又上书请求宣帝就此事与宣帝的两个舅舅贵戚平昌侯王无故、乐昌侯王武，以及宣帝的妻父平恩侯许广汉等商议，而事实上这些人皆出身下层，资质平庸，他们知道什么军国重事！魏相如此说，纯粹是在讨好他们。平恩侯许广汉迁入新居，举朝重臣自丞相以下皆去道贺，酒酣之际，长信少府檀长卿为讨好许广汉，不顾自己列卿的身份，跳起猕猴与狗争斗之舞,惹得人们哄堂大笑。右扶风陈万年倾其家财结好许、史外戚,在乐陵侯史高身上下的功夫尤其大,于此可见当时的外戚权势之重。此外宣帝还任用宦官,以弘恭为中书令,石显为中书仆射,协助自己处理国是,当时宣帝的许多决策背后都有他们俩人的影子。

总之,宣帝通过打击霍氏集团,逐渐确立了由官僚、外戚和宦官等三股力量构成的新的统治集团。在这个新的统治集团中,官僚帮助宣帝治理国家,宦官协助宣帝驾驭官僚,而外戚则统治京师宿卫部队,为宣帝看护皇权。由此,以宣帝为核心的亲疏相制辅政体系终于再度确立。

第十四章
顺应时势，转变思想
第十五章

第十五章 顺应时势,转变思想

宣帝兴自里巷,深知民生疾苦;又兼其受当世任侠之风的影响,颇有扶危济难之心;且宣帝是以武帝曾孙、庶民等身份入继大统,与汉代立君传统大异,因而在正统性与合法性上存在着重大缺陷。为了得到天下的认可,他必须要有所作为,以显示霍光等选立他为君的正确性。尤为重要的是,由武帝所开创的大业还没有最终完成,这使宣帝自一即位,实现武帝抱负的使命感便油然而生,这应该说是时代使然。当年汉武帝十六岁即位,很快便卓然罢黜百家,行大有为之政,这并非因为武帝天资卓异,而是时代走到了这一步,要求他承担属于自己的责任。宣帝亦是如此。

因此,在他继位的第三年,即本始二年(前72年)五月,即下诏要群臣商议如何褒崇武帝的功绩:"朕以眇身奉承祖宗,夙夜惟念孝武皇帝躬履仁义,选明将,讨不服,匈奴远遁,平氐、羌、昆明、南越,百蛮乡风,款塞来享;建太学,修郊祀,定正朔,协音律;封泰山,塞宣房,符瑞应,宝鼎出,白麟获。功德茂盛,不能尽宣,而庙乐未称,其议奏。"①六月,群臣奏请尊武帝神庙为世宗庙,奏《盛德》《文始》《五行》之舞,天子世世献祭。武帝在世期间巡狩临幸过的郡国,都立庙。这应该是汉世能够给予已故君主的最高礼遇,此前诸帝只有高祖刘邦、太宗文帝两位君主享受过这样的待遇。而宣帝如此尊崇武帝,除了欲以武帝的继承人自居,构建自己继统的正当性外,更是要明确告知天下,自己将坚定不移地遵循武帝之政,努力完成他未竟的事业。

关于如何治国,宣帝有自己的心得体会,有次他与太子谈话时曾说:"汉家自有制度,本以霸王道杂之,奈何纯任德教,用周政乎!"②所谓霸道,指的是法家的治术。所谓王道、德教、周政,指的是儒家的治术。所谓霸王道杂之,就是儒法兼采,文武并用。这是武帝开创的治国之道,经过数十年的实践,至宣帝时已相当成熟。

汉自立国之后,数十年间,一直遵循秦朝的法治传统治国。法家治国主张与时俱进,根据时势的变化采取相应的对策予以应对。如商

---

① 班固撰,王先谦补注:《汉书补注》卷六《武帝纪》,上海古籍出版社2008年版,第342~343页。
② 班固撰,王先谦补注:《汉书补注》卷九《元帝纪》,上海古籍出版社2008年版,第387页。

缺认为圣人治国只要可以强国利民,什么方法都可以采用,而不必效法前人的成例,遵从所谓的礼制:"是以圣人苟可以强国,不法其故;苟可以利民,不循其礼。"并举例称夏商周三代没有采用相同的礼制而称王,春秋五霸没有采用相同的法令而称霸:"三代不同礼而王,五伯不同法而霸。"治国不能总遵循同一个指导思想,要想使国家得到发展就不能墨守成规。商汤、周武王不因循古代的成规而王,夏桀王、殷纣王不变更礼制而亡。所以勇于进取者不可非议,遵循礼制者不值得赞扬:"治世不一道,便国不法古。故汤武不循古而王,夏殷不易礼而亡。反古者不可非,而循礼者不足多。"①李斯也说:"五帝不相复,三代不相袭,各以治,非其相反,时变异也。"②应该说,根据时代的需要,采取相应的政策予以应对,实为治国之不二法门。故汉立国后,统治者虽宣扬黄老之学,对秦之暴政大加挞伐,反秦之道,约法缓刑,与民更始。但从本质上看,其实与秦政无疑。因为其治国仍然继承了法家与时俱进的思想,在继承秦代统治体制的基础上,又制定了一系列与时代相契合的律令条文,来加强对国家的统治。故史称文帝"本好刑名之言",而景帝又"不任儒"。③

经过长期的休养生息,到武帝初年,汉代社会已呈现一派繁荣景象。但也积聚下了一系列的问题。如宗室诸侯与皇朝关系紧张,对抗不断;地方豪富武断乡曲,严重干扰国家的统治;各种制度尚不健全,给施政带来颇多消极影响;周边异族政权长期威胁皇朝统治,匈奴更是腹心之患。凡此种种问题,都显示黄老之术已经不能满足时代的需要,对此皇朝必须采取相应措施,予以妥善解决。

在此情况下,具有"意气风发、积极进取的思想属性"④、主张有为之治的儒家学说受到了武帝的重视,其中《春秋》学作为儒家经典中与现实政治联系最为密切的学说,尤其受到武帝的关注。孔子编纂《春秋》一书后,自战国以来,为该书做传,解释其微言大义并流传于世的

---

① 司马迁:《史记》卷六十八《商君列传》,中华书局1959年版,第2229页。
② 司马迁:《史记》卷六《秦始皇本纪》,中华书局1959年版,第254页。
③ 班固撰,王先谦补注:《汉书补注》卷八十八《儒林传》,上海古籍出版社2008年版,第5417页。
④ 李振宏:《汉代儒学的经学化进程》,《中国史研究》2013年第1期。

著作共有三种,即《左传》《公羊传》与《谷梁传》。其中《左传》属古文经学,兴于西汉晚期。在此之前,流行于世,为士人所修习者唯今文经学《公羊传》与《谷梁传》。

武帝时瑕丘江公受《谷梁传》于鲁国的申公,齐人董仲舒则精通《公羊》学,武帝曾让俩人论《谷梁》学与《公羊》学之优劣。结果董仲舒胜出。史称江公败在不善言辞,及丞相公孙弘也是《公羊》学家,支持董仲舒,故武帝重用董仲舒而罢黜江公。但更重要的原因是《公羊》学所宣扬的理念更适合当时的时代要求。

《公羊》学宣扬天下一统,鼓吹君权至上和中央集权的正当性。如《春秋·隐公元年》称:"元年春,王正月。"《公羊传》释为《春秋》意在赞美整个天下都处在周王的统治之下,按照周朝的历法安排一切:"何言乎王正月? 大一统也。"①

宣扬王者统驭包括异族在内的天下的正当性。《春秋·隐公元年》称:"冬,十有二月,祭伯来。"《公羊传》释为祭伯是周王的大夫,其来到鲁国,《春秋》不称"使",而称"来",是因为他是逃亡来的。但《春秋》没用表示逃亡之意的"奔"字,是因为周天子是天下之主,所有的地方都受他的统治,若用"奔"字,就意味着天子有外了,故《春秋》不书"奔":"祭伯者何? 天子之大夫也。何以不称使? 奔也。奔则曷为不言奔? 王者无外。言奔,则有外之辞也。"②

主张大义灭亲,要求对乱臣贼子毫不留情地进行镇压。《春秋·庄公三十二年》:"秋,七月,癸巳,公子牙卒。"公子牙是鲁桓公的儿子,鲁庄公的弟弟,庄公病危,公子牙等阴谋发动内乱,夺取君位,被庄公幼弟季子逼迫饮鸩自杀,《公羊传》认为《春秋》对此表示赞赏,因为臣子对君父不能有叛逆之心,有这种念头,即使没有付诸实施,也要将其诛杀:"公子牙今将尔,辞曷为与亲弑者同? 君亲无将,将而诛焉。"③

---

① 公羊寿传,何休解诂,徐彦疏:《春秋公羊传注疏》卷一"隐公元年",《十三经注疏本》,中华书局1980年版,第2196页。
② 公羊寿传,何休解诂,徐彦疏:《春秋公羊传注疏》卷一"隐公元年",《十三经注疏本》,中华书局1980年版,第2199页。
③ 公羊寿传,何休解诂,徐彦疏:《春秋公羊传注疏》卷九"庄公三十二年",《十三经注疏本》,中华书局1980年版,第2242页。

强调复国仇的正义性。《春秋·庄公四年》春"纪侯大去其国。"纪国国君向周懿王诬陷齐襄公的九世祖齐哀公,结果齐哀公被周懿王烹杀。齐襄公为复仇,将纪国灭掉。《公羊传》认为《春秋》记此事,以为齐襄公为远祖复仇而灭纪国,尽了奉承祖先的孝道,是值得肯定的,因此为齐襄公讳,不书"灭"纪,而书"大去其国"。并认为就国家而言,即使是报复百世之仇也是应该的:"大去者何?灭也。孰灭之?齐灭之。曷为不言齐灭之?为襄公讳也。《春秋》为贤者讳。何贤乎襄公?复仇也。何仇尔?远祖也。哀公亨乎周。纪侯谮之。以襄公之为于此焉者。事祖祢之心尽矣。尽者何?襄公将复仇乎纪,卜之曰:师丧分焉,寡人死之,不为不吉也。远祖者,几世乎?九世矣。九世犹可以复仇乎?虽百世可也。家亦可乎?曰:不可。国何以可?国君一体也,先君之耻,犹今君之耻也。"①

由于《公羊》学适应了汉朝的形势,因此武帝特让卫太子学习《公羊传》,以讽喻天下,《公羊》学于是大显于世,并获得了国家最高指导思想的权威地位。武帝遂高扬《公羊》学的旗帜,结合法家的治国理念,强力推行王霸之政。对内残酷镇压宗室诸侯,强力打击地方豪富;对外征伐四夷,复仇匈奴。从而使君主专制的中央集权体制得到极大的加强,四夷纷纷臣服于大汉,强悍的匈奴也不得不远遁漠北。但同时也导致皇权与宗室贵族矛盾重重,地方豪族对皇权充满敌意,国家疲弊,百姓困苦,社会动荡。而此时经过皇权长期的经营,宗室贵族已下降为贵族地主,对皇权已不构成威胁。而地方豪族不仅已跻身统治阶层,且地位还呈现出持续上升趋势。

前已论及,汉朝在武帝以前,仕进之途主要有军功、任子、赀选等三种。在此期间,朝廷公卿及地方郡国守相、县令长等地方长吏的选任,主要出自此三种。其中以军功、任子身份出任要职者居多。尤其是丞相一职,一直是功臣贵族及其后人的禁脔。自高祖至景帝,共有十四位丞相。"从第一任萧何到第十任申屠嘉,除吕产因涉及诸吕之变,当作他论而外,皆为汉初军功受益阶层之最上层,即功臣列侯之第

---

① 公羊寿传,何休解诂,徐彦疏:《春秋公羊传注疏》卷六"庄公四年",《十三经注疏本》,第2226页。

一代。从第十一任之陶青到第十三任之刘舍,皆为功臣列侯之第二代。从第十四任之卫绾开始,丞相第一次由汉初军功受益阶层以外的人担当,其时代已在景帝末年。也就是说,西汉初年,从高帝到景帝末,丞相例由功臣列侯世袭担当,即非功臣列侯不能任相。"①故范晔称:"自兹以降,迄于孝武,宰辅五世,莫非公侯。"②其他朝廷高官也具有明显的世袭特征:"从西汉建立到武帝时期,上层官僚的组成有较强的继承性,三公九卿们能够顺利地将自己的地位与权力传递给其后代,前一朝的官员及其后裔往往也是后一朝的中坚力量"。③

就地方而言,由于社会残破,各个阶层都长期处在恢复与发展之中,吏民各守其职,社会相对稳定,地方掾属阶层因而也呈现世袭化倾向。如从事祭祀祝告神灵工作的"祝"、从事占卜吉凶工作的"卜",以及在各级政府部门从事文书档案、书记事务工作的吏员"史",就是父子世代相传:"史、卜子年十七岁学。史、卜、祝学童学三岁,学佴将诣大史、大卜、大祝,郡史学童诣其守,皆会八月朔日试之。"史、卜、祝等官员就从这些学童中选出,如就"史"而言:"试史学童以十五篇,能风(讽)书五千字以上,乃得为史。"④就"卜"而言,司马迁明确指出汉世这类官职"父子畴官,世世相传"⑤。刑狱之职亦父子相传。法律之吏多为家学,南齐崔祖思回顾汉代法律之家时说"汉来治律有家,子孙并世其业"⑥。

可以说,在武帝以前,通过自身经营致富的工商豪民、平民地主等基本上被排除在官僚体制之外,作为被统治者而存在。但这种状况在武帝时期发生改变。武帝时期,自汉兴以来,兴盛数世的军功阶层(包括军功贵族在内)或因不能适应时代的变化,或因受到朝廷的打压,而

---

① 李开元:《汉帝国的简历与刘邦集团——军功受益阶层研究》,三联书店 2000 年版,第 204~205 页。
② 范晔:《后汉书》卷二十二《朱景王杜马刘傅坚马列传》,中华书局 1965 年版,第 787 页。
③ 蔡亮:《重塑统治集团:西汉巫蛊案的再解读》,《湖南省博物馆馆刊》2010 年第 7 辑。
④ 张家山二四七号汉墓竹简整理小组:《张家山汉墓竹简[二四七号墓]》(释文修订本),第 80 页。
⑤ 司马迁:《史记》卷一百二十八《龟策列传》,中华书局 1959 年版,第 3224 页。
⑥ 萧子显:《南齐书》卷二十八《崔祖思传》,中华书局 1972 年版,第 519 页。

持续衰落。以工商豪民、平民地主为主体的新兴社会力量,虽然也受到了朝廷的压制,但由于他们已经成为社会的主体,将他们完全排除在统治体系之外,既不现实,也不利于维护社会的稳定。因此国家在采取种种措施,盘剥他们的财富的同时,又以利益为诱饵,拉拢他们进入统治体系之中。于是大批社会富民因此步入仕途。

如元朔二年(前127年)为解决筑朔方导致的国家财政空虚问题,国家允许百姓入羊为郎。元朔六年(前123年)置武功爵,买爵者有诸多优惠待遇,诸如买爵至第五级"官首"者,有试补为吏的资格,并且优先除用;买爵到第七级"千夫",其爵秩相当于二十等军功爵制第九级"五大夫"的爵秩,可以享受五大夫所享受的相关待遇。此次武功爵共卖出十七万级,这也意味着许多富人通过购买武功爵进入了官僚系统。盐铁官营也使一批富商大贾借此进入官僚体系之中,从而跻身统治阶层。如在朝廷主持盐铁事务的东郭咸阳、孔仅、桑弘羊皆出身商贾之家,地方主持盐铁事务的官吏也为商贾。又允许官吏向朝廷纳谷买官,其中郎官的价格是六百石。普通人向朝廷交纳一定的钱财也可以为郎官。军功人员通过封爵加官也大量进入统治阶层。如元朔六年(前123年)以卫青统军征匈奴有功,受爵赏者甚众,并且军功多用越等,大者封侯卿大夫,小者郎吏。太初四年(前101年)贰师将军李广利西征大宛军还,武帝爵赏有功将士,军官吏为九卿者三人,诸侯相、郡守、二千石百余人,千石以下千余人。同时通过察举制和博士弟子选官制,又有许多士人进入官僚队伍。

这些人进入官僚体系后,与既有官僚合流,共同构成新的官僚集团。其成员利用所掌握的权力,一方面规避国家政策的打击,另一方面又大肆谋取利益,加之君主的赏赐,使官、商、地主三位一体的新官僚阶层,很快便成为新的财富拥有者。同时一批商贾地主通过与官僚相互利用,也在新的形势下发展起来。从而在武帝中后期,在汉代的社会机体中就出现了一个以官僚集团为核心,以与权力有着密切联系的富豪为主体的新阶层:豪族阶层。及至昭宣时期,豪族阶层已基本掌控了自下而上的官僚体系。

汉世地方政府用人,"自曹掾以下无非本郡之人"①。只有三辅郡县得仕用他郡人:"监官长吏自辟之属吏,必用本籍人;唯京畿郡县可例外。"②故武帝以来,选官诸途并举,使地方豪族纷纷进入所在郡县的官僚机构之中,到了昭帝时期,地方官僚机构已处在地方豪族的掌控之中。以至于沈约有汉代"郡县掾史,并出豪家"③之叹。并进而占据了地方长吏及朝廷公卿的高位。即以丞相为例,武帝一朝,共有丞相十三名,其中权贵出身者九人:窦婴、田蚡、公孙贺、刘屈氂,出身外戚宗室;许昌、薛泽、严青翟,高帝功臣之后;石庆、赵周,名臣之后。只有卫绾、田千秋、公孙弘、李蔡等四人出身平民之家。及至昭宣时期,形势大变。昭宣两朝共有九位丞相,其中田千秋、王䜣、杨敞、蔡义、魏相、丙吉、黄霸等七位丞相,祖上皆无显于世,出身平民之家。尤其是蔡义因家贫,初入大将军幕府供职,常徒步公干。韦贤、于定国俩人,祖上只是稍有名望。韦贤的高祖韦孟曾为楚元王的儿子刘郢客、孙子刘戊的师傅,后去位不仕,至韦贤时,韦氏已数世为平民。于定国的父亲以县狱吏起家,官至郡决曹而已,此前该家族并无闻人。

由于豪族阶层已基本掌控了汉朝的官僚体系,成为汉政权的支持力量,因此朝廷继续如武帝时那样对他们施以暴酷之政,已经不合适了,并且也是他们所不允许的。

昭帝时期,社会舆论强烈否定武帝以来的王霸之政,这种观念突出地反映在始元年间的盐铁会议上。在这次会议上,以百姓代言人自居、代表地方豪族利益的贤良文学,以儒家理论为依据对武帝以来的政治予以全面否定。文学更是要求以仁义治国,认为圣明的君主治理天下,始终没有离开仁义二字。因此,有改变制度之名,无变易治道之实。古圣先王治国,无不宣明德教,重视学校教育,推崇仁义,确立教化:"圣王之治世,不离仁义二字。故有改制之名,无变道之实。上自黄帝,下及三王,莫不明德教,谨庠序,崇仁义,立教化。此百世不易之

---

① 顾炎武著,黄汝成集释:《日知录集释》卷八《掾属》,上海古籍出版社1985年版,第630页。
② 严耕望:《汉代地方官吏之籍贯限制》,台湾《"国立中央"研究院历史语言研究所集刊》第22本(1950年)。
③ 沈约:《宋书》卷九四《恩倖传》,中华书局1974年版,第2301页。

道也。"①具体而言：

批判朝廷与民争利，主张藏富于民。文学认为治人之道，在于防止使其嗜欲放纵的根源，扩充使其道德充盈的善良本性，抑制工商之利而推广仁义，不要用利来引诱人，然后教化便可以振兴，风俗就可以改变。现在地方郡国实行盐铁官营、酒类专卖，推行均输法，这是在与民争利，从而破坏了敦厚朴实的风气，造成了贪鄙的习俗。因此百姓从事农业者少，追逐工商业者多。表面文饰繁盛，则本质就会衰减。而实际空虚，工商业兴旺，则农业就会亏损。工商业发达会导致人民奢侈放纵，农业发达则会使人民质朴谨慎。人民质朴谨慎就会使生活富足，人民奢侈就会引起饥寒发生。希望废除盐铁官营、酒类专卖和均输法，作为重农抑商的措施，给农业的发展带来极大好处，这样做才是妥当的："窃闻治人之道，防淫佚之原，广道德之端，抑末利而开仁义，毋示以利，然后教化可兴，而风俗可移也。今郡国有盐、铁、酒榷，均输，与民争利。散敦厚之朴，成贪鄙之化。是以百姓就本者寡，趋末者众。夫文繁则质衰，末盛则本亏。末修则民淫，本修则民悫。民悫则财用足，民侈则饥寒生。愿罢盐、铁、酒榷、均输，所以进本退末，广利农业，便也。"②认为天子不应该蓄积财物，而应以四海为箱柜，藏富于民。远离工商浮利，唯务用礼义教导百姓。礼义道德确立起来了，百姓自然就会接受来自上面的教化："是以王者不畜聚，下藏于民，远浮利，务民之义；礼义立，则民化上。"③

反对利用盘剥百姓所得武力开边，主张以德服人。认为武帝以来的开边活动给百姓和士卒带了极大的危害："古者，贵以德而贱用兵。孔子曰：'远人不服，则修文德以来之。既来之，则安之。'今废道德而任兵革，兴师而伐之，屯戍而备之，暴兵露师，以支久长，转输粮食无已，使边境之士饥寒于外，百姓劳苦于内。立盐、铁，始张利官以给之，非长策也。"④

---

① 王利器校注：《盐铁论校注》卷五《遵道》，中华书局1992年版，第292页。
② 王利器校注：《盐铁论校注》卷一《本议》，中华书局1992年版，第1页。
③ 王利器校注：《盐铁论校注》卷一《禁耕》，中华书局1992年版，第68页。
④ 王利器校注：《盐铁论校注》卷一《本议》，中华书局1992年版，第2~3页。

主张礼治,反对法治。文学承认教化与刑法皆为治民之具:"故令者教也,所以导民人;法者刑罚也,所以禁强暴也。二者,治乱之具,存亡之效也,在上所任。"①但更强调教化的作用。认为殷、周之所以大治,是在于商汤与周武王能够以礼义治民的缘故,秦之亡是由于任刑所致。认为礼义是治国的根本。因为礼能防止淫乱,乐能移易风俗,礼兴乐正刑罚才能合适。堤防筑成百姓就不会遭受水灾,确立礼义规范百姓就不会遭受祸乱。因此礼义败坏,堤防决裂,还能够治理好国家的,从来没有过。治理得好的国家注重它的礼义,危机重重的国家崇尚它的法律:"治国谨其礼,危国谨其法。"②针对当时所谓的"良吏",文学批评他们舞文弄法,祸害百姓:"文察则以祸其民,强力则以厉其下,不本法之所由生,而专己之残心,文诛假法,以陷不辜,累无罪,以子及父,以弟及兄,一人有罪,州里惊骇,十家奔亡,若痈疽之相洿,色淫之相连,一节动而百枝摇。"③认为严刑峻法是不可以持久的。比如秦因刑法严酷,导致天下叛离,"闻不一期而社稷为墟"④。

宣帝时舆论继续抨击王霸之政。宣帝即位后,下诏褒崇武帝,夏侯胜持不同意见,认为武帝在世期间,穷兵黩武、奢侈无度,给社会带来了极其沉重的消极影响,因此不配受到褒崇:"武帝虽有攘四夷广土斥境之功,然多杀士众,竭民财力,奢泰亡度,天下虚耗,百姓流离,物故者半。蝗虫大起,赤地数千里,或人民相食,畜积至今未复。亡德泽于民,不宜为立庙乐。"由于自认为说出了普天下人想说的话,为天下人主持了公道,夏侯胜认为自己就是因此被处死也是值得的。所以在抨击罢武帝后,面对公卿的责难,夏侯胜慷慨激昂地说:"议已出口,虽死不悔。"⑤路温舒论及汉政说:"秦有十失,其一尚存,治狱之吏是也。"⑥

---

① 王利器校注:《盐铁论校注》卷十《诏圣》,中华书局1992年版,第595页。
② 王利器校注:《盐铁论校注》卷五《论诽》,中华书局1992年版,第299页。
③ 王利器校注:《盐铁论校注》卷十《申韩》,中华书局1992年版,第580页。
④ 王利器校注:《盐铁论校注》卷十《诏圣》,中华书局1992年版,第595页。
⑤ 班固撰,王先谦补注:《汉书补注》卷七十五《夏侯胜传》,上海古籍出版社2008年版,第4874页。
⑥ 班固撰,王先谦补注:《汉书补注》卷五十一《路温舒传》,上海古籍出版社2008年版,第3843页。

所以历史发展到宣帝时期，在社会形势已发生根本性变化的情况下，为加强统治集团内部的团结，扶持贫困的小农阶层，促进经济的恢复与发展，维护社会稳定，就有必要转变国家指导思想，缓和各种矛盾。

在此背景下，《谷梁传》受到了宣帝的重视。由于卫太子喜欢《谷梁》学，宣帝在民间时就对《谷梁传》有所研读。即位后，又向韦贤、夏侯胜、史高等鲁人了解《谷梁传》，他们认为《谷梁》学属鲁学，《公羊》学属齐学，故《公羊》学不如《谷梁》学纯正，因建议兴《谷梁》学。而《谷梁传》讲亲亲尊尊，提倡礼制，注重道德教化，强调以民为本，确有许多与《公羊》学相异之特点。如钟文烝就指出："《谷梁》特多言君臣父子兄弟夫妇，与夫贵礼贱兵，内夏外夷之旨，明《春秋》为持世教之书也。"①

《谷梁传》讲"亲亲"，即善待自己的亲人。春秋初年，郑庄公攻打其弟共叔段，逼其于鄢出奔他国。《谷梁传》认为段是庄公的弟弟、郑国的公子，然而《春秋》只称"段"，而不加"弟""公子"等称谓，是因为段与兄长争权，不守弟道。但对庄公的谴责更为严厉。因为郑庄公处心积虑地要杀害弟弟，段战败后逃到距离郑国国都相当遥远的鄢，但庄公仍要追杀他，这就如同从母亲怀中将其婴儿夺取出来杀掉一样，是非常残忍的事情。《春秋》记国君杀大夫事，一般不记杀大夫之地的名字，现在写明"于鄢"，意在严厉谴责庄公。认为郑庄公对待弟弟应该宽容，要慢慢追赶，给他机会，让他逃走，这才符合爱护自己亲人的"亲亲"原则："克者何？能也。何能也？能杀也。何以不言杀？见段之有徒众也。段，郑伯弟也。何以知其为弟也？杀世子、母弟目君，以其目君知其为弟也。段，弟也，而弗谓弟；公子也，而弗谓公子。贬之也。段失子弟之道矣，贱段而甚郑伯也。何甚乎郑伯？甚郑伯之处心积虑成于杀也。于鄢，远也，犹曰取之其母之怀中而杀之云尔，甚之也。然则为郑伯者，宜奈何？缓追，逸贼，亲亲之道也。"②《春秋·宣

---

①钟文烝：《谷梁补注》卷首，中华书局1996年版，第29页。
②范宁集解，杨士勋疏：《春秋谷梁传注疏》卷一"隐公元年"，《十三经注疏本》，中华书局1980年版，第2365~2366页。

公十七年》:"冬十有一月,壬午,公弟叔肸卒。"对此,《谷梁传》认为鲁宣公杀公子赤而自立,叔肸谴责了他。按说叔肸应该离开鲁国去外国居住,但因顾念兄弟之情,担心这样会使宣公的罪行被宣扬出去,就没有离开鲁国。宣公给他财物,他认为此属不义之财,不肯接受,靠织鞋出售为生,终身不接受宣公的照顾。君子认为叔肸此举,既坚持了君臣之义,又不臣弑君之人;顾念兄弟之情,不流亡他国以彰显兄长的过恶。从而使君臣之义、兄弟之情俱得通畅,因此得到《春秋》的尊重。称其为"公弟叔肸",以表彰他的贤德:"其曰公弟叔肸,贤之也。其贤之,何也?宣弑而非之也。非之,则胡为不去也?曰:兄弟也,何去而之?与之财。则曰:我足矣。以距之。织屦而食,终身不食宣公之食。君子以是为通恩也,以取贵乎《春秋》。"①

强调"尊尊",即尊重地位尊贵的人。《春秋·文公二年》:"八月,丁卯,大事于太庙,跻僖公。"此事记载的是鲁文公将其父鲁僖公的神主移到了鲁闵公神主的前面,《春秋》用一"跻"字,《谷梁传》认为这是《春秋》意在谴责鲁文公。并进而指出君子不因为爱自己的亲人,而做出伤害自己必须尊重的地位尊贵的人,这是《春秋》大义之所在:"君子不以亲亲害尊尊,此《春秋》之义也。"②

重视礼教。《春秋·隐公二年》:"冬,十月,伯姬归于纪。"伯姬是鲁惠公的长女,在该年十月从鲁国嫁到纪国,《春秋》记其事。《谷梁传》指出按照礼制,妇人出嫁称"归",被休弃称"来归"。夫人在家受制于父亲、出嫁后受制于丈夫,丈夫去世则受制于长子。妇人没有自由行动的权力,必须有所依附:"《礼》,妇人谓嫁曰归,反曰来归,从人者也。妇人在家,制于父;既嫁,制于夫;夫死,从长子。妇人不专行,必有从也。"③《春秋·桓公十五年》:"春,二月,天王使家父来求车。"此事记载的是周桓王派家父来鲁国求车之事。《谷梁传》认为《春秋》

---

① 范宁集解,杨士勋疏:《春秋谷梁传注疏》卷十二"宣公十七年",《十三经注疏本》,中华书局1980年版,第2415页。

② 范宁集解,杨士勋疏:《春秋谷梁传注疏》卷十"文公二年",《十三经注疏本》,中华书局1980年版,第2405页。

③ 范宁集解,杨士勋疏:《春秋谷梁传注疏》卷一"隐公元年",《十三经注疏本》,中华书局1980年版,第2367页。

之所以记载此事,是因为古时诸侯在每年的春季,将本国的物产作为贡品献给周天子。若有诸侯国不按时贡献,天子会对其进行批评,没有向诸侯征求贡品的事情。现在周桓王派家父来鲁国求车,是不合礼制的。而王室在遇到丧葬之事时,派人向诸侯求金,就更不应该了:"古者,诸侯时献于天子,以其国之所有,故有辞让而无征求。求车,非礼也。求金,甚矣!"①

主张以民为本。《谷梁传》与《公羊传》及《左传》相比,尤其重民,主张以民为本。《春秋·隐公五年》十二月,"宋人伐郑,围长葛"。《谷梁传》认为《春秋》之例,伐国不言围邑,"此其言围,何也?久之也"。②《春秋·隐公六年》:"冬,宋人取长葛。"《谷梁传》指出《春秋》之例,外取邑不记述,"此其志,何也?久之也"③。《春秋·桓公十三年》:"春,二月,公会纪侯郑伯。己巳,及齐侯、宋公、卫侯、燕人战。齐师、宋师、卫师、燕师败绩。"《谷梁传》认为《春秋》"战称人,败称师,重众也"。④《春秋·桓公十四年》:"冬,十有二月,丁巳,齐侯禄父卒。宋人以齐人、蔡人、卫人、陈人,伐郑。"《谷梁传》通过解释"以"字,对经文进行阐发:"以者,不以者也。民者,君之本也。使人以其死,非正也。"⑤故学者指出:"贵民重本,为《春秋》最大之义,而《左传》《公羊》皆无其说,惟《谷梁》有之,此谷梁子之卓出二家而独有千古者也。"⑥

总之,"与公羊学不同,谷梁学十分重视礼义教化,重视宗法情感,把礼的观念提到了突出的地位,而这具有缓和统治阶级内部矛盾,稳定政治统治,保护统治阶级长远利益的作用"⑦。

---

①范宁集解,杨士勋疏:《春秋谷梁传注疏》卷四"桓公十五年",《十三经注疏本》,中华书局1980年版,第2378页。

②范宁集解,杨士勋疏:《春秋谷梁传注疏》卷二"隐公五年",《十三经注疏本》,中华书局1980年版,第2369页。

③范宁集解,杨士勋疏:《春秋谷梁传注疏》卷二"隐公六年",《十三经注疏本》,中华书局1980年版,第2370页。

④范宁集解,杨士勋疏:《春秋谷梁传注疏》卷四"桓公十三年",《十三经注疏本》,中华书局1980年版,第2377页。

⑤范宁集解,杨士勋疏:《春秋谷梁传注疏》卷四"桓公十四年",《十三经注疏本》,中华书局1980年版,第2378页。

⑥江慎中:《春秋谷梁传条指》卷下"贵民重众"条,《国粹学报》1919年第73期。

⑦周桂钿:《中国学术通史·秦汉卷》,人民出版社2004年版,第165页。

第十五章　顺应时势，转变思想

《谷梁》学因在武帝时受到压制，且与时代相疏离，故学者甚寡。宣帝即位后，通过对该学说进行深入了解，认识到该学说所宣扬的理念与《公羊》学相比，更为适合当时的需要。并且《公羊》学家屡用《公羊》义压制宣帝父祖，也为宣帝所不喜。

如当年隽不疑就是以《公羊》之义抓假卫太子的，隽不疑说："诸君何患于卫太子！昔蒯聩违命出奔，辄拒而不纳，《春秋》是之。卫太子得罪先帝，亡不即死，今来自诣，此罪人也。"①此用的就是《公羊传》之义。《春秋·哀公三年》："春，齐国夏、卫石曼姑帅师围戚。"《公羊传》解曰："蒯聩为无道，灵公逐蒯聩而立辄，然则辄之义可以立乎？曰：可。其可奈何？不以父命辞王父命。以王父命辞父命，是父之行乎子也。"②就辄拒其父而不纳一事，《谷梁传》释义与《公羊传》同。然《谷梁传》在开篇即说："孝子扬父之美，不扬父之恶。"③这显然是有利于宣帝为其父祖平反的。

宣帝即位后，要群臣为其父祖议谥，丞相蔡义等也是以《公羊》义降其父母不得祭祀："礼'为人后者，为之子也'，故降其父母不得祭，尊祖之意也。陛下为孝昭帝后，承祖之祀，制礼不逾闲。"④《春秋·成公十五年》："三月，乙巳，仲婴齐卒。"《公羊传》解曰："仲婴齐者何？公孙婴齐也。公孙婴齐则曷为谓之仲婴齐？为兄后也。为兄后，则曷为谓之仲婴齐？为人后者，为之子也。"⑤而《谷梁传》论及《春秋》书婴齐之死一事，认为《春秋》不书婴齐为"公孙"，并非是因为他为人后的缘故，而是因为婴齐之父有弑君之罪，不得称"公子"，父不得称"公子"，故子不称"公孙"，因此疏远他："此公孙也，其曰仲何也？子由父

---

① 班固撰，王先谦补注：《汉书补注》卷七十一《隽不疑传》，上海古籍出版社2008年版，第4732页。
② 公羊寿传，何休解诂，徐彦疏：《春秋公羊传注疏》卷二十七"哀公三年"，《十三经注疏本》，中华书局1980年版，第2346页。
③ 范宁集解，杨士勋疏：《春秋谷梁传注疏》卷一"隐公元年"，《十三经注疏本》，中华书局1980年版，第2365页。
④ 班固撰，王先谦补注：《汉书补注》卷六十三《武五子传》，上海古籍出版社2008年版，第4783页。
⑤ 公羊寿传，何休解诂，徐彦疏：《春秋公羊传注疏》卷十八"成公十五年"，《十三经注疏本》，中华书局1980年版，第2296页。

疏也。"①这为后来宣帝直接抬升他父亲至帝位提供了理论支持。

凡此种种原因,宣帝一即位,便有意识地利用《谷梁》学来推行自己的政治主张,及至铲除霍氏集团,大权独揽后,又大力扶持《谷梁》学。在以《谷梁》学思想为指导,革新武帝以来的王霸并用之政的同时,又以《谷梁》学者蔡千秋为郎中户将,选郎十人跟从他学习。蔡千秋病死后,征江公的孙子为博士。又让刘向跟随江博士学习《谷梁》,想让他协助江博士振兴《谷梁》学。江博士死后,又征召周庆、丁姓等《谷梁》学者,继续教授修习《谷梁传》的十个郎官。自元康中开始讲授,到甘露元年(前53年),一直讲了十余岁,最终使受教者都通晓《谷梁》之学。

在做好充分准备后,甘露三年(前51年),宣帝特召开石渠阁会议,诏诸儒讨论《五经》同异,据《汉书·儒林传》载,与会《五经》博士、鸿儒共有二十三人。由于核心内容是探讨《公羊传》《谷梁传》的同异,故两家各有五人参与,《公羊》学与会者为博士严彭祖、侍郎申挽、伊推、宋显、许广,《谷梁》学与会者为议郎尹更始、待诏刘向、周庆、丁姓及中郎王亥。宣帝让这十人与太子太傅萧望之一起,围绕《春秋》学的三十余个议题,引据各自所秉持的经义进行论辩,并要求诸儒将各自的议论奏上,由他自己亲自裁决,最终诸儒共奏上《春秋》学《议奏》三十九篇。在诸儒论争过程中,《公羊》学者所持见解多不为诸儒所信从,《谷梁》学的见解则因适应了当时的形势,且为宣帝所支持,因而得到了诸儒的认可,在此次论辩中胜出。周庆、丁姓被立为博士,《谷梁》学由此大盛。这也意味着宣帝一朝最终解决了政治思想转向问题,新的治国思想正式确立。

石渠阁会议与会诸儒,除去《公羊》《谷梁》二家学者外,其他诸经学者共十三名:《易》有博士施雠、黄门郎梁丘贺,《书》有博士欧阳地余、林尊、张山拊、译官令周堪、谒者假仓,《诗》有博士张长安、薛广德、淮阳中尉韦玄成,《礼》有博士戴圣、太子舍人闻人通汉。此外又有《五经》名儒太子太傅萧望之。他们在石渠阁所议议题甚众。据《汉

---

① 范宁集解,杨士勋疏:《春秋谷梁传注疏》卷十四"成公十五年",《十三经注疏本》,中华书局1980年版,第2422页。

书·艺文志·六艺略》称,此次会议,所上议奏总计一百六十五篇,除去《春秋》学三十九篇《议奏》外,《书》有《议奏》四十二篇,《礼》有《议奏》三十八篇,《论语》有《议奏》十八篇,《五经杂议》有《议奏》十八篇。诸儒通过对诸经说异同的剖判,屏蔽了不利于维护皇朝统治的经学主张,统一了对诸经的认识,强化了皇权对思想的控制,并与《谷梁传》《公羊传》一起构成了新的思想统治体系。

第十五章

惩恶扬善，转弱为强

王霸并用，堪称中兴

第十六章

第十六章 王霸并用,堪称中兴

通过前面的叙述,可以看出,宣帝即位伊始,就已经开始顺应时代的潮流,以《谷梁》学思想为指导,对国家的政策着手进行调整。及至霍光去世,宣帝亲政,更是加大了革新的力度,但全面深入展开,则是在地节四年(前66年)铲除霍氏集团后。由于彻底摆脱了霍氏集团的制约,大权独揽的宣帝为完成武帝未竟的事业,面对当时的内外形势,大力宣扬《谷梁》学思想,并以该思想为指导,着力调整、更新武帝以来推行的王霸并用的治国方略。

当时,经过长期经营,虽未能将匈奴彻底征服,但已使匈奴对汉朝的威胁处在可控范围之内。与此同时,汉朝内部却矛盾重重,危机四伏,显见维护皇朝内部稳定性的重要性已超过了与匈奴博弈的重要性。因此宣帝与他的统治集团遂通过宣扬以《谷梁传》为核心的儒家仁政思想,把朝政的重心由此前的对四夷经略向追求百姓和乐转移,竭力维护皇朝统治的稳定与发展。

宣帝之政,最值得称道的是不再兴师动众,大肆征伐。因为这不仅使民力得到休息,且为国家节省下了巨额的财富,得以有能力扶持小农,恢复与发展农业生产。

如前所述,宣帝自一即位,实现武帝未竟事业的使命感便油然而生,因此他始终没有放弃臣服匈奴的梦想。但因熟知民生疾苦,故他主政之后,顺应民意,不再如武帝时那样,动辄便兴师征讨。在与夷族博弈的过程中,在对匈奴加强防范的情况下,着力经营西北地区,力争彻底斩断匈奴的右臂,让匈奴困守漠北地区;同时大兴文治,与民休息,恢复国力。然后等待时机,臣服匈奴。

在此过程中,宣帝非常注重运用军事以外的手腕来解决问题。如对于乌孙,宣帝利用汉朝在乌孙及西域长期积淀下来的资源,通过多方运筹,最终将乌孙置于汉的控制之下。前已论及,武帝时,汉朝为加强与乌孙的联系,先后将细君和解忧两个公主嫁给乌孙君主。两位公主在乌孙,自治宫室居住,经常置办酒席,邀请乌孙君主与贵人前来欢会,并送给乌孙贵人大量财富,着力增进与匈奴贵人的感情。解忧公主的儿子们活跃在西域的政坛,女儿及侍者们则嫁与西域贵族为妻。解忧公主与乌孙君主翁归靡共生三男两女。其中长子名元贵靡,为乌孙君位继承人；次子名万年，为莎车王；三子名大乐，为乌孙左大将。长女名弟史，为龟兹王绛宾的妻子；小女儿名素光，为乌孙贵族若呼翕侯的妻子。解忧公主的侍者冯嫽，嫁与乌孙贵族右大将，该女子知书达理，精明能干，曾持汉朝的符节作为公主的使者，出使城郭诸国，而为西域诸国所尊敬信赖，号称冯夫人。总之，经过四十余年持之以恒的经营，汉朝利用公主和亲措施与乌孙贵族阶层建立了广泛而深刻的联系。与此同时，由于本始三年（前71年）乌孙与汉合攻匈奴，使乌孙与匈奴结下深仇，而对匈奴甚为畏惧，不得不依附于汉朝。因此，自元康二年（前64年）起，汉朝借乌孙君主更易之事，开始利用在乌孙长期积累下来的资源，深度介入乌孙内部事务，最终通过不懈的努力，将乌孙政权一分为二，立元贵靡为大昆弥，统众六万余户；立翁归靡的胡妇所生儿子乌就屠为小昆弥，统从四万余户。将乌孙由汉的盟邦降为了汉的属国。

宣帝还厚待亲附的异族贵族，对他们着意加以笼络。如龟兹王绛宾娶乌孙公主解忧长女弟史为妻，元康元年（前65年），绛宾与弟史一起赴京朝贺。宣帝对龟兹王夫妇都赐以印绶。其夫人号称公主，赐以车骑旗鼓，歌吹数十人，绮绣、杂缯、琦珍凡数千万。留他们在汉朝住了将近一年才让他们回去，并赠送了他们许多财物。此后龟兹王又多次来朝贺，都得到了汉朝的盛情款待。元康四年（前62年），汉使者让乌孙将逃至其国的故车师王乌贵交出，然后将他送至长安，宣帝赐给他府第，让他与其家人居住。

对于用兵，宣帝非常慎重。郑吉屯田车师后，因车师地近匈奴，且其地肥美，匈奴屡来争田，而郑吉卒少，不足以守之。元康二年（前64年）因被匈奴围困于车师，郑吉上书请朝廷增加车师屯田士卒，宣帝与后将军赵充国等商议，欲乘匈奴衰弱，出兵击其右地。丞相魏相认为近期匈奴与汉朝颇有和解之意，所得到的汉民，很快就又还给了汉朝，未曾有侵犯边塞之举。眼下虽与汉争夺车师屯田，不过是小事，不足介意。就汉朝而言，现在边郡困乏，百姓缺衣少食，经常担心活不下去，因此不可以以兵事扰动他们。并且军旅之后，一定会有凶年，因此出兵虽然胜利，但也有可能导致灾害现象发生。并且汉朝郡国守相多不称职,风俗败坏,水旱时有发生,可谓问题重重。魏相认为这才是朝廷应该担忧的事情。宣帝认为魏相讲得有道理,就停止了攻击匈奴的谋划。诏罢车师屯田士卒,遣长罗侯常惠率张掖、酒泉二郡骑士往车师,将郑吉及其属下迎还渠黎,专力经营渠犁屯田。召在焉耆的故车师太子军宿至车师,立其为王,尽徙车师国民令居渠犁,主动将车师故地送给匈奴。车师王得近汉田官,又远离匈奴,遂亲附于汉朝。神爵二年(前60年),西羌之役结束后,匈奴征发十余万骑,南至长城下打猎,意欲侵扰汉朝边疆地区。宣帝闻讯,遣赵充国将边郡四万骑屯沿边五原、朔方、云中、代郡、雁门、定襄、北平、上谷、渔阳等九郡,加强防备,单于闻之,不敢入,相峙月余,引去。而汉亦不与匈奴较一日之短长,也罢兵。

若必须用兵,宣帝则竭力避免加重百姓的负担,靡费国家资财。如在惩治西域个别对抗汉朝的政权时,虽在河西四郡驻有重兵,但甚少命其长途征伐。常由驻屯西域的官员或派往西域的使者征发当地亲附汉朝的国家的士卒就地解决问题。莎车国反叛问题就是这样解决的。莎车国属西域南道的中等国家。宣帝时,乌孙公主解忧的次子万年深受莎车王的喜爱。莎车王没有儿子,他死时万年在汉朝。莎车国人既想取悦于汉朝,又想得到乌孙支持,于是上书请万年为莎车王。汉朝答应了他们的请求,派使者奚充国送万年至莎车。不想万年刚被立为君主,就行为残暴凶恶,这让莎车国人很不高兴。在此情况下,莎车王弟呼屠徵联合莎车邻国攻杀万年及汉朝使者奚充国,自立为王。当时匈奴发兵攻打车师城,没能攻下而撤军。莎车因扬言北道诸国已尽隶属于匈奴,遂在南道攻劫汉人,与诸国结盟叛汉,致使鄯善以西诸国皆断绝道路不得通行。当时都护郑吉、校尉司马憙都在北道,鞭长莫及。恰赶上卫候冯奉世出使大宛途经南道,冯奉世与其副使郑昌认为,如果不立即发兵攻打莎车,莎车就会日渐强大,难以制服,这样一定会危害汉朝在西域的统治,于是以朝廷使者的身份发诸国兵共一万五千人,进击莎车,并攻拔其城。呼屠徵被迫自杀,冯奉世将其传首长安,而立其他莎车贵族为莎车王。是岁为元康元年(前65年)。

平定西羌造反的谋划也很周详。羌人是一个古老的部族,长期生活在黄河上游的河湟地区，以游牧为生。其北与匈奴相接，西北与西域相连。武帝以前，羌人一直臣属于匈奴。武帝时通过设置河西四郡，切断了其与匈奴的联系，并将其置于自己的控制之下。因担心其暗中穿越河西走廊与匈奴勾结，汉朝要求羌人只能在湟水以南的区域活动，严禁其到湟水以北放牧。羌人为了扩大生存空间，则一直图谋突破汉朝的限制，进入湟水以北的汉地。为此与匈奴暗中联系不断。而匈奴在宣帝初遭到汉朝与乌孙的重创，与羌人联合对抗汉朝的愿望也变得更加迫切。宣帝本始年间对匈奴的征伐，汉五将虽皆无功，但乌孙却大获全胜，俘获匈奴三万九千人，得马、牛、驴、骡等五万余匹，羊六十余万头。匈奴是役可谓损失惨重，为报复乌孙，当年冬，单于亲自率万骑攻乌孙，但在要回师的时候，忽然天降大雪，一日深达丈余，以至于生还者不足十分之一。于是丁令乘势攻击其北方，乌桓进入其东方，乌孙则从西方对其再度发起攻击。最终三国杀死匈奴数万人，俘获其马数万匹，更有为数众多的牛羊。再加上百姓、牲畜饿死的情况，总计匈奴百姓死亡了十分之三，畜产损失了十分之五，实力因之大减。原来为其所羁縻的属国此时皆摆脱了它的控制而自立，一个庞大的帝国遂土崩瓦解，匈奴贵族所能经营的仅剩下其本土而已。接下来，汉又派三千余骑兵，分三道深入匈奴，俘得数千人而还，匈奴却始终不敢报复，显见曾经强悍的匈奴已是气息奄奄。当此之时，匈奴迫切希望与羌人实现联合，共同对付汉朝，因此与羌人的联系更加密切。在此情况下，神爵元年（前 61 年）春，先零等羌人反。显然，若任由羌人发展，让其穿越河西走廊，与匈奴实现合流，则河西走廊当非汉朝所有。同时，河西走廊又是汉朝通往西域的交通要道，若被羌人夺取，就意味着将西域与汉朝之间的通道拦腰切断，失去了汉朝支持的西域势必将重回匈奴的掌控之中，汉朝数十年的努力将因此而化为泡影，匈奴也将因此起死回生。故而西羌叛乱必须平定！为此宣帝进行了精心谋划。

首先，选时年七十六岁的老将赵充国担任主帅。赵充国字翁孙，陇西上邽人，后徙金城令居。初为骑士，后以六郡良家子善骑射而补羽林郎。为人沉勇有大略，少好将帅之节，喜习兵法，通晓四夷之事。

武帝时,以假司马从贰师将军李广利攻打匈奴,其间大军一度为匈奴包围,死伤众多,数日不得脱困,后来靠着赵充国与百余壮士冲锋陷阵,拼死杀出一条血路,贰师引兵随之,方才得以突围。赵充国因功拜为中郎,迁车骑将军长史。昭帝时,武都氏人反,赵充国以大将军护军都尉身份将兵平定之,迁中郎将,驻屯上谷,还为水衡都尉。后攻击匈奴,获其西祁王,因功擢为后将军,兼水衡如故。昭帝去世后,赵充国因与大将军霍光定册尊立宣帝,封营平侯。本始中,为蒲类将军征匈奴,斩虏数百级,还为后将军、少府。可谓战功赫赫,名震中外。让他统军平叛,可谓是最合适的人选。

其次,为避免扰乱百姓正常的生产活动,出征的士卒尽量不从关东地区调派。此次平叛总兵力共六万,其中一部分是在三辅、朝廷诸官府服役的刑徒,一部分是从宿卫京师的常备兵中招募的,一部分是邻近西羌的西北六郡骑士,从关东地区只征召了七郡的士卒。

再次,重视战争成本,力求以最小的代价取得平叛的胜利。平定西羌叛乱的活动展开不久,朝廷群臣便与赵充国围绕战争成本的问题展开了激烈的辩论。就反叛的羌人而言,先零是主谋,而罕、开等属于胁从。酒泉太守辛武贤上疏建议攻击罕、开等,以削弱先零的实力。宣帝征求赵充国的意见,赵充国及其属下认为从长远考虑,应该对反叛者区别对待,赦免罕、开等,派熟悉羌人民情的优秀官员前去安抚他们,从内部将反叛势力分化瓦解,然后向先零发起攻击,征服先零,则罕、开必将不战而降,若其不服,待次年正月攻打他们,轻易就能征服。赵充国认为如果能这样,则军队将得以保全,战役将取得胜利,边境将得到安定,可谓一举三得。但这样一来,可能使战事陷入旷日持久的境地,群臣认为由此带来的消极影响是汉朝所无法承受的。宣帝为此写信批评赵充国说:"现在张掖以东粟价已涨到一石值百余钱,战马食用的刍稿一束值数十钱。地方郡国到处都在向平叛的军队转运输送粮草,百姓因此受到烦扰。将军率领一万多人的部队,不能早早地趁着秋天到来的收获时节,争夺反叛者的牲畜食物,想等冬天再发起攻击,而到那时敌人都应该已蓄积下食物,多藏匿在深山之中,依靠险要的地势阻挡平叛部队。而将军的属下则因为严寒而手足皲裂,打仗时还有优势吗？将军不考虑国家为此所耗费的人力物力,打算用数年的时间来打败小小的敌人,像这种求胜之道,但凡为将军的,谁不喜欢这样做?"针对宣帝的批评,赵充国上书详细解释了自己的战略谋划,最终得到宣帝的支持。赵充国遂依计而行,攻击先零,虏获甚众;善遇罕羌,过而不击。羌人于是相继投降。当年秋,因赵充国生病,宣帝又急于结束战事,遂赐书给赵充国,表示要让破羌将军辛武贤为赵充国的助手,由破羌将军辛武贤、强弩将军许延寿统军于十二月击先零羌。而赵充国也从国家安危考虑,审时度势,建议朝廷罢骑兵,留下步兵万余人,分驻要害之处,以待敌人困敝。军粮问题主要通过屯田来解决,在所上奏疏中,赵充国指出他所统领的官兵、马、牛等一个月需消耗粮谷十九万九千六百三十斛,盐一千六百九十三斛,草料二十五万零二百八十六石。若按照他的计划撤回骑兵,留下一万零二百八十一个官兵屯田,一月用谷仅二万七千三百六十三斛,盐三百零八斛。这也就是说用原来供应大军一月的支出可供留屯的军队近一年的消费,自然节省了大笔开支。同时指出留下的步兵九校,统领官兵共万人,留守屯田河湟地区,耕作开始时,每人授田二十亩耕种。到四月牧草长出后,征发郡县骑兵以及属国的胡骑矫健者各一千人,配上十分之二的副马,放牧吃草,作为耕作者的巡逻队。然后到了收获的季节,把屯田的收入用来充实金城郡的仓库,增加积蓄,这样就能为国家省下一大笔的花费。巨大的开支被节省下来,就可以免除百姓的徭役,用以防备不测之事。其议为宣帝所采纳,于当年秋在取得一定战绩后罢兵,独留赵充国率万余人屯田西羌,次年五月基本平定西羌,赵充国振旅而还。

西羌之役,在宣帝与赵充国君臣的精诚合作下,使汉朝以较小的代价平定了西羌的叛乱,创造了一个军事史上的经典案例,因而不仅为当世所称道,而且屡为后代所钦敬。

在汉朝的倾力经营下,逐渐实现了对西域城郭诸国的全面掌控。神爵二年(前60年),匈奴发生内乱,日逐王先贤掸率部投降郑吉,日逐王所设置的负责处理西域事务的僮仆都尉被罢除,宣帝因令郑吉并护北道诸国,号称都护,治乌垒城,全权处理西域事务,汉朝在西域的统治地位最终得以确立。

总之,宣帝亲政后,尤其是在地节四年除掉霍氏集团后,由于在处理与异族关系方面非常慎重,力求不耗费或不过多耗费国家资财,为国家节省下了巨额的财富,从而使宣帝有能力减轻赋税,并利用国家所掌握的财富扶助弱势群体。

自元康二年(前64年)五月至甘露三年(前51年)二月,宣帝先后五次减免百姓赋税。宣帝非常重视扶持弱势群体。经常向他们赈贷钱粮。地节四年(前66年)九月的诏书中称对当时那些遭受水灾的郡国,已经进行了赈贷。元康元年(前65年)三月以及神爵元年(前61年)三月所下的诏书中都称免收此前对贫困者赈贷的钱粮。自元康元年(前65年)三月至甘露三年(前51年)二月先后六次赐鳏、寡、孤、独、高年者帛;二次赐鳏、寡、孤、独者帛,一次赐汝南鳏、寡、孤、独各有差。为稳定小农经济,宣帝还频繁地对百姓赐爵及牛酒。自元康元年(前65年)三月至甘露二年(前52年)正月,先后八次诏赐百姓家庭中的男性户主爵一级,女子百户牛、酒(即户主为女子的,以百户为单位赐以牛、酒)。另外神爵四年(前58年)四月,赐颍川吏、民有行义者爵,人二级,力田一级。五凤元年(前57年)正月,赐家庭中将继承家业的男子爵一级。甘露三年(前51年)二月,赐民爵二级。另外又对一些特殊群体赏赐。元康元年(前65年)三月,元康四年(前62年)三月,先后加赐三老、孝弟、力田帛。神爵四年(前58年)四月,赐颍川贞妇、顺女帛。甘露三年(前51年)二月,赐新蔡三老、孝弟、力田各有差。鉴于盐价贵,影响百姓生活,地节四年(前66年)九月,诏减天下盐价。

在减轻小农赋税、扶持弱势群体的同时,大司农中丞耿寿昌五凤年间,针对当时连年丰收,谷贱伤农的现实,请求宣帝让边郡都建造粮仓,在谷价便宜时提高粮价予以收购,谷价上涨时减价出售,以平抑物价,保护小农利益,维护社会稳定,称"常平仓"。此议得到宣帝的采纳,推行之后,深受百姓欢迎。耿寿昌又奏请将沿海地区渔业的税收增加三倍。海租加征,能使国家在不增加农民负担的情况下财政收入有所增加,从而提高了国家调控社会经济的能力,对于稳定小农经济也是有利的。

针对徭役沉重的现象,宣帝也继续采取措施予以调整。

前已论及,宣帝在与夷族博弈的过程中,力求不发兵征讨。迫不得已,也尽量做到不过于烦扰百姓,且要求速战速决。这在很大程度上减轻了百姓的兵役负担。后来到了五凤四年(前54年)春,以边塞无寇,又将戍卒减去十分之二。

当时国家每年要征派六万士卒,从关东地区调运四百万斛谷物供给京师长安,成为百姓一项繁重的徭役负担。五凤年间,大司农中丞耿寿昌鉴于粮食连年丰收,三辅、弘农、河东、上党、太原等关中及其附近地区的粮食足以供给京师,于是向宣帝奏请由国家收购这些地区的谷物,供应京师,以减少来自关东地区的漕粮。这样既节省漕运粮食的费用,还可减省一半的关东漕卒。此议为宣帝所采纳,被推行后,京师的粮食供应没受到影响,而许多士卒得以休息,其积极作用相当显著。另外宣帝接受耿寿昌的建议,又让边郡建造常平仓,在一定程度上减省了内地向边疆地区漕运的粮食,也减轻百姓的徭役负担。

此外,宣帝还禁止郡国擅兴徭役。元康二年(前64年)五月,下诏对那些擅兴徭役,越职违法为过往官员提供舒适的食宿,以猎取名誉的官员进行了谴责。

为了使自己的重农思想得到贯彻落实,宣帝在施政的过程中,继续通过褒崇官员来推行自己的重农政策。

如蔡癸精通农学,著有《蔡癸书》,宣帝便派他出使郡国,教民耕种田地,因成效显著,官至弘农太守。

黄霸在治理颍川郡时,非常注重发展经济。如他令当地的邮亭乡官在治所畜养鸡、猪等家禽牲畜,用来赡养鳏寡贫穷的人。制定条令法则发给基层官员,让他们颁行到民间,劝导百姓安心于农耕桑蚕之业,节约使用财物,栽种树木,蓄养牲畜,勤俭持家。诸如此类的米盐一般的细密之事,最初推行时看起来相当繁杂琐碎,然而黄霸却都能够一一推行下去。由于他治郡有方,颍川郡户口岁增,治为天下第一。元康三年(前63年)黄霸因功被征为守京兆尹,秩禄由比二千石增为二千石,后提拔他为丞相。

召信臣为上蔡县长期间,因视民如子,好为民兴利,而被提拔为零陵太守,因病离职。后被征为谏大夫,迁官南阳太守。在南阳太守任上,他亲自劝诱百姓耕种田地,常常出入田间地头,止宿于乡间公舍之中,鲜有安闲的时候。召信臣注重兴修水利,在有泉水的地方开通沟渠,在沟渠上设置了数十处水门提闸,以拓宽被灌溉田地的面积,并且年年有所增加,最多的时候能达到三万顷。有了灌溉作保证,百姓就能年年有余粮。为了禁止百姓为争水而起纠纷,召信臣制定了用水制度,并将其刻在石碑上,立在田边。他还禁止百姓在婚丧嫁娶时奢侈浪费,力求勤俭节约办事。若下属的子弟游手好闲,不把农耕放在心上,一经发现,即行斥退,严重的还要绳之以法,以此来向人们昭示自己的好恶。通过以上措施,他的教化遂大行于南阳,受到了百姓热烈的拥护,郡中没有不努力从事农耕的,而郡中的户口也因此成倍增加,为盗贼的、打官司的都大大减少。南阳的官民都很爱戴召信臣,称他为"召父"。荆州刺史因此上书称赞召信臣能为百姓谋取利益,使所治理的郡变得富庶。宣帝于是赐给召信臣黄金四十斤作为奖励。

由于宣帝持续推行重农政策,使小农经济得到扶持,小农贫困化的势头不仅得以遏制,而且使民众日渐富裕起来,这无疑是有利于维护社会稳定的。

同时需要指出的是,武帝以来不禁止官僚经商的传统,在宣帝时期也得到了继承。并且宣帝在对小农阶层、弱势群体进行赏赐的同时,对统治阶层也频频予以赏赐。据不完全统计,宣帝在位期间,先后十次,大范围地对自诸侯王、丞相以下的官员进行赏赐。赏赐之物有金钱、爵位、帛等。共封宗室七人为王,六十五人为列侯。因功益封、封侯者三十九人,其中列侯益封者十一人,关内侯因功益封者一人,封关内侯者十一人,封列侯者十五人。以外戚旧恩封侯者十三人。以丞相封侯者四人。宣帝还经常对处于统治核心的一些贵族、官僚、幸臣等特赐财物,受赐人数虽有限,但数额却非常巨大。如对霍光前后赏赐黄金七千斤,钱六千万,杂缯三万匹,奴婢百七十人,马二千匹,甲第一区。宣帝对统治阶层的这些举措,满足了统治阶层追逐富贵的愿望,从而缓和了皇权与统治阶层的矛盾。社会因而进入持续发展时期。

与此同时,宣帝因深知以法治国是维护汉朝统治的重要手段,又继续以重建司法的公正性为抓手,采取措施宽缓刑狱。

如提拔、尊崇执法宽平者。于定国于本始五年(前69年)任廷尉后,在处理案件的过程中,格外体恤鳏寡穷弱之人,不能特别肯定的案件,都尽量从轻发落,格外注意保持审慎的态度。因此朝廷上下都称赞他说:"当年张释之任廷尉时,天下没有受冤枉的人;现在于定国任廷尉,百姓都自认为不冤枉。"由于他执法公平,宣帝一直让他做了十八年廷尉。作为对他的奖励,甘露二年(前52年)将他升职为御史大夫。

对于执法苛刻者则予以贬抑惩治。地节四年(前66年)九月所下诏书中称:"第一篇令曾记述:死去的人不能复生,受过刑的部位不能再长出新的骨肉。正因如此,先帝对于用刑非常重视,可官员们却认识不到这点。现在被关押的犯人,有的是在受到重刑后不得不认罪,有的则因为饥寒交迫而病死于狱中,那些官员们是何用心如此违逆人道啊!朕非常痛心。"于是令郡国每年都要把受重刑致死,以及因饥寒或生病而死的在押犯的情况连同主管此事的官员的姓名、籍贯、官爵、居住地等一并上报朝廷,作为评定地方官员政绩的一项条件,由丞相、御史加以考核评定优劣后,上奏给宣帝。

元康二年(前64年)下诏批评官员们舞文弄法,以私意为轻重:"刑罚,关系到万民的命运,在处理案件时,能够做到使生者不怨,死者不恨,这才可称得上是懂得律令条文的官员。如今却不是这样。官员们在执法时,有的秉持机巧之心,对同一律令条文作出不同的解释,妄生端绪,以增减人的罪行。上报时由于内容不实,朕亦无从知晓。在这种朕不能明察真伪,官吏不称职的情况下,天下的百姓还能依靠什么呢!"因此宣帝要求郡国二千石官员要监察自己的官属,不要任用这种奸诈之徒。要求官员一定要执法公正。

为了使以法治国的理念得到贯彻落实,宣帝重视提拔法术之士辅佐自己治理天下,故时人称"方今用事之人皆明习法令"①。宣帝身边的宦官弘恭、石显以明于汉世律令,赵广汉、韩延寿、尹翁归、严延年、张敞皆以刑罚为治,而受到宣帝的重用。但宣帝反对治民严酷。若官员严刑峻法治民,即使政绩突出,也很难得到提拔。如严延年为涿郡太守时,该郡大姓西高氏、东高氏横行不法,势焰嚣张,严延年到任后,彻底追查他们的罪恶,而后诛杀这两家各数十人。后来又在河南太守任上,继续推行暴酷之政。当时每到冬天行刑时,他就令所属各县将囚犯押解到郡上,总集在郡府一起处死,由于被处死者众,往往血流数里,严延年也由此在河南郡得到一个"屠伯"的绰号。由于他治郡严酷,因此虽然盗贼止息,郡中清静,宣帝仍不肯提拔他,后来左冯翊职位空缺出来,据说宣帝本想委任严延年,征召的竹符都已经发出了,但因为他是出了名的严酷,就又收回了成命。

　　宣帝还亲理刑狱。自地节三年(前67年)十二月设置廷尉平后,每年秋后地方郡国到朝廷来议罪时,宣帝经常斋居在未央宫用来宣布政令和教化的宫殿宣室殿处理相关案件。现在,我们从甘肃武威磨咀子汉墓出土的二十六枚授予老人"王杖"的诏令简册中,还可以看到宣帝处理具体案件的文字。在这些木简中,第七至第九简简文云:"汝南太守廷尉,吏有殴辱受王杖主者,罪名明白。制曰:何,应论弃市。云阳白水亭长张熬,坐殴受王杖主,使治道。男子王汤告之,即弃市。"②此案是说汝南云阳白水亭的亭长张熬,殴打受王杖的人,逼其去修路。由于本始二年(前72年)有诏令规定,年七十以上的人,朝廷都要赐给王杖,对于持有王杖的人,若有人胆敢辱骂殴打他,就按大逆不道罪处以死刑。因此一个叫王汤的百姓就告发了张熬。可能是新法刚推行,汝南郡的官员们对该法令的使用存在着争议,拿不准是否应该判处死刑,就由汝南太守上报给了廷尉,廷尉又上报给了宣帝,宣帝批文道:"这没什么可疑惑的,应判为死罪。"

---

　　①班固撰,王先谦补注:《汉书补注》卷七十七《盖宽饶传》,上海古籍出版社2008年版,第4991页。

　　②李均明、何双全编:《甘肃武威磨咀子汉墓〈王杖诏书令〉册》,《秦汉魏晋出土文献散见简牍合辑》,文物出版社1990年版,第16页。此二十六枚《王杖诏书令》木简,是1981年甘肃武威县文物管理委员会,在调查文物时所得。

此外，为了维护法律的权威，宣帝采纳张敞的建议，禁止地方官吏擅设条教治民。五凤三年（前55年），擅长教化百姓而被宣帝拜为丞相的黄霸，在考核地方郡国的政绩时，向前来朝廷汇报工作的上计长吏、守丞了解民情，有意识地先接见那些在教化方面有突出表现者，意在暗示地方官员可以自行制定规章制度，大力开展所在郡国的教化工作。京兆尹张敞认为此举将导致奸伪流行，淳朴消散。汉朝自建立以来，根据时代的需要，制定的劝善禁奸的律令条文已经非常详备，因此他建议宣帝告诫前来汇报工作的上计官员，回去后要告诉郡国的守相，在选用三老、孝弟、力田、孝廉、廉吏等官员时，一定要选用那些真正适合这些工作的人，郡国事务都要严格按照国家的律令来处理，不得擅自设立条教；如果有人胆敢以诈伪之举来获取名誉，一定要予以严惩，以表明国家的态度。张敞的建议得到宣帝的采纳，特派身边的近臣召集上计吏，告诫他们要以法治国，不得擅立规矩。宣帝还对一些关系民生的律文禁令作了一些调整，又先后多次大赦天下。

总之，由于宣帝用法崇尚宽缓，在相当程度上扭转了武帝以来严苛的吏治，使百姓与豪族阶层具得其便，从而使阶级矛盾大为缓和，社会形势因而整体趋向平稳。

宣帝在加强法制建设的同时，继续推行道德教化建设，努力构建和谐社会。

如继续鼓励民间行孝，在普赐中对"孝者"加特恩。元康元年（前65年）三月的普赐中，孝弟之人与三老、力田等一起被加赐帛。元康四年（前62年）三月的普赐中，孝弟之人再次与三老、力田等一起被加赐帛二匹。司法方面，重视维护孝道。元康四年（前62年）正月，为示尊老，诏令从当年起，但凡年满八十以上，所犯若非诬告、杀伤人之罪，都免除惩罚。

要求官员宣扬教化。宣帝亲政后不断强调教化的重要性，使许多官员在治理地方的过程中也非常注重教化百姓。

在这方面尤其值得称道的是韩延寿治东郡，礼待贤士，从谏如流；举荐表彰那些行丧让财、孝弟有行的道德楷模；修治官学房舍，习礼乐射御之事。其在二千石任上的经典之事，一为在东郡时，某县有官员欺骗他,他知道后,沉痛自责说:"难道说是我有负于他吗,不然此人为什么会做出这样的事情呢?"欺骗韩延寿的官员们听说后很后悔,其中该县尉悔恨之下竟自杀身亡,他的属吏门下掾自刭,幸亏被人及时救下,方得不死。二为任左冯翊时,春天,他巡县至高陵,百姓有兄弟一起来争讼田产。韩延寿为此很伤感,说:"我侥幸得为左冯翊,为一郡之表率。然而却不能宣明教化,至使百姓有骨肉兄弟争讼田产,这既有伤风化,又使贤德的长吏、啬夫、三老、孝弟等遭受耻辱,错在冯翊,应当先行退出。"当即称病不再处理事务,卧于传舍之中,闭阁思过。结果搞得一县手足无措,于是县令、县丞、啬夫、三老等也都自系待罪,不再理事。消息传到争讼者的宗族那里,一族的人都去责怪争讼者,这两兄弟因而非常后悔,都自施髡刑,肉袒请罪,表示愿意将自己的田产传下去,至死不敢再相争夺。韩延寿大喜,开阁接见两兄弟,摆上酒肉与他们相对食用,并表扬他们,让大家都向他们学习。黄霸为颍川太守,其治先以德教化于下,若有人不服从,这才施以刑罚。其为颍川太守前后八年,颍川大治。

宣帝还倡明儒学,认为儒学所记皆圣人治国的成法:"《六艺》者,王教之典籍,先圣所以明天道,正人伦,致至治之成法也。"① 故非常重视发展儒学。如抬升《谷梁》学地位,论《五经》之同异,整齐思想。又增置博士、博士弟子。武帝时,尊崇儒术,设置五经博士,并为博士官置弟子五十名。至宣帝晚期,将博士增至十二人,博士弟子由昭帝时的一百人增至二百人。

宣帝大力推行道德教化建设,极大地缓和了阶级矛盾及统治阶层内部的矛盾,增进了社会的和谐。

总之,宣帝亲政后,通过采取相关措施,在实现对西域、乌孙的掌控,平定西羌之乱的同时,又在相当大程度上理顺了内部的各种关系,发展了社会经济,使汉朝国力呈现出蒸蒸日上的势头。而匈奴只能困守在漠北苦寒之地苟延残喘,无力再向外发展,再加上天灾不断,最终导致其内部矛盾激化而分崩离析。在此情况下,宣帝顺势而为,推亡

---

① 班固撰,王先谦补注:《汉书补注》卷八十八《儒林传》,上海古籍出版社2008年版,第5413页。

固存,支持投奔汉朝的呼韩邪单于,冷落其对手郅支单于,最终迫使郅支单于向西远遁。北方从此边境安宁,数十年没有兵革之患。

汉朝自武帝时开始向匈奴发起主动出击,先后与匈奴进行了大小十余次战役。其中元朔二年(前127年)卫青、李息率军出云中,击败匈奴白羊王、楼烦王,收复河南地,解除对长安威胁;元狩二年(前121年),霍去病出陇西,入匈奴境千余里,杀二匈奴王,获休屠王祭天金人,大胜,遂控制河西走廊;元狩四年(前119年),卫青、霍去病分兵大举北伐,大败左贤王,基本上消灭其主力,匈奴远遁,而幕南无王庭。武帝时对匈奴的持续进攻,使匈奴失去了河南、河西两大水草丰美、气候温和的畜牧基地,且人畜伤亡甚重,牧业凋敝,从而给匈奴造成了沉重的打击。同时自武帝至宣帝,汉朝持之以恒地对匈奴附属领地的争夺与经营,使其政权日渐失去造血能力。宣帝初年,在霍光主持下与乌孙联合攻打匈奴,又加速了匈奴衰落的势头。而天灾频仍,更使匈奴雪上加霜。

在多重打击下,匈奴终于走上了分崩离析的道路。匈奴自汉初至宣帝时期,先后经历了冒顿单于、老上单于、军臣单于、伊稚斜单于、乌维单于、儿单于、句黎湖单于、且鞮侯单于、狐鹿姑单于、壶衍鞮单于、虚闾权渠单于以及握衍朐鞮单于等的统治。而自伊稚斜单于起,在汉朝的强力制约下,匈奴就开始走下坡路,统治集团内部因此不断发生火并事件。至握衍朐鞮单于时,匈奴内争更加激烈。

握衍朐鞮单于被立后,因大肆诛杀异己而众叛亲离,最后在其敌对势力拥立的呼韩邪单于的攻击下自杀,匈奴贵族于是趁势纷纷自立,先后又出现了屠耆单于、呼揭单于、车犁单于、乌藉单于等四单于。加上此前自立的呼韩邪单于,共有五单于。继而屠耆单于击败乌藉单于、呼揭单于、车犁单于,后屠耆单于为呼韩邪单于所败,遂自杀。其余诸单于余众或降汉或降呼韩邪单于,呼韩邪单于遂复都单于庭,但是拥众仅数万人。而屠耆单于的堂弟休旬王在右地自立为闰振单于,继而呼韩邪单于兄左贤王呼屠吾斯也在东边自立为郅支骨都侯单于。接着郅支单于击杀闰振单于,并攻破呼韩邪单于,遂都单于庭。

甘露元年(前53年)呼韩邪单于为求自存,遂率属下南行至边塞附近,并遣子入侍,而郅支单于也遣子入侍。

甘露二年(前 52 年),呼韩邪单于表示想朝见宣帝,宣帝要公卿商议关于接待呼韩邪单于的礼仪问题。当时丞相黄霸、御史大夫于定国等都秉持施德行礼,先京师而后诸夏,先诸夏而后夷狄的圣王传统,建议以臣属之礼对待呼韩邪单于,采用接待诸侯王的礼仪来接待呼韩邪单于,并将其位次排在诸侯王之下。但太子太傅萧望之从实际情况出发,认为匈奴并非汉之臣属,因此应待以不臣之礼,位次列于诸侯王之上,以示尊崇。这样做的好处有二:其一,匈奴稽首称藩,而汉朝却谦让不以其为臣,这会让他对汉朝充满感激之情;其二,匈奴异族,难以把握,以其为臣,若其嗣后不肯再朝拜汉廷,于汉就属背叛,不讨伐不足以威四夷,而讨伐则要兴师动众、费力耗神,得不偿失。若不以臣礼待之,即使其不再朝拜汉朝,因双方并非臣属关系,故可置之不理,于国甚便。就这两种建议而言,采用前一种建议,可以让宣帝获得臣服宇内的满足感,但这势必会加重匈奴贵族的屈辱之感。作为一个长期雄踞北方的强大民族,自汉初以来一直都是别的民族臣服于它,它从来没有臣服于任何民族,包括强大的汉朝也奈它不得,所以骨子里非常骄傲,因此当初呼韩邪单于打算投靠汉朝时,就招致一片反对之声,贵族们说:"不可以这样。匈奴之俗,崇尚气力而轻视臣服于其他民族,靠马上战斗建立国家,因此威名昭著于百蛮。战斗而死,对壮士们而言是很正常的事。现在兄弟之间争夺国家,最终结果不是兄长得到就是弟弟得到,这样纵然是战死也会留下威武的名声,子孙经常为周边诸国的领袖。汉朝虽然强大,但还没强大到兼并匈奴的程度,为什么要破坏传统,臣服于汉,折辱祖宗,为诸国所嘲笑!虽然因此而获得安宁,可从此以后还怎样能够再做百蛮的领袖呢!"所以如果采用黄霸等的建议,势必会激起匈奴人的强烈反弹。而采用萧望之的建议,虽然有悖于圣人之制,不合于古礼,却可收揽匈奴之心,且为日后处置汉匈关系留下退路。两相权衡,宣帝最终采纳了萧望之的建议,下诏以客礼招待呼韩邪单于,位在诸侯王上,赞谒称臣而不名。

甘露三年(前 51 年)正月,呼韩邪单于朝汉,汉遣车骑都尉韩昌迎接,并发给他通过五原、朔方、西河、上郡、北地、左冯翊、京兆尹等七郡的通行证,所过之郡各发二千骑,陈列道旁,以示尊崇。单于正月朝宣帝于甘泉宫,汉崇以殊礼,位在诸侯王上,赞谒称臣而不名,赏赐甚厚。礼毕,使使者引导单于先行,宿于距长安数十里的长平坂。宣帝自甘泉宫出发,宿于池阳宫。次日,宣帝至长平坂,下诏单于不需下拜,其随行诸臣都被允许列队观看这一盛况,诸蛮夷君长王侯数万人都前来迎接,夹道而陈,宣帝登临渭桥,群臣皆呼万岁,汉朝的声威至此达到极致,武帝臣服匈奴的大业终于实现!

由于给予了呼韩邪单于崇高的礼遇,原来反对投降的人也大喜,匈奴人心遂稳定下来。二月,遣呼韩邪单于归国。呼韩邪单于请求居于漠南光禄塞下,这样一旦受到郅支单于的攻击,就可以进入汉朝在边塞修筑的受降城自保,得到了宣帝的许可。宣帝派长乐卫尉、高昌侯董忠,车骑都尉韩昌率一万六千骑兵,同时征发边郡数千士卒马匹,送呼韩邪单于出朔方鸡鹿塞。并诏令董忠等留守边地,护卫呼韩邪单于,帮助他诛除不服者,又转运边地粮食三万四千斛送给他。

原先,西北诸国皆畏服匈奴而轻视汉朝,及呼韩邪朝汉后,都彻底倒向了汉朝,这不能不让宣帝志得意满。而抚今追昔,让宣帝对那批已经过世的贤臣们倍加思念,对在世的股肱之臣深为赞赏,于是令画工在未央宫麒麟阁画下十一位贤臣之像,以供瞻仰。这十一人依次是:大司马大将军博陆侯霍光、卫将军富平侯张安世、车骑将军龙额侯韩增、后将军营平侯赵充国、丞相高平侯魏相、丞相博陵侯丙吉、御史大夫建平侯杜延年、宗正阳平侯刘德、少傅梁丘贺、太子太傅萧望之、典属国苏武。其中霍光因功高而不名,称"大司马大将军博陆侯霍氏"。从麒麟阁功臣以将军在前,丞相、御史大夫在后的序列看,这也意味着中朝控驭外朝的体制最终得以确立。

总之,由于处置得当,到宣帝统治后期,终于实现了武帝四夷宾服,百姓和乐,天下太平的梦想,宣帝因此作为中兴之主而为后世缅怀不已。而这也标志着汉朝自武帝以来推行的有为之治彻底结束,自元帝始,汉代正式进入守成时期。

第十六章
王霸并用，巫权中兴

喜谄恶讥，善政之累
第十七章

第十七章　喜谄恶讥，善政之累

应该说宣帝治国是颇有方略的，在任用臣下方面也颇具可圈可点之处。如霍光治国，非亲信不用。宣帝则论功行赏。当时自丞相起，朝臣各根据自己的职司汇报政务，陈述对国事的看法，宣帝则借此考核他们的业绩和才能。若侍中、尚书等身边的近臣有功当升迁或有特殊政绩时，宣帝为了使他们安于职守，不是如霍光那样去提拔他们，而是厚加赏赐，以至于恩及他们的子孙。朝廷机要部门职位的安排周到细密，官吏升迁的品阶规格齐备，因此朝中的官员大多能做到安于职守，鲜有人敷衍塞责。与霍光时期重朝廷轻地方的施政思想不同，宣帝重视地方官吏的人选。在选拜地方刺史、郡太守、诸侯相时，宣帝都要亲自接见谈话，了解他们的思想，然后再考察他们的行为以验证他们的言论，有名实不符的，一定要找到原因。宣帝曾经说："百姓之所以能安心农业生产而没有叹息愁恨的心情，是由于政治清平没有冤案。能与我一起达到这一要求的，只有地方上那些优秀的二千石长吏啊！"自武帝以来，为了防止郡国守相在地方上擅权，任职时间一般都很短，但宣帝认为守相是管理官吏、百姓的关键人物，频繁地调换就会造成地方形势不稳；若百姓知道太守的任期将相当长久，不能够欺瞒，就会服从他的领导。所以宣帝主张久任。郡守、诸侯相要是政绩突出，他总是亲自赐书褒扬，增加俸禄并赐以重金，或授爵至关内侯，而不是频繁对他们进行调动；而当朝廷里公卿的位置出现空缺时，则优先提拔那些受到过表彰的地方长吏。

虽然宣帝在用人方面颇得佳评，但存在的问题也不少。如由于宣帝出身微贱，侧身精英阶层，免不了会自卑，表现在现实生活中，就是渴盼得到别人的肯定，不喜他人进谏，指斥自己的过失。因此当时许多官员揣摩宣帝的心理，对他阿谀逢迎，这让宣帝颇为受用，高兴之余，往往对这些官员予以升官晋爵。如渤海太守龚遂治郡有方，在任上被征还朝廷，当其入宫奏事之时，功曹王生建议龚遂说："天子如果问您是怎样治理渤海郡的，您千万不要大谈所谓的治郡之策，而要说：'渤海郡之所以能够得到治理，都是因为圣主的恩德，并非是因为小臣的缘故。'"龚遂进宫见到宣帝后，宣帝果然问他治郡的方略，龚遂就按照王生的建议声称渤海郡之所以能够得到治理，都是因为宣帝圣德感化的结果。宣帝听了很高兴,因拜龚遂为官职亲近的水衡都尉。谏大夫、给事中夏侯胜曾与人言宣帝所讲的话,宣帝知道后就批评夏侯胜,夏侯胜说:"陛下所讲的话有道理,臣因此告诉了他人。尧的话布于天下,至今仍为人所传诵。臣以为陛下的话可传布,因此就传扬了出去。"后夏侯胜复官长信少府,迁太子太傅。益州刺史王襄使辩士王褒作《中和》《乐职》《宣布》等三首诗,然后让何武、杨覆众等共修习歌唱,颂扬宣帝。宣帝知道后,召见王褒、何武等说:"这是盛德之事,我怎么足以当之啊!"话虽这么说,内心实际上非常高兴。因以王褒为待诏,何武等赐帛罢归。黄霸治颍川时不仅治郡有方,且投宣帝之所好,知道宣帝喜欢用祥瑞文饰自己的统治,就不断地报告颍川的祥瑞,当时许多地方郡国都报告郡中出现凤凰、神爵聚集的现象,而颍川尤其多。黄霸后被宣帝征为太子太傅,继而迁御史大夫、丞相,封建成侯。故吴裕垂指出:"霸守颍川,称为天下治行第一者,特以郡国凤凰之集,颍川为尤多耳。因是封侯入相。"①

当时朝中的有识之士,从国家安危考虑,不仅不肯阿从宣帝,而且每每对他的政令提出不同意见,有的言辞甚至相当激烈。

首先,抨击其治国理念。宣帝治国,遵奉的是武帝所开创的与时俱进,王霸兼采理念。在道德教化方面注重宣扬儒家的伦理道德说教,在具体的施政方面仍是以法治为核心。所用之人大抵皆法术之士,如魏相、赵广汉、韩延寿、尹翁归、严延年、张敞都颇用刑罚;所推行之政,颇重以法治民。这势必会招致正统儒生的不满。

博士、谏大夫王吉明于经学,上疏宣帝,认为宣帝虽励精图治,日理万机,每下达诏书,百姓闻之无不欢欣鼓舞,然而却"只能说是最大的恩惠,而不能说是治本之策"。因为他身边没有能够提出建立万世基业的长远计策,使宣帝取得像三代盛世时的君主那样伟大成就的公卿大臣,宣帝身边的大臣只是注重那些具体的事务,比如核对公文以及诉讼断案之类的事情罢了。王吉认为要想真正实现天下太平,就应该以礼治民,王吉说:"《春秋》所推崇的大一统政治,就是要使全国各

---

①洪亮吉编,吴裕垂著,纪晓岚等订,杜道生、蜀人点校:《黄建成侯霸》,《历朝史案》,巴蜀书社1992年版,第118~119页。

地风俗相同,政令贯通划一。当今官吏治民,依靠的不是可以世世通行的礼仪规范,而仅仅是依靠刑律法令。那些想有所作为的官员,往往不知道该怎样做才好,只能按照自己的理解穿凿附会,各取所需,想怎么做就怎么做,因此形势一旦发生变化,就难以继续推行其政令。结果就造成了百里之内教化各异,千里之内风俗不同,民户从事着不同的事情,百姓穿着不同的衣服,奸诈欺骗之事争相萌生,滥施刑罚没有穷尽,质朴的民风日渐消失,恩爱的情感渐渐淡薄。孔子说:'治理天下最好的办法莫过于礼治。'这不是空话啊。"因此王吉希望宣帝能"顺承天意,创建伟大的功业,与公卿大臣以及儒生们一起共同修习旧礼,宣明王制,将百姓引向安逸而长寿的太平盛世。如果能够这样,则何愁天下的风俗教化比不上周朝的成康之世,长治久安的国运比不上商王武丁呢?"盖宽饶字次公,以明经官至司隶校尉,也好言事刺讥,以圣人之道批评宣帝的政令。

其次,反对宣帝任用外戚、宦官。王吉主张宣帝应该选择贤人侍奉左右,只有这样才能使宣帝的施政理念得到有效的贯彻落实。对于外戚以及故人,由于他们资质平庸,王吉认为宣帝如果想照顾他们,可以多赏赐他们钱财,而不是让他们居于要害部位。

盖宽饶对权贵当道的现实也非常不满,因此他为司隶校尉时,对于当时的权贵丝毫不肯假以颜色,谁犯法就弹劾谁,以至于当政的官员与皇亲国戚都很怨恨他,但盖宽饶照样我行我素,且对当时官场讨好权贵的追腥逐臭之风深恶痛绝。平恩侯许广汉迁入新居,丞相、御史大夫、将军以及中二千石九卿重臣们都去道贺,盖宽饶却不肯去,这让许广汉觉得很没面子,于是故作姿态,派人去请他赴宴。盖宽饶这才到了许家,从许家西边的台阶上进入厅堂,独自面向东方而坐。古代以东方为上方、尊位,主人招待宾客,以东向为宾位:"古人之坐以东向为尊,故宗庙之祭,太祖之位东向;即交际之礼,亦宾东向而主人西向。"①然细究战国秦汉时事,宾客东向坐,皆为特殊事例,正常情况下,宾客为示谦恭之意,是不肯东向坐的,除非是反复礼让。故当时许

---

①顾炎武著,黄汝成集释:《日知录集释》卷二十八《东向坐》,上海古籍出版社 1985 年版,第 2087 页。

家宴席上的情况是东向的席位空着,一直无人敢坐,即使是丞相魏相也没东向而坐。故盖宽饶一进客厅未经礼请,径自东向而坐,是一件相当失礼的事情。却说许广汉待盖宽饶坐下,亲自为他斟酒说:"盖君来得有点晚啊。"盖宽饶却不客气地说:"甭给我倒得多了,我酒喝多了是要发狂的。"魏相见状,担心闹僵,便笑着打圆场说:"次公醒着的时候就有点发狂,哪用得着喝酒?"席上的宾客见盖宽饶对许广汉如此桀骜不驯,都用轻视的眼光朝他看。显然在众人看来,趋炎附势、攀附权贵才是正常的行为,由此可见当时世风之坏,已到了以邪为正的地步。宴席上,宾客酒兴正浓的时候,许广汉又让奏乐以助兴,而长信少府檀长卿起来跳舞,很滑稽地表演起猕猴与狗搏斗的动作,逗得在座宾客都大笑不已。这让盖宽饶感到很不高兴,于是仰头望着屋顶长叹道:"好壮美呀!然而富贵无常,转眼就会换了主人,就如同人来人往的旅店一样,这种事情我看到的多了。只有谨慎从事方才能够保得长久,君侯怎能不保持警戒啊!"这分明是在警告许广汉!并且说罢便起身而去,回去后,立刻上章弹劾檀长卿以长信少府的身份表演猕猴之舞,有失大臣之礼,罪属不敬。宣帝看了也很生气,要处置檀长卿,许广汉为此亲自去向宣帝谢罪,宣帝才饶了檀长卿。

　　许广汉出身下贱,资质凡庸,只因机缘巧合,方才得以侧身朝堂之上,与精英为伍,其内心之忐忑自不待言,故极其渴盼得到官场的认可;与此同时,对于那些轻视他的人也必将恨入骨髓。故盖宽饶在大庭广众之下出许广汉的丑,实难让许广汉原谅他。后来盖宽饶自杀,论者以为与他得罪外戚关系甚大,如苏辙称:"宽饶正以犯许、史辈有此祸。"①

　　盖宽饶不仅对外戚非常反感,而且对宣帝任用宦官更是深恶痛绝。对于宣帝信任宦官,盖宽饶有个经典的评价,说这是"以刑余为周召"②,意为宣帝把为人所不齿的宦官当作周公、召公一样看待。

　　诸吏、光禄勋杨恽对宣帝的用人政策也颇不赞同,据其政敌戴长

---

① 厉鹗:《宋诗纪事》卷二十一,上海古籍出版社1981年版,第521页。
② 班固撰,王先谦补注:《汉书补注》卷七十七《盖宽饶传》,上海古籍出版社2008年版,第4992页。

乐揭发,杨恽观看皇宫西阁上画的人物,指着桀、纣的画像对宣帝的舅舅乐昌侯王武说:"皇帝经过这里时,多问问桀、纣犯的什么过错,可以得到鉴戒。"杨恽听匈奴投降的人说单于被杀,就说:"竟有这种不贤明的君主,大臣为他筹划的好计策不用,却自取灭亡。正像秦朝只任用奸邪小人为臣,杀害忠良,终究因此而灭亡,假使能够亲近任用有才德的大臣,秦朝可能会一直延续到今天。古代和现在的坏人如同一丘之貉。"考桀、纣以女宠亡国,秦以信用赵高瓦解,故杨恽此语颇有讥刺宣帝用人不当之意。

其三,批评当时以祥瑞来文饰政治的行为。如前所述,宣帝为天子,无论是在合法性还是合理性方面都存在着极大缺陷。所以宣帝即位后,为了彰显自己得国的合法性与合理性,频繁地乞灵于鬼神,"大力宣扬灾异祥瑞,作为自己'受命于天'的证明"[①]。而吏民见宣帝热衷于祥瑞之事,遂"争言祥瑞,以中其欲"[②]。于是祥瑞频现。

据《汉书·宣帝纪》载,宣帝在位二十五年,其中在十四年中先后有过十七次表彰祥瑞的活动。象征祥瑞的珍物有凤凰、神雀、甘露、嘉谷玄稷、金芝、奇兽、白虎、神鱼、神光、黄龙等,其中尤以凤凰出现的次数最多,达十二次。并且范围最广,史称宣帝一朝,凤凰下郡国凡五十余所。进入宣帝统治中后期,更是嘉瑞并见,如元康四年(前62年)有嘉谷玄稷降于郡国,神爵仍集,金芝九茎产于函德殿铜池中,九真献奇兽,南郡获白虎、威凤为宝。宣帝当年东渡黄河时,天气清静,有神鱼舞河。幸万岁宫,神雀翔集。

为了供奉鬼神,宣帝耗费了大量的人力物力,增加了国家的财政开支。如神爵元年(前61年)正月,宣帝临幸甘泉宫,在泰畤祭奠天神。三月,临幸河东,在后土祭祀地神。五凤元年(前57年)正月幸甘泉,祭泰畤。五凤二年(前56年)正月再幸甘泉,祭泰畤,又赴雍城的五畤祭祀天帝。五凤三年(前55年)又赴河东,祭后土。汉代,祭祀天地时,皇帝出行要用大驾,由千骑万乘簇拥以行。所以宣帝每次出行,

---

[①] 金春峰:《汉代思想史》,中国社会科学出版社1987年版,第321页。
[②] 王应麟:《通鉴答问》卷五,《玉海》(第6册),江苏古籍出版社、上海书店1987年版,第77页。

声势都非常浩大。当时五岳、四渎等高山、大河宣帝虽不亲至,也要经常祭祀。其中泰山与黄河要一年祭祀五次,长江四次,其余都祈祷一次,祭祀三次。当时皇家有四样宝:随侯珠、高祖刘邦的斩蛇剑、传国玺和氏璧以及武帝时从汾水得到的周康王时期的宝鼎,宣帝根据方士的建议,在未央宫分别为它们建立了四座祠堂;在即墨祭太室山,在下密祭三户山,在鸿门祭天封苑火井;在长安城旁为木星、辰星、金星、火星、南斗建立祠堂;在曲城祭祀参山八神,在临朐祭祀蓬山的石社石鼓,在腄祭祀之罘山,并且在不夜祭祀成山,在黄祭祀莱山;在成山祭日,在莱山祭月;在琅邪祭四季,在寿良祭祀蚩尤;京师近县,鄠有劳谷、五床山、日月、五帝、仙人以及玉女之祠;云阳有祭匈奴休屠王的径路神祠;在肤施建立五龙山仙人祠及黄帝、天神、帝原水等共四祠。并且在出现祥瑞的地方修建宫殿。如神爵二年(前60年)正月,因在祋祤这个凤凰集中的地方得到了玉宝,即建造步寿宫;神爵四年(前58年)冬,因凤凰集上林,乃作凤凰殿,以答嘉瑞。

由于迷信鬼神带来的消极影响甚大,故一些有识之士对此深为不满。

元康元年(前65年),少府宋畴针对当时朝廷宣扬彭城的凤凰之瑞,认为凤凰出现在彭城,但并没有来到京师,因此不值得称美。黄霸治颍川期间,颍川屡获丰收,并且有凤凰出现,宣帝因此下诏表扬黄霸,并赐以金爵之赏。严延年为河南太守,对黄霸频奏祥瑞的行为甚为不满,当时河南郡中发生蝗灾,严延年因对人说:"这些蝗虫难道说是凤凰的食物吗?"此话显然是对当时臣下迎合宣帝的心理,与其一起共同虚构盛世的行为的嘲讽。

张敞曾用自己的学识制止了一次官员试图美化宣帝的行为。当时美阳这个地方得到一只鼎,献到了朝廷,宣帝将这件事交给官员们议论如何处理。此前的武帝时期,曾经在河东得到一只鼎,当时是作为祥瑞献给了宗庙,故多数官员认为应该像武帝时期那样,也把这只鼎献给宗庙。只有张敞根据鼎铭考辨,认为这是周朝时天子褒赏大臣的鼎,并非上天之赐。并指出武帝时从河东得宝鼎后,下诏要求对其进行详细调查:"诏书说:'朕巡祭后土,为百姓祈求丰年,现在谷物不丰,显见是没有回报,那么鼎为什么会出现呢?'因此广泛地讯问知识渊博的耆老,怀疑这是否属于人家的旧藏之物,诚心想考察出它的真实情况。"张敞这些话的潜台词是提醒宣帝,不要过于迷信祥瑞,以至于丧失理智,为他人所利用。后来张敞还毫不客气地批评了丞相黄霸伪造祥瑞的行为。黄霸治理颍川郡期间便迎合宣帝,频奏祥瑞,做丞相后,一次在向地方郡国前来中央汇报工作的官员了解情况时,有一群鸟从张敞的府第飞到了丞相府的房子上,当时在场的数百人都看见了。其中许多来自边地的官员都知道这种鸟叫鹖雀,可是因知黄霸喜祥瑞,故黄霸问这是什么鸟时,都说不知道。黄霸于是想把这事作为祥瑞上报宣帝,后来听说是从张敞的府上飞来,方才作罢。张敞为此曾上书向宣帝报告了此事,并指出地方官员都暗地里嘲笑丞相黄霸虽仁德忠厚,有智谋,但不足之处是喜欢那些稀奇古怪的事情。黄霸为此非常惭愧。

最后,批评宣帝热衷于奢侈享乐。宣帝亲政后,随着朝局的稳定,社会的发展,遂开始效法武帝,追求享乐,宫室车服盛于昭帝。征诏文学之士,当其狩猎、游幸之时让他们撰文予以歌颂。又征诏知音善鼓雅琴者为其所用。宣帝还颇好神仙,听方士说益州有金马、碧鸡之宝,可以通过祭祀得到,就派王褒前去祭祀,不想王褒走到半路上却病死了,只好不了了之。当时宗室刘更生家藏有《枕中鸿宝苑秘书》,该书讲的是神仙役使鬼怪造黄金之术,以及延年益寿之方。见宣帝喜爱神仙方术,刘更生便将该书献上,声称按照该书的指示能造出黄金。宣帝就让他主持制作珍宝贵重物品的尚方事务制造黄金,然而花了很多钱财,却始终造不出黄金来。

宣帝去世后的次年,也就是初元元年(前48年),贡禹上奏章,论及当时的奢侈程度说:"过去齐地为天子制作冠戴服饰、冬服、夏服的三服官,每年送到朝廷的服装不过十竹箱,现在齐地三服官用工各数千人,一年花费数亿。蜀郡、广汉郡主造金银器皿,每年费用各五百万。少府所属三工官官费每年耗费五千万,东西织室也是这样。厩内所养食粟之马又将近万匹。"考虑到元帝刚继位,故贡禹所言,实际上说的是宣帝时的事情。

针对宣帝的奢侈享乐行为，王吉等纷纷进行劝谏。王吉要求宣帝罢去角抵之戏，减省乐府、尚方用度，以俭治国。张敞上疏谏称希望宣帝忘却车马之好，不要听信方士们的虚妄之语，专注于帝王之术，这样太平盛世差不多就可以兴起了。

对于这些持不同政见者，宣帝甚为反感。对于王吉，宣帝认为他的话迂阔，所以对他颇为冷淡。而王吉作为谏大夫，职在进言，却不被君主所采纳，遂主动谢病退归琅邪。宋畸则被贬为泗水太傅。张敞官职最终不过郡守而已。其余数人因言辞激烈，竟至被宣帝处以死刑。如盖宽饶当时针对宣帝以法治国、任用宦官等行为上章表达不满时，颇有愤激之辞，如他一则曰："现在圣道废弛，儒术得不到实行，朝廷把刑余之人奉若古代的贤臣周公、召公，把法律作为《诗》《书》来治理天下。"再则曰："五帝以天下为公，三王以天下为家，家天下传给儿子，公天下传给贤人，就好像四时流转一样，完成自己使命后就离去，不称职者就不能居其位。"宣帝揽奏大怒，因采纳执金吾的建议，判盖宽饶意欲让宣帝禅位，罪属大逆不道。当时谏大夫郑昌怜悯盖宽饶忠诚正直，忧念国事，因为言事不合皇帝的心意，而被文法之吏诋毁中伤，于是上书为盖宽饶求情说："臣听说山中有猛兽，藜藿没人敢摘采；国家有忠臣，奸邪之人不敢起来。司隶校尉盖宽饶居不求安逸，食不求饱满，举止进退有忧国之心、死节之义，上不投靠外戚许、史之家，下不接受贵臣金、张的请托，由于职在督察，坚持正道行事，因此官场上仇人多朋友少，上书陈奏国家大事，被官员们定为死罪。臣有幸得以跟随在大夫们之后，官职以谏为名，因此不敢不说。"但是宣帝却不肯听从郑昌的劝解，坚持要把盖宽饶交给狱吏处置，盖宽饶因拔刀自刎于未央宫北阙下。人们得知盖宽饶被逼而死，没有不怜惜他的。严延年因出言嘲讽，且又屡屡指斥朝政，结果被朝廷以怨恨诽谤政治不道之罪处死。杨恽屡屡出言抨击时政，先是为太仆戴长乐告发，被宣帝废为庶人，后又被宣帝以大逆不道之罪腰斩，并将他的妻子儿女发配至边远的酒泉郡。

就批评宣帝的这个群体看，皆个性鲜明，矫矫不群。盖宽饶为人刚直，节操高尚。王吉自年轻时起，便注意磨砺意志。他求学长安时，东边的邻居家有棵大枣树枝叶垂入他借住的庭院中,待到枣熟时,他的妻子就摘了一些枣给他吃。他后来得知枣是妻子从东边邻居家的树上摘的,认为其妻德行有缺,就休了她。东边的邻居得知因为自己的枣树让王吉夫妻反目,很是自责,就想砍掉那棵树,同里的邻居们知道后,都来劝阻他,并坚决请求王吉将其妻子招回来,王吉这才把妻子招了回来。此事让邻里们很感慨,因此说:"东家有树,王阳妇去;东家枣完,去妇复还。"张敞为官不尚威仪,为京兆尹时,朝会结束后,骑马经过章台街时,他让吏卒赶着马,自己用一个屏面遮着脸打马而过。张敞的率性而为,实则是在表达对当时虚伪的官场风气的不满。

这个群体的另一个特点是皆忧公如家。盖宽饶前已论及。其他如王吉在昭帝时为昌邑中尉,当时昌邑王刘贺喜好游猎,驱驰于国中,举止无所节制,王吉知道后,每每据理谏争,尽到了一个辅臣应尽的义务和责任,故虽没有直接参与治理百姓,但昌邑王国没有不敬重他的。因而后来昌邑王被废,霍光归罪于他的臣下,大行诛戮之时,只有王吉与龚遂得以免死。王吉被征为博士谏大夫后,因职在言事,故再次上疏评论朝廷得失。

张敞初因切谏昌邑王刘贺而闻名朝廷,宣帝即位后,因忠诚而为宣帝所赏识,以其为山阳太守监督废王刘贺。在山阳太守任上,张敞处置得宜,既让宣帝感到满意,又保全了刘贺。后见渤海、胶东盗贼并起,张敞就主动请缨治理这些地方,宣帝因拜其为胶东相,到任后,由于治理有方,很快便使盗贼解散,吏民敬服,国中安定。当时自京兆尹赵广汉被杀后,京兆尹频频更换,然而如黄霸等都不称职,以至于京师治安松弛,而长安城中盗贼尤多,宣帝于是招张敞试任京兆尹。张敞到任后,很快便将辖区治理得柝鼓稀鸣,市无偷盗。京兆尹负责京师的治安,而长安人口众多,在三辅中尤其突出。故朝廷往往挑选郡国中政绩突出的二千石长吏来试职,等到转为正职后,长的不过二三年,短的数月或一年,就因遭受毁伤而失去名声,因罪过被免职。能够任职久的除了赵广汉,就是张敞了。张敞不仅治理具体的事务甚有方略,对于国家的大政方针也有独到的看法。当时朝廷每有大事商议,张敞即引经据典,发表看法,公卿对于他的建议都很佩服,宣帝也多次采纳他的意见。此外,张敞还多次对同僚提出忠告。如朱邑以治郡有方被征为大司农,当时张敞为胶东相,就写信给朱邑说:"当今圣明的君主向往远古太平之治,因此广招贤士,这真是忠臣们向往的好时代啊。然而我却远守偏僻难治之郡,为制度所拘束,思虑郁结,难以有大的抱负。即使是有,又哪有地方可以实施?而您以清廉贤明之德,主管农事,这就好像饥饿之人以糟糠为美味,而丰收的年景却要遗弃许多美食。这是为什么呢?无非是因为有和无的情势不同造成的。从前陈平虽有才能,也须有魏倩的提携方才能够受到重用;韩信虽然有奇才,也要靠萧何的举荐才得到信任。故所有生逢其时的英俊,如果一定要像古时的伊尹、吕望那样出名,才能得到推荐,那么这种人也不会通过您的举荐而得到任用。"朱邑对他的话很感慨,因此非常注意举荐人才,并给予多方的帮助。张敞任京兆尹时,见严延年治郡严峻,就写信劝告严延年说:"古时候有名的良犬韩卢猎获野兔时,都要先看一下主人的眼色,然后再去追逐,不过多地捕杀。因此希望您稍稍放宽一下刑罚,考虑效法韩卢的办法来行事。"

显然,勇于向宣帝进谏的这些人都是当时的优秀人才,但由于宣帝无法容忍他们的刚直,结果这些人或是辞职归乡,或是不受重用,甚者如盖宽饶被逼自杀。

当时盖宽饶的奏章被呈上去后,宣帝见盖宽饶公然对自己出言不逊,很是气愤,认为盖宽饶怨望诽谤终不悔改,就将他的奏章交给中二千石官员议罪。这也是帝王之术。皇帝想处置人,直接下诏,难免会招来心胸狭窄、独断专行之讥;而交给大臣们讨论,得出的观点就是公论,以此处置人自是名正言顺了。但这样一来在客观上也就给了盖宽饶一线生机,因为这种讨论一般会有三种后果:其一,意见符合宣帝心意;其二,众议纷纭,没有定论;其三,意见不符合宣帝心意。对宣帝而言,得出第一种结果,于他最理想。第二种结果,虽不理想,但因观点众多,他可以随意地从中选择符合自己想法的观点,然后冠以众议推行出去。比较作难的是第三种结果,如果所有大臣的意见都不符合宣帝的心意,也就是在如何处置盖宽饶方面,虽然大家的观点有异,但总体而言若都认为盖宽饶罪不至死,那么宣帝纵然愤怒,但因大臣们没有给他提供处死盖宽饶的借口,估计暂时也只能放过盖宽饶了。所以这种会议虽然重在形式,却也并非对宣帝的决策毫无影响。

检讨史书,当时的中二千石官员有诸吏光禄勋杨恽、太常苏昌、卫尉忠、太仆戴长乐、大鸿胪萧望之、大司农王禹、执金吾广意或贤、廷尉于定国、少府李强、宗正刘德等,其中杨恽与盖宽饶是朋友,而太仆戴长乐此时还没有与杨恽交恶,且从戴长乐后来所述杨恽曾与其言语无所忌讳的情况看,当时俩人关系应相当密切,故在关键时刻,看杨恽的面子,当不会为难盖宽饶。萧望之虽对宣帝的政策没有直接评论,但从宣帝去世后他的言行看,其治国理念与盖宽饶颇有相通之处,且盖宽饶这种个性张扬的官员,明眼人皆知其上升空间有限,对萧望之也构不成威胁。同时,萧、盖二人在学术上颇有渊源。汉代的经学大师孟卿曾传《礼经》于后苍,又让其子孟喜修习《易经》,后盖宽饶曾向孟喜学习过《易经》,萧望之则跟随后苍学习过十年《礼经》,故萧望之应该是盖宽饶的同情者。少府李强的事迹不详,然他刚刚在西羌之役的议论中,与萧望之联合反对张敞提出的以百姓入谷赎罪之法解朝廷军需之急的建议,并得到了朝廷重臣们的支持,显见与萧望之关系甚是融洽,由于盖宽饶与萧望之颇有渊源,故李强应该不会为难盖宽饶。太常蒲侯苏昌,征和二年(前91年)十一月以告发他人谋反有功,由小吏被封为侯,此时人生已进入持禄保位的暮年,这个年龄的人一般都是与人为善的,且太常一职,主管宗庙园陵的祭祀与守卫工作,该工作极重礼法,因而极易出错,而一出错就会受到惩罚,是一个动辄得咎的差事:"汉自武帝以后,丞相无爵者乃封侯,其次虽为御史大夫,亦不以爵封为间。唯太常一卿,必以见侯居之,而职典宗庙园陵,动辄得咎,由元狩以降,以罪废斥者二十人。意武帝阴欲损侯国,故使居是官以困之尔。"①故任此职者都有战战兢兢、自顾不暇之感,哪有工夫去挑别人的毛病!宗正刘德以宽厚、知足知名。大司农王禹生平事迹不详,但他是在神爵二年(前60年)前任的现职,也就是说,即使他是由地方长吏被提拔到朝廷的,经过这一段时间的了解,对朝臣间错综复杂的关系应已较为熟悉,对居朝为官得饶人处且饶人的潜规则应已了然于胸了,故若盖宽饶没与他结怨,他也犯不着对盖宽饶落井下石;纵

---

① 洪迈撰,孔凡礼点校:《容斋随笔》卷七《汉晋太常》,中华书局2005年版,第98页。

使盖宽饶与他结怨,若他熟知官场游戏,也不会在此时落井下石。因为通过分析可知,与会的中二千石官员中可能超过半数都是盖宽饶的同情者,故他就是主张处盖宽饶以死罪,也很难在会议上通过;纵使是通过,由于天威难测,若宣帝本意不过是要惩戒一下盖宽饶,并非是要处死盖宽饶,则他就会与盖宽饶结下深仇,并为朝臣所不齿,可谓得不偿失。所以明智者即使想害盖宽饶,当此形势下,也不得不放他一马。比较没把握的是卫尉和执金吾。卫尉在此之前由范明友担任,范明友死后就没有再任命新官员,故神爵二年(前60年)议盖宽饶之案时若有卫尉,则一定是当年任职的忠。执金吾一职神爵二年(前60年)任命贤之前,一直由广意担任,但史书并未明言神爵二年(前60年)几月任命的贤,若议盖宽饶之案时广意仍担任执金吾,考虑他久历朝廷官场,则几可肯定他也不会为难盖宽饶;如果是新任命的贤,则很难保证他与忠不在会上随意乱说,尤其是若他们是从地方上新提拔的官员,就更容易大放厥词,因为这样的官员往往对朝廷官场错综复杂的关系和处事原则缺乏深刻的理解与把握。忠的出身不甚清楚,但贤却是由河南太守提拔上来的,是一个朝廷官场的新人。而当时的问题就是出在执金吾身上,执金吾认为盖宽饶这是想让皇帝让位,罪属"大逆不道"。要知道这是要掉人脑袋的话,因为按律,犯此罪者,不仅本人要被处死,其父母妻子同产皆弃市——怎可随便乱说! 据此可知,此时的执金吾很可能就是由河南太守任上调来的贤。而宣帝即以贤的主张为借口,要把盖宽饶交给狱吏处置,盖宽饶不肯受辱,因拔刀自刎于未央宫北阙下。人们得知盖宽饶被逼而死,莫不怜之;而对认为盖宽饶罪属大逆不道的执金吾贤,自然是莫不恨之了。估计这也是贤所没有想到的,他也就那么一说,居然就被宣帝采纳了,从而成了害死忠良的罪人!

当然有识之士皆知以执金吾之议定盖宽饶之罪,不过是宣帝的帝王权术,学者论及盖宽饶等受到惩治,多认为是宣帝性情刻薄,缺乏容人之量所致。如苏辙认为宣帝"虽明察有余,而性本忌克"[1]。吕思勉

---

[1] 苏辙撰,陈宏天、高秀芳点校:《栾城后集》卷八《汉光武下》,《苏辙集》,中华书局1990年版,第972页。

认为宣帝"天资近于刻薄,故喜柔媚之人,而不能容骨鲠之士"①。

　　因为像盖宽饶这类人,西汉代不乏见,然时君大多能优容之。武帝时,汲黯为中大夫,因多次不留情面地向武帝直言极谏,被武帝打发到东海做太守。后以治郡有方被召为主爵都尉,亦即后来的右扶风。有次武帝在朝堂上侃侃而谈,声称要效法唐尧、虞舜推行仁政,正说得兴起,不想汲黯却毫不客气地打断他说:"陛下内心有很多欲望,只是在表面上做出施行仁义的样子而已,这样能效法唐尧、虞舜的政治吗!"这让武帝很扫兴,当即变色罢朝而去,公卿都为汲黯担心。但武帝却没有因此惩治汲黯,只是对身边的近侍说:"太过分了,这个汲黯真愚蠢。"汲黯当时不仅对武帝直言极谏,还经常批评用事大臣公孙弘、张汤等,二人因此对他非常忌恨。公孙弘知道武帝也不喜欢汲黯,就想借故杀掉他,便建议武帝让汲黯担任难以治理的右内史,亦即后来的京兆尹。虽然如此,但武帝后来并没有刻意去为难汲黯。汲黯为官长期不得升迁,而许多小吏或他以前的属吏官职或超过了他,或与他平级,这让他深感失落,对武帝不能不有所埋怨,于是朝见武帝时说:"陛下用群臣像堆积柴草一样,后来者居上。"汲黯退出后,武帝叹息说:"人果然不能没有学识,通过汲黯所讲的话,可知他真是愚蠢得一天比一天厉害了。"后汲黯又多次指斥武帝,但武帝也只是说:"我很久没听到汲黯的话,现在又开始瞎说起来了。"后虽以小罪免官,数年之后又为武帝所起用,卒获善终。

　　成帝时,谷永上奏章进谏,一则说秦朝之所以历二世而亡,是因为养生过分奢侈,奉终过分丰厚,这两方面成帝兼而有之;再则说王者一定先自取灭亡,然后上天才灭绝他,而成帝的行为就是自取灭亡;又说帝王以百姓为根基,百姓以财产为根基,财产枯竭百姓就会叛乱,国家就会灭亡,而成帝现在正在轻易地夺取百姓的财产;最后说成帝以前的皇帝做得都很好,只有成帝违背天道放纵欲望,轻贱自身胡作非为,正当盛年却没有继嗣之福,反而有危亡之忧,积累下来的丧失为君之道、不合天意的行为已经有很多了。作为祖宗的继承人,守护着祖宗

---

①吕思勉:《秦汉史》,上海古籍出版社1983年版,第160页。

的功业,却这样行事,这不是辜负了先祖吗?奏章递上去之后,成帝阅罢大怒,当即便派侍御史去抓谷永,不过同时又交代侍御史,如果追到交道厩这个地方还没追上谷永,就算了。而谷永知道成帝一定会发怒,奏章一递上就打马逃亡了,御史由于没追上谷永,就回来了。当时成帝的怒气也已消除,感到很懊悔,内心庆幸没有杀掉谷永。次年又召谷永为太中大夫,后升任光禄大夫、给事中。

可以说汲黯、谷永对武帝、成帝的言辞之激烈,并不亚于盖宽饶,然在武帝、成帝就能容忍得了,在宣帝就容忍不了,是因为宣帝素质太低吗?否,宣帝雄才大略,颇有武帝之风。究其原因,应在于宣帝的出身特殊所致。武帝、成帝皆属正宗嫡传,为君名正言顺,故都不缺乏君临天下的自信,因为自信所以就有包容之心,这使他们在面对臣下的直言极谏时,虽然也会恼怒,但在愤怒之中往往仍能保有一定的理性。而宣帝由于出身卑微,本不具备做皇帝的资格,故虽做了皇帝,却缺乏为人君的自信,敏感多疑,非常忌讳人们有不认可自己的言论。所以盖宽饶若在武帝时为臣,就是另一个汲黯;而在宣帝时为臣,就只能是死路一条了。因为宣帝将盖宽饶的奏章解读为盖宽饶轻视自己,而这是宣帝所不能容忍的。或许有人会说,盖宽饶即使是在武帝时也难逃死罪,因为他公然说皇帝如果没有治理天下的能力就应该主动退位,这分明是对君主的蔑视,谁能容忍得了?然而孔子早就讲过,了解一个人,不仅要听其言,还要观其行。就盖宽饶指斥宣帝的言论而言,当然是有轻视宣帝之嫌,但若将这与他一贯忧公如家的行为结合在一起分析,谁都知道他这不过是愤激之下口不择言而已,出发点还是好的,虽有罪过,但罪不至死。无奈宣帝对涉及他的言论甚为敏感,一见盖宽饶如此不尊重自己,当即就出离愤怒,在这种情况下,谁还能劝得住!

如果盖宽饶之死还算有点咎由自取的话,严延年、杨恽之死则纯粹是出自同僚报复,在此过程中宣帝被他们作为打击政敌的工具而牵涉其中。之所以将宣帝引入纷争,是因为他们知道宣帝厌恶臣下冒犯自己,遂搜罗政敌批评宣帝的言论,上奏宣帝,以求借宣帝之手除掉政敌。如河南太守严延年因被朝廷所冷落,在同其府丞义谈话时,屡屡

第十七章 喜谮恶讥,善政之累

出言抨击时政,由于严延年治郡严厉,义一直对严延年心怀畏惧,又因年老心思有点悖乱,就担心遭到严延年的伤害,而事实上,由于义曾与严延年一起做过丞相府的属官,故严延年对他很是照顾,没少送给他钱财,这却让义更加惶恐不安,就私下里占问吉凶,结果得到了一个死卦,这不由让他闷闷不乐,思来想去,竟告假去长安,上书列举了构成严延年罪行的十件事,奏章递上去后,为了表明自己没有欺骗皇帝,竟服药自杀。宣帝将此事交给御史丞审核,最后以严延年怨恨朝廷、诽谤政治及诛杀无罪之人等罪,将其处以死刑。

杨恽与戴长乐交恶后,为了扳倒杨恽,戴长乐遂搜罗杨恽冒犯宣帝的言论,上奏宣帝,以求借宣帝之手除掉杨恽。当时戴长乐上书揭发了杨恽六条罪状。其一,有次高昌侯董忠驱车奔入北掖门,杨恽对富平侯张延寿说:"听说以前曾有急奔的车撞到殿门上,门闩被折断,马也撞死了,此后不久昭帝就去世了。现在又出了这种事,这是天命,不是人为的。"此属妄言宣帝生死。其二,左冯翊韩延寿有罪下狱,杨恽上书为他申诉辩冤。郎中丘常对杨恽说:"听说您为韩冯翊申诉冤情,能够保全他的性命吗?"杨恽说:"事情哪有这么容易!正直的人未必能够保全自己。我自己尚且不能保全,这正像人所说的老鼠因为口衔比洞穴口还要大的垫子而进不了洞。"这是抨击宣帝是非不分。其三,匈奴遣使者出使汉朝,称单于想来朝见宣帝。宣帝让中书谒者令宣将单于使者的话拿给将军和中朝二千石以上的官员们看,杨恽说:"冒顿单于得到汉朝赏赐的美食好物,却说是腐臭不好的东西,单于不想来朝见不是显而易见的?"这显然是嘲笑宣帝不了解匈奴的情况,容易上当受骗。其四,杨恽观看皇宫西阁上画的人物,指着桀、纣的画像对宣帝的舅舅乐昌侯王武说:"皇帝经过这里时,多问问桀、纣犯的什么过错,可以得到鉴戒。"戴长乐指出西阁画中人物除桀、纣外,还有尧、舜、禹、汤等贤明的君主,杨恽不称扬这些人,却列举桀、纣这类昏君,让宣帝学习,这显然是意存讽刺。其五,杨恽听匈奴投降的人说单于被杀,就说:"竟有这种不贤明的君主,大臣为他筹划的好计策不用,却自取灭亡。正像秦朝只任用奸邪小人为臣,杀害忠良,终究因此而灭亡,假使能够亲近任用有才德的大臣,秦朝可能会一直延续到今天。

古代和现在的坏人如同一丘之貉。"戴长乐认为杨恽妄引亡国的例子来诽谤当今朝廷,没有人臣应有的礼节。其六,戴长乐称杨恽还曾对他说:"正月以来,天久阴不雨,这种现象《春秋》记载过,夏侯胜谏诤昌邑王时曾谈及。皇帝必定不能再去河东了。"戴长乐认为杨恽拿皇上开玩笑,尤其大逆不道违背伦理。戴长乐所奏六件事情,或深或浅,皆涉指斥宣帝,这让宣帝很愤慨,就把戴长乐的奏章交给廷尉于定国处置,于定国审理之后,给出的处理意见是:"杨恽侥幸列为九卿,任诸吏、光禄勋之职,是朝廷的侍卫近臣,为皇帝所信任,参与处理国家事务。但他不仅不竭尽忠爱之心,尽臣子之义,反而放肆地发泄心中的怨恨,散布妖言恶语,大逆不道,因此请求将他逮捕予以治罪。"宣帝于是下诏,将杨恽和戴长乐都免为平民。杨恽失去爵后,在家经营产业,兴建房屋,利用钱财自寻欢乐,不再关心朝政。然而就是这样,宣帝仍不肯放过他。后来因为日食,一个名叫成的管车马的小官员上书控告杨恽骄奢不思悔改,日食的灾祸,就是由他引起的。宣帝于是把这个奏章又交给于定国处置,结果查出杨恽与友人孙会宗的信中有怨恨之语,宣帝见后很厌恶,便让于定国判杨恽大逆不道之罪,处以腰斩。他的家人被流放到酒泉郡。与杨恽关系好的官员如未央卫尉韦玄成、京兆尹张敞、安定太守孙会宗等也都受到株连而被免官。

　　应该说以言罪人的害处,早在宣帝即位之初,一个从事司法工作的官员路温舒在奏章中就曾对他讲过。路温舒说秦朝之亡就亡在以言罪人,当时正言进谏被认为是诽谤,指陈过失被认为是妖言,导致品德高尚的贤人不受重用,忠诚恳切之言只能郁积于胸中,而使阿谀奉承之声充斥于君主的耳边,结果君主为虚假的赞颂所迷惑,对现实的祸患因为言路蔽塞而不知。秦朝因此灭亡。从长治久安考虑,路温舒建议宣帝广开言路,让人们尽情地表达自己对国家事务的看法,不要以言罪人,他说:"我听说乌鸦和老鹰这类恶鸟的卵都不受损害的地方,才会有凤凰落下;诽谤君主之罪不受诛罚,才会有人进献忠言。因此古时有人说:'山深林密的地方藏有毒害之物,广大的川泽之中容纳有污垢,美玉之中含有微瑕,一国之君有容纳言辞羞辱的度量。'只要陛下能免除诽谤君主的人的罪责而接受直言,广开言路,扫除秦朝的

第十七章 喜谄恶讥，善政之累

失误，遵循周文王、周武王的德政，减省法令，放宽刑罚，使以律令治民的行为被废除，那么太平盛世就会出现，大汉帝国就会永远和平安乐，与天地共存，天下之人都会感到无比欣慰。"宣帝对路温舒的这种观点很欣赏，也有决心要做一个开明的君主，但落到实处，一听说有人抨击他，立马便把路温舒的话忘得一干二净，对冒犯自己者是必欲除之而后快，甚至甘心为朝臣所利用。说来说去，这都与他出身微贱有着莫大的干系。

事实上，人君最忌讳为臣下所利用而成其一己之私，故皆在这方面着意防范，若一不小心中了臣下的圈套，一经发现，必须严加惩处，以儆效尤。如武帝时，朱买臣、王朝、边通等三长史，因不满御史大夫张汤，遂合谋陷害张汤，利用武帝之手将其逼死，后来武帝发觉自己被三长史所利用后，遂诛杀三长史，并逼丞相严青翟自杀。故武帝时，鲜有大臣敢轻易以武帝为手段打击政敌。而到了宣帝时，却因宣帝过于敏感多疑，屡屡为臣下所利用而不知醒悟，结果使当时的朝臣常以告密为手段，利用宣帝来打击政敌。

最后需要说明的是，杨恽两次定罪都是由于定国来做的，而于定国是以执法宽平著称的，因此许多人对于定国颇有微词。如洪迈称："杨恽坐语言怨望，而廷尉当以为大逆不道。以其时考之，乃于定国也。史称定国为廷尉，民自以不冤，岂其然乎！"①又称："杨恽为人告骄奢不悔过，下廷尉案验，始得所予孙会宗书，定国当恽大逆无道，恽坐要斩。恽之罪何至于是！其徇主之过如此。《传》所谓'决疑平法务在哀矜'者，果何为哉！"②其实这有点冤枉于定国了，因为调是宣帝定的，于定国只是具体的执行者。当然宣帝肯定不会直接要于定国如何，但不要忘了宣帝身边有弘恭、石显等两个精于律令的宦官，史言弘恭善于奏请，也就是说他长于揣摩宣帝的心思，故所言往往合乎宣帝的心意。据此，该怎么处置，不用宣帝说，弘恭、石显早就办妥帖了，于定国只是代宣帝受过而已。

---

① 洪迈撰，孔凡礼点校：《容斋随笔》卷六《魏相萧望之》，中华书局2005年版，第76页。
② 洪迈撰，孔凡礼点校：《容斋续笔》卷二《张于二廷尉》，中华书局2005年版，第235页。

第十七章

独步天下,快意恩仇

第十八章

第十八章 独步天下，快意恩仇

地节四年（前66年）七月，宣帝铲除霍氏集团，在汉代历史上属于一个标志性事件。因为它意味着为权臣操控二十余年的皇权彻底重回君主之手，宣帝终于乾纲独断。此后，由于宣帝励精图治，使汉朝的国力呈现出蒸蒸日上的势头，这让宣帝自信心大增，遂快意恩仇，对有恩于己的人，上自其父祖，下至监狱刑徒，皆以其对自己恩情的轻重，施以相应的报答；而对与自己有过节的人，则痛加惩治。俨然汉世第一大侠。

本始元年（前73年）六月，官方对宣帝家人所议的谥号，让宣帝甚为不满，但迫于权臣霍光当权，他只能隐忍。及至除掉霍氏集团，宣帝腾出手来，马上便旧事重提。元康元年（前65年）春，在宣帝的授意下，丞相魏相等又称引《礼记·丧服小记》义，抬升宣帝家人的地位："礼法规定：'父亲为士，儿子为天子，就应该以天子之礼祭祀父亲。'悼园应该上尊号为'皇考'，建立神庙，在陵园的基础上建立寝殿，按时祭祀供享。增加供奉陵园户达到一千六百家，在此建奉明县。尊戾夫人为戾后，设置园陵和供奉的采邑，以及增加戾园和戾后园的采地民户各满三百家。"

这个建议将宣帝父亲刘进称为"皇考"，以天子之礼祭祀，等同于否定了此前霍光等将宣帝过继给昭帝的安排，而使宣帝重回其父祖一系。称其祖母戾夫人为"戾后"，增加戾园和戾后园的采地民户各满三百家，这意味着以诸侯王之礼来对待戾太子和戾后。至此，汉世对卫太子一案的处理终于画上了句号。只是卫太子的谥号太过刺目，若能改成美谥当更圆满。并且宣帝现在大权在握，要官员们将他祖父的恶谥改为美谥，并非什么难事，然而魏相等对卫太子的谥号却没做任何变更，考其原因，还是怕因此产生恶劣的影响，于是"戾"竟成了对卫太子的盖棺之论。

除了自己的家人以外，宣帝还有一帮恩人、故旧、有功于己之人，由于种种原因没能倾情报答，于是在元康三年（前63年）三月下了一通诏书，全面报答自己的恩人，封御史大夫丙吉为博阳侯、中郎将史曾为将陵侯、中郎将史玄为平台侯、长乐卫尉许舜为博望侯、侍中光禄大夫许延寿为乐成侯,故掖庭令张贺谥为阳都哀侯、张贺嗣子张彭祖为阳都侯。① 此外,对一些故人和有功于己之人也进行了赏赐。诏书中说:"朕未登极时,御史大夫丙吉、中郎将史曾、史玄、长乐卫尉许舜、侍中、光禄大夫许延寿都对朕有恩情。以及故掖庭令张贺帮助和指导朕躬,让朕修习经书和治国之道,恩惠卓异,他的功勋非常显著。《诗经》不是说过吗?'无德不报。'现在封张贺的继子、侍中中郎将张彭祖为阳都侯,追赐张贺谥号为阳都哀侯。封丙吉、史曾、史玄、许舜、许延寿皆为列侯。曾与朕有故旧之情的人,在郡邸狱时对朕曾有抚育之功的人,皆赐给官职禄位、田宅、财物,各根据以前他们对朕的恩情深浅程度予以报答。"

从诏书的内容看,宣帝对张贺尤其感念。张贺为武帝时名臣张汤之子,昭宣名臣张安世之兄,张汤在世时,将张贺安排在太子刘据宫中办事,将张安世在武帝身边工作。当年武帝因为被人愚弄逼死张汤,自觉心中有愧,就对张安世加以提拔,到巫蛊之祸发生时,张安世已官至尚书令、迁光禄大夫。当然从秩位看这不过是千石之官,但由于是中朝官,属天子近臣,还是能与武帝说上话的。因此当张贺受到巫蛊之祸的牵连,要被处死时,张安世向武帝上书请求赦免乃兄。武帝也颇给张安世面子,同意将张贺减死一等,处以腐刑,继而就让他做了掖庭令。掖庭在武帝太初以前称永巷。所谓"永"就是长的意思,本指宫中的长巷,借以指长巷深处的后宫。婕妤以下的宫女都住在这里。武帝太初元年(前104年)改名为掖庭,主官称掖庭令,就是管理后宫宫女事务的官员。由于是与宫中女性打交道,为保险起见,自然不能让健全的人来管理了。所以掖庭中的男性上自令丞,下至一般工作人员,都由宦者充任。

张贺做了掖庭令后,昭帝初,霍光等遵从武帝遗诏,把在史良娣娘家生活的皇曾孙宣帝召回掖庭,由国家养育。张贺本就对卫太子无辜而死感到痛心,现在又见到太子无依无靠的小孤孙,自是怜惜不已,所以对宣帝是倍加呵护。等到宣帝长大后,张贺又教他读书识字,为了

---

① 见班固:《汉书》卷十八《外戚恩泽侯表》,中华书局1962年版,第692~701页。《宣帝纪》记此次封赏为三月,《外戚恩泽侯表》记在二月。

提高他的文化素质,张贺还自己出钱请人教他学习《诗经》。宣帝这人有些奇怪之处,遍身包括脚底板下都长有毛不说,夜里睡觉时,还多次发生过身上发光的奇事。再就是他去长安街市上哪家卖饼的铺子买饼,哪家饼的销量就会大增。张贺听说后,一见到乃弟张安世,就把这些事讲给张安世听,并极口称赞宣帝的德才之美。张安世认为当今是先帝的儿子在做皇帝,因此不应该称赞先帝的曾孙。所以每每一听张贺说这些事,就忙制止他。但不知张贺是健忘还是什么原因,再见到张安世,仍是一张口就赞扬宣帝。估计是他把宣帝当做珍宝来看,情之所至,不免时时想把这孩子拿出来炫耀一番。及至宣帝长到该娶亲成家的年纪时,张贺又打算把自己的孙女嫁给他,但因其弟张安世的阻挠,只好作罢。后来打听到自己的下属暴室啬夫许广汉有一女儿与宣帝年岁相当,就连哄带骗地让许广汉把闺女嫁给了当时一无所有的宣帝。不过,宣帝迎娶许家女儿的聘礼都是张贺出的。要知道关中地区当时在婚丧嫁娶方面那是出了名的奢侈,所以张贺在这方面应该没少花钱。并且不仅聘礼是张贺出的,就连宣帝婚后在长安尚冠里的住宅,估计也是张贺出私钱给他置办的。

或许张贺之所以能够硬挺着活下来,就是为了把宣帝培养成人,因此,当他给宣帝娶亲成家后,没多久就去世了。

张贺对宣帝的一举一动,宣帝都看在眼里,记在心头,一直以来,他心中对张贺的感激之情,真是难以言表,因此亲政后,追念旧恩,就可着劲儿来报答张贺。元康二年(前64年),宣帝追思张贺的恩情,想就其坟墓封其为恩德侯,并置守冢户二百家。张贺本有一子,可惜早卒。由于没有儿子,张贺就过继了张安世的小儿子张彭祖为子,而张彭祖小时候又与宣帝一起同席读书,关系甚融洽。宣帝想封张彭祖为侯,于是先赐他爵为关内侯。车骑将军张安世见其家在朝中过于尊显,深为不安,就向宣帝深辞对乃兄张贺的封赏,又请求减少守冢户为三十户。宣帝回答说:"我这是为了报答掖庭令,不是因为将军您的缘故。"张安世见宣帝如此说,便不敢再说什么。于是宣帝下诏要有关方面为故掖庭令张贺置守冢三十家,并亲自为这三十户人家选择住址,让他们住在张贺的坟墓西边斗鸡翁的房舍的南面,这里是宣帝小时候曾经游玩过的地方。及至元康三年(前63年)三月,又封张彭祖为阳都侯,赐张贺谥号为阳都哀侯。当时张贺有一个七岁的孤孙名霸,宣帝也拜他为散骑中郎将,赐爵关内侯,食邑三百户。

应该说封赏张贺及许史外戚是宣帝一直以来的心愿,但丙吉获封却多少有点意外。因为若非有人争功,牵涉到了丙吉,宣帝根本就不知道原来丙吉对自己有如此大的恩情。而考其不知丙吉对己之恩的原因有四。其一,丙吉照顾宣帝时,宣帝年纪还太小,对围绕自己所发生的一切本就懵懂无知。其二,当时参与管理郡邸巫蛊狱的官吏多是临时征派而来,后来巫蛊狱结案后,就又解散了。并且当时参与恩养宣帝一事的罪犯多出身微贱,所以他们的声音很难被朝廷听到。更何况这又是过了一二十年的陈年旧事了,许多当事人已经死了。其三,丙吉为人厚道,不愿显摆自己的功劳,所以虽然他常常与宣帝见面,却绝口不提当年旧事。其四,宣帝即位后,一直由大司马、大将军霍光秉政,而霍光拥有拆看副封的特权,因此,当时也可能有吏民上章讲述当年郡邸狱的事情,但因霍光不欲丙吉专美于前,故而将奏书压下也说不定。总此诸点,丙吉对宣帝的恩德就一直尘封在历史的角落里,要不是后来那些曾经照顾过宣帝的下人们争功,而辞连丙吉,恐怕这段史事就要被历史永远遗忘了。

地节四年(前66年),宣帝除掉霍氏集团之后,亲理政事,当时已经除去了副封制度,所有的奏章都可畅通无阻地到达宣帝手中,宣帝也因此看到了许多新奇的事情。有次宣帝在处理吏民所上奏章时,见到一个名叫则的掖庭原宫婢让她在民间嫁的丈夫为自己上书,自称于宣帝曾有养育之功。这让宣帝感到很意外,就把奏章下发给掖庭令,下令调查这到底是怎么回事。而则在回答掖庭令的询问时,为了证明自己所言非虚,声称当今的御史大夫,当年曾作为朝廷使者,在郡邸狱主管处置巫蛊案的丙吉知道此事。掖庭令就带着则来到御史府找丙吉,丙吉见到则后,虽然已时隔二十余年,但还是认出了她。在得知详情后,丙吉训斥则说:"你当年曾因犯下养育皇曾孙不谨慎之罪而受到笞刑的惩罚,你怎么会有功劳?只有人家渭城的胡组、淮阳的郭征卿才有恩于皇上。"而当年曾在郡邸狱为小吏的长安百姓尊,得知此事后,也上书向宣帝详细叙述了宣帝在郡邸狱时,丙吉厚待宣帝的事情经过。并且说他自己当时也经常照顾宣帝,显然尊也是想借机沾点皇恩雨露。宣帝收到尊的奏书后,也交给了丙吉处理。然而丙吉却在上奏宣帝的奏疏中,只字不提尊所讲的内容,将抚育宣帝的功劳都归于胡组、郭征卿。宣帝得奏,马上下诏寻找胡组和郭征卿,但找到这俩人的家时,这俩人都已去世,不过都有子孙在,宣帝于是对她们的子孙厚加赏赐。又诏免则为庶人,赐钱十万,却是没有功劳也有苦劳。

丙吉主持郡邸狱事时,宣帝就在郡邸狱中这件事,由于丙吉在举荐宣帝为天子时曾提到过,故而宣帝对此是知道的,但也仅此而已。当时由于丙吉于己有举荐之功,宣帝由衷地感激丙吉,所以即位之后,即赐丙吉爵为关内侯,霍光当权时丙吉为光禄大夫、给事中,霍光去世的次年,即地节三年(前67年),宣帝立皇太子,以丙吉为太子太傅,数月后,又将其迁官御史大夫。或许在内心深处,宣帝觉得自己对丙吉还是不错的。然而经宫婢则这一折腾,使得旧事重提,宣帝才发现原来丙吉与自己的渊源竟是如此之深,此前自己对丙吉的报答真是微不足道啊。

丙吉,字少卿,鲁国人。初以通律令而为鲁国的狱史,积功升迁到秩千石的廷尉右监这一职务,后因犯法丢官,回到家乡后做了州从事。武帝末年,巫蛊案起,丙吉以故廷尉监的身份被征召回长安,诏令赴郡邸狱治巫蛊案。当时宣帝才生下来数月,因为是卫太子的孙子而被收监在郡邸狱中。丙吉看到后,很是怜惜,又心知所谓的太子罪过并无事实,因而更加哀怜宣帝的无辜,便挑选了渭城人胡组、淮阳人郭征卿等几个谨慎厚道的女犯人来养育宣帝,让她们带着宣帝住在宽敞干燥的地方。丙吉还不放心,每天又多次去看望宣帝。有时候自己生病了,就派一个叫尊的属下不分早晚地去问候宣帝的饮食起居,查看席褥的燥湿情况。丙吉还常告诫胡组、郭征卿,不许她们随便离开宣帝去玩乐,还多次向宣帝进奉好吃甘脆的食物。宣帝由于体质弱,经常生病,有多次都病得奄奄一息,丙吉为此多次命令保养宣帝的乳母及时医治,还用自己的财物来供给宣帝衣食消费,对待宣帝可谓非常仁厚。

却说丙吉追查巫蛊之事，一连数年都未能结案。后元二年(前87年)初，武帝患病，往来于长杨、五柞二宫之间，由于此时他已年届古稀，自知来日无多，所以开始着手料理后事。这时候望气者说长安的监狱中有天子之气，于是武帝派遣使者把中都官诏狱的犯人一一疏录清楚，然后不分罪行轻重一律处死。

为了达到处死宣帝的目的，武帝特派宫中宦官内谒者令郭穰执行诏命，郭穰遂衔命连夜赶到郡邸狱。眼见一场血光之灾已在所难免，可没想到的是丙吉却把大门紧闭，不让郭穰他们进去，并说："皇曾孙在此。别人无辜被杀都不允许，更何况是皇帝的亲曾孙！"结果一直隔着郡邸狱的大门与郭穰等相持到天明。郭穰无奈，只好回去向武帝复命，并因此弹劾丙吉。而武帝对此的反应是说了句"天使之也"的话，这很值得玩味。

什么叫"天使之也"？那意思就是说本来根据望气者的言论，诏狱中的人包括宣帝在内都要被杀死，可是诏令都下达了，却没能得到贯彻执行，这只能说是上天让这么做的。而这是厚道的想法，顾忌到了武帝的老脸。若不给他留情面，则这次大屠杀分明就是冲着他那个病歪歪的小曾孙来的。不要说在下诏屠狱之前，武帝根本就不知道他还有一个小曾孙在监狱里住着这种话，要知道宣帝之所以能活下来，就是因为得到了武帝的特许，自然这孩子被放在哪里也是经他同意的。或许在武帝看来，一个数月大的孩子，被放在环境恶劣的监狱中，估计也活不长，然而数年之后，自己眼看着就要死了，而这孩子却依然活着，于是少不了要下狠手来个斩尽杀绝了。因此所谓的牢狱中有天子气之说，极有可能就是他讽喻望气者搞的鬼，什么天子气，说白了就是他不放心那个小孩子。或许有人会说一个无依无靠的小孩子他能有什么本领，值得老皇帝大动干戈？就宣帝本身而言，他当然没有什么力量，但是他的祖父卫太子为储君三十余年，在社会上有着广泛的声望，宣帝作为卫太子的后人，自然会受到社会的关注。因此太子的孙子留在世上，很有可能会与武帝的小儿子刘弗陵一争高下。为了自己儿子考虑，武帝就派身边的近臣趁夜杀将过去。至于为什么要在夜间杀，估计是想着夜间进去之后，可以趁黑不问青红皂白地见人就杀，自然也就不用顾忌小孩子了。并且由于是晚上猝然而至,知道的人就会少,这时即使有人说,事态也相对好控制。如果是白天去杀人,大庭广众之下,见这么小一个孩子并且还是皇曾孙,地位特殊,杀还是不杀?自然又要去问武帝,孩子没罪,又是自己的亲曾孙,武帝从道义上讲只能是赦免他了。所以只能是晚上去杀。没想到被人阻拦,一下子就把事情给闹大了,宣帝在狱中这件事也因此搞得路人皆知,到了这个时候武帝自然是再也杀不了宣帝了,只好说了句:"天使之也!"遂赦天下,那些关在郡邸狱中的犯人因此得以重获自由。

丙吉见宣帝得到了赦免,就对守丞谁如说宣帝不应该再在监狱里待着了,让谁如以官方的名义行文给京兆尹,要他负责妥善安置宣帝,同时把宣帝和胡组一起送到了京兆尹那里,可是京兆尹不肯接收,又把宣帝送了回来。丙吉只好把宣帝仍养在郡邸狱中。等到胡组照看宣帝的期限已满,要走时,由于宣帝对她充满了眷恋,丙吉怕胡组骤然离开,会使宣帝心里难受,就自己出钱雇胡组留在郡邸狱与郭征卿一起又养育了宣帝数月,方才让胡组离去。后来掌管掖庭府藏的官员少内啬夫对丙吉说:"没有供养皇曾孙的诏令。"当时丙吉按规定能够享用米和肉,丙吉便每月以自己的所得供给宣帝。后来打听到宣帝的祖母史良娣的娘家还有人在,就用车把宣帝送到了史家。

宣帝通过知情人的叙述,得知丙吉竟然对自己有着如此深重的恩情,可以说没有丙吉就没有他的今天。尤其难能可贵的是,丙吉为自己付出了这么多,可是多年来一直闭口不提,这道德品质是何等的高尚,当时就把宣帝感动得一塌糊涂。并且将丙吉前后的言行放在一起,可以发现从宣帝还在襁褓时期起一直到宣帝长大成人,丙吉一直没有停止对他的关心,郡邸狱时是悉心照顾,为了保全他的性命,甚至不惜牺牲自己的生命;离开郡邸狱后,则是对他默默地关注,然后关键时候挺身而出,第一个建议霍光拥立宣帝为新君。而且细推起来,刘贺被废,丙吉其实也是功不可没的。因为他就是当初去昌邑迎接刘贺的四个大臣之一,返朝之后,他作为霍光的亲信,将刘贺的丑态一五一十地汇报给霍光,亦属题中应有之义,从而对霍光的决策产生了相当重要的影响,并且后来丙吉还参与了霍光运作废黜刘贺的活动。对于这样一个人,宣帝焉有不感动、感激之理!

元康三年(前63年)三月宣帝下诏给丞相魏相说:"朕没有显贵的时候,御史大夫丙吉对朕有恩,他的德行很伟大。《诗经》不是说'亡德不报'吗?朕要封丙吉为博阳侯,食邑一千三百户。"临到受封的时候,丙吉却生病了,宣帝担心丙吉未能受封就死去,打算趁他还活着,派人拿着侯印去他家加封他。太子太傅夏侯胜安慰宣帝说:"您放心,他是不会死的。我听说积阴德的人,一定会享受到由阴德带来的快乐,并且还会延及其子孙后代。现在丙吉的阴德还没有得到报答,虽然病得很厉害,但并非致命的病。"后来丙吉的病果然好了。得知宣帝要封自己为侯,丙吉上书坚决推辞,认为自己不应该靠空名受赏。宣帝回书作答说:"朕封您为侯,不是靠的空名啊,而您上书要求归还侯印,这是在彰显朕没有德行,知恩不报啊。现在天下事务不多,希望您能集中精神,尽量少思虑事情,多服用医药,好好保养自己的身体。"此时距宣帝即位的元平元年(前74年)已有十一年之久了。元人彭炳因有《愧浅》诗咏丙吉云:"汉宣在冲幼,危食剑刃间。壮大履宸极,罔知丙氏恩。大夫在帝左,侃侃不自言。光武草昧时,严陵相与友。乾坤洗疮痏,文叔乃天子。子陵披羊裘,逃往钓江水。两公绝世贤,愧死浅丈夫。何敢拟高风,尚不漂母如。"

南宋胡寅论及此事说:"'无言不雠,无德不报'者,君子之美行也。'一饭必雠,睚眦必报'者,忮士之褊心也。其报虽同,而有是有非,不可均以为美也。宣帝之报丙吉及诸尝有功者,当矣。然即位至此十有二年,不太晚乎?霍光既专定策之功,恩数宠荣尽归其家,他人虽有抚视旧劳,谁敢出气?又况丙吉保护皇曾孙之时,皇曾孙方在孩孺,迁徙不常。后吉为御史大夫,日侍左右,帝自忘其颜貌,所以辽缓也欤?虽然,方之孝文,践祚历三时之久,修代来功,亦无可愧矣。浅夫薄子于人主曾无犬马之力、羁绁之奉,尚欲因缘攀附以希富贵。若诚有素分,鲜不哓哓自明,唯恐禄之弗及也。此曹遇鲁朱家犹不足充役,其视丙吉为何如人耶?"①

---

① 胡寅:《致堂读史管见》卷二,台湾商务印书馆1981年版,第113~114页。

由于丙吉有大恩于宣帝,宣帝对他十分敬重,关怀备至,不容许有任何冒犯丙吉的行为发生,而有的官员由于没有揣摩透宣帝的心思,就吃了大亏。萧望之就是如此。

神爵三年(前59年)丞相魏相去世后,丙吉做了丞相,他的御史大夫的职位则被大鸿胪萧望之接任。萧望之不仅精通《齐诗》《论语》《礼服》,为当世大儒,对于国家大事又常有超出时辈的高伟之论,并且为左冯翊三年,为京师所称赞,也就是说,他还是有处理具体事务之能的。这在当时可称得上是一等一的人才,不免就有恃才傲物之病,及做了御史大夫,更是有点目空一切,看谁不顺眼,就想修理谁。如接替他任左冯翊的韩延寿,在治内以德化民,因而官声之著,过于萧望之任此职时,这让萧望之很是妒忌,于是暗地里搜罗韩延寿的罪证,要把韩延寿搞臭。得知韩延寿在东郡为太守时,曾经有过放散官钱千余万的事情,萧望之就找丙吉商议追究韩延寿的责任。由于这是发生在大赦之前的事情,丙吉认为不用再去追究,但萧望之不听,竟令御史讯问东郡官员韩延寿放散官钱之事,嗣后又以此事为契机,全面清算韩延寿,最终韩延寿竟被处以死罪。但有道是公道自在人心,由于韩延寿深得民心,故行刑之日,吏民自发送行者有数千人,当时百姓扶着刑车争相向韩延寿敬献酒食,韩延寿不忍拒绝,便有敬即饮,并让随行官员分头感谢百姓说:"远苦吏民,延寿死无所恨。"百姓闻言,莫不痛哭流涕。这应该出乎萧望之的意料,因为他本来想让韩延寿名誉扫地,结果却事与愿违,百姓根本就不认可朝廷的理由。这也被视为宣帝一朝的几大冤案之一,而备遭世人诟病。再如五凤年间,宣帝采用大司农中丞耿寿昌的合理化建议,改变从水路运输关东的谷物供给京师的传统,代之以购买三辅、弘农、河东、上党、太原等郡的谷物来供给京师,从而节省了数万人的徭役。又采用耿寿昌的建议,在边郡都修建仓库,当谷价低廉时增价买入,谷价贵时就减价卖出,以利于农民,称作"常平仓"。这让百姓感到很便利。宣帝对此很满意,而萧望之对耿寿昌却颇多贬损之言。他这样做倒还罢了,但千不该万不该去找丙吉的麻烦。

丙吉为相崇尚宽平,被萧望之视为资质平庸,而对丙吉甚为轻视,屡屡做出轻慢丙吉的举动。由于丙吉识大体，心胸宽，一直都没有与他计较。这不免让萧望之更加肆无忌惮，发展到后来，竟又上奏章含沙射影地攻击丙吉说："当今社会百姓穷困，盗贼出没，二千石官员大多才能低劣不称其职。任三公之职者如果不是合适的人，日、月、星等三光都会因之不明，现在岁首日月少光，问题就出在我们这些担任三公的人身上。"由于丙吉位居丞相，有总揽天下之责，故他这样说实际是在批评丙吉不称职。而丙吉是宣帝最为敬重之人，在宣帝的内心中，不容许有任何人来冒犯丙吉的权威，即便是备受他宠信的萧望之，他也无法原谅，遂派侍中建章卫尉金安上、光禄勋杨恽、御史中丞王忠一起质问萧望之说这话是什么意思，把萧望之吓得免冠置对，宣帝也因此对萧望之大为不满。

不过，虽然如此，丙吉仍不以为意。只是尽管丙吉原谅了萧望之，他的属吏们却咽不下这口气。丙吉为相，崇尚宽怀大度，非常爱护相府的属吏们。属吏们有了罪过，或是为官不称职，丙吉总是以给他们放长假的方式，委婉地使他们离职，始终不对他们进行查办。有人因此对丙吉说："君侯您身为汉朝的丞相，明知官吏以权谋私，却对他们不加惩戒！"意思是丙吉这样做有点失职。而丙吉则回答说："相府作为处理军国重事的三公之府，却去追究查办小吏，我私下里很鄙视这种行为。"后来代替丙吉为相的人，便把这作为惯例，不再查办小吏。对待自己的属官们，丙吉总是替他们掩过扬善。如为丙吉驾车的小吏嗜酒，多次因醉酒而犯错误。有次跟丙吉外出，因醉酒呕吐在丙吉的车上，有关官员对丙吉说想赶走这个小吏，丙吉说："仅仅是因为酒醉饭饱呕吐在丞相车上的过失就赶走他，那么让这个人以后如何容身处世？你就忍一忍，放过他吧，这不过是弄脏了我车上的垫子罢了，不是什么大不了的事。"由于丙吉爱护属吏，所以相府属官对丙吉也非常敬重。见萧望之一再折辱丙吉，便决心为丙吉讨个公道。

于是丞相司直緐延寿上奏朝廷说："侍中谒者良奉旨下诏给萧望之，萧望之只拜了两拜。良与萧望之说话，萧望之也不起立，还故意垂下双手，反而对御史说'良礼数不周'。按照传统，丞相生病，御史大夫次日要去相府探视病情，然而丞相数次生病，萧望之都不去慰问。上朝时，群臣在廷中聚会，御史大夫应该稍稍立于丞相之后，而萧望之与百官一起会于廷中时，又与丙吉比肩而立。有时丙吉与萧望之议事意见不合，萧望之甚至当面讥讽丙吉说：'您年龄虽高，难道能做我的父亲吗？'萧望之知道御史不得擅自使用权力，却多次派在御史府中供职的官员自备车马，去杜陵替他处理他的家事。让御史府的小吏戴着法冠为他的妻子引路，又派他们去做买卖，这些人为讨好萧望之，私下里贴补在萧望之买卖上的钱有十万三千钱。萧望之作为大臣，通晓经术，位在九卿之上，为众人所景仰，然而却不守法自律，傲慢不逊，贪污所监管的财物达到二百五十以上，请允许逮捕法办。"而宣帝一接到奏章，见萧望之如此狂妄无力，更加生气，便直接下策书给萧望之说："有官员上奏您苛求朝廷的使者礼节不周，与丞相交往没有礼貌，为官不廉洁，又傲慢不逊，不能做百官的表率扶持朝政。您不深思自己的行为，以至于陷入这种污秽的境地，朕不忍心让您受到法律的制裁，因此派光禄勋杨恽向您传达诏令，将您降职为太子太傅，给予印绶。请把原来的印绶交给使者，然后就去上任吧。您应该秉持道义，明于孝行，端正自己的思想品行，不要有什么过失，也不要再为自己辩解了。"

萧望之被降职的事情大致发生在五凤二年（前56年）七八月间，过后没几个月，也就是五凤三年（前55年）正月，丙吉就去世了。按照丞相去世或退休后其位由御史大夫接任的传统，若萧望之不被贬官，则丙吉死后，丞相一职就是他的了。而由于他被降职，便让太子太傅黄霸捡了个便宜，黄霸先是由宣帝主持与他互换了官职，接任了他的御史大夫，继而丙吉一死，黄霸就做了丞相，数月之间便攀登上了权力的高峰。而黄霸做丞相后，御史大夫又空了出来，由于宣帝对萧望之非常赏识，所以也不排除宣帝教训他一下之后，再让他接掌御史大夫的可能。然而丙吉去世前与宣帝的一席话，却使这种可能成了泡影。

五凤三年（前55年）春，丙吉病重之际，宣帝亲自去看望他，向他咨以国事："您一旦去世，谁可以代您主持朝政？"丙吉开始不肯回答："群臣的品行与才能，是圣明的主上您所知道的，臣愚钝无知，看不出来啊。"后推脱不掉，就向宣帝叩头举荐了三位大臣。

第一位，西河太守杜延年。当年选立新君时，丙吉在举荐宣帝后，杜延年第一个站出来支持丙吉的建议。史言杜延年支持选立宣帝,是因为杜延年的儿子杜佗与宣帝是好朋友,杜延年对宣帝比较了解的缘故。实则并非这么简单。杜延年当年支持选立宣帝,更多应该是出于对丙吉的支持。丙吉与杜延年性情相近,为政都崇尚宽和,又同为给事中,故二人关系融洽,在议政之时互相配合是可以想见的。由于杜延年是霍光的得力亲信,在朝中地位举足轻重,所以他的支持对丙吉而言非常及时,事实上,也正是在杜延年赞同丙吉的建议后,群臣才开始纷纷表态支持选立宣帝。对于这份人情,宣帝可以不认,丙吉却始终没有忘记。是故宣帝一让他举荐大臣,他立马便想到了杜延年。

第二位,廷尉于定国。此人自本始五年(前69年)以水衡都尉的身份升任廷尉,至今已干了十四个年头了,在处理案件的过程中,务在体恤鳏寡穷弱之人,对不能特别肯定的案件,都尽量从轻发落,格外注意保持审慎的态度。因此朝廷上下都称赞他说:"当年张释之任廷尉时,天下没有受冤枉的人;现在于定国任廷尉,百姓都自认为不冤枉。"丙吉因此举荐了他。

第三位,太仆陈万年。此人擅长巴结钻营,为结交当朝权贵不惜倾尽家财。有次他生病,闲着无事,就把他的儿子陈咸叫到床头传授为官之道,语重心长地一直说到半夜,还不肯罢休,听得陈咸直打瞌睡。由于是席地跪坐,陈咸的头免不了前后摇晃,结果一不小心就碰到了陈万年床头边的屏风,这个小秘密自然就被陈万年给发觉了。陈万年认为自己好心好意向他传授为官之道,他却不好好听讲,态度不端正,因而大怒,想揍陈咸,说:"你老子教你学本事,你却睡觉,不听我的话,这是为什么?"陈咸眼看棒子要打到身上,忙叩头谢罪说:"您说的意思我都已明白了,大致是叫我学会讨好巴结权贵。"见陈咸这样说,陈万年也有点不好意思,就不再言语。却说丙吉生病后,中二千石官员也就是九卿官员都去探视病情,丙吉派家丞出来向大家表示感谢,之后,大家就都走了,只有陈万年一直留在丙吉府中陪伴丙吉,直到深夜方才回家。这让丙吉很感动,觉得陈万年是个有情有义的人。因此当宣帝向他了解大臣的情况时,他就举荐了陈万年。观此,可知人言机会无处不在,而机会只会垂青那些有准备的人,确实是至理名

第十八章 独步天下,快意恩仇

言。就九卿探病这事而言,其他人都是为了探病而探病,陈万年却将此视为与丙吉拉近关系的绝佳机会,遂着意经营,结果他比其他官员在丙吉家也就多待了半天时间,后来他就做了御史大夫。

当时丙吉是这样对宣帝说的:"西河太守杜延年熟悉法度,明晓国家事务,以前曾做过十余年的九卿,现在在地方治理得也很好。廷尉于定国执法公平,天下自认为不冤枉。太仆陈万年对后母非常孝顺,为人惇厚。这三个人能力都在我之上,请皇上对他们进行考察。"

宣帝一朝此前也有许多重臣去世,但这些重臣包括霍光、张安世在内,当其弥留之际,宣帝从来没有向他们咨询过国家大事,唯有丙吉是个特例,可见他对丙吉的信任之深,自然丙吉的遗言他也会非常重视。因此丙吉去世,御史大夫黄霸继任为丞相后,宣帝按照丙吉推荐的顺序,征西河太守杜延年为御史大夫,杜延年后来年老退休后,又让廷尉于定国做了御史大夫,其间黄霸去世,于定国就做了丞相,御史大夫的位子则给了陈万年。而萧望之却在太子太傅的职位上一直待到宣帝去世,再也没有得到做丞相的机会。

那么我们是不是可以把这理解为丙吉临死前对萧望之的报复呢?说实在的,如果这样想,那就是对丙吉的侮辱。萧望之虽然优秀,但确实不具备做丞相的实力。因为做丞相首先要心胸宽广,有包容之心,然而萧望之却恃才傲物,嫉贤妒能,也就是说没本事的他看不起,有本事的遭他嫉妒,这样的人如何能做得丞相!从当时的情况看,丙吉举荐的前两个人都是他经过深思熟虑的,唯有第三个陈万年是个变数,也就是说如果陈万年没有在丙吉府上多待半天,严重影响了丙吉的判断,则丙吉所举荐的第三个人很有可能就是另外的大臣。这就不能不让我们猜测这个被陈万年取代的人会是谁。而从当时的情况看,张敞无疑是最有竞争力的。

从此前的叙述可知,张敞为人厚道,有才能,有操守,关心国事,颇具公辅的潜质。但在时人看来他的毛病也不小,首先是他不修威仪。张敞为京兆尹时,朝会结束后,骑马经过章台街时,他让吏卒赶着马,自己用一个屏面遮着脸打马而过。另外他闲暇又以给妻子画眉取乐,长安中传扬说张敞画眉画得很标致,有官员认为这种行为伤风败俗,而上章弹劾他。宣帝于是问他这是怎么回事。张敞回答:"臣听说闺房之内,夫妻之间的私情,有超过画眉的。"一句话说得宣帝哑口无言,但宣帝心中却比较赞同官场的看法,即张敞行为轻佻,缺乏一个重臣应有的威严。便不肯提拔他。然而换一个角度看,张敞的这种行为又何尝不是对当时官场中官员们表面上道貌岸然,实则却虚伪丑陋的官风所做的变相批评!当此之时,张敞最需要的是能有一个重臣站出来为自己说句话,可惜丙吉最终却把他的第三个推荐名额给了陈万年。结果平庸如陈万年者平步青云,而负有济世之才的张敞却始终在地方上盘桓!

丙吉去世后,他的爵位为他的长子丙显所继承,丙显宣帝甘露年间因罪被削为关内侯,官至卫尉太仆,元帝时因与其他官员合伙贪污公款达千余万,被有关方面奏请逮捕治罪,但是元帝说:"已故的丞相丙吉对皇室有恩情,朕不忍心杀掉他的继承人。"于是免去丙显的官职,削去食邑四百户。后来又让他做了城门校尉。

成帝时,重提丙吉之恩,鸿嘉元年(前20年)成帝下诏给丞相和御史大夫说:"朕听说褒扬有功德之人,使断绝了宗祀的功臣又有了继承人,是尊崇宗庙、广开贤圣之路的好方法。已故博阳侯丙吉因为有恩于先帝而被封为侯,现在他的宗祀断绝,朕感到非常怜惜。至善至美的行为会延及子孙后代,这是古今都信奉的道理,现册封丙吉的孙子中郎将、关内侯丙昌为博阳侯,供奉丙吉的神位。"丙昌后来把爵传给了他的子孙,直到王莽时才被灭绝。

宣帝的故人还有王奉光。王奉光的先祖在高祖时有功赐爵关内侯,自沛徙至长陵,传爵至王奉光。王奉光年轻时好斗鸡,宣帝在民间时经常与他一起玩耍。王奉光有一女年十余岁,本当出嫁,可谁要娶她谁就死,最后竟剩在了家里。及宣帝即位,将该女召入后宫,进而封为婕妤。霍皇后被废后,宣帝怜惜太子自幼丧母,又差点被霍皇后所害,于是元康二年(前64年)二月,将平素谨慎且无子的王婕妤立为皇后,令她养育太子。王奉光因此于同年三月被封为邛成侯,食邑二千七百五十户。

宣帝的故人还有杜陵人陈遂。陈遂是宣帝在民间时的赌友,俩人经常相伴去赌博,宣帝多次欠下陈遂赌资。宣帝即位后,陈遂以故人受到重用,迁官至太原太守。宣帝于是赐遂玺书说:"制诏太原太守:你现在官职尊贵,俸禄丰厚,这也算可以偿付我欠你的赌资了。你的妻子君宁当时在旁边,知道情况。"陈遂于是上书谢罪,并开玩笑说:"这些事情都发生在元平元年赦令颁布之前。"元平元年(前74年)只颁布过一次赦令,在宣帝即位后的九月,其意是说我这些过错都是发生在元平元年赦令颁布以前,已经被您赦免,您可不能惩罚我。元帝时,征陈遂为京兆尹,官至廷尉。

宣帝的故人还有戴长乐,宣帝在民间时与他关系甚好,故一即位,就拔擢他做了自己的亲近人士。

此外,东海人㵋中翁曾传授过宣帝《诗经》,也属宣帝故人。

在郡邸狱抚育过宣帝的人有渭城人胡组、淮阳人郭征卿等几个谨慎厚道的女犯人,以及对宣帝照顾不周而受到惩罚的则。此外还有长安百姓尊。但由于当时在向宣帝上奏疏时,丙吉不愿多谈自己对宣帝的抚育之恩,结果连带着尊曾照顾宣帝的事情也未报告给宣帝,不免就吃了亏,没能与胡组等一样得到宣帝的赏赐。后来元帝时,尊又上书论说此事,不知道元帝对他有所补偿没有。

宣帝亲政后,在对他的恩人、故人以及抚育过他的人倾情报答的同时,又磨刀霍霍,将刀锋指向了令他非常疑忌的两个宗室贵族:废帝刘贺和广陵王刘胥。

刘贺被废后,继位的宣帝既担心他为帝之心不死,又怕他得到民间的同情与拥护,因此将他视为心腹之患。刘贺此时虽被废居山阳郡,也就是昌邑国故地,但宣帝仍对他充满疑忌。而张敞在宣帝即位后,屡上忠言,深得宣帝信任,于是地节三年(前67年)当宣帝与霍氏集团斗争已呈白热化之际,为防刘贺趁机节外生枝,图谋东山再起,打乱自己的部署,宣帝特拜张敞为山阳太守,加强对刘贺的监视。

张敞当年五月到任后,看到情况是,刘贺所居住的昌邑故宫,终日大门紧闭,只开了一个小门供人出入,通常是有一名官员去领钱物购买东西,每天早晨采进一次食物,此外皆不得妄有出入。有一名负责督察盗贼的官员专门负责故王宫的巡逻,监察往来出入之人。又用前昌邑王家的钱雇佣士卒，负责维护王宫的安全。显见在此之前，朝廷对刘贺就防范得相当严密。

而张敞来后，也确实把这当作大事来抓，多次派官员去昌邑王宫察看情况。到了次年九月，又亲自去刘贺宫中巡察，而他的所见所闻也非常令人震撼。也就是八九年光景，这个昔日为所欲为、无所顾忌、亲自驾着马车，半天能跑上二百里路的武帝之孙，翩翩少年，竟变得如此不堪：面容青黑，须眉稀少，虽然身材高大，但因患有偏瘫之疾，故而行走不便，显见在此期间曾生过大病。考虑到此时他才年仅二十六七岁，可以想见八九年前那场变故对他的打击是多么巨大！失去皇位定然让他锥心而痛，时刻处在当权者的监视之下，又让他惶惶不可终日。生活在如此痛苦和恐惧的煎熬之中，身体怎能不出问题！

却说刘贺见张敞来，便上身穿着短衣，下身穿了条大裤子，头戴惠文冠，身佩玉环，头上插着笔，手中拿着木牍，打扮得不伦不类的，前来拜见张敞，显得极其谦卑恭顺。这不能不让张敞暗中叹息，早知今日，何必当初啊！于是随口说道："昌邑枭多啊。"枭属猫头鹰一类的鸟，据说此鸟食母，故常用它比喻恶人。所以张敞此话隐含的意思就是说昌邑坏人多，按他后来给宣帝上的奏疏所说，他这是故意刺激刘贺，看看他的反应，如果他反应激烈，那就是贼心不死。然而刘贺却应声回答说："是啊。以前我西至长安，根本就没有见过枭。回来的时候，直到向东走到济阳，才又听到枭叫声。"

刘贺的回答显示他根本就没听懂张敞的意思，有点像个白痴。而这俩人的一问一答，后来很受后世的推崇。因为从当时的情况看，刘贺的生死其实就掌握在张敞的手中，张敞若想置他于死地，可以采用向刘贺示好等手段套出刘贺的真实想法。然后将这些情况报告给宣帝，则刘贺必死无疑。南唐后主李煜，就是因此而死于非命的。当年李煜亡国被囚后，宋太宗赵匡义派其旧臣徐铉去看望他，由于徐铉对李煜表现出了同情，因此李煜对着他是大哭不已，边哭边说自己后悔杀了忠臣潘佑、李平。徐铉后来将李煜的言行汇报给宋太宗，宋太宗因此认为李煜有故国之思，很快便派人把他毒死了。然而张敞面对刘贺，却端起地方长吏的架子，以训话的姿态与刘贺交流，刘贺在恐惧之下哪还敢表达自己的真实想法,自是顺着他的言语说了。于是刘贺的傻样儿也就出来了。并且刘贺知道这世上没有同情自己的人,为了活命,更是不遗余力地抹黑自己的形象。如张敞在察看他的孩子们的过程中,当看到刘贺的孩子持辔时,刘贺突然跪在张敞面前说:"持辔的母亲,是严长孙的女儿。"介绍个情况也下跪呀!张敞认为这简直是莫名其妙。

后来,张敞在向宣帝书面汇报工作时,把自己所见到的这些情况都写进了奏疏中,并总结说:"通过观察被废昌邑王的衣服、言语以及举止,可发现这人有点像个白痴。"

在奏疏中,张敞还讲了一件刘贺的荒唐事。刘贺的父亲哀王刘髆死后,其宫中十名歌舞女子,被发送到哀王陵园中守陵。张敞认为这些女子没有孩子,不是哀王的姬妾,所以应该放她们回家。张敞在奏疏中说,刘贺知道后说:"让这些宫人看守陵园,生病的应当不予治疗,相互斗殴杀伤的应当不予法办,目的就是让她们快点死,太守为什么要放她们回家呢?"张敞评论说:"他天性喜好乱亡,始终像这样没有仁义之心。"

这篇奏疏写在元康二年(前64年),起因是虽有张敞在那里守着,可宣帝始终不放心,就派使者赐予张敞加玺御书说:"诏令山阳太守:要谨慎防备盗贼,监察往来之人。但此令不可下传外露!"张敞知道宣帝心里着急,于是把几年来自己对刘贺的了解情况写了通奏疏呈给了宣帝,宣帝看后,见刘贺又傻又昏庸,已近半残,显见对自己已没有什么威胁,因而对刘贺的敌意大减。次年四月,下诏封刘贺为海昏侯,食邑四千户。"海昏"意为极其昏庸,名字虽不好听,但食邑由原来的二千户升为四千户,生活还是有一定的改善。刘贺能如此,全在于张敞的成全。因此王夫之论及此事,非常感慨地说:"敞能知人臣事君之义,导主以忠厚,而明主必深谅之,其识胜也。且其于宠辱祸福之际,寡所畏忌,其力定也。"①

刘贺的侯国在扬州豫章郡,他被封侯后,就被从山阳郡故昌邑王

---

① 王夫之:《读通鉴论》卷四《张敞释宣帝之忌昌邑》,《船山全书》(第10册),岳麓书社1988年版,第163页。

宫迁到了那里居住，当时他虽仍被禁止进京朝拜，但一般的活动如外出走动、接待宾客等已不再受限制。应该说如果他能谨言慎行，不胡乱招惹是非，让宣帝认为他确实是在洗心革面重新做人的话，他的生活可能还会发生更大的改观。可惜他在豫章郡生活了数年，就出事了。

刘贺到豫章郡后，结交了一个名叫孙万世的地方离职官员，有次两个人在一起聊天，孙万世问刘贺："以前您被废时，为什么不把宫门关起来坚守不出，以皇帝的身份下诏斩大将军霍光呢？结果落得任由他人夺去了皇帝的玺绶。"刘贺回答道："是啊，没把这事处理好。"孙万世又认为刘贺将在豫章被封王，不会长期做列侯。刘贺回答说："将会是这样，不过这不是我们应该说的。"俩人可能以为是私聊，没太在意，殊不知宣帝虽然表面上放松了对刘贺的控制，实际上对他的举止一直非常警惕，因此俩人谈话的内容很快就被人报告给了扬州刺史柯，柯将此事上奏朝廷，有关方面案验属实，遂请求逮捕刘贺，宣帝虽没有同意，却将他封邑削去了三千户。神爵三年（前59年），饱受摧残的刘贺终于死了。他死后，侯国被废。

刘贺被折磨死后，宣帝很快又盯上了广陵王刘胥。却说昭帝晚年，刘胥进京朝见，见昭帝病体沉重，又没有子嗣，不免就对昭帝的皇位心生觊觎。到广陵后，就找了一个名叫李女须的女巫师为他下神诅咒昭帝，然后又让李女须赴巫山继续诅咒昭帝。不想李女须还未到巫山，喜讯传来：昭帝死了。刘胥对此是既惊且喜，没想到李女须的神通如此广大！而昭帝一死，皇位肯定是他的了，于是就坐在家里等朝廷派人来接他去长安做皇帝，没想到等到最后，消息传来，新君竟是昌邑王刘贺，当时把刘胥给气坏了，愤怒之下，又祭出了他的利器：李女须！他让李女须为他诅咒昌邑王刘贺，结果昌邑王刘贺仅做了二十七天皇帝就被赶下台去，这使他对李女须佩服得五体投地，觉得这李女须简直就是个神，不免对之大加赏赐，然后又信心满满地等朝臣们来迎接自己。想想也是，自问天下还有谁能比他更有资格做皇帝呢？他可是武帝唯一在世的儿子呀！没想到群臣用一个混蛋逻辑，又把他给否了。最终君臣选择了根本就没有资格做皇帝的武帝曾孙刘病已做了皇帝。

宣帝称帝的消息传到广陵后,对皇位望眼欲穿的刘胥当即大怒,说道:"太子的孙子凭什么反而被立为皇帝?"立马又把李女须叫来让她诅咒宣帝。宣帝、霍光等对此并不知情,宣帝即位后,为了安抚刘胥,尽封刘胥四子。本始元年(前73年)七月,封其三子为侯:刘圣为朝阳侯、刘曾为平曲侯、刘昌为南利侯。十月,封刘胥最喜爱的少子刘弘为高密王。但刘胥并不满足,继续诅咒宣帝。当时,楚王刘延寿对时局走向进行了评估,得出了一个结论:由于朝廷选立不公,政局可能还会乱下去,而一旦天下发生变乱,广陵王刘胥作为武帝唯一在世的儿子,一定会被拥立为皇帝。刘延寿由此确定了自己的对策:暗地里投靠刘胥,以期在新的政局中占得先机。刘延寿说:"我的先祖楚元王,是高皇帝的少弟,当时封了三十二个城邑。现在楚的封地越来越少,我想和广陵王一起发兵。广陵王做了皇帝,我就能重新拥有楚的三十二个城邑,如元王时那样。"为此,他让他的王后的同母弟赵何齐娶刘胥的女儿为妻,借以增进与刘胥的关系。并以事成后赵何齐可为列侯为诱饵,让赵何齐充当他与刘胥之间的联络人。在让赵何齐送给刘胥的书信中,刘延寿非常露骨地对刘胥说:"希望多留意时局,不要落在人后,让别人得了天下。"而刘胥也多次赠送刘延寿珍宝,通报自己所掌握的情况。本始五年(前69年),刘延寿反谋泄露被抓,在审讯过程中,他们的供词牵连到了刘胥,最终处理结果是处死刘延寿等,而刘胥由于身份尊贵,宣帝下诏不予追究,并前后赏赐他黄金五千斤,此外还有很多其他财物。这种行为既是安慰,也是警告,希望他能好自为之。但刘胥仍不肯罢手,继续让李女须诅咒宣帝,这样一直搞到地节三年(前67年)四月,宣帝册立了已故许皇后所生儿子刘奭为皇太子,储君的选立重新回归传统,这意味着即使刘胥把宣帝诅咒死了,做皇帝的也不会是他。刘胥这才彻底断了念想,不再诅咒宣帝。

有道是世事难料,刘胥这边偃旗息鼓,想过消停日子了,可宣帝不干了。五凤三年(前55年),在没有任何先兆的情况下,宣帝突然处死了刘胥的儿子刘昌,借口是刘昌①与刘胥的一个叫左修的姬妾有奸情。刘昌原是南利侯,地节二年(前68年)曾私自杀人,事情泄露后,也不过是被夺去侯爵而已,现在却因为与自己父亲的一个姬妾私通,竟被处以死刑,这未免有点量刑过重。并且检讨汉朝历史可以发现,历代对宗室乱伦问题的处置都相当轻,鲜有仅仅因为乱伦而将当事人处死的。

如江都王刘建,武帝时有人告发他在其父江都易王去世未葬之际,与易王所宠爱的美人淖姬等十个女子发生奸情,他的已出嫁的妹妹征臣回家奔丧,刘建又与她私通。但有关方面处理的结果是处死告发者,对刘建则不治罪。

武帝时赵王刘彭祖的太子刘丹与他的姐妹有奸情,又扰乱地方治安,被人告发后,被判以死罪,但后来又被赦免。

清河王刘年为太子时与其妹刘则私通,后来刘年被立为王,刘则已经嫁人,还为刘年生了一个孩子,清河相知道这事后,禁止刘则进宫与刘年相会,刘年就设法把刘则领进宫中,继续私通。地节年间,冀州刺史将此事上奏朝廷,朝廷最终的处置结果是废黜刘年为庶人,徙往房陵。

与自己的亲人乱伦,朝廷的处置尚且如此宽松,则与父亲宠幸的女子通奸就更不该处以死刑,宣帝将刘昌处死,显见是杀鸡骇猴,做给刘胥看的。此后,宣帝又继续向刘胥进逼,将刘胥封地上的一部分土地收归国有,然后分配给贫民。这分明是当着全天下人的面扇刘胥的老脸,刘胥岂能不怒,于是又招来巫师诅咒宣帝。

当时由于朝廷对广陵王频频出手,使广陵王府中的人们有种大限将至的感觉,因此惶惶不可终日,于是就发生了许多稀奇古怪的事情。如人们发现刘胥王宫园中的枣树生出十余枝条,枝茎呈赤红色,叶则呈素白色。池塘中的水也变成了红色,池中的鱼都死了。又有老鼠大白天在刘胥王宫的后廷中站着跳舞。这让刘胥很紧张,对他身边的女

---

① 刘昌:刘胥之子,封南利侯。《汉书·武五子传》称南利侯名刘宝。王先谦考订认为刘胥儿子无刘宝者,南利侯名刘昌。当是。见班固撰,王先谦补注:《汉书补注》卷六十三《武五子传》,上海古籍出版社2008年版,第4400~4401页。

子们说："这种种怪事真可恶啊。"这种惶恐不安的日子持续了数个月，广陵王集团便崩溃了，刘胥诅咒宣帝的事情被朝廷发觉，并派员前来调查，这让刘胥非常惶恐，为了自保，竟毒杀了巫师及宫人等二十多个知情者，但这只能是欲盖弥彰，因为原本二十多个活生生的人一下子从人们的视线中消失了，怎能不引起轰动！于是朝廷公卿一致向宣帝请求诛杀刘胥，宣帝便让廷尉于定国、大鸿胪王禹出使广陵。于定国、王禹来到广陵后，没有去广陵王府，而是在广陵的驿站住了下来，然后派人去招刘胥来到驿站，就所了解的问题，逐条质问刘胥，刘胥回答说："我的罪行，死有余辜，您二位所问的事情确实都有，只是事情是很久以前发生的，一时之间想不起来了，请让我回去好好回忆一下，然后再来向您二位汇报。"然而刘胥回家之后便自杀了，因为他知道宣帝派两位使者来，表面上是来问他话，实际上是要他自杀的。

要说这也是汉代的传统。汉代自文帝时起，为了表示对大臣的尊重，大臣但凡有罪，皇帝一般都是让他们自杀了事，不再让他们遭受刑罚的侮辱。纵使让大臣自杀，皇帝一般也不明言，而是以一种委婉的方式表达出来；而大臣也都很识趣，一旦知道皇帝想让自己死，马上便自杀。

如征和二年（前91年）巫蛊之祸中，御史大夫暴胜之得罪武帝，武帝大怒之下，派官员去痛责暴胜之，暴胜之遂自杀。成帝时，想让丞相翟方进死，就赐给他文书，说他为相十年，把天下治理得一团糟，以至于天怒人怨，然后叫他好好想想怎样解决这些问题，文书的最后说："我派尚书令赏赐给您十石美酒，一头牛，您仔细考虑一下吧。"翟方进读罢文书后，当天便自杀了。

不过如果大臣虽然明知皇帝想让自己死，可就是装糊涂不自杀的话，是不是皇帝就拿他没办法了？不必担心，皇帝只要想让臣下死，总是会有办法的。如文帝时，他的舅舅薄昭擅杀朝廷的使者，文帝很生气，想让他死，可又担心落下杀死舅舅的名声，就让公卿去找薄昭喝酒，想让公卿在酒席上，劝薄昭自行了断。可薄昭贵为当朝国舅，有享不尽的荣华富贵，如何肯死，就不答应，也是想着文帝总不至于下诏处死他。哪知文帝得知消息后，竟派群臣穿了丧服去他家哭丧，薄昭一下子没了脾气，于是自杀。武帝在位时，因受三长史欺瞒而对御史大夫张汤非常不满，想让张汤自杀，为此先后派了八批使者拿着簿书去责问张汤，实际上就是武帝让人把自己要问张汤的话写在簿书上，由使者拿去念给张汤听，然后由使者将张汤的回答回报给武帝之。所以八次责问，实际上就是张汤和武帝俩人之间吵了八次架。由于张汤思维敏捷，长于辩论，所以武帝批评了他八次，都被他驳了回去，武帝竟辩论不过他，但武帝想让他死的想法却愈加坚定，便派另一个大臣赵禹去批评张汤，赵禹和张汤是朋友，深知武帝的用心，就对张汤说："您怎么不知道自己的身份呢，您办理案件的过程中诛灭了多少人家，现在人家说您的事情都是有具体的证据，天子很不愿意将您逮捕入狱，想让您自己想想该怎么办，为什么要喋喋不休地在那里辩论呢！"张汤于是自杀。

所以说，只要皇帝想大臣死，即使是不明确下诏处死大臣，也总是有办法让他死的。因此一般情况下，大臣只要得知皇帝想让自己死，都很快就自杀了。

刘胥就是这样，他是当朝最尊贵的宗王，在正常情况下，别说是大臣，就是天子也要对他礼敬三分，如今区区两个九卿之臣，就敢端着架子召他问话，完全不把他放在眼里，这分明是在逼他自杀！所以他去驿站回答使者的问话后，自知已无生望，回到宫中后，便置酒殿中，召家人聚会，歌舞之中，做了六十四年广陵王的刘胥自歌道："欲久生兮无终，长不乐兮安穷！奉天期兮不得须臾，千里马兮驻待路。黄泉下兮幽深，人生要死，何为苦心！何用为乐心所喜，出入无惊为乐亟。蒿里召兮郭门阅，死不得取代庸，身自逝。"①其歌的大意是说为人之所以想长久地活着，是因为活着感到很快乐。而自己虽然活着，却经常不欢乐，所以活着也没有什么意思。现在自己奉天子之命马上就须死去，廷尉、大鸿胪就待在驿站等待着自己的死讯。想想是个人都是要

---

①班固撰，王先谦补注：《汉书补注》卷六十三《武五子传》，上海古籍出版社 2008 年版，第 4402~4403 页。"蒿里"是埋死人的地方。汉乐府有《蒿里》诗云："蒿里谁家地，聚敛魂魄无贤愚。鬼伯一何相催促，人命不得少踟蹰！"见沈德潜选：《古诗源》卷三，中华书局 1963 年版，第 70~71 页。

死的，没必要为此伤心劳神。人生以能从心所喜好为乐，现在自己出入都不快乐，纵是有也持续不了多长时间。唉，死这种事是必须要自己亲自去做的，没办法让人代劳，那就走吧！总之是凄惨痛苦。遂自杀。其宠幸的女子郭昭君等二人也自杀。消息传至长安，因其生前滥杀无辜，而谥法云"致戮无辜曰厉"[1]，故朝廷赐其恶谥为"厉"，取消了他的封国。同时，宣帝法外施恩，特赦刘胥诸子皆为庶人。时为五凤四年（前54年）正月。

虽然刘胥已死，但对其谋逆一案的审理却并没有结束，直到甘露二年（前52年），朝廷还在全国范围内追查涉案人员。该年五月，丞相府的吏员丞相少史充、御史御试用的吏员守少史仁等两个级别较低的官员联合签发了一份文件，要求全国各地追查在逃犯外人："甘露二年五月己丑朔甲辰朔，丞相少史充、御史守少史仁以请诏有逐验大逆无道故广陵王胥御者惠同产第（弟）、故长公主第（弟）卿大婢外人，移郡太守：逐得试（识）知外人者、故长公主大奴千秋等，曰：外人，一名丽戎，字中夫，前太子守观奴婴齐妻，前死。丽戎从母捐之字子文，私（？）男弟（弟）偃，居主马市里第（第）。捐之姊（姊）子，故安道侯奴材，取不审县里男子字游为丽戎聟（婿），以牛车就（僦）载藉田仓为事。始元二年中，主女孙为河间王后，与捐之偕之国。后丽戎、游从居主机桼第（第），养男孙丁子沱。元凤元年中，主死，绝户，奴婢没入诸官。丽戎、游俱亡。丽戎脱籍，疑变更名字，远走绝迹，更为人妻，介罪民间，若死，毋从知。丽戎此时年可廿三、四岁，至今年可六十所。为人中壮，黄色，小头，黑发，隋（椭）面，拘（钩）颐，常戚（蹙）额如频（颦）状，身小长，诈庾少言。书到，二千石遣毋害都吏严教属县官令以下、啬夫、吏、正、父老，杂验问乡里吏民，赏（尝）取（娶）婢及免婢以为妻，年五十以上，刑（形）状类丽戎者，问父母昆弟（弟），本谁生子，务得请（情）实、发生从（踪）迹。毋督聚烦扰民。大逆，同产当坐，重事，推迹求穷，毋令居部界中不觉。得者书言白报，以邮亭行，诣长安传舍。重

---

[1] 黄怀信、张懋镕、田旭东：《逸周书汇校集注》卷六《谥法解》，上海古籍出版社1995年版，第740页。

事,当奏闻,必谨密之,毋留,如律令。"①

此律令大意是说甘露二年(前52年)五月十六日,丞相少史充、御史守少史仁共同奏请朝廷下诏追查犯有大逆无道之罪的前广陵王刘胥的车夫惠的同母妹妹、前长公主即盖主第卿的大婢外人,移送文书给各郡太守,据捕得的前长公主的大奴千秋等认识外人的人说:外人,又名丽戎,字中夫,是前戾太子守观奴婴齐的妻子,婴齐病死后,丽戎跟从母亲捐之字子文、小弟偃,一起居住在长公主在长安城马市里的宅第内。捐之姐姐的儿子、前安道侯韩说的家奴材,为丽戎找了个籍贯不明的字为游的男子做她的丈夫,游以牛车受雇于官府,靠为官府仓库运输物资为业。始元二年(前85年)间,长公主的孙女为河间王刘庆的王后,丽戎与其母亲跟随长公主的孙女一起去了河间。后丽戎、游一起居住在长公主在朹棻的宅第,抚养长公主与丁外人的孙子丁子沱。元凤元年(前80年)间,长公主死,全家被诛,户籍被注销,奴婢被没入官府。丽戎和游都逃亡。丽戎脱离户籍后,可能变更了名字远走他方,另嫁他人,避罪民间,是否死掉也无从知道。丽戎逃亡时大概有二十三、四岁,现在可能六十岁左右。她中等身材,皮肤黄色,头小,黑色头发,面部呈椭圆形,下巴前伸,常皱着眉头如心情不好状,身体瘦长,狡诈少语。郡守收到追捕文书后,应派遣公正干练的官员严令属县官员自县令至啬夫、乡吏、里正、父老,认真查验、讯问乡里的官民,是否有曾娶婢女或放免的婢女为妻,年龄在五十以上,形状与丽戎相类者。若有,要查问他们的父母兄弟情况,是谁所生,一定要把事情搞清楚。在此过程中,注意不要督责催促烦扰百姓。大逆之罪,同胞兄弟姐妹都要受到连坐,属于重大的事情,各相关方面要追踪寻迹,务求穷尽,不要出现让丽戎居住在自己辖区内却没有发觉的情况。发现情况要立即写书报告,通过各地设在交通要道上的邮亭将书信传递至长安传舍。此事属重事,当奏闻天子,必须谨慎封闭,不要逗留,要按

---

① 邬文玲:《〈甘露二年御史书〉校读》,《中国古代法律文献研究》(第5辑),社会科学文献出版社2012年版,第47页。按:1973年甘肃居延考古队在肩水金关遗址1号探方发现三枚木牍,编号为"73EJT1:1–3",内容系在全国范围内搜捕犯有大逆无道罪的惠的同产女弟丽戎的律令文书。该简牍文字自发表后,对其进行释读考校者甚众,其中邬文玲后出而最精,故本文以邬文玲的校读为准。

律令办事。

　　通过这一律令可知刘胥的车夫惠在刘胥谋逆一案中犯下大罪,为了震慑居心叵测之徒,朝廷特下严令,在全国范围内追捕他已逃亡二十八年的妹妹丽戎,以期达到以儆效尤的目的。但宣帝牛刀杀鸡,是否也透露出他在独步天下,睥睨海内之后的寂寞与空虚呢?

　　数年之后,即黄龙元年(前49年)十二月初七,宣帝崩于未央宫。元帝即位后,初元二年(前47年)三月,复封刘胥的太子刘霸为广陵王。初元三年(前46年)复封刘贺的儿子刘代宗为海昏侯。至此,武帝后人因巫蛊之祸而产生的恩怨彻底了结。

第十八章 独步天下，恣意恩仇

参考书目

参考书目

一、古代著作

王益之:《西汉年纪》,同治退补斋本。

陆楫编:《汉武故事》,《古今说海·说纂甲集》,集成图书公司1909年版。

司马光:《资治通鉴》,中华书局1956年版。

司马迁:《史记》,中华书局1959年版。

班固:《汉书》,中华书局1962年版。

范晔:《后汉书》,中华书局1963年版。

沈德潜选:《古诗源》,中华书局1963年版。

陈直校证:《三辅黄图校证》,陕西人民出版社1980年版。

阮元:《十三经注疏》,中华书局1980年版。

胡寅:《致堂读史管见》,台湾商务印书馆1981年版。

赵翼著,王树民校证:《廿二史札记校证》,中华书局1984年版。

葛洪:《西京杂记》,中华书局1985年版。

司马迁撰,泷川资言考证,水泽利忠校补:《史记会注考证附校补》,上海古籍出版社1986年版。

王利器:《新语校注》,中华书局1986年版。

马端临:《文献通考》,中华书局1986年版。

何焯著,崔高维点校:《义门读书笔记》,中华书局1987年版。

王夫之:《读通鉴论》,船山全书(第10册),岳麓书社1988年版。

王先谦撰,沈啸寰、王星贤点校:《荀子集解》,中华书局1988年版。

苏舆撰,钟哲点校:《春秋繁露义证》,《新编诸子集成》(第1辑),中华书局1992年版。

王利器校注:《盐铁论校注》,《新编诸子集成》(第1辑),中华书局1992年版。

杜佑撰,王文锦等点校:《通典》,中华书局1992年版。

顾炎武著,黄汝成集释,秦克诚点校:《日知录集释》,岳麓书社1994年版。

黄怀信、张懋镕、田旭东:《逸周书汇校集注》,上海古籍出版社1995年版。

何宁:《淮南子集释》,中华书局1998年版。

许慎撰,段玉裁注:《说文解字注》,浙江古籍出版社1999年版。

贾谊撰,阎振益、钟夏校注:《新书校注》,中华书局2000年版。

荀悦撰,张烈点校:《汉纪》,中华书局2002年版。

吕不韦原著,王利器著:《吕氏春秋注疏》,巴蜀书社2002年版。

洪迈撰,孔凡礼点校:《容斋随笔》,中华书局2005年版。

沈钦韩:《汉书疏证》,上海古籍出版社2006年版。

班固撰,王先谦补注:《汉书补注》,上海古籍出版社2008年版。

二、现代著作

安作璋:《汉史初探》,学习生活出版社1955年版。

马元材:《桑弘羊年谱订补》,中州书画社1982年版。

吕思勉:《秦汉史》,上海古籍出版社1983年版。

马大英:《汉代财政史》,中国财政经济出版社1983年版。

吴恂:《汉书注商》,上海古籍出版社1983年版。

柳春藩:《秦汉封国食邑赐爵制》,辽宁人民出版社1984年版。

安作璋、熊铁基:《秦汉官制史稿》,齐鲁书社1984年版。

黄留珠:《秦汉仕进制度》,西北大学出版社1985年版。

沈家本:《历代刑法考》,中华书局1985年版。

彭卫:《汉代婚姻形态》,三秦出版社1988年版。

黄今言:《秦汉赋役制度研究》,江西教育出版社1988年版。

朱绍侯:《军功爵制度研究》,上海人民出版社1990年版。

马勇:《汉代春秋学研究》,四川人民出版社1990年版。

大庭修著,林剑鸣等译:《秦汉法制史研究》,上海人民出版社1991年版。

孙机:《汉代物质文化资料图说》,文物出版社1991年版。

陈戍国：《秦汉礼制研究》，湖南教育出版社1993年征版。

周寿昌：《汉书注校补》，《二十五史三编》，岳麓书社1994年版。

张传玺：《秦汉问题研究》（增订本），北京大学出版社1995年版。

李澄宇：《读汉书蠡述》，《二十五史三编》，岳麓书社1994年版。

杨树达：《读汉书札记》，《二十四史订补》（第二册），书目文献出版社1996年版。

阎步克：《士大夫演生政治史稿》，北京大学出版社1996年版。

钱穆：《国史大纲》（修订本），商务印书馆1996年版。

孟祥才：《中国政治制度通史（第三卷秦汉）》，人民出版社1996年版。

马新：《两汉乡村社会史》，齐鲁书社1997年版。

金春峰：《汉代思想史》，中国社会科学出版社1997年版。

陈直：《汉书新证》，天津人民出版社1997年版。

朱子彦：《后宫制度研究》，华东师范大学出版社1998年版。

高敏：《秦汉史探讨》，中州古籍出版社1998年版。

葛兆光：《中国思想史》，复旦大学出版社2000年版。

于迎春：《秦汉士史》，北京大学出版社2000年版。

徐复观：《两汉思想史》，华东师大出版社2001年版。

陈苏镇：《汉代政治与〈春秋〉学》，中国广播电视出版社2001年版。

庄春波：《汉武帝评传》，南京大学出版社2001年版。

杨生民：《汉武帝传》，人民出版社2001年版。

朱子彦：《皇权的异化：垂帘听政》，山东教育出版社2001年版。

林剑鸣：《秦汉史》，上海人民出版社2003年版。

崔向东：《汉代豪族研究》，崇文书局2003年版。

廖伯源：《秦汉史论丛》，（台北）五南图书出版股份有限公司2003年版。

田余庆：《秦汉魏晋史探微》（重订本），中华书局2004年版。

孟祥才：《秦汉人物散论》，上海古籍出版社2005年版。

安作璋、刘德增：《汉武帝大传》，中华书局2005年版。

顾颉刚:《秦汉的方士与儒生》,上海古籍出版社 2005 年版。

劳干:《古代中国的历史与文化》,中华书局 2006 年版。

张小锋:《西汉中后期政局演变探微》,天津古籍出版社 2007 年版。

许结:《汉武帝》,南京大学出版社 2008 年版。

罗义俊:《汉武帝评传》,学林出版社 2008 年版。

朱桂昌:《秦汉史考订文集》,云南大学出版社 2009 年版。

吕宗力:《汉代的谣言》,浙江大学出版社 2011 年版。

郭浩:《汉代地方财政研究》,山东大学出版社 2011 年版。

吴涛:《"术""学"纷争背景下的西汉〈春秋〉学》,中国社会科学出版社 2011 年版。

辛德勇:《建元与改元——西汉新莽年号研究》,中华书局 2013 年版。

辛德勇:《制造汉武帝》,三联书店 2015 年版。